Tarifvertragliche Regelungen bei Betriebsübergang
unter besonderer Berücksichtigung von Bezugnahmeklauseln

Europäische Hochschulschriften

Publications Universitaires Européennes
European University Studies

Reihe II
Rechtswissenschaft

Série II Series II
Droit
Law

Bd./Vol. 5182

PETER LANG
Frankfurt am Main · Berlin · Bern · Bruxelles · New York · Oxford · Wien

Melanie Figge

Tarifvertragliche Regelungen bei Betriebsübergang unter besonderer Berücksichtigung von Bezugnahmeklauseln

PETER LANG
Internationaler Verlag der Wissenschaften

Bibliografische Information der Deutschen Nationalbibliothek
Die Deutsche Nationalbibliothek verzeichnet diese Publikation in der Deutschen Nationalbibliografie; detaillierte bibliografische Daten sind im Internet über http://dnb.d-nb.de abrufbar.

Zugl.: Bayreuth, Univ., Diss., 2010

Gedruckt auf alterungsbeständigem,
säurefreiem Papier.

D 703
ISSN 0531-7312
ISBN 978-3-631-61575-1

www.peterlang.de

Vorwort

Die vorliegende Arbeit wurde im Wintersemester 2010/2011 von der Rechts- und Wirtschaftswissenschaftlichen Fakultät der Universität Bayreuth als Dissertation angenommen. Gesetzgebung, Rechtsprechung und Literatur konnten bis Juni 2010 berücksichtigt werden.

Mein besonderer Dank gilt meinem Doktorvater, Herrn Professor Dr. Karl-Georg Loritz, der mir wertvolle Ratschläge bei Erstellung meiner Arbeit gegeben hat. Er hatte maßgeblichen Anteil am Gelingen meines Promotionsvorhabens.

Für die zügige Erstellung des Zweitgutachtens danke ich Herrn Professor Dr. Knut Werner Lange.

Mein herzlicher Dank gilt schließlich all denjenigen, die durch ihre Unterstützung zur Fertigstellung dieser Arbeit beigetragen haben. Dies gilt in erster Linie meinen Eltern Tom und Conny Figge und meiner Schwester Vanessa, die mich während der Zeit der Promotion, wie in jeder anderen Lebensphase ständig unterstützt haben. Gleiches gilt für meine Oma Marianne Schaffer, meine Großtante Dorothea Wüstner und meine Tante Uschi Pöppel. Außerdem möchte ich mich bei Herrn Dr. Florian Lengyel für seinen Zuspruch und sein Verständnis bedanken. Weiter gilt mein Dank Frau Ingrid Turbanisch, die sich jederzeit um große und kleine Anfragen gekümmert hat. Nicht unerwähnt bleiben soll auch Frau Dr. Marianne Wiedemann, die mir stets mit Rat und Tat zur Seite stand.

Zuletzt gilt mein Dank meiner Mama, Herrn Bernd Müller und Herrn Dr. Christoph Koch für das mühevolle Korrekturlesen.

Inhaltsverzeichnis

Abkürzungsverzeichnis XV

Einleitung 1

I. Die Bedeutung der Fragestellung 1

II. Gang der Darstellung 2

Erstes Kapitel Begriffsklärung 4

I. Der Betriebsübergangsbegriff des § 613a BGB 4

1. Entwicklung des § 613a BGB 4

2. Sinn und Zweck des § 613a BGB 5

3. Betrieb der Betriebsteil - Wirtschaftliche Einheit 6

a) Die Voraussetzungen des Betriebs 7

b) Die Voraussetzungen eines Betriebsteils 8

4. Übergang unter Wahrung der Identität 9

a) Art des Betriebs oder Unternehmens 9

b) Übergang oder Nichtübergang der materiellen Aktiva 10

c) Übergang von immateriellen Aktiva 10

d) Übernahme oder Nichtübernahme der Hauptbelegschaft 10

e) Eintritt in Kundenbeziehung 11

f) Dauer einer eventuellen Unterbrechung der Tätigkeit 11

g) Grad der Ähnlichkeit der Tätigkeit vor und nach Übergang 11

h) Abgrenzung der Funktionsnachfolge 12

5. Rechtsgeschäftlicher Übergang 13

a) Übergang auf neuen Inhaber 13

b) Rechtsgeschäftlich 14

6. Besonderheiten im Bereich des Umwandlungsrechts 16

a) Von § 324 UmwG erfasste Umwandlungsarten 16

b) § 324 UmwG als Rechtsgrundverweisung 17

7. Insolvenz und Betriebsübergang 18

II. Der Tarifvertrag 18
1. Funktionen des Tarifrechts 18
2. Begriff und Inhalt des Tarifvertrags 19
3. Voraussetzungen für die normative Wirkung des Tarifvertrags 20
a) Tarifgebundenheit 20
(1) Verbands- und Firmentarifvertrag 21
(2) Allgemeinverbindlichkeitserklärung 21
b) Geltungsbereich 22
4. Individualvertragliche Bezugnahmeklauseln 23
Zweites Kapitel Weitergeltung tarifvertraglicher Regelungen nach Betriebsübergang nach kollektivrechtlichen Grundsätzen 24
I. § 613a Abs. 1 S. 2 BGB als Auffangtatbestand 24
1. Grundsätzliche Überlegungen 24
2. Vorgaben durch die Betriebsübergangsrichtlinie 25
3. Vorgaben durch § 324 UmwG 27
II. Kollektivrechtliche Grundsätze bei Betriebsübergang 28
1. Verlassen des Geltungsbereichs 28
a) Weitergeltung nach § 3 Abs. 3 TVG (analog) 28
b) Grundsätzliche Anwendbarkeit der Nachwirkung nach § 4 Abs. 5 TVG auf das Verlassen des Geltungsbereichs 29
c) Inhalt und Rechtsgrundlage der Nachwirkung 31
d) Verlassen des Geltungsbereichs im Zusammenhang mit einem Betriebsübergang 32
2. Tarifgebundenheit des Erwerbers 34
a) Verbandstarifvertrag 34
(1) Eigenständige Tarifbindung und Allgemeinverbindlichkeitserklärung 34
(2) Eintritt in die Tarifbindung des Veräußerers bei Einzelrechtsnachfolge 35
(3) Eintritt in die Tarifbindung des Veräußerers bei Gesamtrechtsnachfolge und Umwandlungsfällen 37

b) Firmentarifvertrag ... 38
(1) Eintritt in die Stellung als Tarifvertragpartei bei Einzelrechtsnachfolge ... 38
(2) Eintritt in die Stellung als Tarifvertragspartei bei Gesamtrechtsnachfolge und Umwandlungsfällen ... 43
III. Zusammenfassung des Zweiten Kapitels ... 47
Drittes Kapitel Weitergeltung tarifvertraglicher Regelungen nach § 613a Abs. 1 S. 2 BGB ... 49
I. Dogmatische Einordnung des § 613a Abs. 1 S. 2 BGB ... 49
1. Rechtsprechung und herrschende Lehre ... 49
2. Auslegung nach dem Wortlaut ... 50
3. Historische Auslegung ... 51
4. Systematische Auslegung ... 52
5. Verfassungskonforme Auslegung ... 54
6. Auslegung anhand des Normzwecks ... 54
7. Richtlinienkonforme Auslegung ... 56
8. Zusammenfassung und kritische Würdigung ... 57
II. Voraussetzungen des § 613a Abs. 1 S. 2 BGB ... 58
1. Arbeitsverhältnis beim Betriebsübergang ... 58
a) Grundsätzliche Überlegungen ... 58
b) Zeitpunkt des Betriebsübergangs ... 59
2. Vorliegen eines Tarifvertrags ... 61
3. Die Weitergeltung der einzelnen Regelungsbereiche ... 61
a) Die unstrittige Weitergeltung von Inhaltsnormen ... 62
b) Weitergeltung von Abschlussnormen ... 63
c) Weitergeltung von Beendigungsnormen ... 64
d) Problemfall Betriebsnormen ... 65
(1) Auslegung nach dem Wortlaut ... 67
(2) Historische Auslegung ... 67
(3) Systematische Auslegung ... 67

(4) Verfassungskonforme Auslegung ... 70
(5) Auslegung anhand des Normzwecks ... 77
(6) Richtlinienkonforme Auslegung ... 78
(a) Bedeutung für das nationale Recht ... 79
(b) Wörtliche Auslegung der Richtlinie ... 79
(c) Auslegung nach dem Sinn und Zweck ... 81
(d) Systematische Auslegung ... 82
(e) Historische Auslegung ... 85
(f) Zusammenfassung der Richtlinienvorgaben ... 85
(7) Zusammenfassung und kritische Würdigung ... 85
e) Betriebsverfassungsrechtliche Normen ... 87
(1) Weitergeltung betriebsverfassungsrechtlicher Normen ... 88
(2) Weitergeltung von Betriebsvereinbarungen, die aufgrund einer betriebsverfassungsrechtlichen Norm erlassen wurde ... 89
f) Auswirkungen auf gemeinsame Einrichtungen ... 89
(1) Auslegung nach dem Wortlaut ... 91
(2) Systematische Auslegung ... 91
(3) Auslegung anhand des Normzwecks ... 93
(4) Richtlinienkonforme Auslegung ... 94
(5) Zusammenfassung und kritische Würdigung ... 94
g) Schuldrechtliche Teile des Tarifvertrags ... 95
h) Kündigungsrecht bei einem Tarifvertrag ... 97
III. Erneuter Betriebsübergang ... 99
IV. Auswirkungen eines Widerspruchs ... 100
V. Analoge Anwendung bei Gesamtrechtsnachfolge ... 100
VI. Zusammenfassung des Dritten Kapitels ... 102
Viertes Kapitel Reichweite der Weitergeltung und Ablösungsmöglichkeiten ... 104
I. Statische oder dynamische Weitergeltung? ... 104
1. Statische Weitergeltung als Grundsatz ... 104
2. Regelungen, die nach dem Tarifvertrag bereits dynamisch sind ... 105

3. Dynamischer Verweis auf einen anderen Tarifvertrag 107
a) Wortlaut und historische Auslegung 108
b) Systematische Auslegung 109
c) Verfassungskonforme Auslegung 110
d) Auslegung anhand des Normzwecks 112
e) Richtlinienkonforme Auslegung 112
f) Zusammenfassung und kritische Würdigung 113
II. Ablösung vor Ablauf der Veränderungssperre 114
1. Grundsatz: Veränderungssperre für ein Jahr 114
2. Bestandsschutz oder Kontrahierungsverbot? 115
3. Abweichungen zugunsten der Arbeitnehmer 116
4. Anwendung von § 4 Abs. 4 S. 1 TVG 116
III. Ablösung nach Ablauf der Veränderungssperre 117
IV. Ablösung vor Ablauf der Veränderungssperre nach § 613a Abs. 1 S. 4 Alt. 1 BGB 120
1. Grundsätzliche Überlegungen 120
2. Ersatz des ursprünglichen durch einen neuen Tarifvertrag 121
3. Tarifvertragsparteien lassen Kündigungsmöglichkeiten verstreichen 122
a) Kündigungsmöglichkeit eines Verbandstarifvertrags 123
b) Kündigungsmöglichkeit eines Firmentarifvertrags 124
4. Änderung oder Kündigung einzelner Regelungen 124
a) Wortlaut und historische Regelungen 125
b) Systematische Auslegung 125
c) Auslegung anhand des Normzwecks 126
d) Richtlinienkonforme Auslegung 127
e) Zusammenfassung und kritische Würdigung 127
5. Tarifvertrag sieht Ausschluss der Nachwirkung vor 128
V. Ablösung vor Ablauf der Veränderungssperre nach § 613a Abs. 1 S. 4 Alt.2 BGB 129

1. Grundsatz: Vereinbarung von Bezugnahmeklauseln 129
2. Fehlen der beiderseitigen Tarifbindung 129
3. Bezugnahme auf den ganzen Tarifvertrag 130
4. Mit dem Veräußerer geschlossene Bezugnahmeklausel 131
5. Ablösung durch Änderungskündigung 133
VI. Weitergeltung von tarifvertraglichen Regelungen, die bereits beim Veräußerer das Nachwirkungsstadium erreicht haben 134
1. Weitergeltung nach § 613a Abs. 1 S. 2 BGB 134
a) Weitergeltung nachwirkender Normen 135
b) Geltung der Veränderungssperre 136
(1) Auslegung der nationalen Vorschriften 136
(2) Richtlinienkonforme Auslegung 138
(3) Dogmatische Umsetzung 139
2. Verlassen des Geltungsbereichs bei Betriebsübergang 140
a) Zeitliche Abfolge der Vorgänge bei einem Betriebsübergang 140
b) Wertende Bestimmung der ausschlaggebenden Faktoren 141
c) Geltung der Veränderungssperre 142
d) Zusammenfassung und Ergebnis 144
VII. Verlassen des Geltungsbereichs nach Betriebsübergang 144
VIII. Zusammenfassung des Vierten Kapitels 145
Fünftes Kapitel Vorrang normativer Regelungen nach § 613a Abs. 1 S. 3 BGB 147
I. § 613a Abs. 1 S. 3 BGB als abschließende Regelung 147
II. Beendigung der Weitergeltung durch einen Tarifvertrag 147
1. Vorliegen eines Tarifvertrags 147
2. Ablösung bei Entsprechung anhand eines Sachgruppenvergleichs 148
3. „Ablösungsprinzip" statt Günstigkeitsprinzip 150
4. Zeitpunkt der Verdrängung 151
5. Erfordernis der kongruenten Tarifbindung 153
a) Auslegung nach dem Wortlaut 154

b) Historische Auslegung ... 155
c) Auslegung anhand des Normzwecks ... 156
d) Systematische Auslegung ... 156
e) Verfassungskonforme Auslegung ... 160
f) Richtlinienkonforme Auslegung ... 161
(1) Wörtliche Auslegung der Richtlinie ... 161
(2) Auslegung nach dem Sinn und Zweck ... 162
(3) Systematische Auslegung ... 162
(4) Zusammenfassung der Richtlinienvorgaben ... 162
g) Zusammenfassung und kritische Würdigung ... 163
6. Nachwirkender Tarifvertrag beim neuen Betriebsinhaber ... 164
III. Beendigung der Weitergeltung durch Betriebsvereinbarung ... 164
1. Sperrwirkung des § 77 Abs. 3 BetrVG ... 165
2. Wortlaut und historische Auslegung ... 168
3. Auslegung anhand des Normzwecks ... 169
4. Systematische Auslegung ... 171
a) Gegenüberstellung Betriebsvereinbarung - Tarifvertrag ... 171
b) Wertung des § 77 Abs. 3 BetrVG ... 172
c) Vergleich mit § 4 Abs. 5 TVG ... 173
5. Verfassungsrechtliche Vorgaben ... 174
6. Richtlinienkonforme Auslegung ... 174
7. Zusammenfassung und kritische Würdigung ... 175
IV. Zusammenfassung des Fünften Kapitels ... 176
Sechstes Kapitel Die Auswirkungen einer Bezugnahmeklausel ... 177
I. Die Bezugnahmeklausel ... 177
1. Hintergrund ... 177
2. Zweck einer Bezugnahmeklausel ... 178
3. Wirkung der einzelnen Klauseln ... 179
a) Dogmatische Einordnung ... 179

b) Konstitutive oder deklaratorische Wirkung? 180
4. Zustandekommen der Bezugnahmeklausel 181
a) Zustandekommen durch Rechtsgeschäft 181
b) Zustandekommen durch betriebliche Übung 182
5. Bezugnahmeobjekt Tarifvertrag 184
6. Reichweite der Klauseln 184
a) Typisierung der Klauseln 184
b) Allgemeine Grundsätze der Vertragsauslegung 185
c) AGB-Kontrolle von Bezugnahmeklauseln 186
(1) Grundsätzliche Überlegungen 186
(2) Bezugnahmeklausel als überraschende Klausel? 188
(3) Auslegungsgrundsätze und Unklarheitenregel 190
(4) Inhaltskontrolle des Bezugnahmeobjekts 192
(5) Inhaltskontrolle der Bezugnahmeklausel 194
(6) Rechtsfolge bei Verstoß gegen AGB-Regelungen 195
d) Zusammenfassung 195
II. Entwicklung der Rechtsprechung 196
1. Abkehr von der ursprünglichen Auslegungsregel 196
2. Auswirkung dieser Rechtsprechungsänderung 198
III. Behandlung von Altfällen 200
1. Behandlung von Altfällen nach Ansicht des BAG 200
2. Stellungnahme zur Behandlung von Altfällen 200
a) Vertrauensschutz im Bereich der Judikative 201
b) Übertragung der Grundsätze auf die Rechtsprechungsänderung bezüglich der Auslegung als Gleichstellungsabrede 205
c) Zusammenfassung und Ausblick 211
3. Pflicht zur Vorlage zum Großen Senat? 212
IV. Bezugnahmeklauseln bei Betriebsübergang 213
1. Übergang nach § 613a Abs. 1 S. 1 BGB 214
2. Bewertung der Rechtsprechungsänderung 215

a) Allgemeine Vertragsauslegungsgrundsätze ... 215
b) AGB-Kontrolle ... 217
c) Systematische Überlegungen ... 218
(1) Vorgaben des Tarifrechts ... 218
(2) Vorgaben des § 613a Abs. 1 S. 1 BGB ... 219
d) Richtlinienkonforme Auslegung ... 220
e) Verfassungsrechtliche Vorgaben ... 224
f) Zusammenfassung und kritische Würdigung ... 228
3. Anwendung des Günstigkeitsprinzips ... 229
4. Statische Klauseln ... 230
5. Kleine dynamische Klausel ohne Tarifbindung des Erwerbers ... 231
a) Gleichstellungsabrede ... 232
b) Wortlautgetreue Auslegung ... 233
6. Große dynamische Klausel ohne Tarifbindung des Erwerbers ... 233
a) Gleichstellungsabrede ... 234
b) Wortlautgetreue Auslegung ... 234
7. Dynamische Klausel bei Bindung des Erwerbers an einen neuen Tarifvertrag ... 236
a) Auslegung der jeweiligen Klausel ... 236
(1) Kleine dynamische Klausel, die als Gleichstellungsabrede ausgelegt wird ... 237
(2) Kleine dynamische Klausel mit wörtlicher Auslegung ... 240
(3) Große dynamische Klausel ... 241
b) Anderweitige Möglichkeit einen Tarifwechsel auszulösen ... 241
(1) Anwendung von § 613a Abs. 1 S. 3 BGB analog ... 241
(2) Grundsatz der Tarifeinheit ... 242
V. Zusammenfassung des Sechsten Kapitels ... 243
Siebentes Kapitel Zusammenfassung ... 245
Literaturverzeichnis ... 249

Abkürzungsverzeichnis

a.A.	anderer Ansicht
ABl.	Amtsblatt der Europäischen Gemeinschaften
Abs.	Absatz
AcP	Archiv für die civilistische Praxis
a.E.	am Ende
AEUV	Vertrag über die Arbeitsweise der Europäischen Union
a.F.	alte Fassung
AGB	Allgemeine Geschäftsbedingung
Alt.	Alternative
Anm.	Anmerkung
ArbGG	Arbeitsgerichtsgesetz
Art.	Artikel
BAG	Bundesarbeitsgericht
BAGE	Entscheidungen des Bundesarbeitsgerichts
BB	Der Betriebs-Berater
Bd.	Band
BetrVG	Betriebsverfassungsgesetz
BGB	Bürgerliches Gesetzbuch
BGBl.	Bundesgesetzblatt
BGH	Bundesgerichtshof
BÜK	Bernsau/Dreher/Hauck, Kommentar zum Betriebsübergang
BT-Drs.	Bundestagsdrucksache
BVerfG	Bundesverfassungsgericht
BVerfGE	Entscheidungen des Bundesverfassungsgerichts
BVerwG	Bundesverwaltungsgericht
bzgl.	bezüglich
bzw.	beziehungsweise

ca.	circa
DB	Der Betrieb
ders.	derselbe
dies.	dieselben / dieselbe
d.h.	das heißt
EG	Europäische Gemeinschaft
EGBGB	Einführungsgesetz zum Bürgerlichen Gesetzbuch
EGV	Vertrag zur Gründung der Europäischen Gemeinschaft
EMRK	Konvention zum Schutz der Menschenrecht und Grundfreiheiten
EuG	Gericht erster Instanz
EuGH	Europäischer Gerichtshof
EUV	Vertrag über die Europäische Union
EWiR	Entscheidungen zum Wirtschaftsrecht
EWS	Europäisches Wirtschafts- und Steuerrecht
f., ff.	folgend(e)
Fn.	Fußnote
FS	Festschrift
gem.	gemäß
GG	Grundgesetz
ggf.	gegebenenfalls
GMP	Germelmann/Matthes/Müller-Glöge/Prütting/Schlewing, Kommentar zum Arbeitsgerichtsgesetz
GRCh	Charta der Grundrechte der Europäischen Union
grds.	grundsätzlich
GS	Gedächtnisschrift

HK	Maulbetsch/Klumpp/Rose, Kommentar zum UmwG
h.L.	herrschende Lehre
h.M.	herrschende Meinung
Hrsg.	Herausgeber
HS	Halbsatz
HWK	Henssler/Willemsen/Kalb, Arbeitsrecht Kommentar
i.d.F.	in der Fassung
i.d.R.	in der Regel
i.e.S.	im engeren Sinne
i.S.v.	im Sinne von
i.V.m.	in Verbindung mit
i.w.S.	im weiteren Sinne
JuS	Juristische Schulung
JZ	Juristen Zeitung
KOM	Kommission der Europäischen Gemeinschaft
KSchG	Kündigungsschutzgesetz
LAG	Landesarbeitsgericht
MAH	Moll, Münchener Anwaltshandbuch
m.E.	meines Erachtens
MünchHdbArbR	Richardi/Wlotzke, Münchener Handbuch zum Arbeitsrecht
MüKo	Rebmann/Säcker/Rixecker, Münchener Kommentar zum Bürgerlichen Gesetzbuch
m.w.N.	mit weiteren Nachweisen
NachwG	Nachweisgesetz
n.F.	neue Fassung

NJW	Neue Juristische Wochenschrift
NJW-RR	NJW-Rechtsprechungs-Report
Nr.	Nummer
NZA	Neue Zeitschrift für Arbeitsrecht
NZA-RR.	NZA-Rechtsprechungs-Report
o.Ä.	oder Ähnliche
o.g.	oben genannt
RdA	Recht der Arbeit
Rdnr.	Randnummer
Rs.	Rechtssache
Rspr.	Rechtsprechung
S.	Seite
SAE	Sammlung arbeitsrechtlicher Entscheidungen
Slg.	Sammlung
sog.	sogenannt
str.	streitig
TVG	Tarifvertragsgesetz
u.a.	unter anderem / und andere
u.Ä.	und Ähnliche
UmwG	Umwandlungsgesetz
usw.	und so weiter
u.U.	unter Umständen

ver.di	Vereinigte Dienstleistungsgewerkschaft
vgl.	vergleiche
Vor.	Vorbemerkung
z.B.	zum Beispiel
ZfA	Zeitschrift für Arbeitsrecht
ZIP	Zeitschrift für Wirtschaftsrecht
z.T.	zum Teil
ZTR	Zeitschrift für Tarif-, Arbeits- und Sozialrecht des öffentlichen Dienstes

Einleitung

I. Die Bedeutung der Fragestellung

Das Thema Betriebsübergang beschäftigt seit Jahrzehnten Literatur und Rechtsprechung gleichermaßen. Ein großer Teil dieses Interesses gilt der vorliegenden Fragestellung der Weitergeltung von Tarifverträgen. Dabei ist nicht nur die Auswirkung eines Betriebsübergangs auf normativ geltende Tarifregelungen von Bedeutung, sondern auch die Auslegung von Bezugnahmeklauseln. Hinsichtlich letzterer gab es in den letzten Jahren eine Rechtsprechungsänderung des BAG, die eine alte Diskussion neu aufbrach, aber auch zusätzliche Fragestellungen zu Tage brachte.

Ausgangspunkt für Fragen der Weitergeltung tariflicher Regelungen bei Betriebsübergängen ist § 613a Abs. 1 S. 2 bis 4 BGB. Der Wortlaut der Vorschrift ist für den Rechtsanwender als Orientierung nahezu unbrauchbar, vielmehr ist er auf die höchstrichterliche Rechtsprechung angewiesen.[1] Daher ist das Thema stets im Fluss. Darüber hinaus hat die Norm einen europäischen Hintergrund und birgt zusätzliches Konfliktpotential, vor allem da das EU-Recht in Ausbildung und Praxis oft im Rahmen der Gesetzesinterpretation nicht ausreichend beachtet wird. Ob dies auch daran liegt, dass sich das europäische Recht als „juristisches Chaos“[2] darstellt, sei dahingestellt. Dabei ist insbesondere das Wissen um die richtlinienkonforme Auslegung im Arbeitsrecht unerlässlich.[3]

Neben den interessanten dogmatischen Fragestellungen und Verzweigungen zwischen nationalem und Gemeinschaftsrecht handelt es sich bei dem untersuchten Thema um einen „Dauerbrenner in der Praxis“[4]. Der Betriebsübergang wird auch als möglicher Weg zur Tarifflucht bezeichnet, wobei noch zu klären sein wird, inwiefern dies ein realistisches Szenario ist.[5] Darüber hinaus hat der M&A-Markt in den letzten Jahren stark an Bedeutung gewonnen. Bei Unternehmensverkäufen ist die Frage der Weitergeltung von tariflichen Regelungen einer der wesentlichen Aspekte, die beleuchtet werden müssen.[6] Andernfalls können die wirtschaftlichen Bedingungen einer Übernahme nicht ausreichend beurteilt werden.[7] In einer Zeit, in der Flexibilisierungen der

---

1 *Schiefer,* 50 Jahre BAG, S. 859, 875 f.

2 So *Schroeder,* JuS 2004, 180.

3 Vgl. dazu *Steiner,* NZA 2008, 73 f.

4 *Kock*, BB 2007, 714.

5 *Henssler,* FS für Wißmann, S. 133; *Lambrich*, FS für Ehmann, S. 170.

6 *Lambrich*, FS für Ehmann, S. 170.

7 *Hohenstatt*, NZA 2010, 23, 26.

Unternehmen durch Globalisierung und zunehmende wirtschaftliche Schwierigkeiten erzwungen werden,[8] kann eine Umstrukturierung nicht grundsätzlich zum Vorwurf gemacht werden und darf nicht unnötig erschwert werden.

II. Gang der Darstellung

Zuerst wird darauf eingegangen, wann ein Betriebsübergang vorliegt und wie sich die diesbezügliche Rechtsprechung des EuGH und des BAG auswirkt. Nach Darlegung der Anwendungsvoraussetzungen und einem Einblick in die wichtigsten tarifvertraglichen Grundlagen wird die kollektivrechtliche Weitergeltung tarifvertraglicher Regelungen thematisiert. Dabei ist neben der Unterscheidung von Verbands- und Firmentarifvertrag von Bedeutung, ob der Betrieb im Rahmen einer Einzel- oder einer Gesamtrechtsnachfolge übergeht.

Kommt es zu keiner kollektivrechtlichen Weitergeltung, bleibt nur die Anwendung von § 613a BGB. Nach § 613a Abs. 1 S. 1 BGB tritt der Erwerber in die Rechte und Pflichten ein, die sich aus den im Zeitpunkt des Übergangs bestehenden Arbeitsverhältnissen ergeben. Da Regelungen eines Tarifvertrags nicht Bestandteil des Arbeitsvertrags sind, werden sie nicht von § 613a Abs. 1 S. 1 BGB erfasst, sondern gelten nach § 613a Abs. 1 S. 2 bis 4 BGB weiter. Neben der dogmatischen Einordnung der Vorschrift muss vor allem geklärt werden, welche Regelungen eines Tarifvertrags tatsächlich von § 613a Abs. 1 S. 2 BGB erfasst werden und wie sich die Weitergeltung darstellt. Dies betrifft auch die Frage, inwiefern dies statisch oder dynamisch gilt.

Die weitergeltenden Regelungen unterliegen einer einjährigen Veränderungssperre, vgl. § 613a Abs. 1 S. 2 BGB. So ist es für den Erwerber von Bedeutung, inwiefern eine Ablösung nach Ablauf des Jahres möglich ist, aber auch welche Ausnahmen das Gesetz hinsichtlich einer vorherigen Ablösung nach § 613a Abs. 1 S. 4 BGB macht.

Darauf folgend wird die Ablösung der weitergeltenden Regelungen durch anderweitige Kollektivvereinbarungen nach § 613a Abs. 1 S. 3 BGB thematisiert. Dabei muss vor allem geklärt werden, ob zur Ablösung der Regelungen eine kongruente Tarifbindung vorliegen muss, aber auch ob eine Ablösung durch Betriebsvereinbarung möglich ist.

Verlässt der Betrieb durch den Übergang den Geltungsbereich eines Tarifvertrags entstehen daraus weitere Probleme. Diesbezüglich ist zu klären, ob § 613a Abs. 1 S. 2 BGB einschlägig ist, oder ob auf § 4 Abs. 5 TVG zurückzugreifen ist.

Im letzten Kapitel wird ausführlich auf statische, kleine dynamische und große dynamische Bezugnahmeklauseln eingegangen. Neben allgemeinen As-

8 *Heinze,* DB 1998, 1861.

pekten ist die Auslegung von Bezugnahmeklauseln von besonderem Interesse. Dabei wird auch auf die Vorgaben der AGB-Vorschriften geachtet werden müssen. Darauf folgend wird die Änderung der Rechtsprechung bezüglich dynamischer Bezugnahmeklauseln näher betrachtet. Letztlich wird die Auswirkung eines Betriebsübergangs auf Bezugnahmeklauseln thematisiert. Dabei ist in erster Linie ausschlaggebend, um welche Art von Bezugnahmeklausel es sich handelt. Auch ist es von Bedeutung, ob die betroffenen Arbeitnehmer Gewerkschaftsmitglieder also tarifgebunden sind - und ob ursprünglicher und neuer Arbeitgeber tarifgebunden war bzw. der neue sind.

Erstes Kapitel
Begriffsklärung

I. Der Betriebsübergangsbegriff des § 613a BGB

Ausgangspunkt der Problemstellung ist der Begriff des Betriebsübergangs i.S.d. § 613a BGB. Diesem liegt eine breite Rechtsprechung zugrunde, die hier nicht in allen Einzelheiten erörtert werden muss. Ein Überblick über den derzeitigen Stand erscheint allerdings notwendig, vor allem vor dem Hintergrund, dass es unter Umständen von der Ausgestaltung eines Rechtsgeschäfts abhängt, ob sich die in dieser Arbeit aufgeworfenen Fragen stellen oder nicht. Weiter sind Problemfelder im Rahmen der Weitergeltung der Tarifnormen an einigen Stellen eng mit dem Begriff des Betriebsübergangs verknüpft.[9]

Neben einem Betrieb oder Betriebsteil muss ein rechtsgeschäftlicher Übergang vorliegen, wobei die Trennung der Begriffe, vor allem aufgrund der EuGH-Vorgaben, schwierig vorzunehmen ist. Im Folgenden sollen die ausschlaggebenden Aspekte dargestellt werden. Hierfür, aber auch für die weitere Auslegung des § 613 a BGB, sind Entstehung der Norm und deren Sinn und Zweck von Bedeutung, sodass kurz auf diese eingegangen wird.

1. Entwicklung des § 613a BGB

Die Entwicklung des § 613a BGB ist nicht nur im Rahmen der historischen Auslegung der Norm von Bedeutung, sondern weist auch eine europarechtliche Verknüpfung auf, die zu berücksichtigen ist.

§ 613a BGB wurde im Jahr 1972 durch § 122 des Betriebsverfassungsgesetzes[10] in das BGB eingefügt.[11] Interessant ist, dass bereits unmittelbar nach Einführung die Voraussetzungen der Norm umstritten waren[12] und einige Streitpunkte bis heute erhalten geblieben sind; die Vorschrift wird als „dogmatisch missglückt" bezeichnet.[13]

---

9 Dies betrifft insbesondere die Frage des Zeitpunkts des Betriebsübergangs, vgl. dazu unten Drittes Kapitel II.1.b).

10 Betriebsverfassungsgesetz vom 15. Januar 1972, BGBl. I S. 13.

11 Insofern der Hinweis, dass es sich bei § 613a BGB - trotz der Einfügung im Rahmen der Reform des BetrVG - um eine bürgerlich-rechtliche Norm handelt, die nicht von den Voraussetzungen des BetrVG abhängig ist, vgl. hierzu u.a. auch MüKo/*Müller-Glöge,* § 613a BGB, Rdnr. 1.

12 Vgl. stellvertretend *Loritz,* RdA 1987, 65, 65 f.

13 ErfK/*Preis*, § 613a BGB, Rdnr. 5.

Die Sätze 2 bis 4 des ersten Absatzes von § 613a BGB sind im Jahr 1980 hinzugefügt worden.[14] Hintergrund war die Umsetzung der Richtlinie 77/187/EWG,[15] welche im Jahr 1998 geändert wurde.[16] Der nationale Gesetzgeber hat § 613a BGB an diese Änderungen im Jahr 2002 angepasst.[17] Unter anderem aus Gründen der Klarheit wurde die Betriebsübergangsrichtlinie 2001 kodifiziert,[18] wodurch kein Änderungsbedarf des § 613a BGB ausgelöst wurde. Auf Grund dieser Entwicklung ist § 613a BGB richtlinienkonform[19] auszulegen und die Vorgaben der Richtlinie bzw. deren Auslegung durch den EuGH sind zu beachten.[20]

2. Sinn und Zweck des § 613a BGB

Der hinter einer Norm stehende Zweck ist für deren Verständnis von großer Bedeutung, die teleologische Auslegung ist einer der wichtigsten Bestandteile der klassischen Auslegungslehre.[21] Dies gilt auch für § 613a BGB, wobei be-

---

14 Dies geschah durch das Gesetz über die Gleichbehandlung von Männern und Frauen am Arbeitsplatz und über die Erhaltung von Ansprüchen bei Betriebsübergang vom 13. August 1980, BGBl. I S. 1308.

15 Richtlinie 77/187/EWG des Rates vom 14. Februar 1977 zur Angleichung der Rechtsvorschriften der Mitgliedstaaten über die Wahrung von Ansprüchen der Arbeitnehmer beim Übergang von Unternehmen, Betrieben oder Betriebsteilen, ABl. Nr. L 61/26.

16 Richtlinie 98/50/EG des Rates vom 29. Juni 1998 zur Änderung der Richtlinie 77/187/EWG zur Angleichung der Rechtsvorschriften der Mitgliedstaaten über die Wahrung von Ansprüchen der Arbeitnehmer beim Übergang von Unternehmen, Betrieben oder Betriebsteilen, ABl. Nr. L 201/88.

17 Durch das Gesetz zur Änderung des Seemannsgesetzes und anderer Gesetze vom 23. März 2002, BGBl. I S. 1163.

18 Richtlinie 2001/23/EG des Rates vom 12. März 2001 zur Angleichung der Rechtsvorschriften der Mitgliedstaaten über die Wahrung von Ansprüchen der Arbeitnehmer beim Übergang von Unternehmen, Betrieben oder Unternehmens- oder Betriebsteilen, ABl. Nr. L 82/16. Wenn im Folgenden ohne Zusatz von der Betriebsübergangsrichtlinie gesprochen wird, handelt es sich um diese Fassung.

19 Vgl. zur Unterscheidung der Begriffe *richtlinien-* bzw. gemeinschaftsrechtskonform ausführlich *Höpfner/Rüthers,* AcP 209 (2009), 1, 19 ff.; *Roth,* EWS 2005, 385, 386 f.

20 *Wank,* 50 Jahre BAG, S. 245, 246. Unter Umständen muss sich die Auslegung des nationalen Rechts auch an europäischen Vorgaben orientieren, wenn es sich um eine Vorschrift handelt, die nicht im Rahmen einer Richtlinienumsetzung entstanden ist, vgl. dazu Streinz/*Schroeder*, Art. 249 EGV, Rdnr. 126.

21 Im Rahmen dieser Arbeit ist es nicht möglich, eine vollständige oder zumindest den Problemen angemessene Auslegung des Betriebsübergangsbegriffs des § 613a BGB vorzunehmen. Daher werden die Ausführungen auf die historische Entwicklung und

dacht werden muss, dass neben den Erwägungen des nationalen Gesetzgebers auch die europarechtlichen Vorgaben beachtet werden müssen.

§ 613a BGB wird als Arbeitnehmerschutzvorschrift bezeichnet.[22] Dies zeigt sich bereits dadurch, dass nach § 613a Abs. 1 Satz 1 BGB die Arbeitsverhältnisse auf den neuen Inhaber übergehen und nicht - wie vor Einfügung der Norm - die allgemeinen Grundsätze der Vertragsübernahme gelten. Somit wird dem Bestandsschutz Rechnung getragen, Arbeitnehmer sollen ihre Arbeitsplätze nicht verlieren, wenn diese *tatsächlich* an anderer Stelle weiter bestehen.[23] Gemäß § 613a Abs. 5 BGB soll auch eine angemessene Information der Belegschaft im Falle eines Übergangs gewährleistet werden. Letztlich bleiben die Teile der Arbeitsbedingungen, die sich aus kollektivrechtlichen Regelungen ergeben, nach § 613a Abs. 1 S. 2 bis 4 BGB größtenteils und zumindest vorübergehend erhalten. Insofern sollte man bezüglich dieser Regelung statt von einer Arbeitnehmerschutzvorschrift von einer Bestandsschutzvorschrift sprechen.

Fraglich ist, ob § 613a BGB allein dem Schutz der Arbeitnehmer dienen soll, oder ob nicht der Vorschrift eine Ausgleichsfunktion zwischen den Interessen des früheren Inhabers, der Belegschaft und des neuen Inhabers zugestanden werden sollte. Eine solche Erweiterung des Zwecks kann weitreichende Folgen in Bezug auf die Auslegung der einzelnen Regelungen des § 613a BGB haben.[24]

3. Betrieb oder Betriebsteil - Wirtschaftliche Einheit

Obwohl einige Vorschriften des Arbeitsrechts an den „Betrieb" anknüpfen, findet sich keine Legaldefinition des Begriffs. Nach allgemeinen arbeits- und betriebsverfassungsrechtlichen Vorgaben wird der Betrieb als organisatorische Einheit definiert, in der Personen – also der Unternehmer und/oder seine Arbeitnehmer – fortgesetzt mit Hilfe persönlicher, sächlicher und immaterieller Mittel mindestens einen bestimmten arbeitstechnischen Zweck verfolgen.[25] Ausgehend von dieser Formulierung muss für einen bestimmten Sachverhalt

---

die teleologischen Ansätze beschränkt. Vgl. zum klassischen Auslegungskanon *Rüthers*, § 22.

22 Vgl. MüKo/*Müller-Glöge*, § 613a BGB, Rdnr. 6 f. m.w.N.

23 *Loritz*, RdA 1987, 65, 67, weist darauf hin, dass es nicht darum geht, den Arbeitsplatz an sich zu erhalten, sondern nur das Arbeitsverhältnis, wenn der Arbeitsplatz tatsächlich bestehen bleibt.

24 Vgl. bereits *Lambrich*, FS. für Ehmann, S. 169, 172 f. Auf diese Frage wird später noch näher eingegangen.

25 ErfK/*Preis*, § 611 BGB, Rdnr. 194; MüKo/*Müller-Glöge*, § 611 BGB, Rdnr. 239; *Zöllner/Loritz/Hergenröder*, S. 458.

die maßgebliche Definition nach den Vorgaben der betroffenen Norm ermittelt werden.[26]

a) Voraussetzungen des Betriebs

Das BAG hat lange den Betrieb i.S.d. § 613a BGB definiert als organisatorische Einheit, bestehend aus materiellen und immateriellen Betriebsmitteln mit deren Hilfe der Arbeitgeber mindestens einen Betriebszweck fortgesetzt verfolgt. Die Übernahme von Arbeitsverhältnissen galt weder als positives noch als negatives Indiz für das Vorliegen eines Betriebs. Der Übergang der Arbeitsverhältnisse wurde unabhängig von ihrer Anzahl und der Qualifikation der Arbeitnehmer nicht als Tatbestandsvoraussetzung, sondern nur als Rechtsfolge gesehen.[27]

Der EuGH hat bei Auslegung der Betriebsübergangsrichtlinie nicht auf den Übergang eines Betriebs abgestellt, sondern hat ihn durch die Voraussetzung der Wahrung der Identität der wirtschaftlichen Einheit trotz Inhaberwechsel ersetzt.[28] In Art. 1 Abs. 1 der Fassung der Betriebsübergangsrichtlinie aus dem Jahr 1977 war von „Unternehmen, Betrieben und Betriebsteilen" die Rede. Daraus entstand der Begriff der wirtschaftlichen Einheit als „teleologischer Kernbegriff".[29] Mittlerweile findet sich der Begriff der wirtschaftlichen Einheit in Art. 1 Abs. 1b der Betriebsübergangsrichtlinie. Demnach muss eine organisierte Zusammenfassung von Ressourcen vorliegen, die zur Verfolgung einer wirtschaftlichen Haupt- oder Nebentätigkeit eingesetzt wird. Der Wortlaut entspricht der Definition, die der Gerichtshof entwickelt hatte.

An diese Auslegung war und ist das BAG weitgehend gebunden. Daher bezieht es seit 1997,[30] ausgelöst durch das Urteil *Ayse Süzen*[31] des EuGH, ent-

---

26 Ähnlich MüKo/*Müller-Glöge,* § 611 BGB, Rdnr. 239.

27 BAG v. 22.5.1985 - 5 AZR 30/84, NZA 1985, 775, 776; BAG v. 12.2.1987 - 2 AZR 247/86, NZA 170, 171; BAG v. 22.5.1985 - 5 AZR 30/84, NZA 1985, 775; BAG v. 29.9.1988 - 2 AZR 107/88, NZA 1989, 799.

28 EuGH v. 18.3.1986, Rs. 24/85 - Spijkers, Slg. 1986, 1119, Rdnr. 11.

29 Vgl. MüKo/*Müller-Glöge,* § 613a BGB, Rdnr. 15.

30 Genau genommen hat das BAG bereits am 9.2.1994 - 2 AZR 781/93, NZA 1994, 612 entschieden, dass der Übergang von Arbeitsverhältnissen als Indiz für einen Betriebsübergang gelten kann, wenn es sich bei dem Arbeitnehmer um einen „Know-How-Träger" handelt, da dieser insofern die immateriellen Betriebsmittel repräsentiert. Es wurde aber betont, dass die Arbeitnehmer nicht per se zum Betrieb gehören, sondern deren Fachwissen. Diese Einschränkung wurde mit BAG v. 22.5.1997 - 8 AZR 101/96, NZA 1997, 1050 mit Hinweis auf die Rechtsprechung des EuGH ausdrücklich aufgegeben und direkt darauf zweimal bestätigt, BAG v. 13.11.1997 - 8 AZR 295/95, NZA 1998, 251; BAG v. 13.11.1997 - 8 AZR 375/96, NZA 1998, 249.

gegen seines früheren Ansatzes auch persönliche Betriebsmittel mit ein und stellt auf das Vorliegen einer wirtschaftlichen Einheit ab.[32] Eine wirtschaftliche Einheit ist nach Ansicht des BAG seitdem „eine organisierte Gesamtheit von Personen und Sachen zur Ausübung einer wirtschaftlichen Tätigkeit mit eigener Zielsetzung“.[33]

Im Hinblick auf die Formulierung der Betriebsübergangsrichtlinie in ihrer jeweiligen Fassung, ist der Oberbegriff der wirtschaftlichen Einheit treffender. Insbesondere die Einbeziehung der personellen Betriebsmittel ist grundsätzlich zu begrüßen, da vor allem im Dienstleistungsbereich der Faktor Arbeit eine wichtige Rolle spielt. Problematisch ist aber, dass einzelne Voraussetzungen des Betriebsübergangs verwischen und eine Abgrenzung, auch zu den Rechtsfolgen, schwierig ist.[34]

b) Voraussetzungen eines Betriebsteils

Bei einem Betriebsteil muss es sich um eine *selbstständige* organisatorische Einheit handeln, die *abtrennbar* ist und innerhalb derer ein Teilzweck des Betriebs erfüllt wird. Dabei kann es sich auch um einen Hilfszweck handeln.[35] Letztlich hat die Unterscheidung zwischen Betrieb und Betriebsteil durch das Abstellen auf die wirtschaftliche Einheit an Bedeutung verloren, da die Anforderungen an beide in gleicher Weise gestellt werden.[36] Da es sich ebenfalls um eine Gesamtheit handeln muss, kann z.B. der Übergang einzelner Betriebsmittel nicht zur Annahme eines Betriebsteilübergangs führen.[37]

---

31 EuGH v. 11.3.1997, C 13/95 - Ayse Süzen, Slg. 1997, I-1259. Wobei der EuGH in diesem Urteil nicht das erste Mal deutlich machte, dass bei Betrachtung des von ihm verwendete Begriff der „wirtschaftlichen Einheit“ neben den materiellen und immateriellen auch die persönlichen Betriebsmitteln ausschlaggebend sein können bzw. im Rahmen der jeweiligen Gesamtbetrachtung sogar sein müssen, vgl. u.a. EuGH v. 18.3.1986, Rs. 24/85 - Spijkers, Slg. 1986, 1119, Rdnr. 13; v. 19.5.1992, Rs. C-29/91 - Redmond Stichting, Slg. 1992 I-3189, Rdnr. 24.

32 Vgl. zu dieser Entwicklung *Moll,* RdA 1999, 233.

33 BAG v. 11.12.1997 - 8 AZR 426/94, NZA 1998, 532; BAG v. 11.12.1997 - 8 AZR 156/95, NZA 1999, 486, 487. Ähnlich BAG v. 28.5.2009 - 8 AZR 273/08, NZA 2009, 1267, 1269.

34 Zum Problem der Rechtssicherheit im Hinblick auf den Betriebsübergang *Schiefer*, FS für Leinemann, S. 761, 765.

35 BAG v. 21.5.2008 - 8 AZR 481/07, NZA 2009, 144, 146 m.w.N.

36 ErfK/*Preis,* § 613a BGB, Rdnr. 7, 21; MüKo/*Müller-Gloge,* § 613a BGB, Rdnr. 17 ff.

37 ErfK/*Preis,* § 613a BGB, Rdnr. 21.

4. Übergang unter Wahrung der Identität

Wann eine wirtschaftliche Einheit identitätswahrend übergeht, kann nicht allgemein beantwortet werden, sondern muss anhand der relevanten Umstände im Einzelfall bestimmt werden. Sicher nicht umfasst ist die Übertragung von Anteilen an einem Rechtsträger, der sogenannte „share deal".[38]

Der EuGH hat Kriterien[39] aufgestellt, anhand derer - im Rahmen einer *wertenden Gesamtbetrachtung* - festzustellen ist, ob es sich um eine wirtschaftliche Einheit handelt, die ihre Identität gewahrt hat.[40]

a) Art des Betriebs oder Unternehmens

Die Art eines Betriebs bzw. des übergeordneten Unternehmens ist bei Gewichtung der jeweils einschlägigen Kriterien von Bedeutung, und stellt kein eigenes Kriterium dar. Hintergrund ist, dass ein Produktionsbetrieb in viel höherem Maße auf sachliche Betriebsmittel angewiesen ist als ein reiner Dienstleistungsbetrieb, der von seinen Mitarbeitern und Geschäftsbeziehungen lebt. Daher müssen eventuelle Übergänge dieser Mittel auch unterschiedlich bewertet werden.[41] Dies kann sogar dazu führen, dass eine ihre Identität wahrende Einheit auch angenommen wird, wenn ein Kriterium überhaupt nicht erfüllt ist.[42] Allerdings darf eine Einteilung in Produktions- bzw. Dienstleistungsbetriebe nur Hilfestellung sein und es bedarf einer umfassenden Bewertung aller Indizien.[43]

b) Übergang oder Nichtübergang der materiellen Aktiva

Entgegen der früheren Ansicht des BAG, kann der Übergang oder Nichtübergang eines wesentlichen Teils der sachlichen Betriebsmittel demnach ein schwerwiegendes Indiz für das Vorliegen einer wirtschaftlichen Einheit sein, aber es wird kein Ergebnis vorgegeben. Dies kann bei betriebsmittelarmen Betrieben dazu führen, dass es auf das Erfordernis der Übertragung materieller

---

38 *Hromadka/Maschmann,* § 19, Rdnr. 2.

39 Die Kriterien des EuGH werden häufig kritisiert. *Hanau,* FS f. Küttner, S. 357, 363 bezeichnet sie beispielsweise als „Kriterien-Sammelsurium" und „ebenso viel- wie nichtssagend und praktisch unbrauchbar".

40 EuGH v. 18.3.1986, Rs. 24/85 - Spijkers, Slg. 1986, 1119, Rdnr. 13; EuGH v. 19.5.1992, Rs. C-29/91 - Redmond Stichting, Slg. 1992 I-3189, Rdnr. 24; MAH-Arbeitsrecht/*Cohnen/Tepass,* § 50, Rdnr. 14 ff.; *Kock,* BB 2007, 714, 715; *Müller-Bonanni,* NZA-Beil. 2009, Heft 1, 13.

41 EuGH v. 15.12.2005, Rs. C-232,233/04 - Güney-Görres, Slg. 2005, I-11237, Rdnr. 35; BAG v. 13.6.2006, 8 AZR 271/05, NZA 2006, 1101, 1103.

42 Dazu beispielsweise BAG v. 28.5.2009 - 8 AZR 273/08, NZA 2009, 1267, 1270.

43 BAG v. 6.4.2006 - 8 AZR 222/04, NZA 2006, 723.

Aktiva nicht ankommt.[44] Beim Übergang der materiellen Aktiva ist es ohne Bedeutung, ob das Eigentum an diesen übergeht; es reicht eine entsprechende Nutzungsvereinbarung wie zum Beispiel Pacht oder Nießbrauch.[45] Ausschlaggebend kann bei einer vorgenommenen Gesamtbetrachtung sein, ob es sich um wesentliche Teile der Betriebsmittel handelt, oder ob auf diese ohne weiteres verzichtet werden kann.[46] Nach Meinung des BAG handelt es sich um wesentliche Teile der Betriebsmittel, wenn „bei wertender Betrachtungsweise ihr Einsatz den eigentlichen Kern des zur Wertschöpfung erforderlichen Funktionszusammenhangs ausmacht.“[47]

c) Übergang von immateriellen Aktiva

Wie angesprochen, kommt es insbesondere bei Dienstleistungsbetrieben stärker auf den Übergang immaterieller Betriebsmittel bzw. auf deren Wert zum Zeitpunkt des Übergangs an. Diese können, insbesondere wenn der Betrieb nicht auf materielle Aktiva angewiesen ist, die sachlichen Mittel wertmäßig weit übersteigen, sodass einer Übertragung oder Nichtübertragung ein starker indizieller Wert zukommt. Zu den immateriellen Aktiva zählen - neben gewerblichen Schutzrechten - vor allem auch der „Goodwill“, aber auch das oben erwähnte „Know-how“ der Mitarbeiter.[48]

d) Übernahme oder Nichtübernahme der Hauptbelegschaft

Auch die Übernahme von Personal kann in die Bewertung mit einfließen. Es muss sich um einen - nach Zahl und Sachkunde - wesentlichen Teil der ehemaligen Belegschaft handeln. Werden also Arbeitnehmer ohne besonderes Fachwissen übernommen, muss es sich um eine große Anzahl handeln, um von einer wirtschaftlichen Einheit sprechen zu können. Bei Mitarbeitern mit einem hohen Qualifikationsgrad reicht eine geringere Anzahl.[49] Dieses Kriterium ist vor allem bei betriebsmittelarmen Betrieben von Bedeutung und kann dort den Ausschlag für die Beurteilung des Vorliegens eines Betriebsübergangs geben.[50]

---

44 Vgl. ErfK/*Preis,* § 613a BGB, Rdnr. 17 ff.

45 EuGH v. 12.11.1992, Rs. C-209/91 - Watson Rask, Slg. 1992 I-5755, Rdnr. 5; BAG v. 29.9.1988 - 2 AZR 107/88, NZA 1989, 799.

46 BÜK/*Dreher,* § 613a BGB, Rdnr. 56.

47 BAG v. 6.4.2006 - 8 AZR 222/04, NZA 2006, 723. Vgl. zu dieser Voraussetzung ausführlich *Müller-Bonanni,* NZA-Beil. 2009, Heft 1, 13.

48 ErfK/*Preis,* § 613a BGB, Rdnr. 23.

49 Vgl. BAG v. 11.12.1997, 8 AZR 729/96, NZA 1998, 534, 535; BAG v. 28.5.2009 - 8 AZR 273/08, NZA 2009, 1267, 1270.

50 Zur Kritik an diesem Kriterium, dass hierdurch der Unternehmer auf das Vorliegen einer wirtschaftlichen Einheit bewusst Einfluss nehmen kann, vgl. unten Erstes Kapitel I.4.h).

e) Eintritt in Kundenbeziehung

Weiter kann der Übergang der Kundschaft ein Indiz für das Vorliegen einer wirtschaftlichen Einheit sein. Dies ist direkt möglich, indem der neue Inhaber beispielsweise die Kundenkartei übernimmt, oder eine Vertriebsberechtigung für ein bestimmtes Gebiet erhält. Auch ein mittelbarer Eintritt ist denkbar, wenn der Nachfolger dieselbe Ware oder Dienstleistung an demselben Ort anbietet.[51]

f) Dauer einer eventuellen Unterbrechung der Tätigkeit

Ist die betriebliche Tätigkeit nicht durchgehend vorgenommen worden, kann die Dauer der Unterbrechung von Bedeutung sein. Insbesondere, wenn der Betrieb für einen wirtschaftlich relevanten Zeitraum geschlossen wird, kann dies gegen einen Betriebsübergang sprechen. Von einem relevanten Zeitraum kann ausgegangen werden, wenn damit zu rechnen ist, dass sich die ursprüngliche Stammkundschaft einen neuen Betrieb gesucht hat.[52] Bei Saisonbetrieben ist die Besonderheit solcher Betriebe entsprechend zu beachten.[53]

g) Grad der Ähnlichkeit der Tätigkeit vor und nach Übergang

Inwieweit sich die Tätigkeit vor und nach Übergang ähnelt, ist nach der Rechtsprechung des EuGH ein wesentlicher Indikator für oder gegen eine wirtschaftliche Einheit.[54] Der neue Inhaber muss dieselbe oder zumindest eine ähnliche Tätigkeit fortführen. Bei Produktionsbetrieben also beispielsweise dasselbe Produkt herstellen oder die einzelnen Mitarbeiter auf ihren Arbeitsplätzen mit denselben Aufgabenstellungen weiterarbeiten lassen. Als Anhaltspunkt kann ein verändertes Betriebskonzept dienen, da letzteres für einen größeren Änderungsgrad und somit gegen einen identitätswahrenden Übergang sprechen kann.[55]

Allerdings kann auch, wenn die Tätigkeit vor und nach Übergang dieselbe ist, nicht *nur* aus diesem Umstand auf das Vorliegen einer wirtschaftlichen Einheit geschlossen werden. Vielmehr ist dennoch auf andere Kriterien, wie Übergang von materiellen Betriebsmitteln, Arbeitnehmern oder ähnlichem, einzugehen. An dieser Stelle befindet sich einer der Schnittpunkte zwischen

---

51 BAG v. 2.12.1999 - 8 AZR 796/96, NZA 2000, 369; BAG v. 27.10.2005 - 8 AZR 568/04, NZA 2006, 668, 670; MüKo/*Müller-Glöge,* § 613a BGB, Rdnr. 48.

52 BAG v. 22.5.1997 - 8 AZR 101/96, NZA 1997, 1050, 1052; BAG v. 11.9.1997 - 8 AZR 555/95, NZA 1998, 31, 32.

53 EuGH v. 17.12. 1987, Rs. 287/86 - Landsorganisationen i Danmark for Tjenerforbundet i Danmark/Ny Mølle Kro, Slg. 1987, 5465.

54 EuGH v. 14.4.1994, Rs. C-392/92 - Christel Schmidt, NZA 1994, 545, Rdnr. 17.

55 Ausführlich *Kock,* BB 2007, 714, 715 f.

Betriebsübergang und bloßer Fortführung der Tätigkeit, also der Funktionsnachfolge.

h) Abgrenzung der sog. Funktionsnachfolge

Eine Funktions- oder Auftragsnachfolge begründet keinen Betriebsübergang.[56] Vielmehr bedarf es weiterer Faktoren, wie beispielsweise der Übernahme der für den Auftrag zuständigen Belegschaft.[57] Da beim Übergang materieller Aktiva kein Eigentumswechsel nötig ist und es ausreicht, wenn der neue Inhaber sein Recht aus einem Geschäft mit einem Dritten herleitet, erscheint die Abgrenzung zwischen Betriebsübergang und Auftragsnachfolge willkürlich. Insbesondere, wenn bei Neuvergabe des Auftrags die Nutzung der Sachmittel des Auftraggebers vorgeschrieben wird.[58] Das BAG versuchte dies zu entschärfen, indem es auf eine *eigenwirtschaftliche Nutzung* der sachlichen Betriebsmittel abstellte.[59] Diese Voraussetzung wurde allerdings durch den EuGH aufgegeben, da sie sich „weder aus dem Wortlaut der Richtlinie 2001/23/EG noch aus ihren Zielen" ergäbe.[60] Der EuGH ersetzte die Abgrenzungsmöglichkeit des BAG nicht durch eine andere. Problematisch ist, dass dadurch Tatbestand und Rechtsfolge verwischen: Alter und neuer Inhaber haben es durch die Art der Vertragsgestaltung in der Hand, wann die Voraussetzungen eines Betriebsübergangs vorliegen. Somit wird Unternehmern empfohlen, möglichst wenig Personal zu übernehmen, wenn sie einen Betriebsübergang vermeiden wollen.[61]

Im Anschluss an die Entscheidung *Güney-Görres* des EuGH hat das BAG seine Rechtsprechung den Vorgaben angepasst.[62] In der Folge hat das BAG als

---

56 BAG v. 11.12.1997 - 8 AZR 156/95, NZA 1999, 486; BAG v. 22.1.2009 - 8 AZR 158/07, NZA 2009, 905; BAG v. 28.5.2009 - 8 AZR 273/08, NZA 2009, 1267, 1270 f.

57 Auch wenn dies der EuGH Entscheidung v. 14.4.1994, Rs. C-392/92 - Christel Schmidt, Slg. 1994 I-1311 nicht eindeutig zu entnehmen war, wurde es durch die Entscheidung v. 11.3.1997, Rs. C-13/95 - Ayse Süzen, Slg. 1997 I-1259, Rdnr. 15, 16 klar gestellt.

58 *Hohenstatt/Grau,* NJW 2007, 29.

59 BAG v. 11.12.1997 - 8 AZR 426/94, NZA 1998, 532. Ausführlich zu dieser Entwicklung *Müller-Bonanni,* NZA-Beil. 2009, Heft 1, 13.

60 EuGH v. 15.12.2005, Rs. C-232,233/04 - Güney-Görres, Slg. 2005 I-11237, Rdnr. 39 ff.; dieser Entscheidung ist das BAG mit Urteil v. 13.6.2006 - 8 AZR 271/05, NZA 2006, 1102, 1104 gefolgt.

61 Zu diesem Problem ErfK/*Preis,* § 613a BGB, Rdnr. 39. Kritisch auch *Schlachter,* NZA 2006, 80.

62 BAG v. 6.4.2006 - 8 AZR 222/04, NZA 2006, 723; BAG v. 14.8.2007 - 8 AZR 1043/06, NZA 2007, 1431, 1433.

Voraussetzung für einen Betriebsübergang verlangt, dass sich die organisatorische Zusammensetzung der betreffenden Ressourcen nicht wesentlich verändert hat. Sofern der neue Inhaber die Ressourcen in eine bestehende Organisationsstruktur integriert, soll demnach kein Betriebsübergang vorliegen.[63] Auf eine Vorlagefrage des LAG Düsseldorf[64] hat der EuGH festgestellt, dass die Betriebsübergangsrichtlinie einschlägig ist, wenn die funktionelle Verknüpfung zwischen übertragenen Produktionsfaktoren beibehalten wird und der Erwerber diese für eine zumindest gleichartig gelagerte wirtschaftliche Tätigkeit nutzen kann, auch wenn die organisatorische Selbständigkeit eines Betriebsteils nicht beibehalten wird.[65]

Nach der momentanen Rechtsprechung des BAG setzt daher ein Betriebsübergang „den Fortbestand der organisatorischen Zusammenfassung und der funktionellen Verknüpfung von Ressourcen voraus".[66]

Diesbezüglich ist zu befürchten, dass die Fälle, in denen ein Betriebsübergang vorliegt, zunehmen werden.[67] Es bleibt zu hoffen, dass der EuGH keine weitere Aufweichung der Voraussetzungen vornimmt, oder zumindest beim Ablehnen nationaler Kriterien eine gewisse Kontur vorgibt.

5. Rechtsgeschäftlicher Übergang

a) Übergang auf neuen Inhaber

Eine saubere Trennung zwischen der Frage, ob eine ihre Identität wahrende wirtschaftliche Einheit vorliegt und diese auch übergegangen ist, ist schwierig. Dennoch kommt dem Vorliegen eines Übergangs durchaus eigenständige Bedeutung zu.

Voraussetzung ist, dass ein anderer Betriebsinhaber an die Stelle des bisherigen tritt, und der Betrieb tatsächlich fortgeführt wird. Es muss zu einem Wechsel der Rechtspersönlichkeit des Inhabers kommen, sodass auch ein Vertrag zwischen zwei Gesellschaften eines Konzerns einen Betriebsübergang

---

63 BAG v. 14. 8. 2007 - 8 AZR 1043/06, NZA 2007, 1431, 1434; ähnlich BAG v. 21.5.2008 – 8 AZR 481/07, NZA 2009, 144, 146 f.

64 Zur Kritik an diesem Vorgehen vgl. *Willemsen,* NZA 2009, 289, 290, der darauf hinweist, dass die Landesarbeitsgerichte „eine ihnen nicht genehme Revisionsrechtsprechung durch eine Art Sprungrevision zum EuGH zu kippen versuchen".

65 EuGH v. 12.2.2009, Rs. C-466/07 – Klarenberg/Ferrotron Technologies GmbH, NJW 2009, 2029, 2032, Rdnr. 53. Ausführlich zu diesem Urteil und den damit verbundenen Problemen *Willemsen,* NZA 2009, 289.

66 BAG v. 28.5.2009 - 8 AZR 273/08, NZA 2009, 1267, 1270. Ausführlich dazu BAG v. 22.1.2009 - 8 AZR 158/07, NZA 2009, 905.

67 Dazu *Grobys*, NJW 2009, 2032.

darstellt. Dies gilt jedoch für eine Veränderung der Rechtsform nicht.[68] Kein Wechsel des Inhabers liegt weiter vor, wenn ein Austausch der Komplementäre oder Kommanditisten einer KG erfolgt.[69] Anders ist dies im Rahmen einer Anwachsung von Gesellschaftsanteilen zu beurteilen, da bei dieser ein Inhaberwechsel erfolgt.[70]

Der neue Inhaber führt den Betrieb tatsächlich fort, wenn er die betriebliche Organisation und Leitungsmacht übernimmt, wobei die bloße Möglichkeit der Fortführung nicht ausreicht.[71] Der neue Inhaber muss den Willen zur Fortführung nach außen zeigen.[72] Abzugrenzen davon ist eine Betriebsstilllegung, da sich diese und ein Betriebsübergang gegenseitig ausschließen. Eine Stilllegung erfordert den ernstlichen und endgültigen Entschluss des Unternehmers, den Betrieb nicht weiter fortzuführen und die Schließung des Betriebs muss für eine unbestimmte, nicht unerhebliche Zeitspanne vorliegen.[73]

b) Rechtsgeschäftlich

Das Merkmal „durch Rechtsgeschäft" dient in erster Linie dazu den Anwendungsbereich des § 613a BGB insofern einzuschränken, dass die Übertragung kraft Hoheitsakt oder Gesamtrechtsnachfolge nicht von § 613a BGB erfasst werden.[74]

Ohne Bedeutung ist es, welche Art Rechtsgeschäft vorliegt.[75] Auch ein Wechsel des Eigentums an den Betriebsmitteln ist nicht erforderlich, Pacht, Nießbrauch o.Ä. reichen aus. Weiter bedarf es keiner unmittelbaren Rechtsbeziehung zwischen bisherigem und neuem Inhaber. Letzterer kann sein Recht

---

68 MüKo/*Müller-Gloge*, § 613a BGB, Rdnr. 55.

69 BAG v. 14.8.2007 - 8 AZR 803/06, NZA 2007, 1428.

70 Ob § 613a BGB auf Anwachsungsfälle anwendbar ist, wurde damit noch nicht geklärt. Ausführlich dazu *Schnitker/Grau*, ZIP 2008, 394, 397.

71 Dies gilt seit Anpassung der Rechtsprechung an die Vorgaben des EuGH, vgl. BAG v. 18.3.1999 - 8 AZR 159/98, NZA 1999, 704; BAG v. 15.12.2005 - 8 AZR 202/05, NZA 2006, 597.

72 BÜK/*Dreher*, § 613a BGB, Rdnr. 86.

73 Für die Arbeitnehmer ist diese Unterscheidung von enormer Bedeutung. Während bei einem Betriebsübergang keine Kündigung erfolgen darf, vgl. § 613a Abs. 1 Satz 1, Abs. 4 Satz 1 BGB, ist bei Stilllegung nach § 1 Abs. 2 Satz 1 KSchG die Rechtfertigung der Kündigungen aus betrieblichen Gründen möglich, vgl. ErfK/*Preis*, § 613a BGB, Rdnr. 56 f. und BAG v. 13.6.2006, 8 AZR 271/05, NZA 2006, 1101, 1103; BAG v. 28.5.2009 - 8 AZR 273/08, NZA 2009, 1267, 1268.

74 MüKo/*Müller-Glöge*, § 613a BGB, Rdnr. 62.

75 *Wank*, 50 Jahre BAG, S. 245, 253 f.

auch aus einem Rechtsgeschäft mit einem Dritten herleiten.[76] Es reicht, wenn ein Betrieb „im Rahmen vertraglicher Beziehungen" übergeht.[77]

Der Feststellung, dass die die Wirksamkeit des Rechtsgeschäfts nicht nötig sei,[78] kann nicht umfassend zugestimmt werden. Vielmehr reicht entgegen der Ansicht des BAG[79] die faktische Betriebsfortführung nicht aus, wenn der Schutz Geschäftsunfähiger entgegensteht. In solchen Fällen kann dem Geschäftsunfähigen nicht die Übernahme von Arbeitsverhältnissen aufgebürdet werden.[80]

Mit der Gesamtrechtsnachfolge wird deren klassischer Fall, die Erbschaft nach § 1922 BGB, ausgeschlossen. Davon abzugrenzen sind die Erbfälle, in denen der Übergang auf den Rechtsnachfolger keine Universalsukzession darstellt. So kann beispielsweise bei Übergang aufgrund eines Vermächtnisses oder eines Erbvertrags § 613a BGB Anwendung finden.[81] Eine darüber hinausgehende Herausnahme der Übernahme aus erbrechtlichen Gründen aus dem Anwendungsbereich ist grundsätzlich sinnvoll, da einige Anforderungen des § 613a BGB nicht zu den besonderen Gegebenheiten des Erbrechts passen.[82]

Hinsichtlich des Eintretens in die Arbeitsverträge lässt sich kein Unterschied zwischen einem rechtsgeschäftlichen Übergang und dem Übergang des Betriebs im Rahmen einer Gesamtrechtsnachfolge feststellen. Der Erwerber des Betriebs tritt, im Zuge der Gesamtrechtsnachfolge, automatisch in die Arbeitsverträge ein. Bezüglich der erbrechtlichen Konstellation ergibt sich dies aus § 1922 BGB, da nach diesem das Vermögen „als Ganzes" auf den oder die Erben übergeht.[83] Fraglich bleibt, was mit eventuell bestehenden Tarifverträgen und deren Regelungen passiert.

---

76 EuGH v. 12.11.1992, Rs. C-209/91 - Watson Rask, Slg. 1992 I-5755; BAG v. 29.9.1988 - 2 AZR 107/88, NZA 1989, 799, 800; BAG v. 11.12.1997, 8 AZR 426/94, NZA 1998, 532, 533; BAG v. 28.5.2009 - 8 AZR 273/08, NZA 2009, 1267, 1270.

77 MüKo/*Müller-Glöge,* § 613a BGB, Rdnr. 64.

78 *Brox/Rüthers/Henssler*, Rdnr. 605; MAH-Arbeitsrecht/*Cohnen/Tepass,* § 50, Rdnr. 73.

79 BAG v. 6.2.1985 - 5 AZR 411/83, NZA 1985, 735.

80 Vgl. ausführlich *Loritz*, RdA 1987, 65, 75, der jedes andere Ergebnis als „Absonderlichkeit" bezeichnet. Wie hier auch *Schröder,* NZA 1986, 286; MüKo/*Müller-Glöge,* § 613a BGB, Rdnr. 67; ErfK/*Preis,* § 613a BGB, Rdnr. 61.

81 Däubler/*Lorenz,* § 3 TVG, Rdnr. 138 f.

82 Ausführlich MüKo/*Müller-Glöge,* § 613a BGB, Rdnr. 63.

83 Zur Gesamtrechtsnachfolge bei Erbschaft und deren Auswirkungen MüKo/*Leipold,* § 1922 BGB, insbesondere Rdnr. 20, 41 ff., 93 ff.

Ein weiterer Fall der Gesamtrechtsnachfolge, die Anwachsung von Gesellschaftsanteilen, ist schwieriger zu beurteilen. Die Anwendung von § 613a BGB auch auf diese Fälle erscheint möglich, da auch hier der Betrieb „im Rahmen vertraglicher Beziehungen" übergeht.[84] Ausgehend vom Arbeitnehmerschutz in seiner Form des Bestandsschutzes ist eine Anwendung sogar gefordert.

6. Besonderheiten im Bereich des Umwandlungsrechts

Für Gesamtrechtsnachfolgen im Anwendungsbereich des Umwandlungsrechts schreibt § 324 UmwG vor, dass § 613a Abs. 1, 4 bis 6 BGB durch die Wirkungen der Eintragung einer Verschmelzung, Spaltung oder Vermögensübertragung unberührt bleibt. Welche Rechtsfolgen diese Vorschrift hat, ist im Einzelnen umstritten. Einig ist man sich, dass durch § 324 UmwG die angesprochenen Absätze des § 613a BGB für direkt anwendbar erklärt werden.[85]

a) Von § 324 UmwG erfasste Umwandlungsarten

Die Vorschrift betrifft nur Verschmelzung, Spaltung und Vermögensübertragung, da die weitere Form der Umwandlung, der Formwechsel i.S.d. §§ 190 ff. UmwG, keine Gesamtrechtsnachfolge auslöst.[86]

Zu einer *Verschmelzung* i.S.d. UmwG müssen die Vermögen mehrerer Rechtsträger vereinigt, und gleichzeitig die übertragenden Rechtsträger liquidationslos aufgelöst werden. Dies geschieht durch Gesamtrechtsnachfolge. Die Anteilsinhaber[87] der übertragenden Rechtsträger erhalten eine Beteiligung am übernehmenden Rechtsträger und geben dafür die Anteile des aufgelösten Rechtsträgers ab.[88] Eine solche Verschmelzung kann in zwei Arten eingeteilt werden: Die Verschmelzung durch Aufnahme (§ 2 Nr. 1 UmwG) und die Verschmelzung durch Neugründung (§ 2 Nr. 2 UmwG).

---

84 So auch *Schnitker/Grau,* ZIP 2008, 394, 397. Das BAG hat diese Frage offen gelassen, vgl. BAG v. 21.2.2008 - 8 AZR 157/07, NZA 2008, 815.

85 Semler/Stengel/*Simon,* § 324 UmwG, Rdnr. 1.

86 Wie bereits festgehalten, ist bei einem Formwechsel i.S.d. UmwG keine Anwendung des § 613a BGB denkbar, da kein Inhaberwechsel und damit kein Übergang des Betriebs stattfindet. Insofern hat § 324 UmwG nur klarstellende Funktion, vgl. Semler/Stengel/*Simon,* § 324 UmwG, Rdnr. 4.

87 Nach der Legaldefinition des § 2 UmwG sind darunter Gesellschafter, Partner, Aktionäre oder Mitglieder zu verstehen.

88 Semler/Stengel/*Stengel,* § 2 UmwG, Rdnr. 3.

Bei einer *Spaltung* werden aus einem Rechtsträger, unter Aufteilung seines Vermögens, mehrere Rechtsträger.[89] Es gibt drei verschiedene Arten der Spaltung: Die Aufspaltung (§ 123 Abs. 1 UmwG), die Abspaltung (§ 123 Abs. 2 UmwG) und die Ausgliederung (§ 123 Abs. 3 UmwG).

Die letzte von § 324 UmwG angesprochene Umwandlungsform ist die *Vermögensübertragung.* Diese ist aufgeteilt in die Vollübertragung (174 Abs. 1 UmwG) und die Teilübertragung (§ 174 Abs. 2 UmwG). Der Unterschied zu den genannten Umwandlungsformen liegt darin, dass die Gegenleistung zu der genannten Übertragung nicht in Anteilen oder Mitgliedschaften an dem empfangenden Rechtsträger besteht. Es handelt sich bei dieser Umwandlungsform um einen Auffangtatbestand.[90]

b) § 324 UmwG als Rechtsgrundverweisung

§ 324 UmwG ist nach allgemeiner Ansicht eine Rechtsgrundverweisung.[91] Dies hat auch das BAG bestätigt.[92] Demnach muss im Einzelfall festgestellt werden, ob ein Betriebsübergang vorliegt; ob also eine wirtschaftliche Einheit identitätswahrend übergangen ist. Wird dies bejaht, ist es unerheblich, dass es sich bei den benannten Umwandlungsformen um Formen der Gesamtrechtsnachfolge handelt. Vielmehr ist mit Verweis auf § 324 UmwG die Frage, ob die Übertragung „im Rahmen vertraglicher Beziehungen" stattgefunden hat, danach zu beurteilen, unter welchen Umständen es zu einer Umwandlung gekommen ist. Ist diese rechtsgeschäftlich bedingt, genügt der jeweilige, der Umwandlung zugrunde liegende, Vertrag.[93]

Problematisch kann die Voraussetzung des Inhaberwechsels sein. Bei einer Spaltung ist beispielsweise entscheidend, ob Teile des ursprünglichen Unternehmens identisch mit dem neuen Inhaber sind.[94] Bei einer Verschmelzung durch Neugründung findet hingegen stets ein Inhaberwechsel statt, sodass in diesen Fällen § 613a Abs. 1 BGB immer Anwendung findet.[95]

---

89 Kallmeyer/*Kallmeyer,* § 126 UmwG, Rdnr. 1.

90 Semler/Stengel/*Fonk,* § 174 UmwG, Rdnr. 1 f.

91 Semler/Stengel/*Simon,* § 324 UmwG, Rdnr. 3; *Nießen,* NJW Spezial 2008 Heft 20, 623; ErfK/*Preis,* § 613a BGB, Rdnr. 181; HK/*Tempelmann,* § 324 UmwG, Rdnr. 3; MüKo/*Müller-Glöge,* § 613a BGB, Rdnr. 63, 218; HWK/*Willemsen,* § 324 UmwG, Rdnr. 1; Kallmeyer/*Willemsen,* § 324 UmwG, Rdnr. 2; *Prange,* NZA 2002, 817, 818; *Zöllner/Loritz/Hergenröder*, S. 244; *Zerres,* ZIP 2001, 359, 360; Däbuler/*Lorenz,* § 3 TVG, Rdnr. 147.

92 BAG v. 25.5.2000 - 8 AZR 416/99, NZA 2000, 1115, 1117.

93 Dazu Semler/Stengel/*Simon,* § 324 UmwG, Rdnr. 11.

94 MüKo/*Müller-Glöge,* § 613a BGB, Rdnr. 55.

95 *Zerres,* ZIP 2001, 359, 360.

7. Insolvenz und Betriebsübergang

Die Betriebsübergangsrichtlinie sieht in Art. 5 Abs. 1 vor, dass seitens der Mitgliedstaaten Regelungen getroffen werden können, die zwingenden Vorgaben bezüglich der tarifvertraglichen Weitergeltung im Rahmen eines Insolvenzverfahrens nicht gelten zu lassen. Der nationale Gesetzgeber hat keine dahingehenden Sonderregelungen erlassen.[96] Die - vorläufige - Weiterführung eines Betriebs durch den Insolvenzverwalter gilt nicht als Betriebsübergang im hier geforderten Sinne.[97] Darüber hinausgehende Einschränkungen sind weder durch § 613a BGB noch in der Insolvenzordnung vorgesehen, sodass § 613a BGB anwendbar ist, wenn der Betrieb vom Insolvenzverwalter erworben wird.[98] Allerdings hat das BAG Haftungsbeschränkungen des Betriebserwerbers entwickelt. Diese können greifen, wenn der Betrieb *nach Eröffnung des Insolvenzverfahrens* erworben wird.[99]

II. Der Tarifvertrag

Von Bedeutung ist weiter der Begriff des Tarifvertrags, seine Funktion, die Unterscheidung von Firmen- und Verbandstarifvertrag,[100] aber auch die arbeitsvertragliche Bezugnahme auf Tarifverträge.

Im Folgenden soll ein kurzer Überblick über grundlegende Aspekte gegeben werden. Sofern einzelne Fragestellungen von besonderer Relevanz für das vorliegende Thema sind, werden sie im weiteren Verlauf erneut aufgegriffen und ausführlicher dargelegt.

1. Funktionen des Tarifrechts

Lange waren Arbeitnehmer ihren - potentiellen - Arbeitgebern in Bezug auf Arbeitsverträge und damit auch den Arbeitsbedingungen quasi schutzlos ausgeliefert. Es herrschte ein starkes Ungleichgewicht zuungunsten der Arbeitnehmer. Durch das Tarifvertragsrecht wird es den Arbeitnehmern ermöglicht, ihre Interessen gemeinsam durchzusetzen und somit eine stärkere Verhandlungsposition zu erreichen.[101]

---

96 Dazu *Lembke,* BB 2007, 1333.

97 MüKo/*Müller-Glöge,* § 613a BGB, Rdnr. 69; ErfK/*Preis,* § 613a BGB, Rdnr. 63.

98 *Hromadka/Maschmann,* § 19, Rdnr. 54.

99 Ausführlich *Lembke,* BB 2007, 1333 ff.

100 Neben der Einteilung in Firmen- und Verbandstarifvertrag sind weitere Einteilungen des Tarifvertrags denkbar, vgl. *Zöllner/Loritz/Hergenröder,* S. 353 f.

101 Dies wird nicht mehr nur als Vorteil gesehen. Teilweise wird auf beiden Seiten von Bevormundung anstatt von Unterstützung gesprochen, vgl. *Hromadka/Maschmann,* § 11 Rdnr. 10 und *Zöllner/Loritz/Hergenröder*, S. 347 f.

Der Arbeitnehmerschutz ist auch heute noch Hauptzweck. Dieser soll erfüllt werden, indem durch einen Tarifvertrag Mindestbedingungen für die einzelnen Arbeitsverhältnisse vorgegeben werden.[102]

Das Tarifrecht hat auch eine allgemeine Ordnungsfunktion, die nicht nur dem Arbeitnehmer, sondern auch dem Arbeitgeber zugute kommt. Letzterem entsteht ein weitaus geringerer Verwaltungsaufwand, wenn nicht jeder Arbeitsvertrag bezüglich jeden Details individuell ausgehandelt werden muss, sondern auf typisierte Verträge zurückgegriffen werden kann. Weiter kann der Unternehmer über einen längeren Zeitraum mit feststehenden Arbeitslöhnen kalkulieren.[103] Außerdem erfüllt ein bestehender Tarifvertrag eine weitere wichtige Funktion: während seiner Laufzeit darf kein Arbeitskampf geführt werden, sofern die betroffenen Fragen im Tarifvertrag geregelt wurden: Es herrscht Friedenspflicht.[104]

2. Begriff und Inhalt des Tarifvertrags

Der Tarifvertrag besteht aus einem schuldrechtlichen und einem normativen Teil.

Der *schuldrechtliche Teil* gilt nur für die Vertragsparteien, also für die Arbeitgeberverbände bzw. den Arbeitgeber auf der einen und die Gewerkschaften auf der anderen Seite. Neben der Friedenspflicht ist die wichtigste gegenseitige Pflicht die Durchführungspflicht.[105] Diese umfasst neben einer allgemeinen Erfüllungspflicht auch eine Einwirkungspflicht. Letztere ergibt sich aus der Besonderheit der tarifrechtlichen Struktur: die „Betroffenen" der Regelungen sind nicht die Tarifvertragsparteien, sondern deren Mitglieder. Auf diese muss unter Umständen seitens der Tarifvertragsparteien eingewirkt werden, um die Einhaltung der Regelungen zu gewährleisten.[106]

---

102 Zur Geschichte des Tarifvertrags Wiedemann/*Oetker,* Geschichte, Rdnr. 1 ff. und zur Schutzfunktion Wiedemann/*Wiedemann,* Einleitung, Rdnr. 3; *Löwisch/Rieble,* Grundlagen, Rdnr. 4.

103 *Zöllner/Loritz/Hergenröder*, S. 348 f.; Wiedemann/*Wiedemann,* Einleitung, Rdnr. 13 ff.; *Hromadka/Maschmann,* § 13, Rdnr. 42 ff.

104 ErfK/*Franzen,* § 1 TVG, Rdnr. 2. Dabei muss unterschieden werden zwischen der relativen und der absoluten Friedenspflicht. Die absolute Friedenspflicht verbietet jede Form des Arbeitskampfs und muss ausdrücklich vereinbart werden, während die relative Friedenspflicht jedem Tarifvertrag immanent ist und sich auf Arbeitskämpfe gegen bestehende Tarifverträge oder einzelne tarifliche Regelungen richtet, vgl. MünchHdbArbR-II/*Ricken,* § 200, Rdnr. 31.

105 MünchHdbArbR-II/*Rieble/Klumpp,* § 163, Rdnr. 20; *Lieb/Jacobs,* Rdnr. 480.

106 Dies gilt nur sofern dies auch zumutbar ist. Dazu *Zöllner/Loritz/Hergenröder*, S. 370 f. Ausführlich auch Kempen/Zachert/*Zachert,* § 1 TVG, Rdnr. 668 ff.

Der *normative* Teil des Tarifvertrags wirkt hingegen unmittelbar und zwingend von außen[107] auf alle Arbeitsverhältnisse ein, bei denen der Geltungsbereich des Tarifvertrags betroffen ist und beide Arbeitsvertragsparteien tarifgebunden sind, vgl. § 4 Abs. 1 TVG. Die Regelungen wirken wie Rechtsnormen und beeinflussen den Arbeitsvertrag automatisch und unabdingbar.[108] Dies allerdings mit zwei Einschränkungen: Nach § 4 Abs. 3 TVG ist eine Abweichung möglich, wenn der Tarifvertrag selbst eine solche durch sogenannte Öffnungsklauseln zulässt oder eine Abweichung *zugunsten* des Arbeitnehmers vorgenommen wird, sogenanntes Günstigkeitsprinzip.[109] Eine solche normative Wirkung ist eine Konstellation, die dem Zivilrecht fremd ist, da der Tarifvertrag auch für Außenstehende und nicht nur für die Vertragsparteien wirkt.[110]

3. Voraussetzungen für die normative Wirkung des Tarifvertrags

Nach § 4 Abs. 1 Satz 1 TVG tritt die normative Wirkung des Tarifvertrags ein, wenn das Arbeitsverhältnis in den Geltungsbereich des Tarifvertrags fällt, und beide Vertragspartner tarifgebunden sind.

a) Tarifgebundenheit

Beide Vertragspartner müssen nach § 3 Abs. 1 TVG tarifgebunden sein. Demnach sind zum einen die Mitglieder der Tarifvertragsparteien tarifgebunden, also die Mitglieder der Gewerkschaften und die der Arbeitgeberverbände.

---

107 Zum Teil wird vertreten, dass die Wirkungen des Tarifvertrags nicht von außen sondern privatautonom auf die Arbeitsverträge einwirken. Interessant auch *Rieble,* ZfA 2000, S. 5 ff., 24, der anregt, den Tarifvertrag als kollektiv-privatautonomen Vertrag zu sehen, der für die Mitglieder der schließenden Parteien kraft Unterwerfung gilt. Auch wenn diese Meinung einige Aspekte im Rahmen des Betriebsübergangs vereinfachen würde, ist diese Ansicht abzulehnen: Allein die Existenz von § 613a Abs. 1 S. 2 BGB zeigt, dass der Gesetzgeber von einer normativen Wirkung der tarifvertraglichen Normen ausgeht. Andernfalls wäre die Vorschrift überflüssig. Ähnlich und mit einem kurzen Überblick über die diesbezügliche Entwicklung *Bepler,* RdA 2009, 65, 65 f.

108 MünchHdbArbR-II/*Rieble/Klumpp,* § 163, Rdnr. 1; *Lieb/Jacobs,* Rdnr. 467.

109 *Zöllner/Loritz/Hergenröder*, S. 373 ff. Zum Günstigkeitsprinzip Wiedemann/*Wank,* § 4 TVG, Rdnr. 381 ff.

110 Daher ist auch die dogmatische Begründung der normativen Wirkung des Tarifvertrags nicht unproblematisch. Die wohl h.M. geht davon aus, dass der Staat die Rechtsetzungsmacht an die Tarifparteien delegiert, vgl. zum Streitstand Däubler/*Reim,* § 1 TVG, Rdnr. 36 ff. und *Hromadka/Maschmann,* § 13, Rdnr. 9 ff.

Daneben ist auch der Arbeitgeber, der selbst Partei des Tarifvertrags ist, tarifgebunden (vgl. § 2 Abs. 1 TVG).

(1) Verbands- und Firmentarifvertrag

Bei Vorliegen eines *Verbandstarifvertrags* ist Tarifgebundenheit gegeben, wenn der Arbeitnehmer Mitglied der Gewerkschaft und der Arbeitgeber Mitglied des Arbeitgeberverbandes ist. Wann eine solche Mitgliedschaft gegeben ist, ergibt sich aus den jeweiligen Satzungen der Gewerkschaften bzw. der Arbeitgeberverbände.[111]

Bei einem *Firmentarifvertrag* liegt Tarifgebundenheit nur für einen einzelnen Arbeitgeber vor. Dieser muss nicht Mitglied eines Arbeitgeberverbands sein. Folglich sind alle Arbeitsverhältnisse von den Regelungen des Tarifvertrags betroffen, bei denen der Arbeitnehmer Mitglied der Gewerkschaft ist, die den betreffenden Firmentarifvertrag mit dem tarifgebundenen Arbeitgeber geschlossen hat.[112]

Eine Mischung stellt der *firmenbezogene Verbandstarifvertrag* dar: Vertragspartner des Tarifvertrags sind eine Gewerkschaft und ein Arbeitgeberverband. Der Geltungsbereich wird aber auf ein bestimmtes Unternehmen beschränkt.[113] Dessen Zulässigkeit ist umstritten.[114] Geht man davon aus, dass diese Form des Tarifvertrags im Einzelfall zulässig ist, müssen die Grundsätze des Verbandtarifvertrags angewendet werden.[115]

(2) Allgemeinverbindlichkeitserklärung

Auf eine beidseitige Tarifgebundenheit wird verzichtet, wenn ein Tarifvertrag durch den Bundes- oder Landesarbeitsminister[116] als allgemeinverbindlich erklärt wird, vgl. § 5 Abs. 4 TVG. Dann wirkt der Tarifvertrag innerhalb seines Geltungsbereichs für alle Arbeitsverträge. Für eine solche Allgemeinverbindlichkeitserklärung bedarf es eines öffentlichen Interesses.[117] Auf den Inhalt des

---

111 Kempen/Zachert/*Kempen,* § 3 TVG, Rdnr. 7; *Hromadka/Maschmann,* § 13, Rdnr. 240.

112 *Brox/Rüthers/Henssler*, Rdnr. 712.

113 Ausführlich Däubler/*Reim,* § 1 TVG, Rdnr. 65 ff.; Wiedemann/*Oetker,* § 2 TVG, Rdnr. 184 ff.

114 Vgl. dazu *Zöllner/Loritz/Hergenröder*, S. 361 f.; Wiedemann/*Oetker,* § 2 TVG, Rdnr. 186 ff.; *Meyer,* NZA 2004, 366.

115 Für die vorliegende Thematik ist dies der entscheidende Punkt.

116 Die Erklärung erfolgt auf Antrag einer Tarifvertragspartei und im Einvernehmen mit dem sogenannten „Tarifausschuss", vgl. *Hromadka/Maschmann*, § 13, Rdnr. 251.

117 Die Allgemeinverbindlichkeitserklärung muss im öffentlichen Interesse geboten erscheinen. Es ist eine Abwägung aller Interessen nötig, vgl. *Hromadka/Maschmann*, § 13, Rdnr. 251. Eine weitere materielle Voraussetzung ist, dass mindestens die Hälf-

Tarifvertrags hat die Allgemeinverbindlichkeitserklärung keinen Einfluss. Insbesondere kann auch nicht der Geltungsbereich geändert werden.[118] Grundsätzlich wäre auch die Allgemeinverbindlichkeitserklärung eines Firmentarifvertrags denkbar, wobei in diesen Fällen meist die Voraussetzungen nicht erfüllt sein werden.[119] Die Rechtsnatur der Allgemeinverbindlichkeitserklärung ist umstritten. Es ist aber davon auszugehen, dass es sich um einen Rechtsetzungsakt eigener Art handelt.[120]

Diese Allgemeinverbindlichkeitserklärung stellt den Ausnahmefall dar. So waren im Oktober 2009 von 64.300 gültigen Tarifverträgen nur 460 als allgemeinverbindlich erklärt.[121] Das sind weniger als 1 %.

b) Geltungsbereich

Als zweite Voraussetzung der normativen Wirkung eines Tarifvertrags muss sich das Arbeitsverhältnis im Geltungsbereich des Tarifvertrags befinden, den die Tarifvertragsparteien selbst bestimmen.[122] Dies geschieht in räumlicher, betrieblicher, fachlicher, zeitlicher und persönlicher Hinsicht.[123]

Neben der Feststellung des geografischen Raumes, innerhalb dessen ein Tarifvertrag auf die dort gelegenen Betriebe anwendbar sein soll, kann die Vereinbarung des *räumlichen* Geltungsbereiches auch die Frage umfassen, ob der Sitz eines Unternehmens oder der Betrieb- oder sogar Betriebsteilort ausschlaggebend für die Bestimmung der Reichweite der Wirkung des Tarifver-

---

te der Arbeitnehmer, die von dem Geltungsbereich des Tarifvertrags betroffen sind, in Beschäftigung bei tarifgebundenen Arbeitnehmern stehen, vgl. § 5 Abs. 1 TVG. Von einer solchen Allgemeinverbindlichkeit muss nicht der gesamte Tarifvertrag erfasst sein. Vielmehr ist auch eine Beschränkung auf bestimmte Aspekte möglich, vgl. *Löwisch/Rieble*, § 5 TVG, Rdnr. 25.

118 Wiedemann/*Wank*, § 5 TVG, Rdnr. 128; *Zöllner/Loritz/Hergenröder*, S. 393.

119 MünchHdbArbR-II/*Rieble/Klumpp*, § 179, Rdnr. 18; *Löwisch/Rieble*, § 5 TVG, Rdnr. 21; Kempen/Zachert/*Kempen*, § 5 TVG, Rdnr. 22.

120 *Lieb/Jacobs*, Rdnr. 551; *Zöllner/Loritz/Hergenröder*, S. 394 f. Vgl. zum Meinungsstand Wiedemann/*Wank*, § 5 TVG, Rdnr. 30 ff.

121 Zu den jeweils aktuellen Zahlen der als allgemeinverbindlich erklärten Tarifverträge www.bmas.de/portal/13548/allgemeinverbindliche_tarifvertraege.html.

122 Die Bestimmung des Geltungsbereichs muss durch die Tarifvertragsparteien nicht ausdrücklich vereinbart werden, sondern kann sich durch Auslegung des Tarifvertrags ergeben, vgl. dazu Wiedemann/*Wank*, § 4 TVG, Rdnr. 106.

123 Die Einteilung des Geltungsbereichs wird nicht einheitlich vorgenommen. Abweichend z.B. *Hromadka/Maschmann*, § 13 Rdnr. 210 ff.; *Löwisch/Rieble*, § 4 TVG, Rdnr. 68 ff. Wie hier *Brox/Rüthers/Henssler*, Rdnr. 719 ff.; ähnlich wie hier auch Wiedemann/*Wank*, § 4 TVG, Rdnr. 96 ff.; MünchHdbArbR-II/*Rieble/Klumpp*, § 170, Rdnr. 3 ff.

trags sein soll.[124] Bei Bestimmung, in welchem Geltungsbereich ein Arbeitsverhältnis liegt, kommt es in erster Linie auf die Auslegung des Tarifvertrags an. Enthält dieser keine Regelung, muss auf den Schwerpunkt des Arbeitsverhältnisses abgestellt werden.[125]

Durch den *betrieblichen* Geltungsbereich legen die Tarifpartner fest, für welche Branche der Verbandstarifvertrag gelten soll, während der Firmentarifvertrag für alle Betriebe des Unternehmens gilt.[126] Der *fachliche* Geltungsbereich betrifft die Frage, welcher Art die Tätigkeiten der Arbeitnehmer sein müssen, um die jeweiligen Arbeitsverträge in den Bereich des Tarifvertrags fallen zu lassen. Der *persönliche* Geltungsbereich umfasst Eigenschaften des Arbeitnehmers, die diesen persönlich betreffen.[127]

Letztlich betrifft der *zeitliche* Geltungsbereich Beginn und Ende der normativen Wirkung des Tarifvertrags.[128] Sofern nichts anderes tarifvertraglich vereinbart wird, beginnt die Wirkung eines Tarifvertrags mit Abschluss[129] und endet zu einem bestimmten Zeitpunkt bzw. ist ab einem bestimmten Zeitpunkt kündbar. Möglich ist auch ein Aufhebungsvertrag.[130]

4. Individualvertragliche Bezugnahmeklauseln

Neben der Allgemeinverbindlichkeitserklärung besteht eine weitere Möglichkeit Außenseiter in die Wirkung der Tarifverträge einzubeziehen: Durch eine Bezugnahme auf einen Tarifvertrag oder einen Teil dessen im Arbeitsvertrag, haben die Arbeitsvertragsparteien selbst die Möglichkeit, Regelungen des Tarifvertrags Inhalt des Vertrags werden zu lassen.[131] Durch diese Bezugnahme wird keine normative Wirkung der tarifvertraglichen Regelungen begründet. Es handelt sich um eine rein schuldrechtliche Abmachung.[132]

---

124 *Löwisch/Rieble,* § 4 TVG, Rdnr. 69; *Zöllner/Loritz/Hergenröder*, S. 387. Die Festlegung dieses Geltungsbereichs variiert innerhalb der einzelnen Wirtschaftszweige, vgl. Wiedemann/*Wank,* § 4 TVG, Rdnr. 115.

125 Ausführlich dazu Wiedemann/*Wank,* § 4 TVG, Rdnr. 124 ff.

126 *Zöllner/Loritz/Hergenröder*, S. 388. Vgl. Kempen/Zachert/*Kocher/Stein,* § 4 TVG, Rdnr. 98, die dies allerdings als betrieblich-fachlichen Geltungsbereich bezeichnen.

127 *Lieb/Jacobs,* Rdnr. 511. Zum persönlichen Geltungsbereich auch Däubler/*Deinert,* § 4, Rdnr. 418 ff.

128 Ausführlich Däubler/*Deinert,* § 4, Rdnr. 446 ff.

129 *Zöllner/Loritz/Hergenröder*, S. 387; ErfK/*Franzen,* § 4 TVG, Rdnr. 18.

130 MünchHdbArbR-II/*Rieble/Klumpp,* § 166, Rdnr. 1 ff. und § 170, Rdnr. 19; *Lieb/Jacobs,* Rdnr. 511.

131 Kempen/Zachert/*Stein,* § 3 TVG, Rdnr. 143 ff.

132 Dazu noch unten Sechstes Kapitel.

Zweites Kapitel
Weitergeltung tarifvertraglicher Regelungen nach kollektivrechtlichen Grundsätzen

Besteht ein kollektivrechtlich gültiger Tarifvertrag für einen Betrieb vor dessen Übergang, stellt sich die Frage, wie die tariflichen Regelungen nach Übergang zu behandeln sind. Eine Möglichkeit ist, diese kollektivrechtlich weitergelten zu lassen. Dies ist wiederum auf zwei Arten denkbar. Zum einen könnte der Erwerber per se tarifgebunden sein, zum anderen könnte der Erwerber in die Tarifgebundenheit des Veräußerers „eintreten". Bevor auf diese Möglichkeiten eingegangen werden kann, muss der Frage nachgegangen werden, ob eine kollektivrechtliche Weitergeltung durch die Existenz des § 613a BGB ausgeschlossen wird.

I. § 613a Abs. 1 S. 2 BGB als Auffangtatbestand

1. Grundsätzliche Überlegungen

Interpretiert man § 613a Abs. 1 S. 2 bis 4 BGB als abschließende Regelung, wäre neben der Möglichkeit des § 613a Abs. 1 S. 3 BGB[133] keine Geltung kollektivrechtlicher Normen nach tarifrechtlichen Vorschriften denkbar. Mit der h.M. ist anzunehmen, dass § 613a Abs. 1 S. 2 BGB ein Auffangtatbestand ist.[134] Hauptzweck der Vorschrift ist unbestritten der Arbeitnehmerschutz in

---

133 Demnach findet § 613a Abs. 1 S. 2 BGB keine Anwendung, wenn die Rechte und Pflichten bei dem neuen Inhaber durch Rechtsnormen eines *anderen* Tarifvertrags geregelt sind. Dies betrifft nicht die Weitergeltung des bisherigen Tarifvertrags. Hierauf wird im Fünften Kapitel näher eingegangen.

134 BAG v. 27.7.1994 - 7 ABR 37/93, NZA 1995, 222, 225; BAG v. 24.6.1998 - 4 AZR 208/97, NZA 1998, 13461347 f.; BAG v. 20.6.2001 - 4 AZR 295/00, NZA 2002, 517; BAG v. 29.8.2001 - 4 AZR 332/00, NZA 2002, 513, 514; *Löwisch/Rieble,* § 3 TVG, Rdnr. 198; Erman/*Edenfeld,* § 613a BGB, Rdnr. 73; *Boecken,* Unternehmensumwandlungen, Rdnr. 183; Däubler/*Lorenz,* § 3 TVG, Rdnr. 128, 146; ErfK/*Preis,* § 613a BGB, Rdnr. 112; MünchHdbArbR-I/*Wank,* § 102, Rdnr. 163; *Hanau/Vossen,* FS f. Hilger/Stumpf, S. 271, 272; *Heinze,* FS f. Schaub, S. 275, 278; *ders.,* DB 1998, 1861, 1862; *Moll,* NJW 1993, 2016, 2020; *Wank,* NZA 1987, 505, 506; *Prange,* NZA 2002, 817, 819; MüKo/*Müller-Glöge,* § 613a BGB, Rdnr. 129; *Jung,* RdA 1981, 360, 364; Wiedemann/*Wank,* § 3 TVG, Rdnr. 202 ff.; *Kempen,* BB 1991, 2006, 2007; Kempen/Zachert/*Kempen,* § 3 TVG, Rdnr. 100; *Bepler,* RdA 2009, 65, 66; *Zöllner/Loritz/Hergenröder*, S. 250; *Hergenröder,* 50 Jahre BAG, S. 713, 717 f.; *Gussen/Dauck,* Rdnr. 184; *Melot de Beauregard,* NJW 2006, 2522, 2523; *Zöllner,* DB 1995, 1401; Bachner/Köstler/Matthießen/Trittin/*Trittin,* § 5, Rdnr. 124 f.;

Form des Bestandsschutzes. Daher macht eine Weitergeltung nach § 613a BGB nur Sinn, wenn nicht schon eine kollektivrechtliche Weitergeltung vorliegt. Andernfalls würde § 613a Abs. 1 S. 2 BGB in manchen Konstellationen nicht den Schutz des Arbeitnehmers bewirken, sondern das Gegenteil: Folgt man der h.M., bleibt nach § 613a Abs. 1 S. 2 BGB nicht der gesamte Tarifvertrag erhalten, sondern nur bestimmte Regelungsgegenstände. Außerdem ist nach § 613a Abs. 1 S. 2 BGB eine Veränderungssperre von einem Jahr vorgesehen. Dies bedeutet, dass danach eine Abänderung möglich ist – sofern der Arbeitnehmer zu einem Änderungsvertrag bereit ist, oder die Voraussetzungen einer Änderungskündigung vorliegen. Je nach Laufzeit des Tarifvertrags kann dies zu einer Verkürzung der Geltung führen. Kommt eine tarifrechtliche Weitergeltung der Tarifvertragsnormen infrage, lehnt man eine solche aber unter Hinweis auf § 613a Abs. 1 S. 2 BGB ab, wäre dies ein Nachteil für die Arbeitnehmer, da eine kollektivrechtliche Weitergeltung des Tarifvertrags nach Betriebsübergang für die Arbeitnehmer die umfangreichere und bessere Lösung darstellt. Allerdings ist bei Frage nach der Tarifgebundenheit auf die Interessen des Erwerbers zu achten. Unter Umständen kommt diesem aber eine Weitergeltung ebenfalls entgegen.

Interessant ist auch, ob die dogmatische Einordnung der Wirkungsweise des § 613a Abs. 1 S. 2 BGB an dieser Feststellung etwas ändern würde. So könnte als Argument *gegen* eine Auffangfunktion der Norm eingewandt werden, dass eine normative Geltung des § 613a Abs. 1 S. 2 BGB einer anderweitigen kollektivrechtlichen Geltung entgegensteht. Ohne eine Entscheidung hinsichtlich der dogmatischen Einordnung zu treffen, kann ein solches Verdrängen abgelehnt werden. Für die Feststellung, dass keine Schlechterstellung im oben dargelegten Sinn der Arbeitnehmer durch § 613a Abs. 1 S. 2 BGB erreicht werden darf, ist es nicht ausschlaggebend, ob die Vorschrift individualrechtlich, oder kollektivrechtlich wirkt.[135]

2. Vorgaben durch die Betriebsübergangsrichtlinie

Die Einordnung als Ausnahmevorschrift ergibt sich durch Auslegung des § 613a BGB. Es stellt sich die Frage, ob durch die europarechtliche Betriebsübergangsrichtlinie eine Vorgabe hinsichtlich der Ausgestaltung der Weitergeltung der Rechtsnormen eines Tarifvertrags bei Betriebsübergang gemacht

---

HWK/*Willemsen/Müller-Bonanni,* § 613a BGB, Rdnr. 251 und 259; *Kania,* DB 1994, 529; *Schiefer,* 50 Jahre BAG, S. 859, 861; *Schwab,* S. 204; *Bauer/Günther,* NZA 2008, 6, 10.

135 Wie hier bereits *Waas*, S. 18.

wird. So könnte die Umsetzung in einer Vorschrift gefordert sein. Sollte dies der Fall sein, wäre die Auslegung des deutschen Rechts insofern vorgeprägt.

Der EuGH hat festgestellt, dass die Mitgliedstaaten dafür Sorge zu tragen haben, dass „alle Arbeitnehmer der Gemeinschaft in vollem Umfang in den Genuss des in der Richtlinie vorgesehenen Schutzes kommen können."[136] Es lässt sich also festhalten, dass durch die Vorgaben der Betriebsübergangsrichtlinie in erster Linie[137] Arbeitnehmerschutzgesichtspunkte in Form des Bestandsschutzes verfolgt werden. Dies deckt sich mit der im deutschen Recht verfolgten Zwecksetzung. Die Richtlinie macht keine Vorgaben bezüglich der Ausgestaltung dieses Schutzes. Vielmehr verlangt sie nur, dass Mindeststandards[138] eingehalten werden. *Wie* der Bestandsschutz im Detail erreicht werden soll, wird durch die Betriebsübergangsrichtlinie nicht vorgeschrieben. Der EuGH hat diesbezüglich in anderer Konstellation festgehalten, dass die Mitglieder zwar bei Wahl der Mittel und Wege zur Durchführung einer Richtlinie frei sind, aber dennoch im Rahmen der jeweiligen Rechtsordnungen alle Maßnahmen zu ergreifen haben, die erforderlich sind, um eine vollständige Wirksamkeit einer Richtlinie im Hinblick auf deren Zielsetzung zu gewährleisten.[139]

Somit reicht es aus, wenn sich die Umsetzung der Standards aus einer Gesamtschau der nationalen Regelungen ergibt. Dies folgt aus Art. 288 Abs. 3 AEUV. Nach diesem haben die Mitgliedstaaten freie Wahl der Form und Mittel bei Umsetzung einer Richtlinie, solange die Zwecksetzung beachtet wird. D.h., dass es unter Umständen keiner *ausdrücklichen* gesetzlichen Umsetzung bedarf und der Verweis auf eine gefestigte Rechtsprechung genügt. Allerdings bedeutet dies nicht, dass den Mitgliedstaaten keine Einschränkungen bei der Umsetzung auferlegt wären. Vielmehr müssen Rechtssicherheitsaspekte beachtet werden. So muss die Rechtslage hinreichend bestimmt sein und die Ansprüche müssen für den Rechtsanwender ersichtlich sein.[140] Für die Betriebs-

---

136 EuGH v. 10.7.1986, Rs. 235/84 - Kommission/Italienische Republik, Slg. 1986, 2291, Rdnr. 20.

137 Ob darüber hinaus noch weitere Vorgaben bei der Umsetzung beachtet werden müssen, bedarf an dieser Stelle keiner näheren Erörterung.

138 Dass es sich nicht um eine Vollharmonisierung handelt, sondern die Richtlinie nur Mindeststandards erhält, ergibt sich aus Art. 8 der Betriebsübergangsrichtlinie. Dieser lässt ausdrücklich weitergehende Rechte für die Arbeitnehmer zu.

139 EuGH v. 27.11.2008, Rs. C-396/07 - Juuri/Fazer Amica Oy, Slg. 2008, I-8883, Rdnr. 23 ff.

140 EuGH v. 23.5.1985, Rs. 29/84 - Kommission/Bundesrepublik Deutschland, Slg. 1985, 1661, Rdnr. 23; EuGH v. 15.6.1995, Rs. C-220/94 - Kommission/Großherzogtum Luxemburg, Slg. 1995, I-1589, Rdnr. 10. Ähnlich im Zusammenhang mit der Betriebsübergangsrichtlinie: EuGH v. 10.7.1986, Rs. 235/84 - Kommission/Italienische Republik, Slg. 1986, 2291.

übergangsrichtlinie bedeutet das, dass es ohne Bedeutung ist, in welcher Form der Inhalt umgesetzt wird. Ausschlaggebend sind nur folgende Punkte: Der Inhalt muss vollständig umgesetzt werden und dabei der Zweck der Richtlinie, also in erster Linie der Bestandsschutz, als verbindlich angesehen werden. Darüber hinaus muss die Rechtslage hinreichend bestimmt und sicher sein.

Somit bleiben aus europarechtlicher Sicht beide Wege offen. Zum einen kann § 613a BGB als Auffangtatbestand gesehen werden. Dann können daneben kollektivrechtliche Bindungsmöglichkeiten bestehen. Diese müssten aber *klar ersichtlich* sein. Zum anderen könnte § 613a BGB als abschließend gesehen werden, wobei beachtet werden muss, dass sich durch diese Sichtweise keine Nachteile für den Arbeitnehmer ergeben dürfen.

Aus europarechtlicher Sicht ergeben sich keine Vorgaben hinsichtlich der Einordnung. Allerdings muss darauf geachtet werden, dass die Rechtslage klar aus der Gesamtschau der Regelungen und der dazugehörigen Rechtsprechung hervorgeht, sodass die Rechtsanwendung nicht übermäßig erschwert wird.

3. Vorgaben durch § 324 UmwG

Fraglich ist, ob sich hinsichtlich des Ausschlusses einer kollektivrechtlichen Weitergeltung im Bereich des Umwandlungsrechts durch § 324 UmwG ein anderes Ergebnis ergibt. *Gussen/Dauck* werfen die Frage auf, ob der Gesetzgeber durch § 324 UmwG ausdrücken wollte, dass zumindest im Bereich des Umwandlungsrechts *ausschließlich* eine Weitergeltung nach § 613a Abs. 1 S. 2 BGB in Betracht kommen soll.[141] Das BAG und die Literatur gehen davon aus, dass sich auch aus der Verbindung zu § 324 UmwG keine andere Wertung ergibt, sondern § 613a Abs. 1 S. 2 BGB auch in diesem Fall Auffangregelung ist.[142] Dem ist zuzustimmen, da nicht ersichtlich ist, warum der Arbeitnehmerschutz durch § 324 UmwG eingeengt werden sollte.

141 *Gussen/Dauck*, Rdnr. 36.

142 BAG v. 24.6.1998 - 4 AZR 208/97, NZA 1998, 1346; BAG v. 20.6.2001 - 4 AZR 295/00, NZA 2002, 517, 518; BAG v. 29.8.2001 - 4 AZR 332/00, NZA 2002, 513, 514; BAG v. 4.7.2007 - 4 AZR 491/06, NZA 2008, 307, 311. Semler/Stengel/*Simon*, § 324 UmwG, Rdnr. 20; Lutter/*Joost*, § 324 UmwG, Rdnr. 31 ff.; HWK/*Willemsen*, § 324 UmwG, Rdnr. 20; Kallmeyer/*Willemsen*, § 324 UmwG, Rdnr. 24; Kempen/Zachert/*Kempen*, § 3 TVG, Rdnr. 52; *Hromadka/Maschmann*, § 19, Rdnr. 104; *Däubler*, RdA 1995, 136, 139 f.; Bachner/Köstler/Matthießen/Trittin/*Trittin*, § 5, Rdnr. 132; Däubler/*Lorenz*, § 3 TVG, Rdnr. 129.

II. Kollektivrechtliche Grundsätze bei Betriebsübergang

Ein Tarifvertrag, der in einem Betrieb normative Wirkung entfaltet hat, könnte diese auch nach erfolgtem Betriebsübergang nach kollektivrechtlichen Grundsätzen behalten. Für eine solche normative Wirkung müssen Arbeitgeber und die betroffenen Arbeitnehmer tarifgebunden gewesen sein. Weiter muss sich das Arbeitsverhältnis im Geltungsbereich des fraglichen Tarifvertrags befunden haben. Sowohl von letzterem, als auch von einer beidseitigen Tarifgebundenheit wird im Folgenden ausgegangen.[143]

1. Verlassen des Geltungsbereichs

Wenn ein Arbeitsverhältnis den Geltungsbereich eines bis dato gültigen Tarifvertrags verlässt, endet dessen zwingende Wirkung. Da sich der jeweilige Geltungsbereich – bei fehlender diesbezüglicher Vereinbarung im Tarifvertrag – nach dem Schwerpunkt des Arbeitsverhältnisses richtet, reicht unter Umständen eine leichte Verschiebung im Tätigkeitsfeld.[144] Daher ist es wahrscheinlich, dass ein Betrieb bzw. die davon umfassten Arbeitsverhältnisse im Zusammenhang mit einem Übergang den Geltungsbereich verlassen.

Gelangt das Arbeitsverhältnis dabei in den Geltungsbereich eines anderen Tarifvertrags, für den auch beidseitige Tarifgebundenheit besteht, so tritt dieser eventuell an die Stelle des ursprünglichen Tarifvertrags.[145] Besteht kein solcher Tarifvertrag bzw. sind nicht beide Parteien an einen solchen gebunden, ist die Frage, ob die Wirkung der Normen des alten Tarifvertrags nach kollektivrechtlichen Grundsätzen aufrechterhalten wird.

Bei Verlassen des Geltungsbereichs kommen ohne Vorliegen eines Tarifvertrags die Weitergeltung nach § 3 Abs. 3 TVG und die Nachwirkung nach § 4 Abs. 5 TVG in Betracht.

a) Weitergeltung nach § 3 Abs. 3 TVG (analog)

Bei Änderung des Betriebszwecks wird von *Lorenz* vorgeschlagen, eine Weitergeltung nach § 3 Abs. 3 TVG (analog) anzunehmen, da andernfalls der

---

143 Für ein Arbeitsverhältnis, bei dem Arbeitnehmer oder Arbeitgeber nicht tarifgebunden sind, kommt von vornherein nur die individualrechtliche Geltung der Rechte und Pflichten des Tarifvertrags infrage. Daran ändert auch ein Betriebsübergang nichts. Insofern wird auf unten Sechstes Kapitel verwiesen.

144 *Henssler,* FS für Wißmann, S. 133, 139.

145 Vgl. dazu die Ausführungen zu § 613a Abs. 1 S. 3 BGB im Fünften Kapitel.

Schutzzweck, namentlich das Verhindern von nachteiligen Änderungen während der Tarifvertragslaufzeit, nicht erreicht würde.[146]

Dem ist entgegenzuhalten, dass die Interessenslage, die dem § 3 Abs. 3 TVG zugrunde liegt, nicht vollständig mit der Interessenslage des Herausfallens aus dem Geltungsbereich vergleichbar ist. Für die analoge Anwendung einer Vorschrift bedarf es aber, neben einer unbewussten Regelungslücke, auch einer vergleichbaren Interessenslage.[147] Sinn des § 3 Abs. 3 TVG ist es, den Arbeitgebern den Anreiz für einen möglichen Verbandsaustritt oder andere einseitige - gewollte - bindungsendende Maßnahmen zu nehmen, und dadurch die Tariftreue aufrecht zu erhalten.[148] Verlässt ein Arbeitsverhältnis den Geltungsbereich eines Tarifvertrags, muss darin nicht zwingend eine Tarifflucht gesehen werden, sondern es kann sich um eine reine Umstrukturierung handeln. Würde man beim Verlassen des Geltungsbereichs § 3 Abs. 3 TVG anwenden, käme es dazu, dass die Regelungen des alten Tarifvertrags gelten, bis dieser beendet wird, obwohl dessen Inhalt nicht zu den neuen Gegebenheiten passt. § 3 Abs. 3 TVG sieht keine Lösung von der Nachbindung vor. § 3 Abs. 3 TVG ist daher zu unflexibel, um auf das Verlassen des Geltungsbereichs Anwendung zu finden.

b) Grundsätzliche Anwendbarkeit der Nachwirkung nach § 4 Abs. 5 TVG auf das Verlassen des Geltungsbereichs

Der Wortlaut des § 4 Abs. 5 TVG umfasst nur den *zeitlichen Ablauf* eines Tarifvertrags. Nach h.M. ist die Nachwirkung des § 4 Abs. 5 TVG als Auffangtatbestand immer anwendbar, wenn die Regelungen des Tarifvertrags andernfalls nicht mehr gelten würde. Die Vorschrift ist weit auszulegen.[149] Somit kommt eine analoge Anwendung des § 4 Abs. 5 TVG auch in Betracht, wenn das Arbeitsverhältnis den Geltungsbereich des Tarifvertrags verlässt.

Für die analoge Anwendung einer Vorschrift bedarf es, neben einer unbewussten Regelungslücke, auch einer vergleichbaren Interessenslage. Es findet sich keine Regelung, die sich mit dem Herausfallen eines Arbeitsverhältnisses aus dem Geltungsbereich und der Folge für die tariflichen Regelungen beschäftigt. Daher liegt eine Regelungslücke vor. Weiter ist nicht davon auszugehen, dass der Gesetzgeber absichtlich von einer Regelung abgesehen hat.

---

146 Däubler/*Lorenz,* § 3 TVG, Rdnr. 87 f.

147 Ausführlich zur Analogie *Rüthers,* Rdnr. 889 ff.

148 Wiedemann/*Oetker,* § 3 TVG, Rdnr. 60; HWK/*Henssler,* § 3 TVG, Rdnr. 41; ErfK/*Franzen,* § 3 TVG, Rdnr 22; *Däubler,* NZA 1996, 225, 226.

149 Vgl. ErfK/*Franzen,* § 4 TVG, Rdnr. 60; Kempen/Zachert/*Kempen,* § 4 TVG, Rdnr. 541 ff. m.w.N.; HWK/*Henssler,* § 4 TVG, Rdnr. 6; *Frölich,* NZA 1992, 1105; BAG v. 18.3.1992 - 4 AZR 339/91, NZA 1992, 700.

Problematisch bleibt die vergleichbare Interessenslage. Sinn der Nachwirkung des § 4 Abs. 5 TVG ist es, den Inhalt der normativen Regelungen des Tarifvertrags für die Zeit zwischen Ablauf des alten und der Vereinbarung eines neuen Tarifvertrags aufrecht zu erhalten. Es soll der Status Quo beibehalten werden.[150] Weiter soll i.S.e. Übergangsregelung vermieden werden, dass „inhaltsleere Arbeitsverhältnisse" entstehen, zu deren Ausfüllung auf andere Regelungen zurückgegriffen werden muss.[151] Dies erklärt die durch § 4 Abs. 5 TVG angeordnete Möglichkeit, die nachwirkenden Regelungen „durch eine andere Abmachung" zu ersetzen. Diese Abmachung kann sowohl kollektivrechtlicher, als auch individualvertraglicher Art sein.[152] So kommt ebenfalls eine Änderungskündigung als „individualvertragliche Abmachung" in Betracht.[153] Eine Beendigung der Nachwirkung ist folglich relativ einfach möglich. Das BAG spricht von einem „vereinbarungsoffenen Bestandsschutz"; § 4 Abs. 5 TVG kommt demnach eine „Überbrückungsfunktion" zu.[154]

Vergleicht man den Zweck des § 4 Abs. 5 TVG mit dem Fall, dass ein Arbeitsverhältnis den Geltungsbereich eines Tarifvertrags verlässt, wird deutlich, dass sowohl bei Ablauf eines Tarifvertrags als auch bei Verlassen des Geltungsbereichs die Gefahr besteht, dass den betroffenen Arbeitsverhältnissen die Grundlage genommen wird und sie insofern „inhaltsleer" werden. Um diese Lücke zu füllen, eignet sich die Nachwirkung des § 4 Abs. 5 TVG insbesondere aufgrund der unbedingten Abänderungsmöglichkeit.[155] Dadurch haben Arbeitgeber und Arbeitnehmer die Gelegenheit auf die neuen Verhältnisse zu reagieren und die Regelungen dem veränderten Geltungsbereich anzupassen.

---

150 *Roßmann,* NZA 1999, 1225.

151 BAG v. 10.12.1997 - 4 AZR 193/97, NZA 1998, 488, 490; BAG v. 15. 10. 2003 - 4 AZR 573/02, NZA 2004, 387, 388; BAG v. 20. 4. 2005 - 4 AZR 288/04, NZA 2005, 1360, 1362; BAG v. 3. 4. 2007 - 9 AZR 867/06, NZA 2007, 1045, 1047; Kempen/Zachert/*Kempen*, § 4 TVG, Rdnr. 541; Wiedemann/*Wank*, § 4, Rdnr. 327.

152 ErfK/*Schaub/Franzen,* § 4 TVG, Rdnr. 61; *Henssler,* FS für Wißmann, S. 133, 135. Diese Feststellung gilt uneingeschränkt allerdings nur für Inhalts- und Abschlussnormen, vgl. ErfK/ *Franzen*, § 4 TVG, Rdnr. 55; Kempen/Zachert/*Kempen*, § 4 TVG, Rdnr. 552 ff.; Wiedemann/*Wank*, TVG, § 4 Rdnr. 354; *Lieb/Jacobs,* Rdnr. 497.

153 BAG v. 27. 9. 2001 - 2 AZR 236/00, NZA 2002, 750, 753 m.w.N.

154 BAG v. 3. 4. 2007 - 9 AZR 867/06, NZA 2007, 1045, 1047; BAG v. 15.10.2003 - 4 AZR 573/02, NZA 2004, 387, 388 f.

155 Diese Abänderungsmöglichkeit durch eine andere Abmachung hat auch das BVerfG veranlasst einen Verstoß gegen die Koalitionsfreiheit bei analoger Anwendung des § 4 Abs. 5 TVG abzulehnen. Vgl. BVerfG v. 3.7.2000 - 1 BvR 945/00, NZA 2000, 947. Dies gilt insbesondere, aber nicht nur, für den Fall des Verbandsaustritts.

c) Inhalt und Rechtsgrundlage der Nachwirkung

Nicht alle Regelungsbereiche des Tarifvertrags sind von der Nachwirkung umfasst. Der schuldrechtliche Teil des Tarifvertrags wirkt nicht gem. § 4 Abs. 5 TVG nach. Darüber hinaus können sowohl bei Normen über gemeinsame Einrichtungen als auch bei Betriebsnormen und betriebsverfassungsrechtlichen Normen Probleme entstehen.[156] Allerdings besteht die Möglichkeit, dass die Tarifvertragsparteien die Nachwirkung tarifvertraglich ausschließen oder befristen können,[157] und damit die angesprochenen Probleme vermeiden.

Teilweise wird angenommen, dass Rechtsgrundlage der nachwirkenden Regelungen weiterhin der Tarifvertrag ist.[158] Die Rechtsprechung hingegen geht davon aus, dass § 4 Abs. 5 TVG selbst den Rechtsgrund darstellt.[159] Beiden Ansichten ist eigen, dass die nachwirkenden Normen weiter von außen auf das Arbeitsverhältnis einwirken würden.[160] Anders die Meinung, wonach durch die Nachwirkung des § 4 Abs. 5 TVG die betroffenen Regelungen bereits in die Arbeitsverhältnisse transformiert werden und somit eine privatautonome Legitimation vorläge.[161]

---

156 Ausführlich Däubler/*Bepler,* § 4 TVG, Rdnr. 863 ff.

157 *Löwisch/Rieble*, § 4 TVG, Rdnr. 410 m.w.N.

158 Kempen/Zachert/*Kempen*, § 4 TVG, Rdnr. 537; Wiedemann/*Wank*, TVG, § 4, Rdnr. 325; Däubler/*Bepler,* § 4 TVG, Rdnr. 813.

159 So wohl bereits BAG v. 14.02.1973 - 4 AZR 176/72, AB § TVG, Nr. 6; deutlicher BAG v. 15.10.2003 - 4 AZR 573/02, NZA 2004, 387, 388; BAG v. 20.4.2005 - 4 AZR 288/04, NZA 2005, 1360, 1362; BAG v. 3.4.2007 - 9 AZR 867/06, NZA 2007, 1045, 1047.

160 Der Unterschied zwischen den Ansichten wird deutlich, wenn man die unterschiedliche Behandlung von Arbeitsverhältnissen betrachtet, die nach Beginn der Nachwirkungsphase geschlossen werden. Während die Rechtsprechung davon ausgeht, dass die Arbeitsverhältnisse *nicht* unter die Regelungen des Tarifvertrags fallen, da dieser mit Beginn der Nachwirkung seine Gültigkeit verliert, kommt die wohl h.L. zu einem anderen Ergebnis. Nach dieser wirkt der Tarifvertrag weiter und es können auch Arbeitsverträge, die während des Nachwirkungszeitraums geschlossen werden, unter die Regelungen des Tarifvertrags fallen, vgl. ausführlich Kempen/Zachert/*Kempen*, § 4 TVG, Rdnr. 535 ff.; Däubler/*Bepler,* § 4 TVG, Rdnr. 810 ff. Da diese Unterscheidung für die hier zu behandelnde Problematik keine große Bedeutung hat, soll im Folgenden nicht näher darauf eingegangen werden. Vielmehr wird insbesondere die dogmatische Umsetzung der Nachwirkung untersucht, da diese bei einem Betriebsübergang zu unterschiedlichen Ergebnissen führen kann.

161 *Löwisch/Rieble*, § 3 TVG, Rdnr. 181, § 4 Rdnr. 377.

d) Verlassen des Geltungsbereichs im Zusammenhang mit einem Betriebsübergang

Es stellt sich die Frage, ob eine analoge Anwendung des § 4 Abs. 5 TVG ebenso möglich ist, wenn das Verlassen des Geltungsbereichs im Rahmen eines Betriebsübergangs geschieht. In diesem Fall wäre nicht der ursprüngliche Arbeitgeber von der Weitergeltung betroffen, sondern der Erwerber.[162]

Bei dieser Problemstellung ist das Zeitmoment von Bedeutung. So könnte es einen Unterschied machen, in welcher zeitlichen Abfolge sich Betriebsübergang und Verlassen des Geltungsbereichs abspielen.[163] Darüber hinaus macht es einen Unterschied, ob der Erwerber in Bezug auf den ursprünglichen Tarifvertrag tarifgebunden ist. Dies kann in erster Linie bei Vorliegen eines Verbandstarifvertrags der Fall sein, kann aber - bei einer Übernahme des Vertrags - auch hinsichtlich eines Firmentarifvertrags Bedeutung erlangen.

Ist der Erwerber *nicht* an den Tarifvertrag gebunden, der für den Betrieb bisher gegolten hat, fehlen für die Wirksamkeit der Normen sowohl die Tarifgebundenheit als auch der Geltungsbereich des Tarifvertrags. Sofern der Geltungsbereich verlassen wird, *bevor* es zum Übergang kommt, beginnt streng genommen bereits bei dem bisherigen Inhaber des Betriebs die Nachwirkung des § 4 Abs. 5 TVG. Demnach verlieren die Regelungen des Tarifvertrags ihre zwingende Wirkung. Denkbar wäre es, die Nachwirkung in einer Form aufrechtzuerhalten, dass die Vorgaben auch nach dem Betriebsübergang auf das Arbeitsverhältnis einwirken, wenn dieses auf den Erwerber übergegangen ist.

Hier muss unterschieden werden, welche Wirkung der Nachwirkung zugeschrieben wird bzw. was als Rechtsgrund für diese gesehen wird. Geht man mit *Löwisch/Rieble*[164] davon aus, dass die Regelungen des Tarifvertrags mit dem Eintritt der Nachwirkung nach § 4 Abs. 5 TVG den Arbeitsvertrag bereits dauerhaft verändert haben, würde auch ein Betriebsübergang nichts an diesem Umstand ändern. Die tariflichen Regelungen würden als Teil des Arbeitsvertrags nach § 613a Abs. 1 S. 1 BGB auf den Erwerber übergehen. Dies wäre auch hinsichtlich der negativen Vereinigungsfreiheit des Erwerbers kein Problem, da die Arbeitsverträge durch „eine andere Abmachung“ verändert werden könnten: Der Erwerber wäre nicht gezwungen, Tarifpartei zu werden, um Anpassungen der Arbeitsverhältnisse vornehmen zu können.

---

162 Dies stellt ein weiteres Argument dafür dar § 3 Abs. 3 TVG aufgrund seiner fehlenden Flexibilität erst recht nicht auf das Verlassen des Geltungsbereichs bei Betriebsübergang anzuwenden.

163 Vgl. zu dieser Problematik ausführlich noch unten Viertes Kapitel VI.2.

164 Dazu bereits oben Zweites Kapitel II.1.c).

Sowohl bei der Annahme, dass Rechtsgrundlage der Nachwirkung der Tarifvertrag ist als auch bei § 4 Abs. 5 TVG, ist ein Weitergelten der Nachwirkung beim Erwerber problematischer. Weder ist eine solche mitgliedschaftlich legitimiert noch sieht § 4 Abs. 5 TVG eine solche Weiterwirkung bei einem Rechtsnachfolger direkt vor. Es wäre aber grundsätzlich entweder eine solche mitgliedschaftliche Legitimation oder eine staatliche Anweisung nötig, um die Regelungen zumindest eingeschränkt normativ für einen Dritten gelten zu lassen.[165] Eine solche Regelung fehlt. Allerdings hat der Erwerber die Möglichkeit, die Regelungen durch andere Abmachungen zu ersetzen. Es ist kein praktischer Unterschied zwischen solchen Regelungen und einzelvertraglichen Vereinbarungen erkennbar. Droht die Gefahr, dass Arbeitsverhältnisse „inhaltsleer" werden, wäre die Nachwirkung nach § 4 Abs. 5 TVG analog *eine Möglichkeit,* die Regelungen des Tarifvertrags weiter gelten zu lassen. Sofern der Erwerber auch an den bisher geltenden Tarifvertrag gebunden ist, stünde einer Nachwirkung nach § 4 Abs. 5 TVG analog ebenfalls wertungsmäßig nichts im Wege, wenn vor Betriebsübergang der Geltungsbereich verlassen wird.

Etwas anderes ergibt sich, wenn nachwirkende Tarifnormen von § 613a Abs. 1 S. 2 BGB erfasst wären. Dann bestünde keine Regelungslücke und eine analoge Anwendung des § 4 Abs. 5 TVG schiede aus.[166]

Weiter stellt sich die Frage, wie der Sachverhalt zu bewerten ist, wenn durch den Vorgang des Betriebsübergangs der Geltungsbereich verlassen wird. Zu klären ist, ob erst die Vorgaben des § 4 Abs. 5 TVG eintreten, die Regelungen des Tarifvertrags nur noch nachwirken und die Vorschriften damit dispositiv werden, oder ob ausschließlich die Vorschriften über den Betriebsübergang Anwendung finden.

Geht man davon aus, dass Erwerber und Veräußerer an den Tarifvertrag gebunden sind, der in Bezug auf den übergehenden Betrieb bis zu dem Betriebsübergang gegolten hat, würde eine weitere Tarifgeltung bei Wechsel des Geltungsbereichs nur an dieser Veränderung scheitern.[167] Insofern ist es denkbar, diese Lücke kollektivrechtlich über § 4 Abs. 5 TVG analog zu schließen und die Regelungen zumindest nachwirken zu lassen. Ebenso ist es denkbar auch für diesen Fall § 613a Abs. 1 S. 2 BGB als einschlägig zu erklären.

Wie bereits dargelegt, ist bei mehreren denkbaren Auslegungsmöglichkeiten des nationalen Rechts dasjenige Ergebnis zu wählen, das der europarechtli-

---

165 BVerfG v. 14.6.1983 - 2 BvR 488/80, BVerfGE 64, 208.

166 Hierzu auch unten Viertes Kapitel VI.

167 Dies ist aber nicht das eigentliche Problem. Die Tarifgebundenheit des Erwerbers stellt normalerweise das größere Problem dar.

chen Zielvorgabe am nächsten kommt. Wendet man in der vorliegenden Konstellation § 4 Abs. 5 TVG an, ist eine Änderung der Regelungen *jederzeit* durch eine andere Abmachung, also unter Umständen sogar durch eine Individualvereinbarung, möglich. Nach Art. 3 Abs. 3 S. 3 der Betriebsübergangsrichtlinie müssen die Mitgliedstaaten aber gewährleisten, dass die Arbeitsbedingungen mindestens ein Jahr aufrechterhalten bleiben. Daher sind alle Konstellationen, in denen eine Subsumtion unter die einjährige Veränderungssperre möglich ist, auch dort zu verorten. Eine vergleichbare Gewährleistung ist über § 4 Abs. 5 TVG nicht möglich.

Zusammenfassend ist mit § 4 Abs. 5 TVG analog grundsätzlich eine Möglichkeit vorhanden, kollektivrechtlich Abhilfe zu verschaffen, falls § 613a Abs. 1 S. 2 bis 4 BGB bei Verlassen des Geltungsbereichs nicht genügend Schutz bietet.

2. Tarifgebundenheit des Erwerbers

a) Verbandstarifvertrag

Das eigentliche Problem im Hinblick auf eine Weitergeltung tariflicher Regelungen bei Betriebsübergängen stellt meist die Tarifbindung des Erwerbers dar. Diese könnte auf unterschiedliche Gründe zurückzuführen sein. Zum einen ist eine eigenständige Tarifbindung des Erwerbers an den Tarifvertrag denkbar, zum anderen könnte der Erwerber in die Tarifbindung des Veräußerers eintreten.

(1) Eigenständige Tarifbindung und Allgemeinverbindlichkeitserklärung

Ist der Erwerber Mitglied des gleichen Arbeitgeberverbandes, der den bisher geltenden Tarifvertrag mit der betroffenen Gewerkschaft abgeschlossen hat, ist er gemäß § 3 Abs. 1 TVG tarifgebunden. Der Tarifvertrag gilt dann für die tarifgebundenen Arbeitnehmer, deren Arbeitsverhältnisse sich im Geltungsbereich befinden, weiter wie bisher. § 613a Abs. 1 S. 2 TVG steht einer kollektivrechtlichen Weitergeltung aufgrund seiner Auffangfunktion nicht entgegen.[168] Andernfalls würde nicht nur den organisierten Arbeitnehmern, sondern auch dem Erwerber des Betriebs die normative Wirkung des Tarifvertrags vorenthalten werden.[169]

Wurde ein Tarifvertrag für allgemeinverbindlich nach § 5 TVG erklärt, und hat ein Betrieb bei Übergang den Geltungsbereich nicht verlassen, gilt dieser Tarifvertrag auch nach Betriebsübergang unabhängig von der Tarifbindung

---

168 Vgl. dazu Kempen/Zachert/*Kempen*, § 3 TVG, Rdnr. 110; HWK/*Willemsen/Müller-Bonanni*, § 613a BGB, Rdnr. 259.

169 Ähnlich wie hier *Prange*, NZA 2002, 817, 819.

des Erwerbers weiter. Dies ergibt sich aus § 5 Abs. 4 TVG, wonach durch die Allgemeinverbindlichkeitserklärung alle Arbeitnehmer und Arbeitgeber im Geltungsbereich an die Regelungen des Tarifvertrags gebunden werden.

(2) Eintritt in die Tarifbindung des Veräußerers bei Einzelrechtsnachfolge

Sofern es sich weder um einen für allgemeinverbindlich erklärten Tarifvertrag handelt noch eine eigene Tarifbindung des Erwerbers vorliegt, ist fraglich, ob dem Erwerber die Tarifbindung des Veräußerers nach kollektivrechtlichen Grundsätzen „übertragen" werden kann. Dies würde voraussetzen, dass der Erwerber - zwangsweise - Mitglied des betroffenen Arbeitgeberverbandes wird. Auch wenn die Satzung des Arbeitgeberverbandes diese Möglichkeit vorsähe, wäre eine solche Konstellation nicht denkbar. Zum einen ist keine entsprechende Rechtsgrundlage ersichtlich.[170] Zum anderen stellt eine in dieser Art erzwungene Eingliederung einen Eingriff in die negative Koalitionsfreiheit[171] nach Art. 9 Abs. 3 GG des Erwerbers dar, der nicht zu rechtfertigen ist. Eine Zwangsmitgliedschaft in einer Koalition ist nach hier vertretener Ansicht nicht verfassungsgemäß.[172] Insbesondere der Arbeitnehmerschutz kann nicht als Rechtfertigung herangezogen werden. Nicht nur, weil der Eingriff in die negative Koalitionsfreiheit des Erwerbers so schwerwiegend ist, dass eine Abwägung von vornherein zu seinen Gunsten ausfallen muss, sondern auch weil fraglich ist, ob eine solche erzwungene Tarifbindung im langfristigen Interesse der Arbeitnehmer ist. Unter Umständen verlieren die Arbeitnehmer ihren Ar-

170 Aus § 613a Abs. 1 BGB lässt sich eine solche Rechtsfolge nicht ableiten, auch wenn dies vor Einführung des § 613a Abs. 1 S. 2 bis 4 BGB mit Blick auf § 613a Abs. 1 S. 1 BGB vertreten wurde, vgl. dazu einen Überblick bei *Skuderis,* S. 50. Wie hier bspw. *Gussen/Dauck,* Rdnr. 188. *Mösenfechtel/Schmitz* haben eine solche Analogie bereits vor Einführung der S. 2 bis 4 BGB mit überzeugenden Argumenten abgelehnt, vgl. RdA 1976, 108 f.

171 Zum Meinungsstreit hinsichtlich der negativen Vereinigungsfreiheit und deren Inhalt ausführlich unten Drittes Kapitel II.3.d) (4). An dieser Stelle ist die Verletzung des Art. 9 Abs. 3 GG offensichtlich, setzt man die Existenz der negativen Vereinigungsfreiheit voraus. Eine Rechtfertigung des Eingriffs wäre nur schwer vertretbar. Insbesondere müsste beispielsweise über ein Sonderkündigungsrecht o.Ä. nachgedacht werden. Nach hier vertretener Ansicht würde auch das nicht ausreichen.

172 Unter Befürwortern der negativen Koalitionsfreiheit ist unstreitig, dass die Zwangsmitgliedschaft einen Grundrechtseingriff darstellt, es also ein „Recht auf Fernbleiben" gibt, vgl. beispielsweise BVerfG v. 1.3.1979 - 1 BvR 532, 533/77, 419/78, 1 BvL 21/78, BVerfGE 50, 290, 367; BVerfG v. 3.7.2000 - 1 BvR 945/00, NZA 2000, 947; BVerfG v. 11.7.2006 - 1 BvL 4/00, NJW 2007, 51, 53. MünchHdbArbR-II/*Löwisch/Rieble,* § 155, Rdnr. 2; Maunz/Dürig/*Scholz,* Art. 9 GG, Rdnr. 228; ErfK/*Dieterich,* Art. 9 GG, Rdnr. 32. Zu § 613a BGB vgl. *Mösenfechtel/Schmitz,* RdA 1976, 108, 110; *Lambrich,* FS f. Ehmann, S. 169, 184.

beitsplatz, wenn dem Erwerber für die Laufzeit eines Tarifvertrags Anpassungen unmöglich gemacht werden.[173]

Fraglich ist, ob eine Fortwirkung gem. § 3 Abs. 3 TVG oder eine Nachwirkung, § 4 Abs. 5 TVG, möglich ist. Beide Vorschriften sehen als Anwendungsfall nicht den Betriebsübergang vor. Folglich kommt nur eine analoge Anwendung in Betracht.

§ 3 Abs. 3 TVG erfasst den Austritt des Arbeitgebers aus dem Arbeitgeberverband, und damit das Ende seiner bis dahin bestehenden Tarifgebundenheit. Zweck ist es, die Tariftreue der Vertragsparteien zu sichern;[174] es soll keine neue Tarifbindung begründet werden. Bei einem Betriebsübergang würde für den Erwerber aber eine - bis dahin nicht bestehende - Tarifbindung entstehen. Folglich ist schon das Vorliegen einer vergleichbaren Interessenslage zweifelhaft. Darüber hinaus stellt dies aufgrund der fehlenden Flexibilität ebenfalls einen nicht zu rechtfertigenden Eingriff in die negative Koalitionsfreiheit des Erwerbers dar.[175]

§ 4 Abs. 5 TVG wird als Generalklausel analog auf alle Fälle angewendet, in denen die Tarifbindung entfällt.[176] Demnach käme auch eine Anwendung auf den Fall des Betriebsübergangs in Betracht.[177] Da die nachwirkenden Regelungen gem. § 4 Abs. 5 TVG „durch eine andere Abmachung" jederzeit ersetzt werden können, wäre die Wirkung einer analogen Anwendung dieser Vorschrift auf den Betriebsübergang kein mit § 3 Abs. 3 TVG vergleichbarer Eingriff in die negative Vereinigungsfreiheit aus Art. 9 Abs. 3 GG.

Während vor Einführung des § 613a Abs. 1 S. 2 bis 4 BGB nachvollziehbar vertreten wurde, den Erwerber analog einer der genannten Vorschrift zu binden, ist dies nach der aktuellen Rechtslage nicht haltbar. Problematisch ist die, für eine Analogie erforderliche, Regelungslücke. Diese wurde durch § 613a Abs. 1 S. 2 bis 4 BGB geschlossen, da nach dieser Vorschrift der für ein Arbeitsverhältnis drohende Wegfall der Vorschriften eines Tarifvertrags kompensiert wird. Auch für die nach der h.M. nicht von § 613a Abs. 1 S. 2

---

173 In diese Richtung auch *Mösenfechtel/Schmitz,* RdA 1976, 108, 110.

174 ErfK/*Franzen,* § 3 TVG, Rdnr. 22; *Houben,* NJOZ 2008, 2170, 2171; u.a. BAG v. 15.10.2003 - 4 AZR 573/02, NZA 2004, 387, 388. Vgl. dazu bereits Zweites Kapitel II.1.a).

175 Mit dieser Argumentation wurde die Anwendung des § 3 Abs. 3 TVG auf den Betriebsübergang durch das BAG kurz vor Einführung des derzeitigen § 613a Abs. 1 S. 2 BGB ausgeschlossen, vgl. BAG v. 26.9.1979 - 4 AZR 819/77, AP § 613a BGB, Nr. 17. Dazu auch Wiedemann/*Oetker,* § 3 TVG, Rdnr. 209 ff.

176 Vgl. dazu bereits oben Zweites Kapitel II.1.b) und BAG v. 10.12.1997 - 4 AZR 193/97, NZA 1998, 488, 490.

177 *Löwisch/Rieble,* § 3 TVG, Rdnr. 168.

BGB erfassten Regelungsgegenstände[178] ist keine - ergänzende - Anwendung kollektivrechtlicher Vorschriften denkbar, da es sich nach der h.M. nicht um eine *unbewusste* Regelungslücke handelt, sondern Wortlaut und Sinn der Vorschrift diese Lücke explizit vorschreiben.[179] Dies ist vor allem vor dem Hintergrund zu sehen, dass die Frage nach einer Weitergeltung der Tarifnormen über eine analoge Anwendung der genannten Vorschriften zum Zeitpunkt des Erlasses des § 613a Abs. 1 S. 2 BGB bereits höchst umstritten war; es ist davon auszugehen, dass dieses Problem dem Gesetzgeber bekannt war.[180]

Auch der Umstand, dass § 613a Abs. 1 S. 2 BGB einen Auffangtatbestand darstellt und europarechtskonform ausgelegt werden muss, kann an dieser Feststellung nichts ändern. Zwar könnte die Begrenzung der Veränderungssperre auf ein Jahr des § 613a Abs. 1 S. 2 BGB aufgrund des damit bezweckten Arbeitnehmerschutzes für eine enge Anwendung der Vorschrift sprechen und auf eine kollektivrechtliche Weitergeltung deuten. Da aber die Betriebsübergangsrichtlinie in Art. 3 Abs. 3 S. 2 BGB den Mitgliedstaaten selbst die Möglichkeit einer Begrenzung mit einer Mindestdauer von einem Jahr vorgibt, ist § 613a Abs. 1 BGB richtlinienkonform und es besteht kein Zwang zur engen Auslegung.

Für einen Verbandstarifvertrag gibt es folglich bei einer Einzelrechtsnachfolge keine Möglichkeit, eine Tarifbindung des Erwerbers zu erreichen.

(3) Eintritt in die Tarifbindung des Veräußerers bei Gesamtrechtsnachfolge und Umwandlungsfällen

Fraglich ist, ob sich bzgl. des Eintretens des Erwerbers in die Tarifbindung des ursprünglichen Betriebsinhabers etwas anderes ergibt, wenn es sich nicht um eine Einzelrechtsnachfolge, sondern um eine Gesamtrechtsnachfolge handelt. Bei einer Gesamtrechtsnachfolge tritt der Erwerber des Betriebs in die Rechtsposition des ehemaligen Inhabers ein und übernimmt dadurch die Arbeitsverhältnisse. Fraglich ist, was dies für die tarifvertraglichen Regelungen bedeutet.

Es könnte an eine Übernahme gedacht werden. Dazu müsste der Erwerber die Mitgliedschaft in dem jeweiligen Arbeitgeberverband übernehmen. Dem steht § 38 BGB entgegen, da demnach die Mitgliedschaft in einem Verein

---

178 Vgl. dazu noch ausführlich Drittes Kapitel II.3.

179 Wie hier *Löwisch/Rieble,* § 3 TVG, Rdnr. 175; *Schiefer,* 50 Jahre BAG, S. 859, 868 f. für den Firmentarifvertrag. Ähnlich *Gussen/Dauck,* Rdnr. 190.

180 Dazu sehr interessant *Willemsen,* Anm. zu BAG v. 26.9.1979 – 4 AZR 819/77, AP § 613a BGB, Nr. 17, der einen grundsätzlichen Rückgriff auf kollektivrechtliche Regelungen unter anderem mit dieser Kenntnis ablehnt. Allerdings kritisiert er insbesondere die Lückenhaftigkeit von § 613a BGB stark und spricht eine Auffüllung dieser an.

nicht übertragbar und nicht vererblich, also höchstpersönlich ist.[181] Folglich kann die Verbandszugehörigkeit nur beim bloßen Rechtsformwechsel unproblematisch erhalten bleiben, da die Rechtspersönlichkeit ihre Identität behält.[182]

Bei den anderen Umwandlungsarten müssen für eine Übernahme zwei Voraussetzungen erfüllt sein. Zum einen muss die Satzung des jeweiligen Arbeitgeberverbandes die Übertragbarkeit bzw. Vererbbarkeit der Mitgliedschaft vorsehen, was durch § 40 BGB ermöglicht wird. Zum anderen ist eine Vereinbarung der Mitgliedschaft im Verband im zugrunde liegenden Rechtsgeschäft zwischen Veräußerer und Erwerber nötig.[183] Eine Übertragung der Mitgliedschaft kann nicht gegen den Willen des Erwerbers stattfinden, auch wenn es sich um eine solche im Rahmen einer Umwandlung handelt. Dem stünde Art. 9 Abs. 3 TVG, die negative Koalitionsfreiheit, entgegen.[184] Gleiches gilt auch für andere Formen der Gesamtrechtsnachfolge.

b) Firmentarifvertrag

Auch bei einem Firmentarifvertrag stellt sich die Frage, ob nach einem Betriebsübergang die tariflichen Regelungen kollektivrechtlich weitergelten. Wieder muss zwischen einem Betriebsübergang im Rahmen einer Einzelrechtsnachfolge und einer Gesamtrechtsnachfolge unterschieden werden.

(1) Eintritt in die Stellung als Tarifvertragspartei bei Einzelrechtsnachfolge

Um durch einen Firmentarifvertrag gebunden zu sein, muss der Arbeitgeber Vertragspartei werden. Der Erwerber kann dafür den Tarifvertrag des bisherigen Inhabers übernehmen oder einen neuen, inhaltsgleichen, Tarifvertrag mit der Gewerkschaft abschließen. Sofern eine dieser Konstellationen vorliegt, ist eine Weitergeltung der Regelungen unproblematisch, da sie sich aus Art. 3

---

181 MAH-Arbeitsrecht/*Cohnen/Tepass,* § 51, Rdnr. 72; Staudinger/*Annuß,* § 613a BGB, Rdnr. 254; *Gaul,* § 24, Rdnr. 5; ErfK/*Preis,* § 613a BGB, Rdnr. 185; HK/*Schäffler,* § 20 UmwG, Rdnr. 10; HK/*Raible,* § 131 UmwG, Rdnr. 45; *Däubler,* RdA 1995, 136, 140; *Zerres,* ZIP 2001, 359, 364; *Henssler,* FS für Wißmann, S. 133, 146; *Henssler,* FS f. Schaub, S. 311, 314; *Boecken,* Unternehmensumwandlungen, Rdnr. 184; *Kempen,* BB 1991, 2006, 2010. Zu diesem Ergebnis kommt auch BAG v. 24.6.1998 - 4 AZR 208/97, NZA 1998, 1346, 1348.

182 *Henssler,* FS für Wißmann, S. 133, 146.

183 Semler/Stengel/*Simon,* § 20 UmwG, Rdnr. 41; MAH-Arbeitsrecht/*Cohnen/Tepass,* § 51, Rdnr. 72; *Seiter,* DB 1980, 877, 880; *Prange*, NZA 2002, 817, 819; *Gaul,* § 24, Rdnr. 5.

184 So *Lambrich,* FS f. Ehmann, S. 169, 184; *Prange*, NZA 2002, 817, 819.

Abs. 1 TVG ergibt. Der neue Arbeitgeber wird Partei des Tarifvertrags und ist damit an diesen gebunden.[185]

Neben der ausdrücklichen Übernahme der Tarifbindung könnte der Erwerber durch die Betriebsübernahme per se an den Tarifvertrag gebunden werden, indem er automatisch in die Stellung der Tarifvertragspartei eintritt. Während eine solche Übernahme bei einem Verbandstarifvertrag von vornherein an der negativen Koalitionsfreiheit scheitert, muss dies in Bezug auf Firmentarifverträge differenzierter betrachtet werden. Die Stellung als Tarifvertragspartei ist unabhängig von der Frage nach einer Verbandsmitgliedschaft zu sehen und ein automatisches Eintreten wäre denkbar.[186] Allerdings muss dies für die jeweilige Konstellation anhand einer Abwägung der Interessen einzeln festgestellt werden.

Vor Einfügung des § 613a Abs. 1 S. 2 BGB war die kollektivrechtliche Weitergeltung eines Firmentarifvertrags nach einem Betriebsübergang durch Einzelrechtsnachfolge herrschende Lehre.[187] Das BAG ließ die Frage offen.[188] Mit Einführung des § 613a Abs. 1 S. 2 bis 4 BGB hat sich das Meinungsbild geändert: Ein Großteil der Autoren lehnt seitdem die Weitergeltung eines Firmentarifvertrags nach kollektivrechtlichen Grundsätzen ab.[189] Auch das BAG hat sich dieser Sichtweise angeschlossen.[190]

---

185 Zu den vertraglichen Möglichkeiten des Eintretens in den Tarifvertrag vgl. *Waas,* S. 14 m.w.N. Die Möglichkeit einer solchen Übernahme hat das BAG bestätigt, vgl. BAG v. 29.8.2001 - 4 AZR 332/00, NZA 2002, 513, 514.

186 Dies heißt nicht, dass die negative Koalitionsfreiheit bei Firmentarifverträgen nie betroffen sein kann. Allerdings ist der Arbeitgeber selbst Tarifpartei und hat andere Möglichkeiten auf die „Gegenseite" einzuwirken, insbesondere muss er keine Gemeinschaftsentscheidungen o.Ä. mittragen.

187 Vgl. Kempen/Zachert/*Kempen,* § 3 TVG, Rdnr. 108 m.w.N. Neben dieser Weitergeltung des Tarifvertrags nach kollektivrechtlichen Grundsätzen wurde auch die (analoge) Anwendung des § 613a Abs. 1 BGB a.F. diskutiert. Demnach sollte der Firmentarifvertrag nach dieser Vorschrift weiter Geltung erlangen, ausführlich *Skuderis,* S. 447 ff. m.w.N. Eine weitere Überlegung war § 25 HGB analog heranzuziehen, ausführlich *Hartmann,* S. 7 f.

188 BAG v. 4.12.1974 - 5 AZR 75/74, AP § 3 TVG, Nr. 2. Zumindest hält das BAG dort die Weitergeltung eine Firmentarifvertrags für *möglich.* Daraus wurde seitens der Literatur, aber auch seitens des BAG geschlossen, dass die Entscheidung *für* eine Anwendung gefällt worden wäre, vgl. Kempen/Zachert/*Kempen,* § 3 TVG, Rdnr. 108 und BAG v. 20.6.2001 - 4 AZR 295/00, NZA 2002, 517, 518.

189 *Wank,* NZA 1987, 505, 507; *Schiefer/Pogge,* NJW 2003, 3734, 3739; ErfK/*Preis,* § 613a BGB, Rdnr. 113; *Hanau/Vossen,* FS f. Hilger/Stumpf, S. 271, 296; MAH-Arbeitsrecht/*Cohnen/Tepass,* § 51, Rdnr. 74; Wiedemann/*Oetker,* § 3 TVG, Rdnr. 199 ff.; *Löwisch/Rieble,* § 3 TVG, Rdnr. 174; *Gussen/Dauck,* Rdnr. 192 ff.; MüKo/*Müller-Glöge,* § 613a BGB, Rdnr. 130; *Kania,* DB 1994, 529, 534. Vgl. auch

Kollektivrechtlich kommen zwei Ansatzpunkte für eine direkte Weitergeltung des Firmentarifvertrags infrage. Der neue Betriebsinhaber könnte in den Firmentarifvertrag eintreten. Dies würde zu einer Geltung des Tarifvertrags nach § 3 Abs. 1 TVG führen.[191] Es könnte aber auch eine Weitergeltung über § 3 Abs. 3 TVG[192] infrage kommen. Der neue Betriebsinhaber würde zwar nicht Vertragspartner werden, er wäre aber während der Laufzeit des Tarifvertrags dennoch an diesen gebunden. Beide Möglichkeiten könnten der Anordnung des § 613a Abs. 1 S. 2 BGB vorgehen, da diese nur einen Auffangtatbestand darstellt.[193] Bei einer direkten Anwendung der Vorschriften des TVG würde das Argument des Fehlens einer planwidrigen Regelungslücke nicht greifen.

Die kollektive Vereinigungsfreiheit stünde dem nicht per se entgegen. Weder bei einem automatischen Eintritt in einen Firmentarifvertrag noch bei Weitergeltung nach § 3 Abs. 3 TVG entstünden für den neuen Betriebsinhaber verbandsrechtliche Pflichten. Auch wenn sich ein Tarifvertrag in einigen Punkten von einem „normalen" privatrechtlichen Vertrag unterscheidet, könnte der Eingriff in die negative Vereinigungsfreiheit gerechtfertigt sein.[194] Eine Rechtfertigung wäre allerdings schwierig, wenn der neue Betriebsinhaber Mitglied in einem Arbeitgeberverband wäre, der mit der für den Betrieb zuständigen Gewerkschaft Verbandstarifverträge abgeschlossen hat. Die Situation wäre vergleichbar damit, dass ein organisierter Arbeitgeber zum Abschluss eines Firmentarifvertrags gezwungen wird.[195] § 613a Abs. 1 S. 2 bis 4 BGB bietet Grundsätze, durch die das Zusammentreffen mehrerer denkbarer tarifvertragli-

---

Thüsing/Lambrich, RdA 2002, 193, 209, allerdings mit Hinweis auf Art. 9 Abs. 3 GG. Gegen eine kollektivrechtliche Weitergeltung *Hartmann,* S. 25. Bei *Hartmann,* S. 11 ff. findet sich ein Überblick über die derzeit vertretenen Ansichten. Für eine kollektivrechtliche Weitergeltung beispielsweise *Moll,* NJW 1993, 2016, 2020; *ders.,* RdA 1996, 275; *Zerres,* ZIP 2001, 359, 366.

190 BAG v. 20.6.2001 - 4 AZR 295/00, NZA 2002, 517, 518; BAG v. 29.8.2001 - 4 AZR 332/00, NZA 2002, 513, 514; BAG v. 26.8.2009 - 4 AZR 280/08, NZA 2010, 238, 240 f.

191 Bachner/Köstler/Matthießen/Trittin/*Trittin,* § 5, Rdnr. 79 ff.; *Prange,* NZA 2002, 817, 819.

192 Kempen/Zachert/*Kempen*, § 3 TVG, Rdnr. 108.

193 *Moll,* NJW 1993, 2016, 2020; ähnlich *Däubler,* Anm. zu BAG v. 29.8.2001 - 4 AZR 332/00, RdA 2002, 303, 304.

194 Bachner/Köstler/Matthießen/Trittin/*Trittin,* § 5, Rdnr. 86.

195 Im Rahmen dieser Arbeit ist es nicht möglich auf dieses sehr interessante Problem einzugehen. Insofern sei verwiesen auf Wiedemann/*Oetker,* § 2 TVG, Rdnr. 172 ff.

cher Regelungen geklärt werden kann.[196] Dies ist bei Anwendung der allgemeinen tarifrechtlichen Vorschriften nicht vergleichbar gewährleistet. Daher ist auch auf diese Vorschrift zurückzugreifen, da andernfalls der Eingriff in die Rechte des Erwerbers zu weit gehen könnte.

Auch findet sich keine Rechtsgrundlage, die eine automatische Vertragsübernahme anordnet. § 613a Abs. 1 S. 1 BGB ist weder direkt noch analog anwendbar.[197] Eine vergleichbare Vorschrift für die Übernahme von Tarifverträgen findet sich weder im zivilrechtlichen noch im tarifrechtlichen Bereich. Abgeschwächt wird dieses Argument, wenn man annimmt, dass der neue Betriebsinhaber automatisch in den Firmentarifvertrag eintritt, da die Tarifgebundenheit an die Eigenschaft als Arbeitgeber anknüpft, in die der Erwerber gerade eintritt.[198] Dabei wird verkannt, dass nicht jeder Arbeitgeber automatisch Tarifvertragspartei ist, sondern dies erst durch Abschluss eines Tarifvertrags wird. Die Eigenschaft als Arbeitgeber kann nicht mit der als Tarifvertragspartei gleichgesetzt werden.[199] Vielmehr steht zwischen diesen beiden Aspekten ein Entschluss des Arbeitgebers, Tarifvertragspartei zu werden. Gerade diese Entscheidung – für oder gegen eine Tarifbindung – ist von der negativen Koalitionsfreiheit umfasst. Insofern ist ein automatischer Eintritt in die Eigenschaft als Tarifvertragspartei nicht unproblematisch, wenn dafür die gesetzliche Grundlage fehlt. Dieser würde es bedürfen, um einen Eingriff in ein Grundrecht möglich zu machen.[200]

Daneben ist auch eine Weitergeltung nach § 3 Abs. 3 TVG abzulehnen, da der Sinn dieser Vorschrift darin besteht, den *Vertragsparteien* die Flucht aus dem Tarifvertrag zu erschweren. Durch diese Vorschrift wird nicht bestimmt, *wer* Vertragspartei ist. Dem BAG ist zuzustimmen, dass die Bindung an einen Tarifvertrag nicht durch die Eigenschaft als Arbeitgeber begründet wird, son-

---

196 Auch wenn in diesem Zusammenhang ebenfalls teilweise umstrittene Bereiche zu finden sind, finden sich dort Argumentationsmuster, die den Besonderheiten des Betriebsübergangs Rechnung tragen.

197 Von § 613a Abs. 1 S. 1 BGB werden nur individualrechtliche Verträge erfasst. Für eine analoge Anwendung auf Firmentarifverträge fehlt die Regelungslücke, da diese durch § 613a Abs. 1 S. 2 BGB geschlossen wurde. Anderer Ansicht ist *Kempen,* BB 1991, 2006, 2008, der annimmt § 613a Abs. 1 S. 1 BGB sei anwendbar, da § 613a Abs. 1 S. 2 BGB nur Auffangtatbestand sei und das TVG vorsehe, dass der Erwerber automatisch in die Tarifbindung eintritt.

198 *Kempen,* BB 1991, 2006, 2008. Allerdings gilt dies nach *Kempen* nur, wenn beide Inhaber tariflich identisch sind. Ähnlich Däubler/*Lorenz,* § 3 TVG, Rdnr. 176 ff.

199 So BAG v. 20.6.2001 - 4 AZR 295/00, NZA 2002, 517, 518. Ähnlich *Kania,* DB 1994, 529, 533 f.

200 Sog. Vorbehalt des Gesetzes, vgl. dazu Schmidt-Bleibtreu/Hofmann/Hopfau/*Hopfau,* Einl., Rdnr. 128; *Degenhart,* Staatsrecht I, Rdnr. 288 ff.

dern durch die Stellung als Vertragspartner der Gewerkschaft.[201] Somit gibt es keine rechtliche Grundlage für eine automatische Vertragsstellung und der Erwerber ist nicht Vertragspartei i.S.d. § 3 Abs. 3 TVG.

Dennoch würde der - auch europarechtlich vorgegebene - Bestandsschutz *für* eine kollektivrechtliche Weitergeltung sprechen. Die Situation der Arbeitnehmer hat sich, durch die Umsetzungsvorschrift der Betriebsübergangsrichtlinie, im Hinblick auf den Firmentarifvertrag verschlechtert. Das BAG hat unter Verweis auf § 613a Abs. 1 S. 2 BGB eine Fortführung der bisherigen Rechtsprechung aufgegeben. Das Ergebnis ist, dass die Weitergeltung der Normen eines Firmentarifvertrags nicht auf die Dauer der Laufzeit des Vertrags, sondern auf ein Jahr begrenzt ist. Aus Arbeitgebersicht spräche für die kollektivrechtliche Weitergeltung eines Firmentarifvertrags, dass in einem solchen Fall der schuldrechtliche Teil des Tarifvertrags weitergelten würde. Damit ginge auch das Recht, den Firmentarifvertrag zu kündigen, auf den Erwerber über und dessen Interessen wären gewahrt.[202]

Zusammenfassend sprechen die dogmatischen Argumente - darunter nicht zuletzt die Rechtssicherheit - für eine Anwendung des § 613a Abs. 1 S. 2 bis 4 BGB, während der Arbeitnehmerschutz für eine kollektivrechtliche Weitergeltung sprechen würde. Wie festgestellt, müssen sich die europarechtlichen Vorgaben einer Richtlinie aus der Rechtsordnung des Mitgliedstaates klar ergeben, da andernfalls nicht von einer ausreichenden Umsetzung gesprochen werden kann. Dies erfordert, wie bereits festgehalten, zumindest eine gefestigte Rechtsprechung, die eine gewisse Rechtssicherheit bietet. Vor Einführung des § 613a Abs. 1 BGB war sowohl nach der Rechtsprechung als auch nach der h.L. davon auszugehen, dass eine kollektivrechtliche Weitergeltung von Firmentarifverträgen gesichert sei. Dies hätte für eine ordnungsgemäße Umsetzung der Betriebsübergangsrichtlinie durch eine gefestigte Rechtsprechung ausreichen können.[203]

Da sich das BAG für eine Anwendung des § 613a Abs. 1 S. 2 bis 4 BGB entschieden hat, ist die Rückkehr zu einer kollektivrechtlichen Weitergeltung erschwert. Dies zeigt eine grundsätzliche Problematik bezüglich der Umsetzung europäischer Richtlinienvorgaben. Bis zu einem gewissen Punkt steht und fällt die europarechtliche Vereinbarkeit der deutschen Rechtslage mit der

---

201 BAG v. 20.6.2001 - 4 AZR 295/00, NZA 2002, 517, 518.

202 Dazu *Seiter,* DB 1980, 877, 881 ff. Allerdings müsste diesbezüglich über eine Kündigungssperre für ein Jahr nachgedacht werden, um die Vorgaben der Richtlinie zu erfüllen.

203 Dazu sehr interessant *Däubler,* Anm. zu BAG v. 29.8.2001 - 4 AZR 332/00, RdA 2002, 299, 303.

Entscheidungspraxis der höchsten Gerichte.[204] Dies verstärkt sich im Arbeitsrecht durch die starke Stellung des BAG.[205]

Ursprünglich war eine kollektivrechtliche Weitergeltung eines Firmentarifvertrags nach nationalem Recht denkbar. Bis 2001 wurde dieses Ergebnis auch durch die Rechtsprechung des BAG getragen. Allerdings ist dies aufgrund der geänderten Rechtsprechung und der fehlenden gesetzlichen Grundlage nicht haltbar.

(2) Eintritt in die Tarifbindung eines Firmentarifvertrags bei Gesamtrechtsnachfolge und Umwandlungsfällen

Die bisherigen Ausführungen hinsichtlich des Firmentarifvertrags betrafen den Betriebsübergang im Rahmen einer Einzelrechtsnachfolge. Für eine Gesamtrechtsnachfolge muss die Situation neu bewertet werden, wobei zwischen den verschiedenen Arten der Gesamtrechtsnachfolge zu unterscheiden ist. Bei einer Gesamtrechtsnachfolge außerhalb des UmwG, also insbesondere durch Erbfolge, ist von einem Eintritt des Erwerbers in den Firmentarifvertrag auszugehen, da der Erwerber vollumfänglich in die Rechte und Pflichten des Veräußerers eintritt. Diese umfassen auch den Firmentarifvertrag, dessen Vertragspartner der Veräußerer ist.[206]

Im Bereich des Umwandlungsrechts ist zwischen verschiedenen Konstellationen zu unterscheiden. Um Schwierigkeiten vorzubeugen, werden in der Praxis häufig sogenannte Überleitungstarifverträge geschlossen.[207] Eine kollektivrechtliche Bindung nach erfolgter Umwandlung kann nicht eintreten, wenn der Betrieb den Geltungsbereich des Firmentarifvertrags verlässt.[208] In einem solchen Fall kommt die Nachwirkung nach § 4 Abs. 5 TVG oder die Weitergeltung nach § 613a Abs. 1 S. 2 BGB in Betracht, je nachdem, auf welcher Grundlage sich das Verlassen des Geltungsbereichs vollzieht.[209]

Nach h.M. geht bei einer *Verschmelzung* der Firmentarifvertrag nach § 20 I Nr. 1 UmwG (bei Neugründung i.V.m. § 36 UmwG) im Wege der Gesamtrechtsnachfolge auf den übernehmenden Rechtsträger über, da von dieser Vor-

---

204 Der Gesetzgeber könnte irgendwann durch eine - mehrfach - wechselnde höchstrichterliche Rechtsprechung, gezwungen sein zu reagieren, um eine europarechtswidrige Situation zu vermeiden.

205 Zu der besonderen Stellung des Richterrechts im Arbeitsrecht sehr interessant *Brox/Rüthers/Henssler,* Rdnr. 20 ff.

206 *Hromadka/Maschmann/Wallner,* Rdnr. 237. Im Ergebnis ebenso u.a. ErfK/*Franzen,* § 2 TVG, Rdnr. 26; Wiedemann/*Oetker,* § 3 TVG, Rdnr. 193.

207 Dazu Semler/Stengel/*Simon,* § 20 UmwG, Rdnr. 48.

208 *Gaul,* NZA 1995, 717, 723; *Prange,* NZA 2002, 817, 819 f.

209 Dazu noch unten Viertes Kapitel VI.2.

schrift sämtliche Forderungen und Verbindlichkeiten umfasst sind.[210] Dies gilt nach Meinung des BAG sowohl für eine Verschmelzung durch Aufnahme als auch für eine solche durch Neugründung.[211]

Problematisch ist, dass bei Verschmelzung durch Aufnahme[212] der Firmentarifvertrag nicht nur für die Arbeitnehmer des ursprünglichen Rechtsträgers gelten würde, sondern unter Umständen auch bereits bestehende Arbeitsverhältnisse des aufnehmenden Rechtsträgers umfassen könnte. Daraus könnte geschlossen werden, dass bei Verschmelzung durch Aufnahme keine kollektivrechtliche Weitergeltung angenommen werden könne, sondern § 613a Abs. 1 S. 2 bis 4 BGB zur Anwendung käme. Dafür spricht, dass andernfalls der vertragliche Geltungsbereich des Firmentarifvertrags zu stark ausgeweitet würde.[213]

Um dieses Problem zu umgehen, könnte man den übergegangenen Firmentarifvertrag auch weiter nur auf den betreffenden Betrieb bzw. die darin angesiedelten Arbeitsverhältnisse anwenden. Für die ursprünglich getrennten Betriebe innerhalb des Unternehmens würden künftig unterschiedliche Tarifverträge gelten. Der Grundsatz der Tarifeinheit käme nicht zur Anwendung, sofern es sich nicht um eine Tarifkonkurrenz handelt, und die unterschiedlichen Tarifverträge blieben nebeneinander bestehen.[214] Das BAG lässt auch bei

---

210 HWK/*Willemsen,* § 324 UmwG, Rdnr. 20; Kallmeyer/*Willemsen,* § 324 UmwG, Rdnr. 24; Semler/Stengel/*Simon,* § 20 UmwG, Rdnr. 40; Kempen/Zachert/*Kempen,* § 3 TVG, Rdnr. 107; Wiedemann/*Oetker,* § 3 TVG, Rdnr. 193 f.; ErfK/*Franzen,* § 3 TVG, Rdnr. 15; *Däubler,* RdA 1995, 136, 140; *Hohenstatt/Günther-Gräff,* DStR 2001, 1980, 1984; *Zerres,* ZIP 2001, 359, 366; *Boecken,* Unternehmensumwandlungen, Rdnr. 205; *Prange,* NZA 2002, 817, 819.

211 BAG v. 24.6.1998 - 4 AZR 208/97, NZA 1998, 1346 für eine Verschmelzung durch Neugründung; BAG v. 4.7.2007 - 4 AZR 491/06, NZA 2008, 307 für eine Verschmelzung durch Aufnahme; jeweils bestätigt durch BAG v. 10.6.2009, 4 ABR 21/08, NZA 2010, 51, 52.

212 Ähnliche Probleme können auch bei Spaltungsvorgängen entstehen, vgl. dazu ErfK/*Preis,* § 613a BGB, Rdnr. 186. Mit dieser Argumentation lehnt beispielsweise *Gaul,* § 24, Rdnr. 144 ff. eine Übernahme des Firmentarifvertrags bei Spaltung durch Aufnahme ab.

213 Zum Ganzen *Gaul,* NZA 1995, 717, 722; *Hanau/Vossen,* FS f. Hilger/Stumpf, S. 271, 297; *Trappehl/Lambrich,* DB 1999, 291; ErfK/*Preis,* § 613a BGB, Rdnr. 186. Kritisch auch MüKo/*Müller-Glöge,* § 613a BGB, Rdnr. 223.

214 Semler/Stengel/*Simon,* § 20 UmwG, Rdnr. 43 ff.; Lutter/*Joost,* § 324 UmwG, Rdnr. 34; HK/*Tempelmann,* § 324 UmwG, Rdnr. 33; *Boecken,* Unternehmensumwandlungen, Rdnr. 205; *Hohenstatt/Günther-Gräff,* DStR 2001, 1980, 1985; *Däubler,* RdA 1995, 136, 140; *Zerres,* ZIP 2001, 359, 366; *Jacobs,* NZA-Beil. 2009 Heft 1, 45, 46; *Lambrich,* FS f. Ehmann, S. 169, 188. Anders *Henssler,* FS f. Schaub, S. 311, 327, der wohl auch bei Tarifpluralität den Grundsatz der Tarifeinheit anwenden will.

Verschmelzung durch Aufnahme einen Firmentarifvertrag auf den übernehmenden Rechtsträger übergehen. Die Frage, was mit einer eventuell entstehenden Tarifkonkurrenz geschehen soll, wurde bisher offen gelassen.[215] Dadurch wurde der Ansicht, dass die mögliche Tarifpluralität einer kollektivrechtlichen Weitergeltung entgegenstünde, zu Recht eine Absage erteilt. Allerdings bleibt zu hoffen,[216] dass dies nicht dazu führt, dass die tariflichen Regelungen auch die Arbeitnehmer erfassen, die bereits bei dem übernehmenden Rechtsträger beschäftigt sind. Ein Firmentarifvertrag bezieht sich auf die betrieblichen Verhältnisse bei dem Rechtsträger, der ihn abschließt, und sein Geltungsbereich wird nicht durch eine Verschmelzung verändert.[217] Der Tarifvertrag betrifft aber nicht den übernehmenden Rechtsträger und die dort beschäftigten Arbeitnehmer und kann auch nicht ohne Weiteres auf diese übertragen werden. Langfristig hat der übernehmende Rechtsträger die Möglichkeit, die Arbeitsbedingungen für alle Arbeitnehmer anzugleichen, indem er den übergegangenen Firmentarifvertrag kündigt. Im Rahmen der sich daran anschließenden Nachwirkung der tariflichen Regelungen muss die Angleichung der Bedingungen als Grund für eine Änderungskündigung zu sehen sein. Andernfalls würden die Interessen des übernehmenden Rechtsträgers nicht gewahrt werden.

Eine Ausnahme muss gemacht werden, wenn die ursprünglich rechtlich getrennten Teile nach der Verschmelzung nicht mehr zu unterscheiden sind. Dann kann der Firmentarifvertrag nicht bestehen bleiben. Es kommt eine Weitergeltung nach § 613a Abs. 1 S. 2 BGB[218] oder ein Sonderkündigungsrecht bzgl. des Firmentarifvertrags[219] in Betracht.

Liegt eine *Spaltung* vor, muss zwischen dem übertragenden und dem übernehmenden Rechtsträger und den jeweiligen Spaltungsarten unterschieden werden.

Bei einer Aufspaltung erlischt der übertragende Rechtsträger nach § 131 Abs. 1 Nr. 2 UmwG und damit auch seine Tarifgebundenheit.[220] Bei einer Abspaltung oder Ausgliederung existiert der übertragende Rechtsträger weiter.

---

215 BAG v. 4.7.2007 - 4 AZR 491/06, NZA 2008, 307.

216 Nach derzeitiger Entwicklung besteht die Möglichkeit, dass keine Ausweitung der Geltung vorgenommen werden wird. Der Vierte Senat hat in einem Beschluss v. 27.1.2010 - 4 AZR 549/08 angekündigt, nicht am Grundsatz der Tarifeinheit festhalten zu wollen. Er hat diesbezüglich eine Anfrage an den Zehnten Senat gestellt.

217 Lutter/*Joost,* § 324 UmwG, Rdnr. 34; Semler/Stengel/*Simon,* § 20 UmwG, Rdnr. 45.

218 Dazu *Hohenstatt/Günther-Gräff,* DStR 2001, 1980, 1985, die allerdings von Nachwirkung ausgehen.

219 So Semler/Stengel/*Simon,* § 20 UmwG, Rdnr. 46.

220 Wiedemann/*Oetker,* § 3 TVG, Rdnr. 196; Kallmeyer/*Willemsen,* Vor 322 UmwG, Rdnr. 80.

Beschäftigt dieser nach der Umwandlung noch Arbeitnehmer, bleibt ein Firmentarifvertrag grundsätzlich bestehen.[221] Ob diese Rechtsfolge nur eintritt, wenn der Firmentarifvertrag nicht durch den Spaltungs- und Übernahmevertrag dem übernehmenden Rechtsträger zugeordnet wurde, muss noch geklärt werden.[222]

Hinsichtlich des übernehmenden Rechtsträgers käme in Betracht, diesen generell, also unabhängig von den Vereinbarungen des Spaltungsvertrags, an den Firmentarifvertrag zu binden. Dies würde dazu führen, dass unter Umständen mehrere Rechtsträger an denselben Firmentarifvertrag gebunden wären, sich dieser also auch „spaltet".[223] Daher wird, unter anderem mit Hinweis auf den Firmentarifvertragscharakter, eine zwingende Bindung des übernehmenden Rechtsträgers an den Firmentarifvertrag abgelehnt. Es soll allein auf die Zuordnung im Spaltungs- und Übernahmevertrag ankommen.[224] Dies ist im Hinblick auf § 131 Abs. 1 Nr. 1 UmwG auch stimmig, da nach diesem die Übernahme der Verbindlichkeiten entsprechend der im Spaltungs- und Übernahmevertrag vorgesehenen Aufteilung erfolgt. Etwas anderes kann sich ergeben, wenn keine Zuordnung des Firmentarifvertrags vorgesehen wurde. Dann ist im Hinblick auf § 131 Abs. 3 UmwG eine Aufteilung der Firmentarifvertragspartei denkbar.[225]

Boecken schlägt vor, bei Zuordnung des Firmentarifvertrags durch den Spaltungs- und Übernahmevertrag an den übernehmenden Rechtsträger hinsichtlich des übertragenden Rechtsträger § 3 Abs. 3 TVG analog anzuwenden.[226] Teilweise wird auch auf § 4 Abs. 5 TVG abgestellt.[227] Durch Anwendung des § 3 Abs. 3 TVG würde die Zuordnung des Spaltungs- und Übernahmevertrags ausgehöhlt werden. Daher kommt nur § 4 Abs. 5 TVG in Betracht. Dadurch würde aber der durch die Richtlinie geforderte Bestandsschutz nicht gewährleistet werden. Daher ist die Veränderungssperre auf die Regelungen des § 4 Abs. 5 TVG zu übertragen.

---

221 Wiedemann/*Oetker,* § 3 TVG, Rdnr. 196.

222 *Boecken,* Unternehmensumwandlungen, Rdnr. 206; Kallmeyer/*Willemsen,* § 324 UmwG, Rdnr. 24; Wiedemann/*Oetker,* § 3 TVG, Rdnr. 197. Anders für den Fall der Aufspaltung, Abspaltung oder Ausgliederung durch Neugründung *Gaul,* NZA 1995, 717, 723.

223 *Däubler,* RdA 1995, 136, 142; *Gaul,* NZA 1995, 717, 723; *Gaul,* § 24, Rdnr. 141.

224 Wiedemann/*Oetker,* § 3 TVG, Rdnr. 198; Staudinger/*Annuß,* § 613a BGB, Rdnr. 255; Semler/Stengel/*Simon,* § 131 UmwG, Rdnr. 51; Kallmeyer/*Willemsen,* § 324 UmwG, Rdnr. 24; *Lambrich,* FS f. Ehmann, S. 169, 189 f.

225 Semler/Stengel/*Simon,* § 131 UmwG, Rdnr. 52. Anders wohl Kallmeyer/*Willemsen,* Vor § 322 UmwG, Rdnr. 81.

226 *Boecken,* Unternehmensumwandlungen, Rdnr. 208.

227 Semler/Stengel/*Simon,* § 131 UmwG, Rdnr. 53.

Treffen bei einem bereits bestehenden übernehmenden Rechtsträger mehrere Tarifverträge aufeinander, gilt das bereits Festgestellte: Nur eine Tarifkonkurrenz ist nach den Grundsätzen der Tarifeinheit aufzulösen, während bei Tarifpluralität die verschiedenen Tarifverträge nebeneinander anwendbar bleiben.

Im Rahmen einer Vermögensübertragung gelten für die Vollübertragung nach § 174 Abs. 1 UmwG die Grundsätze der Verschmelzung, und für die Teilübertragung nach § 174 Abs. 2 UmwG die Grundsätze der Spaltung.[228]

Der Übernahme der Stellung als Vertragspartner eines Firmentarifvertrags steht Art. 9 Abs. 3 GG in seiner Ausprägung als negative Koalitionsfreiheit nicht entgegen. Zum einen handelt es sich nur um die Übernahme eines Firmentarifvertrags und nicht um die Unterwerfung unter die Verhandlungen eines Verbandes. Zum anderen entscheidet sich der Erwerber bewusst für das Rechtsgeschäft, das der Umwandlung zugrunde liegt, und damit auch für die Übernahme des Firmentarifvertrags.[229] Darüber hinaus geht auch das Kündigungsrecht auf ihn über.

III. Zusammenfassung des Zweiten Kapitels

Die Regelung § 613a Abs. 1 S. 2 bis 4 BGB ist als Auffangtatbestand zu verstehen. Ist eine kollektivrechtliche Weitergeltung eines Tarifvertrags möglich, so steht § 613a Abs. 1 S. 2 bis 4 BGB dem nicht entgegen. Gleiches gilt auch für Umwandlungsfälle, da § 324 UmwG kein anderes Ergebnis vorgibt. Mit § 4 Abs. 5 TVG analog ist grundsätzlich eine Möglichkeit vorhanden, kollektivrechtlich Abhilfe zu verschaffen, falls § 613a Abs. 1 S. 2 bis 4 BGB bei Verlassen des Geltungsbereichs nicht genügend Schutz bietet.

Ein Verbandstarifvertrag gilt nur automatisch kollektivrechtlich weiter, wenn eine Allgemeinverbindlichkeitserklärung besteht oder der Erwerber an denselben Tarifvertrag gebunden ist. Dies gilt sowohl für den Fall der Einzelrechtsnachfolge als auch für Fälle der Gesamtrechtsnachfolge.

Bei einem Betriebsübergang im Rahmen einer Einzelrechtsnachfolge tritt der Erwerber nicht automatisch in einen Firmentarifvertrag ein. Vielmehr ist auch in diesem Fall § 613a Abs. 1 S. 2 bis 4 BGB heranzuziehen

Etwas anderes ergibt sich für einen Übergang im Zusammenhang mit einer Gesamtrechtsnachfolge. In diesem Fall tritt der Erwerber automatisch in einen

228 Kallmeyer/*Willemsen,* Vor § 322 UmwG, Rdnr. 81.

229 Ausführlich *Boecken,* Unternehmensumwandlungen, Rdnr. 204. Ebenso BAG v. 4.7.2007 - 4 AZR 491/06, NZA 2008, 307, 311; Lutter/*Joost,* § 324 UmwG, Rdnr. 33; *Henssler,* FS f. Schaub, S. 311, 326. Kritisch *Trappehl/Lambrich,* DB 1999, 291; *Lambrich,* FS f. Ehmann, S. 169, 186.

Firmentarifvertrag ein. Dieser gilt also kollektivrechtlich weiter, wenn der Tarifvertrag nicht den Geltungsbereich verlassen hat.

Für Betriebsübergänge im Bereich des UmwG ist zwischen den jeweiligen Umwandlungsarten zu unterscheiden. Sowohl bei Verschmelzung durch Aufnahme als auch bei einer solchen durch Neugründung liegt eine Gesamtrechtsnachfolge vor. Folglich tritt der aufnehmende Rechtsträger in den Firmentarifvertrag ein. Bleibt der Betrieb im Geltungsbereich, gilt der Firmentarifvertrag daher normativ weiter. Bei einer Aufspaltung erlischt der übertragende Rechtsträger und damit auch dessen Tarifgebundenheit. Bei einer Abspaltung kommt es unter anderem auf die Zuordnung des Firmentarifvertrags an. Wird der Firmentarifvertrag dem übertragenden Rechtsträger zugeordnet, gilt für den übernehmenden Rechtsträger § 613a Abs. 1 S. 2 bis 4 BGB; bei Zuordnung an den übernehmenden Rechtsträger wirken die tariflichen Regelungen beim übertragenden Rechtsträger nach § 4 Abs. 5 TVG nach und dürfen ein Jahr lang nicht durch eine andere Abmachung geändert werden.

Im Rahmen einer Vermögensübertragung gelten für die Vollübertragung nach § 174 Abs. 1 UmwG die Grundsätze der Verschmelzung, und für die Teilübertragung nach § 174 Abs. 2 UmwG die Grundsätze der Spaltung.

Drittes Kapitel
Weitergeltung tarifvertraglicher Regelungen nach § 613a Abs. 1 S. 2 BGB

I. Dogmatische Einordnung des § 613a Abs. 1 S. 2 BGB

Nach § 613a Abs. 1 S. 2 BGB werden die Rechte und Pflichten, welche durch Rechtsnormen eines Tarifvertrags geregelt werden, „Inhalt des Arbeitsverhältnisses zwischen dem neuen Inhaber und dem Arbeitnehmer". Ob dies normativ oder individualrechtlich gilt, wird durch die Vorschrift nicht explizit gesagt. Wird von einer individualrechtlichen Wirkung des § 613a Abs. 1 Sa. 2 BGB ausgegangen, bedeutet dies eine Transformation der betroffenen Regelungen als individualvertraglich in den Arbeitsvertrag. Bei einer normativen Geltung dagegen wirken die Rechtsnormen weiter „von außen" - allerdings unstrittig ohne dauerhaft zwingende Wirkung - auf den Arbeitsvertrag ein. Die Einordnung der Vorschrift kann bei Folgeproblemen dogmatisch richtungsweisend sein.

1. Rechtsprechung und herrschende Lehre

Da die praktischen Auswirkungen der dogmatischen Einordnung gering sind, beschäftigen sich die Gerichte mit ihr nur am Rande. Meist findet sich in einem Nebensatz ein Hinweis auf die individualrechtlichen Verpflichtungen aus § 613a Abs. 1 S. 2 BGB,[230] nur selten wird die individualvertragliche Geltung ausdrücklich festgestellt.[231] Dem widerspricht allerdings der Hinweis des BAG im Jahr 2001, dass es „dahingestellt bleiben [kann], ob die Normen individualrechtlich, d.h. wie arbeitsvertraglich vereinbarte Regelungen weitergelten [...] oder ob entgegen dem Wortlaut von einer beschränkt normativen Weitergeltung" ausgegangen werden muss.[232]

Interessant ist eine jüngere Entscheidung, in der das BAG feststellt, dass sich die nach § 613a Abs. 1 S. 2 BGB transformierten Normen nicht so in individualvertragliche Vereinbarungen verwandeln würden, dass aus Tarifrecht

---

230 BAG v. 16.5.1995 - 3 AZR 535/94, NZA 1995, 1166, 1167; BAG v. 22.01.2003 - 10 AZR 227/02, AP § 613a BGB, Nr. 242; wohl ebenso BAG v. 11.5.2005 - 4 AZR 315/04, NZA 2005, 1362; BAG v. 19.9.2007 – 4 AZR 711/06, NZA 2008, 241, 242. LAG Schleswig-Holstein v. 4. 3. 1998 - 2 Sa 456/97, NZA-RR 1999, 251.

231 BAG v. 4.3.1993 - 2 AZR 507/92, NZA 1994, 260, 262; BAG v. 20.4.1994 - 4 AZR 342/93, NZA 1994, 1140, 1141; BAG v. 13.9.1994 - 3 AZR 148/94, NZA 1995, 740.

232 BAG v. 21.2.2001 - 4 AZR 18/00, NZA 2001, 1318, 1320.

Vertragsinhalt würde, sondern ihren kollektivrechtlichen Charakter beibehielten.[233]

Zur Begründung führt der Vierte Senat u.a. auf, dass die Regelungen, die nach § 613a Abs. 1 S. 2 BGB weitergelten, Strukturen aufwiesen, die arbeitsvertragliche Regelungen normalerweise nicht haben.[234]

Das BAG scheint nicht mehr von einer reinen individualvertraglichen Regelung auszugehen.[235] Da die Einordnung als individualvertraglich bisher als ständige Rechtsprechung angesehen werden konnte, gilt es die Entwicklung abzuwarten.

Die individualrechtliche Weitergeltung nach § 613a Abs. 1 S. 2 BGB ist herrschende Lehre.[236] Nur vereinzelt finden sich Stimmen, die für eine normative Wirkung sprechen.[237] Um eine dogmatische Einordnung der Norm vornehmen zu können, muss auf die allgemeinen Auslegungsregeln zurückgegriffen werden.

2. Auslegung nach dem Wortlaut

Jede Auslegung beginnt mit einer Analyse des Wortlauts. Hier wird gefragt, welche Bedeutung die betroffenen Normstellen im allgemeinen Sprachgebrauch oder auch im juristischen Sinn haben.[238]

---

233 BAG v. 22.4.2009 - 4 AZR 100/08, NZA 2010, 41, 46.

234 BAG v. 22.4.2009 - 4 AZR 100/08, NZA 2010, 41, 44. Um Missverständnissen vorzubeugen, wird hier nicht von Transformation gesprochen, wenn von der normativen Einordnung die Rede ist.

235 So auch *Hohenstatt*, NZA 2010, 23, 26.

236 *Wank,* NZA 1987, 505; *Moll,* NJW 1993, 2016, 202; Wiedemann/*Oetker,* § 3 TVG, Rdnr. 229; *Schiefer,* 50 Jahre BAG, S. 859,861; Erman/*Edenfeld,* § 613a BGB, Rdnr. 72; *Röder,* DB 1981, 1980; *Brox/Rüthers/Henssler,* Rdnr. 609; *Kempen,* BB 1991, 2006; *Zöllner/Loritz/Hergenröder,* S. 250; *Zerres,* ZIP 2001, 359, 365; *Waas,* S. 31; *Hromadka/Maschmann/Wallner,* Rdnr. 318; *Skuderis,* S. 199; *Henssler,* FS f. Schaub, 311, 317; *Henssler,* FS für Wißmann, S. 133, 147; *Hergenröder,* 50 Jahre BAG, S. 713; *Zumkeller,* DStR 1998, 1966; *Schiefer/Pogge,* NJW 2003, 3734, 3738; *Hohenstatt/Günther-Gräff,* DStR 2001, 1980, 1985; *Kempen,* BB 1991, 2006, 2009; *Prange,* NZA 2002, 817, 818; *Löwisch/Rieble,* § 3 TVG, Rdnr. 168; ErfK/*Preis,* § 613a BGB, Rdnr. 112; MüKo/*Müller-Glöge,* § 613a BGB, Rdnr. 129; *Kania,* DB 1994, 529.

237 Staudinger/*Annuß,* § 613a BGB, Rdnr. 250; *Heinze,* FS für Schaub, S. 275, 280; *Lambrich,* FS f. Ehmann, 169, 175 ff.; *Zöllner,* DB 1995, 1401, 1401 ff. Differenzierend *Gaul,* § 24, Rdnr. 18 ff. Für eine normative Weitergeltung spricht sich *Seiter,* DB 1980, 877, 881 ff. aus, der aber davon ausgeht, dass § 613a Abs. 1 S. 2 BGB dies nicht anordnet.

238 *Larenz/Canaris*, S. 141; *Rüthers,* Rdnr. 738 ff.

Stellt man allein auf den Wortlaut ab, liegt auf den ersten Blick die Vermutung nahe, dass § 613a Abs. 1 S. 2 BGB eine individualrechtliche Geltung anordnet, da die Rechtsnormen „Inhalt des Arbeitsverhältnisses“ werden. Dies spricht dafür, keine normative Wirkung anzunehmen, sondern eine Modifikation der Arbeitsverträge auf individualrechtlicher Ebene erfolgen zu lassen.[239]

Allerdings wird dem entgegengehalten, dass bei einer Unterscheidung zwischen den Begriffen Arbeits*vertrag* und Arbeits*verhältnis* auch die Anordnung einer normativen Weitergeltung vom Wortlaut gedeckt sei. Während der Arbeitsvertrag ausschließlich den Vertrag selbst betreffe, sei unter Arbeitsverhältnis das gesamte Rechtsverhältnis zu verstehen, sodass auch die kollektivrechtlichen Normen davon angesprochen wären. Dies zeige ein Vergleich zu § 1 Abs. 1 TVG.[240]

Aus dem Wortlaut kann folglich keine eindeutige Aussage im Hinblick auf die Einordnung zugunsten der individualrechtlichen Weitergeltung gewonnen werden. Vielmehr würde auch eine normative Einordnung der Vorschrift keinen Wortlautbruch darstellen. Es sind beide Möglichkeiten durch den Wortlaut gedeckt.

3. Historische Auslegung

Der tatsächliche Aussagegehalt einer historischen Auslegung ist, ebenso wie die Abgrenzung des Inhalts, umstritten.[241] Zieht man die historische Auslegung als ergänzendes Kriterium heran, können sich aus der Entstehungsgeschichte einer Norm zumindest Anhaltspunkte ergeben. Allerdings müssen diese entsprechend gewichtet werden. Nach hier vertretener Ansicht umfasst die historische Auslegung u.a. die Ermittlung des Regelungswillens des Gesetzgebers, der insbesondere in der Entstehungsgeschichte einer Norm Ausdruck finden kann.[242]

Entgegen der Meinung einiger Autoren[243] gibt die Entstehungsgeschichte der Norm einen Anhaltspunkt für die Frage, ob die Weitergeltung der Rege-

---

239 In diese Richtung BAG v. 21.2.2001 - 4 AZR 18/00, NZA 2001, 1318, 1320. Dort wird darauf abgestellt, dass eine normative Einordnung *entgegen* des Wortlautes denkbar wäre.

240 *Lambrich,* FS für Ehmann, S. 167, 178; ähnlich Staudinger/*Annuß,* § 613a BGB, Rdnr. 250.

241 Dazu *Rüthers,* Rdnr. 784 ff.

242 Wie hier *Rüthers,* § 22, Rdnr. 780 ff.; *Larenz/Canaris,* S. 150 f. Anders sieht dies bspw. *Maurer,* Staatsrecht I, § 1, Rdnr. 52 ff., der die Entstehungsgeschichte als eigenständige Auslegungsmethode neben der historischen Auslegung sieht.

243 So stellt zum Beispiel *Skuderis* fest, dass sich aus der Gesetzesbegründung der Bundesregierung keinerlei Anhaltspunkte für eine der beiden Alternativen ergeben, da

lungen eines Tarifvertrags nach § 613a Abs. 1 S. 2 BGB individualrechtlich oder normativ gelten soll. Im Rahmen der Begründung des „Arbeitsrechtlichen EG-Anpassungsgesetzes" schreibt die Bundesregierung: „Satz 3 stellt klar, daß gegenüber der in Satz 2 geregelten *individualrechtlichen* Verpflichtung die kollektivrechtlichen Verpflichtungen wie üblich vorgehen."[244] Auch wenn in der Begründung nicht explizit auf die dogmatische Einordnung eingegangen wird, scheint der Gesetzgeber von einer individualrechtlichen Weitergeltung ausgegangen zu sein. Insofern bringt die Entstehungsgeschichte und damit die historische Auslegung ein Argument für die individualrechtliche Weitergeltung.

4. Systematische Auslegung

Eine weitere Möglichkeit, eine Vorschrift auszulegen, ergibt sich durch deren systematische Einordnung.[245] Dies betrifft die Einordnung einer Norm in ihre direkte Umgebung. Unter Umständen kann dies auch einen weiteren Blick gebieten, sofern die Norm mehrerer Teildisziplinen betrifft.[246] Demnach muss bei Auslegung des § 613a Abs. 1 S. 2 BGB in erster Linie § 613a BGB betrachtet werden. Daneben können aber auch andere zivilrechtliche oder tarifrechtliche Vorschriften von Bedeutung sein. Von dieser systematischen Auslegung ist nach meiner Ansicht, die verfassungskonforme Auslegung zu trennen.[247] Auch

einzig der Gesetzeswortlaut wiedergegeben werde, vgl. *Skuderis,* S. 99. Ähnlich *Lambrich,* FS für Ehmann, S. 169, 176. Letzterer zitiert einige Seiten vorher die betreffende Stelle, zieht aber offensichtlich einen anderen Schluss aus der betreffenden Formulierung. Dem hat sich auch das BAG angeschlossen, BAG v. 22.4.2009 - 4 AZR 100/08, NZA 2010, 41.

244 BT-Drs. 8/3317, S. 11, Hervorhebung durch die Verfasserin.

245 Bevor auf diese im Einzelnen eingegangen wird, noch einmal der Hinweis, dass es sich bei der § 613a BGB *nicht* um eine betriebsverfassungsrechtliche Vorschrift handelt, auch wenn die Einführung darauf hindeuten könnte. Verstärkt wird dies bzgl. § 613a Abs. 1 S. 2 bis 4 BGB, da dieser Teil der Vorschrift erst im Rahmen des oben erwähnten arbeitsrechtlichen EG-Anpassungsgesetzes erfolgte.

246 *Rüthers,* Rdnr. 747 f.

247 Dies folgt der Einteilung *Höpfners,* der die verfassungskonforme Auslegung als Unterart der systemkonformen Auslegung außerhalb des klassischen Auslegungskanons anordnet. Hier wird so argumentiert, dass sich die systemkonforme Auslegung nicht als Auslegung im engeren Sinn darstellt - also kein Erkenntnismittel ist. Vielmehr werden die Auslegungsmöglichkeiten durch die systemkonforme Auslegung dahingehend eingeschränkt, welche Auslegungsmöglichkeiten mit höherrangigem Recht vereinbar sind - wobei noch zu klären wäre, welches Recht höherrangig ist, vgl. dazu *Höpfner,* S. 159 ff. Durch die systemkonforme Auslegung wird in anderen Worten nicht ein möglicher Inhalt einer Norm ermittelt, sondern ausschließlich zwischen verschiedenen Auslegungsergebnissen entschieden. Dem ist nichts entgegenzusetzen.

die Frage nach den europarechtlichen Vorgaben soll nicht als spezielle Form der systematischen Auslegung eingegliedert werden, sondern wird als „eigenständige“ Methode gesehen. Eine in dieser Form ausgegliederte Prüfung der europarechtlichen Wertung ist aufgrund der Regelung durch eine Richtlinie und der damit nötigen richtlinienkonformen Auslegung geboten.[248]

Vergleicht man die beiden ersten Sätze des § 613a Abs. 1 BGB, zeigt sich die Problematik der angesprochenen weiten Auslegung des Wortlauts des § 613a Abs. 1 S. 2 BGB. Auch § 613a Abs. 1 S. 1 BGB spricht von Arbeitsverhältnissen. Beide haben den gleichen Bezugspunkt, und von § 613a Abs. 1 S. 1 BGB ist nur der Arbeitsvertrag erfasst.

Für eine kollektivrechtliche Weitergeltung spricht die Einordnung der Regelung in das System der Zivilrechtsordnung. Diese basiert auf dem Grundgedanken der Privatrechtsautonomie. Zu dieser passt weder eine Vertragsinhaltsgestaltung noch die Anordnung einer einjährigen Veränderungssperre.[249] Weiter spricht für eine kollektivrechtliche Einordnung, dass § 613a Abs. 1 S. 3 BGB das Günstigkeitsprinzip zwischen einem beim Betriebserwerber geltenden Tarifvertrag und den weiter geltenden Regelungen ausschließt.[250] Die Regelung des § 613a Abs. 1 S. 2 bis 4 BGB ist daher vor allem bei Annahme einer normativen Weitergeltung in sich schlüssig.[251]

Ein Argument für eine individualrechtliche Weitergeltung soll ein Vergleich mit der Nachwirkung gem. § 4 Abs. 5 TVG sein.[252] Ein solcher Vergleich wird im Rahmen des § 613a Abs. 1 S. 2 bis 4 BGB des Öfteren bemüht. Grundsätzlich ist dies auch möglich, allerdings muss dabei der unterschiedliche Normzweck beachtet werden. Außerdem ist die dogmatische Einordnung der Nachwirkung ebenfalls nicht unumstritten.[253] Für die dogmatische Einordnung hilft dieser Vergleich daher nicht weiter.

---

248 Häufig wird in der Rechtspraxis die Bedeutung des Europarechts verkannt. Daher bietet es sich an, die richtlinienkonforme Auslegung hervorzuheben, um deren Bedeutung zu unterstreichen. Hier soll keine Wertung hinsichtlich der Hierarchie zwischen Verfassung und Europarecht vorweggenommen werden.

249 Vgl. Staudinger/*Annuß,* § 613a BGB, Rdnr. 249. Ebenso HWK/*Willemsen/Müller-Bonanni,* § 613a BGB, Rdnr. 247, die hinsichtlich der Wirkung des § 613a Abs. 1 S. 2 BGB von einer „Fortgeltungsanordnung sui generis“ ausgehen. In diese Richtung tendiert derzeit auch das BAG, vgl. BAG v. 22.4.2009 - 4 AZR 100/08, NZA 2010, 41, 46.

250 Ausführlich dazu unten Fünftes Kapitel II.3.

251 So auch BAG v. 22.4.2009 - 4 AZR 100/08, NZA 2010, 41, 47.

252 Dazu Bachner/Köstler/Matthießen/Trittin/*Trittin,* § 5, Rdnr. 146.

253 Vgl. dazu *Löwisch/Rieble,* § 4 TVG, Rdnr. 377.

5. Verfassungskonforme Auslegung

Hier muss erörtert werden, ob die Privatautonomie gegen eine kollektivrechtliche Weitergeltung nach § 613a Abs. 1 S. 2 BGB spricht. Auch die Privatautonomie gilt allerdings nicht unbeschränkt; es sind gerechtfertigte Eingriffe möglich. Mit dem Arbeitnehmerschutz in der Form des Bestandsschutzes liegt ein rechtfertigendes Ziel vor; auch ist das Mittel geeignet. Hinsichtlich der Erforderlichkeit und der Angemessenheit lässt sich Folgendes festhalten: Sowohl bei einer individualrechtlichen als auch bei einer normativ wirkenden Weitergeltung der Regelungen eines Tarifvertrags, sind die tatsächlichen Auswirkungen die Gleichen. Somit kann keinem[254] der beiden dogmatischen Ansätze Vorrang eingeräumt werden.

Auch der Hinweis auf die negative Koalitionsfreiheit wird für eine individualrechtliche Weitergeltung angeführt.[255] Dahingehend ist allerdings *Zöllner* zuzustimmen, der festhält, dass ein Eingriff in die Koalitionsfreiheit des Erwerbers nicht davon abhängt, welche Konstruktion die Weitergeltung hat, sondern ausschließlich durch die *zwingende* Wirkung bedingt ist.[256] Auch daraus lässt sich folglich kein Argument gegen eine kollektivrechtliche Einordnung von § 613a Abs. 1 S. 2 BGB ableiten.

6. Auslegung anhand des Normzwecks

Bei jeder Auslegung kommt dem Normzweck eine große, wenn nicht die größte Bedeutung zu.[257] Allerdings darf bei Auslegung einer Norm, die zumindest als „Nebenzweck" die Erfüllung europarechtlicher Umsetzungspflichten hat, dieser zusätzliche Aspekt nicht in Vergessenheit geraten. Letztlich muss als Auslegungsziel neben dem jeweiligen nationalen Zweck auch die Europarechtskonformität bedacht werden. Dennoch darf man nicht unterstellen, dass das Ziel jeder nationalen Vorschrift, deren Anlass die Richtlinienumsetzung ist, allein diese Umsetzung sei. Der Gesetzgeber kann - wie § 613a Abs. 1 S. 2 bis 4 BGB zeigt - neben der Erfüllung seiner Umsetzungspflicht auch andere

---

254 Sollten sich Unterschiede durch eine dogmatische Einordnung ergeben, müssten diese durch entsprechende Auslegung ausgeglichen werden.

255 In diese Richtung wohl MüKo/*Müller-Glöge,* § 613a BGB, Rdnr. 131.

256 *Zöllner,* DB 1995, 1401, 1402; ebenso *Lambrich,* FS f. Ehmann, S. 169, 177.

257 *Rüthers* stellt fest, dass der Normzweck das Auslegungs*ziel* sei, während die weiteren Auslegungskriterien die Auslegungs*mittel* sind, *Rüthers,* Rdnr. 725. Allerdings ist damit noch nicht geklärt, welcher Zweck gemeint ist. Zum einen kommt dafür ein objektivierter Zweck in Betracht, zum anderen der Zweck des Gesetzgebers, der sich allerdings im Laufe der Zeit wandeln kann, vgl. dazu *Höpfner/Rüthers,* AcP 209 (2009), 1, 7.

Ziele verfolgen, namentlich den Arbeitnehmerschutz,[258] der in erster Linie ein Bestandsschutz ist.[259]

Im Zuge eines Betriebsübergangs treffen verschiedene Interessen aufeinander. Neben den Arbeitnehmern, deren Arbeitsverhältnisse übergehen, haben auch der Veräußerer des Betriebs, der Erwerber und Arbeitnehmer, die bereits beim Erwerber beschäftigt sind unterschiedliche Vorstellungen, wie der Betriebsübergang von statten gehen soll. Bisheriger und neuer Betriebsinhaber, als Arbeitgeber, können je nach Sachlage sowohl ein Interesse an der Aufrechterhaltung der Regelungen als auch an einer möglichen Änderung der Arbeitsbedingungen haben. Dem alten Inhaber kann daran gelegen sein, tarifrechtliche Vorgaben abzubedingen, um den Wert seines Betriebs zu steigern. Auf der anderen Seite können für den Arbeitgeber Vorteile durch die Aufrechterhaltung i.S.e. Ordnungsfunktion entstehen. Auch der Arbeitgeber hat ein Interesse an einer klaren Regelung der Arbeitsbedingungen. Diesem Zweck würden „inhaltsleere" Arbeitsverhältnisse widersprechen. Daher ist auch dem neuen Arbeitgeber daran gelegen, die bestehenden Arbeitsbedingungen vorübergehend[260] aufrechtzuerhalten. Der Erwerber hat aber in Folge häufig ein Interesse daran, einen übergangenen Betrieb oder Betriebsteil nach seinen Wünschen zu formen. Dies betrifft v.a. die Fälle, in denen ein Betrieb in ein bestehendes Unternehmen eingegliedert werden soll. In einem solchen Fall ist es im Interesse des Erwerbers die Arbeitsbedingungen der übergehenden Arbeitnehmer an die Bedingungen anzupassen, unter denen bereits bei ihm beschäftigte Arbeitnehmer arbeiten.[261] Dann ist eine Anpassung der Arbeitsverträge an den Arbeitsplatz nötig.[262]

Die Interessen des Veräußerers und des Erwerbers sind aber auch mit denen der Arbeitnehmer verknüpft und können parallel laufen. Wenn Unternehmen eigentlich notwendige Umstrukturierungen unterlassen, kann dies zu Ar-

258 Dies ergibt sich deutlich aus der Formulierung des Gesetzesentwurfs der Bundesregierung zum „Arbeitsrechtlichen EG-Anpassungsgesetz", welches unter anderem die Einfügung der Sätze 2 bis 4 des § 613a Abs. 1 BGB zur Folge hatte: „Durch die neuen Vorschriften soll *zugleich* zwei Richtlinien des Rates der Europäischen Gemeinschaft entsprochen werden", BT-Drs. 8/3317, S. 1, Hervorhebung durch die Verfasserin.

259 Vgl. bereits BT-Drs. 8/3317, S. 11.

260 Hier zeigt sich der Unterschied zwischen den Interessen der Arbeitnehmer, die ihre Rechte auch langfristig nicht verlieren wollen und dem Erwerber, dem auf Dauer meist daran gelegen ist, eine Anpassung der Arbeitsbedingungen vorzunehmen.

261 Dies kann vor allem dann nötig werden, wenn die übergehenden Arbeitnehmer besser bezahlt werden. Auf Dauer stellt dies eine Gefahr für den Betriebsfrieden dar.

262 Vgl. dazu BAG v. 14. 8. 2007 - 8 AZR 1043/06, NZA 2007, 1431, 1434, wobei das BAG sich nicht festlegt, ob dieser Normzweck tatsächlich vorliegt.

beitsplatzverlusten führen,[263] was den Interessen aller Beteiligten entgegensteht. Insgesamt ist eine rentable Führung eines Unternehmens nicht nur positiv für den Arbeitgeber, sondern fördert auch die Sicherheit für die Arbeitnehmer.

Fraglich ist daher, ob der Arbeitnehmerschutz der einzige hinter der Vorschrift stehende Zweck ist. Auch wenn der Gesetzgeber in erster Linie den Arbeitnehmerschutz erfüllen wollte, muss man sich fragen, welche Bedeutung die Norm im Anwendungszeitpunkt hat und dabei auch auf mögliche Veränderungen achten.[264] Bezüglich des § 613a Abs. 1 S. 2 bis 4 BGB kommt ein Wandel hinsichtlich der Schwerpunktsetzung[265] des Normzwecks in Betracht, auch wenn dies nicht bedeutet, dass der Arbeitnehmerschutz zurücktritt: Dieser bleibt Hauptzweck. Neben diesem müssen allerdings auch andere Ziele erfüllt werden. So ist davon auszugehen, dass ein weiteres Ziel der Vorschrift der Ausgleich zwischen den verschiedenartigen Interessen der jeweiligen Arbeitnehmer, des bisherigen und des neuen Betriebsinhabers ist. Überlegungen in diese Richtung finden sich bereits in der Begründung der Begrenzung der Veränderungssperre auf ein Jahr.[266] Die Interessen der jeweiligen Betriebsinhaber wurden auch durch den Gesetzgeber anerkannt. Dies zeigen die Regelungen § 613a Abs. 1 S. 3 und 4 BGB. Beide ermöglichen dem neuen Inhaber unter Umständen auch innerhalb der einjährigen Veränderungssperre Ausnahmen von den weitergeltenden Regelungen.[267]

Diese Überlegungen können aber die dogmatische Einordnung nicht vorgeben. Es entstehen keine Konsequenzen, da in beiden Fällen nur die einjährige Veränderungssperre gilt. Weder für die Arbeitnehmer noch für die Arbeitgeberseite ergeben sich durch die Einordnung Vor- oder Nachteile.

7. Richtlinienkonforme Auslegung

Hier wird die Frage aufgeworfen, inwiefern die Betriebsübergangsrichtlinie bzw. die hierzu ergangene Rechtsprechung des EuGH eine Zuordnung vorgibt.

---

263 *Schiefer/Pogge,* NJW 2003, 3734, 3739 sprechen insofern von einem „Jobkiller".

264 *Rüthers,* Rdnr. 721. Vgl. zum Streit darüber, ob bei Auslegung einer Norm der ursprüngliche Wille des historischen Gesetzgebers, oder der dem Gesetz objektiv anhaftende Zweck ausschlaggebend ist auch *Larenz/Canaris,* S. 137 ff. Letztlich kommen diese zu dem Ergebnis, dass beide Ansichten in die Auslegung mit einfließen müssen und diesbezüglich kein Ausschlussverhältnis vorliegt. Davon wird auch im Rahmen dieser Arbeit ausgegangen.

265 Das soll nicht heißen, dass die folgenden Ausführungen nicht bereits in der Norm angelegt wären. Sie werden mittlerweile nur stärker wahrgenommen. Dazu sogleich.

266 BT-Drs. 8/3317, S. 11.

267 *Lambrich,* FS f. Ehmann, S. 169, 173.

Sofern dies der Fall sein sollte, muss sich bei der nationalen Auslegung an dieser Vorgabe orientiert werden, wenn sich Deutschland nicht einer Vertragsverletzung schuldig machen will.[268]

Weder aus der Richtlinie noch aus der Rechtsprechung des EuGH[269] ergeben sich europarechtliche Anhaltspunkte für eine dogmatische Einordnung.[270] Allerdings gibt die Richtlinie vor, dass die „Arbeitsbedingungen [...] in dem gleichen Maße aufrecht“[271] erhalten werden müssen. Diese Formulierung geht nicht explizit davon aus, eine normative Wirkung müsse auch normativ bleiben, geht aber in diese Richtung.[272] Somit darf keine inhaltliche Änderung erfolgen. Die Arbeitsbedingungen müssen erhalten bleiben, unabhängig davon, welcher dogmatischen Einordnung man den Vorzug gibt.

8. Zusammenfassung und kritische Würdigung

Im Rahmen der nationalen Auslegung ergeben weder Wortlaut noch Normzweck eine klare Vorgabe. Wie bereits festgehalten, kann die dogmatische Einordnung an den einzelnen Auslegungsergebnissen nichts ändern. Im Zweifel müssen über eine analoge Anwendung oder teleologische Reduktionen das Ziel der Vorschrift und die Vorgaben der Betriebsübergangsrichtlinie umgesetzt werden.

Aus letzterem Umstand, lässt sich auch die Frage der Einordnung beantworten. Bei Annahme einer individualrechtlichen Weitergeltung kommt es an mehreren Stellen[273] zu „Unsauberkeiten“. Diese werden umgangen, wenn man eine normative Geltung annimmt. Als Grundlage der Weitergeltung ist allerdings nicht mehr der Tarifvertrag, sondern § 613a Abs. 1 S. 2 BGB heranzuziehen.[274]

---

268 Ein Verstoß gegen die Richtlinie würde nicht zu einem Anwendungsvorrang führen, da es sich um eine *richtlinien-* und nicht um eine *gemeinschaftsrechts*konforme Auslegung handelt, vgl. ausführlich dazu *Höpfner/Rüthers,* AcP 209 (2009), 119 ff.

269 Sehr ausführlich *Skuderis,* S. 90 ff., aber mit zum Teil abweichender Argumentation.

270 Eine zwingende dogmatische Einordnung kann durch die Richtlinie auch nicht vorgegeben werden, da die rechtliche Gestaltung von Kollektivverträgen in den Mitgliedstaaten unterschiedlich ist.

271 Vgl. Art. 3 Abs. 3 S. 1 der Betriebsübergangsrichtlinie.

272 So auch BAG v. 22.4.2009 - 4 AZR 100/08, NZA 2010, 41, 48.

273 Dies betrifft insbesondere den Umfang der weitergeltenden Regelungen, vgl. dazu Drittes Kapitel II.3, die Ablösung weitergeltender Regelungen gem. § 613a Abs. 1 S. 3 BGB nach Ablauf der Veränderungssperre, Fünftes Kapitel II.4 und den mehrfachen Betriebsübergang, dazu Drittes Kapitel III.

274 So auch *Heinze,* FS f. Schaub, S. 275, 278 ff.

II. Voraussetzungen des § 613a Abs. 1 S. 2 BGB

Nach § 613a Abs. 1 S. BGB sollen Rechte und Pflichten eines bestehenden Arbeitsverhältnisses, die durch Rechtsnormen eines Tarifvertrags geregelt sind, Inhalt des Arbeitsverhältnisses zwischen dem neuen Inhaber und dem Arbeitnehmer werden. Sind diese Voraussetzungen erfüllt, dürfen die Rechte und Pflichten nicht vor Ablauf eines Jahres nach dem Zeitpunkt des Übergangs zum Nachteil des Arbeitnehmers geändert werden.

1. Arbeitsverhältnis beim Betriebsübergang

a) Grundsätzliche Überlegungen

Damit es zu einer Weitergeltung der tariflichen Regelungen kommen kann, muss das betreffende Arbeitsverhältnis unbestritten zum Zeitpunkt des Betriebsübergangs Bestand haben.[275] Arbeitsverhältnisse, die *nach* einem Betriebsübergang entstehen, werden nicht erfasst, da durch § 613a Abs. 1 S. 2 BGB richtiger Ansicht nach nur der Status quo aufrecht erhalten werden soll, der zum Zeitpunkt des Betriebsübergangs besteht.[276]

Gleiches gilt für Arbeitnehmer, die aus dem Unternehmen des Erwerbers in den Betrieb kommen,[277] da diese nicht auf einen neuen Inhaber übergehen. Dies ist aber Voraussetzung des § 613a Abs. 1 S. 1 BGB, auf den sich § 613a Abs. 1 S. 2 BGB bezieht. Es bedarf eines Vertragsübergangs.[278]

Daran ändert auch eine eventuelle normative Wirkung des § 613a Abs. 1 S. 2 BGB nichts,[279] da Grundlage der Weitergeltung § 613a Abs. 1 S. 2 BGB ist und dieser durch den Bezug auf § 613a Abs. 1 S. 1 BGB den Bestand des Arbeitsverhältnisses bereits bei Betriebsübergang voraussetzt. Diese Wertung entspricht auch den europarechtlichen Vorgaben.[280] Diese bezwecken die Wahrung der Ansprüche der Arbeitnehmer bei Betriebsübergang. Bewahrt werden kann aber nur, was bereits bestanden hat.[281] Eine andere Folge ist ferner aus Arbeitnehmerschutzgesichtspunkten nicht geboten, da Arbeitnehmer, die nach

---

275 *Löwisch/Rieble,* § 3 TVG, Rdnr. 170; *Wank,* NZA 1987, 505, 506; *Skuderis,* S. 163 m.w.N.

276 Staudinger/*Annuß,* § 613a BGB, Rdnr. 265; Wiedemann/*Oetker,* § 3 TVG, Rdnr. 232; *Röder,* DB 1981, 1980.

277 *Wank,* NZA 1987, 505, 506.

278 *Löwisch/Rieble,* § 3 TVG, Rdnr. 170.

279 Anders *Seiter,* DB 1980, 877, 881, der annimmt, dass bei einer normativen Weitergeltung auch die später entstandenen Arbeitsverhältnisse unter § 613a Abs. 1 S. 2 BGB fallen.

280 *V. Alvensleben,* S. 240 f.; ausführlich auch *Skuderis,* S. 163 f.

281 In diese Richtung auch *Skuderis,* S. 164.

einem Betriebsübergang eingestellt werden, kein Vertrauen aufbauen konnten, das zu schützen wäre. Vielmehr schließen neu hinzukommende Arbeitnehmer ihre Verträge bereits mit dem Erwerber und damit im Wissen, dass dessen oder kein Tarifvertrag gilt. Auch der Gleichbehandlungsgrundsatz zwingt nicht zu einem anderen Ergebnis; der Betriebsübergang stellt einen sachlichen Grund für eine Ungleichbehandlung dar.[282]

Fraglich ist, ob auch ein sog. „faktisches" bzw. „fehlerhaftes" Arbeitsverhältnis von § 613a Abs. 1 S. 2 BGB erfasst ist. Die Antwort hängt davon ab, ob man ein solches, faktisches Arbeitsverhältnis nach § 613a Abs. 1 S. 1 BGB auf den Erwerber übergehen lässt.[283] Sollte auch ein fehlerhaftes Arbeitsverhältnis von § 613a Abs. 1 S. 1 BGB erfasst sein, kann für die Sätze 2 bis 4 nichts anderes gelten.[284]

b) Zeitpunkt des Betriebsübergangs

Da nur Arbeitsverhältnisse umfasst sind, die zum Zeitpunkt des Betriebsübergangs bestanden haben, muss gefragt werden, wann dieser Zeitpunkt ist. Hier kann nicht auf den Abschluss des Rechtsgeschäfts abgestellt werden, das dem Betriebsübergang zugrunde liegt.[285] Das BAG stellte ursprünglich auf den Zeitpunkt ab, in dem der Erwerber des Betriebs auf Grund einer rechtsgeschäftlichen Übereinkunft in der Lage war, die Leitungsmacht zu übernehmen. Dabei kam es nicht darauf an, ob er diese Leitungsmacht auch tatsächlich bereits ausübt.[286] Das entscheidende Kriterium war die Vereinbarung der Parteien hinsichtlich der Übertragung der Leitungsmacht. Das BAG ging noch einen Schritt weiter und gestand den Parteien zu, dass es zulässig sei und „keine Umgehung des § 613a BGB dar[stelle], wenn die Leitungsmacht bewußt erst nach" einem bestimmten Zeitpunkt übertragen wird.[287]

---

282 Ausführlich *Skuderis,* S. 165 f.

283 Vgl. dazu *Waas*, S. 34.

284 Auch Ausbildungsverhältnisse sind Kraft der Verweisung in § 10 Abs. 2 BBiG von § 613a Abs. 1 S. 1 und 2 BGB umfasst, *Schiefer/Worzalla,* DB 2008, 1566, 1569; MüKo/*Müller-Glöge,* § 613a BGB, Rdnr. 80.

285 So auch *Skuderis,* S. 203.

286 Dies war ständige Rechtsprechung, vgl. BAG v. 26.3.1996 - 3 AZR 965/94, NZA 1997, 94, 95 f. m.w.N. Unklar ist, wie *Commandeur/Kleinebrink,* NZA-RR 2004, 449, 456 aus dieser Entscheidung schließen, dass es für den Zeitpunkt eines Betriebsübergangs auf den „Moment der ‚Erlangung' der tatsächlichen Herrschaftsmacht über die wirtschaftliche Einheit" ankommt.

287 BAG v. 25.9.1997 - 8 AZR 493/96, NZA 1998, 640, 642. Allerdings begründete das BAG diese Möglichkeit zur Beeinflussung mit der speziellen Situation im Rahmen der Wiedervereinigung. Ob an dieser Feststellung in allen Situationen festgehalten werden sollte, kann nicht mit Sicherheit gesagt werden. Dies gilt allerdings nicht für

Im Laufe der Anpassung der Voraussetzungen des Betriebs an den Begriff der wirtschaftlichen Einheit i.S.d. EuGH-Rechtsprechung kam es auch hinsichtlich der Bestimmung des Zeitpunkts eines Betriebsübergangs zu einer Veränderung der BAG-Rechtsprechung:[288] Demnach sei darauf abzustellen, wann der Erwerber die Geschäftstätigkeit *tatsächlich* weiterführt; die Möglichkeit zur Fortsetzung reiche nicht aus. Dabei bedürfe es allerdings keiner besonderen Übertragung, sondern es genüge, wenn der bisherige Inhaber die wirtschaftliche Betätigung einstellt. Die vertragliche Verpflichtung könne demnach nicht ausreichen.[289]

Wann der alte Inhaber die wirtschaftliche Tätigkeit eingestellt hat, und der neue Inhaber die Geschäftstätigkeit tatsächlich weiterführt, ist nach den äußeren Umständen zu beurteilen. Ein möglicher Hinweis dafür kann sein, wer nach außen als Inhaber auftritt oder das Direktionsrecht ausübt. Die vertraglichen Vereinbarungen zwischen bisherigem und neuem Inhaber können auch nach der neuen Rechtsprechung einen Hinweis auf den Zeitpunkt geben.[290] Erstreckt sich der Betriebsübergang über einen längeren Zeitraum, ist nach Ansicht des BAG weiterhin darauf abzustellen, wann die die wesentlichen Betriebsmittel übergehen, die zur Fortführung des Betriebs erforderlich sind und die Entscheidung über den Betriebsübergang nicht mehr rückgängig gemacht werden kann.[291]

Das Abstellen auf die tatsächlichen Verhältnisse ist zu begrüßen. Letztendlich kann den Vertragsparteien die Festlegung des Zeitpunkts des Betriebsübergangs nicht zur Disposition stehen. Es bestünde die Gefahr, dass diese versuchen die Vorgaben von § 613a BGB zu umgehen.[292] Allerdings darf hier nicht übersehen werden, dass es bei „fließenden" Übergängen in der Praxis äußert schwer sein wird, den Zeitpunkt genau zu bestimmen.

---

eine grundsätzliche vertragliche Vereinbarung des Zeitpunkts des Übergangs der Leitungsmacht, die auch in anderen Situationen seitens des BAG anerkannt wurde, vgl. dazu BAG v. 26.03.1996 - 3 AZR 965/94, NZA 1997, 94.

288 Vgl. dazu BAG v. 18.3.1999 - 8 AZR 159/98, NZA 1999, 704.

289 BAG v. 21. 2. 2008 - 8 AZR 77/07, NZA 2008, 825, 826.

290 BAG v. 21. 2. 2008 - 8 AZR 77/07, NZA 2008, 825, 827.

291 BAG v. 16.2.1993 - 3 AZR 347/92, NZA 1993, 643; BAG v. 14. 8. 2007 - 8 AZR 803/06, NZA 2007, 1428, 1430.

292 EuGH v. 26.5.2005, Rs. C-478/03 - Celtec Ltd/John Astley u.a., Slg. 2005, I-4389. In diese Richtung äußert sich auch das BAG und zeigt Fälle auf, in denen eine Missbrauchsgefahr besteht, vgl. BAG v. 21. 2. 2008 - 8 AZR 77/07, NZA 2008, 825, 827. Ähnlich bereits BAG v. 15.12.2005 - 8 AZR 202/05, NZA 2006, 597, 600.

2. Vorliegen eines Tarifvertrags

Grundsätzlich fallen sowohl der Verbandstarifvertrag als auch der Firmentarifvertrag[293] in den Anwendungsbereich des § 613a Abs. 1 S. 2 BGB. Voraussetzung ist, dass der Tarifvertrag vor dem Betriebsübergang hinsichtlich des Arbeitsverhältnisses normative Wirkung entfaltet hat. Daher ist die Tarifbindung des Arbeitgebers und des Arbeitnehmers vor Übergang des Betriebs gefordert.[294] Dabei gelten nach § 613a Abs. 1 S. 2 BGB stets die tariflichen Regelungen weiter, die zum Zeitpunkt des Betriebsübergangs aufgestellt waren. Wurde vor Übergang ein Sanierungstarifvertrag geschlossen, gelten dessen Regelungen beim Erwerber weiter.[295]

3. Die Weitergeltung der einzelnen Regelungsbereiche

Da die h.L. § 613a Abs. 1 S. 2 BGB als individualrechtliche Transformation in die Arbeitsverträge sieht, können nicht alle möglichen Regelungsbereiche eines Tarifvertrags ohne Weiteres unter die Regelung fallen.[296] Bei Annahme einer normativen Weitergeltung stellt sich dieses Problem rein dogmatisch nicht. Dennoch soll im Folgenden darauf eingegangen werden, welche Regelungsgegenstände eines Tarifvertrags von § 613a Abs. 1 S. 2 BGB umfasst sind.

Zunehmend praktische Bedeutung erlangen Tarifnormen, die inhaltlich nicht eindeutig einer Kategorie zugeteilt werden können, sogenannte Normen mit Doppelcharakter.[297] Solche Normen enthalten Bestandteile verschiedener Tarifnormenkategorien und werfen zusätzliche Probleme auf. Welchen Schwerpunkt eine Norm hat, ist im Wege der Tarifvertragsauslegung zu ermitteln. Dabei ist ausschlaggebend, was die Tarifvertragsparteien wollten.[298] Bei Normen mit Doppelcharakter und in Fällen, in denen Uneinigkeit hinsichtlich der Einordnung der jeweiligen Regelungen besteht, muss im Einzelfall die jeweilige Norm anhand ihrer Wirkung den Regelungen zugeordnet werden, de-

---

293 Hinsichtlich des Firmentarifvertrags muss allerdings auf die Unterschiede hinsichtlich der kollektivrechtlichen Weitergeltung bei Gesamtrechtsnachfolge geachtet werden, vgl. oben Zweites Kapitel II.2.b) (2).

294 MüKo/*Müller-Glöge,* § 613a BGB, Rdnr. 133; Wiedemann/*Oetker,* § 3 TVG, Rdnr. 237 ff.

295 BAG v. 26.8.2009 - 4 AZR 280/08, NZA 2010, 238, 240.

296 U.a. Kempen/Zachert/*Kempen*, § 3 TVG, Rdnr. 101.

297 Ausführlich und mit Beispielen Wiedemann/*Oetker,* § 1 TVG, Rdnr. 365 ff.

298 Däubler/*Reim,* § 1 TVG, Rdnr. 346.

nen sie wertungsmäßig am nächsten steht. Dadurch wird die Beantwortung der Frage, welche Regelungen weitergelten, erschwert.[299]

a) Die unstrittige Weitergeltung von Inhaltsnormen

Der größte Teil der normativ wirkenden tarifrechtlichen Normen sind Inhaltsnormen, welche inhaltliche Regelungen für abgeschlossene Arbeitsverhältnisse treffen.[300] Beispiele hierfür sind Regelungen über die Arbeitszeit, den Urlaub, die Höhe des Lohnes, Kündigungsfristen u.Ä. In erster Linie fallen unter Inhaltsnormen Regelungen zu Arbeitsbedingungen bzw. zu Pflichten der Arbeitsvertragsparteien.[301] Grundsätzlich kann jede Regelung, die Gegenstand eines Arbeitsvertrags sein könnte, auch Gegenstand einer Inhaltsnorm sein.[302]

Eine Unterart der Inhaltsnormen sind die sogenannten Zulassungsnormen, welche die gesetzlich vorgegebenen Möglichkeiten nutzen, von tarifdispositiven Gesetzesnormen *durch Tarifvertrag zuungunsten* der Arbeitnehmer abzuweichen. Wird von dieser Möglichkeit Gebrauch gemacht, spricht man von Zulassungsnormen.[303]

Vom Wortlaut des § 613a Abs. 1 S. 2 BGB sind solche Regelungen umfasst, die sich mit den Rechten und Pflichten beschäftigen, die sich für Arbeitnehmer bzw. Arbeitgeber ergeben (können). Dies betrifft unstreitig Inhaltsnormen.[304] Teilweise wird daraus geschlossen, dass *ausschließlich*

---

299 *Skuderis,* S. 112 ff. beschreibt die angesprochene Problematik im Hinblick auf Abschlussverbote: Diese können zum einen den Schutz des einzelnen Arbeitnehmers bezwecken. Dann ist eine Weitergeltung nicht sinnvoll, da es ausschließlich um den Abschluss neuer Arbeitsverträge geht. Zum anderen können sich solche Normen aber auch auf die Belegschaft im Ganzen beziehen und haben dann eine den Betriebsnormen vergleichbare Wirkung.

300 *Zöllner/Loritz/Hergenröder*, S. 365; *Preis,* S. 97; Wiedemann/*Thüsing,* § 1 TVG, Rdnr. 410.

301 Ausführlich dazu Wiedemann/*Thüsing,* § 1 TVG, Rdnr. 409 ff.; Däubler/*Reim,* § 1 TVG, Rdnr. 312 ff.

302 ErfK/*Franzen,* § 1 TVG, Rdnr. 41.

303 *Zöllner/Loritz/Hergenröder*, S. 365. Problematisch ist, inwiefern die Arbeitsverhältnisse der nicht tarifgebundenen Arbeitnehmer von einer solchen Abweichung umfasst sein können, Wiedemann/*Wiedemann,* Einleitung, Rdnr. 392 ff.

304 Staudinger/*Annuß,* § 613a BGB, Rdnr. 263; *Löwisch/Rieble,* § 4 TVG, Rdnr. 176; *Boecken,* Unternehmensumwandlungen, Rdnr. 190; Wiedemann/*Oetker,* § 3 TVG, Rdnr, 245; *Skuderis,* S. 103 f.; *Zöllner,* DB 1995, 1401; MüKo/*Müller-Glöge,* § 613a BGB, Rdnr. 135; *Lambrich,* FS f. Ehmann, 169, 191; Däubler/*Lorenz,* § 3 TVG, Rdnr. 196; *Wank,* NZA 1987, 505, 506; *Moll,* RdA 1996, 275, 277; *Röder,* DB 1981, 1980; *Zöllner/Loritz/Hergenröder*, S. 381; *Henssler,* FS für Schaub, S. 3311, 317; *Henssler,* FS f. Schaub, S. 311, 317; *Kempen,* BB 1991, 2006, 2009; *Prange,* NZA

Inhaltsnormen als transformierbare Regelungsbereiche in Betracht kommen.[305] Im Folgenden soll untersucht werden, inwiefern die weiteren Regelungsbereiche der Transformation unterliegen bzw. unterliegen müssen.

b) Weitergeltung von Abschlussnormen

Unter Abschlussnormen versteht man Regelungen, die das Zustandekommen von Arbeitsverhältnissen betreffen. Diese können weiter unterteilt werden in Formvorschriften, Abschlussverbote und Abschlussgebote.[306] Abschlussnormen sind damit grundsätzlich auf Arbeitsverhältnisse gerichtet, die noch abzuschließen sind. Die Weitergeltung nach § 613a Abs. 1 S. 2 BGB kann nur für Arbeitsverträge gelten, die zum Zeitpunkt des Betriebsübergangs bereits bestanden haben. Daraus wird geschlossen, eine Weitergeltung der Abschlussnormen käme nicht in Betracht.[307] Dem ist in Bezug auf neu abzuschließende Arbeitsverträge auch zuzustimmen.

Anders verhält es sich, wenn von Abschlussnormen bereits bestehende Arbeitsverträge[308] erfasst sind und durch die Regelungen Rechte und Pflichten, die sich aus dem Arbeitsverhältnis ergeben, näher beschrieben werden. Eine Weitergeltung von Abschlussnormen kann in Betracht kommen, wenn sich die Regelung nicht mit dem Abschluss eines neuen Vertrags, sondern mit der Veränderung eines bereits bestehenden Arbeitsvertrags beschäftigt. Dies trifft z.B. auch auf Nebenabreden zu.[309]

Fraglich ist, wie Situationen einzuordnen sind, in denen eine Wiedereinstellungsklausel besteht, wenn zum Zeitpunkt des Betriebsübergangs das Arbeitsverhältnis ruht.[310] Eine solche Klausel gibt einen tarifrechtlichen Anspruch auf Wiedereinstellung zu den früheren Arbeitsbedingungen, z.B. in

---

2002, 817, 822; Erman/*Edenfeld,* § 613a BGB, Rdnr. 81; *Schaub,* NZA 1998, 617, 620; *Seiter,* DB 1980, 877, 878; *Hanau/Vossen,* FS f. Hilger/Stumpf, S. 271, 289.

305 *Wank,* NZA 1987, 505, 506.

306 *Zöllner/Loritz/Hergenröder*, S. 365 f.; *Preis,* S. 98 ff.; ausführlich Däubler/*Reim,* § 1 TVG, Rdnr. 291 ff.

307 Wiedemann/*Oetker,* § 3 TVG, Rdnr. 245; *Boecken,* Unternehmensumwandlungen, Rdnr. 190. Im Ergebnis ebenso Erman/*Edenfeld,* § 613a BGB, Rdnr. 81; ErfK/*Preis,* § 613a BGB, Rdnr. 118; *Hanau/Vossen,* FS f. Hilger/Stumpf, S. 271, 290.

308 Es ist von nachrangiger Bedeutung, ob es sich um eine Formvorschrift, ein Abschlussgebot oder ein Abschlussverbot handelt.

309 *Gussen/Dauck,* Rdnr. 204; HWK/*Willemsen/Müller-Bonanni,* § 613a BGB, Rdnr. 261; *Moll,* RdA 1996, 275, 277; Wiedemann/*Oetker,* § 3 TVG, Rdnr. 245; MüKo/*Müller-Glöge,* § 613a BGB, Rdnr. 135; *Waas,* S. 33, der auch kurz darauf eingeht, ob es sich diesbezüglich nicht um Inhaltsnormen handelt.

310 Ordnet man die Wiedereinststellungsklausel als Inhaltsnorm ein, *Löwisch/Rieble,* § 1 TVG, Rdnr. 999, ist die Annahme der Weitergeltung unproblematisch.

Fällen von betriebsbedingter Kündigung, wenn der Kündigungsgrund später wegfällt.[311] Die Wiedereinstellungsklausel bezieht sich daher auf ein früheres Arbeitsverhältnis und ist nicht mit einer Neubegründung eines Arbeitsverhältnisses vergleichbar.[312] Vielmehr vertraut in solchen Fällen der Inhaber des Wiedereinstellungsanspruchs auf die sich daraus ergebende Rechtsposition. Damit ist auch er schutzwürdig und darf nicht durch einen Betriebsübergang schlechter gestellt werden. Daher ist auch nach Betriebsübergang ein Wiedereinstellungsanspruch anzunehmen, dessen Rechtsgrundlage allerdings § 613a Abs. 1 S. 2 BGB ist.[313]

Der Feststellung, Abschlussnormen wären grundsätzlich nicht von der Weitergeltung nach § 613a Abs. 1 S. 2 BGB umfasst, kann nicht zugestimmt werden. Vielmehr muss im Einzelfall nach dem Inhalt der Abschlussnorm entschieden werden.

c) Weitergeltung von Beendigungsnormen

Im Gegensatz zu Abschlussnormen betreffen Beendigungsnormen grundsätzlich bereits bestehende Arbeitsverhältnisse. Sie regeln das „Ob“ und das „Wie“ der Beendigung von Arbeitsverhältnissen,[314] und können beispielsweise Regelungen zu Form und Frist von Kündigungen enthalten.[315]

Auch durch Beendigungsnormen werden Rechte und Pflichten der Arbeitsvertragsparteien i.w.S. geregelt. Insofern ist eine Weitergeltung anzunehmen.[316] Ein Problem stellt die Ablösung von weitergeltenden Beendigungsnormen nach Ablauf der Veränderungssperre dar: Die Regelungen entfallen nicht automatisch, sondern gelten weiter. Für eine Ablösung kommt auf individualvertraglicher Ebene sowohl eine Änderungsvereinbarung, als auch eine Änderungskündigung in Betracht.[317] Hinsichtlich der Änderungskündigungen gelten die Beendigungsnormen auch nach Ablauf der Veränderungssperre.[318] Da-

---

311 *Löwisch/Rieble,* § 1 TVG, Rdnr. 997 ff.; Wiedemann/*Thüsing,* § 1 TVG, Rdnr. 619.

312 Ausführlich *Skuderis,* S. 110 ff.

313 Ebenso *Skuderis,* S. 112; *Hartmann,* S. 47. Zum gleichen Ergebnis kommen auch *Kempen,* BB 1991, 2006, 2009; *Henssler,* FS für Schaub, S. 311, 318. Allerdings gehen alle von einer individualrechtlichen Wirkung des § 613a Abs. 1 S. 2 BGB aus.

314 ErfK/*Franzen,* § 1 TVG, Rdnr. 44; HWK/*Henssler,* § 1 TVG, Rdnr. 50.

315 *Preis,* S. 100.

316 Ebenso MüKo/*Müller-Glöge,* § 613a BGB, Rdnr. 135; *Skuderis,* S. 115 ff.; ErfK/*Preis,* § 613a BGB, Rdnr. 118; *Hartmann,* S. 46; *Lambrich,* FS f. Ehmann, 169, 191; MüKo/*Müller-Glöge,* § 613a BGB, Rdnr. 135; *Löwisch/Rieble,* § 3 TVG, Rdnr. 176, sofern die Beendigungsnormen den Schutz der Arbeitnehmer bezwecken; ausführlich auch *Gussen/Dauck,* Rdnr. 205 ff.

317 Dazu unten Viertes Kapitel III.

318 So bereits *Skuderis,* S. 208.

durch wird dem Erwerber die Ablösung der betroffenen Regelungen erschwert, er muss beispielsweise die entsprechende Frist oder Form einer Kündigung einhalten. Dies muss im Rahmen der Ablösung bedacht werden, kann aber nicht der Weitergeltung an sich entgegenstehen.

d) Problemfall Betriebsnormen

Äußerst problematisch ist die Weitergeltung von Betriebsnormen. Bei diesen geht es nicht um die einzelnen Arbeitsverhältnisse, sondern um die Organisation des gesamten Betriebs. Im Gegensatz zu den beiden bisher beschriebenen Gruppen beschäftigen sich betriebliche Normen nicht direkt mit dem betroffenen Arbeitsverhältnis, sondern klären Fragen der Betriebsorganisation.[319] Hier ist das Rechtsverhältnis des Arbeitgebers und der Belegschaft „als Kollektiv" betroffen. Der einzelne Arbeitnehmer ist nur mittelbar betroffen.[320] Das Besondere an betrieblichen Normen[321] ist, dass sie nach § 3 Abs. 2 TVG für alle Betriebe gelten, deren Arbeitgeber tarifgebunden sind. Demnach reicht eine *einseitige Tarifgebundenheit* des Arbeitgebers aus, um eine Geltung der Normen des Tarifvertrags für ein Arbeitsverhältnis auszulösen. Gegen diese Vorschrift werden immer wieder verfassungsrechtliche Bedenken laut.[322] Ausgehend von einem daraus resultierenden, engen Begriff der Betriebsverfassungsnorm ist nach dem BAG für eine Betriebsnorm i.S.d. § 3 Abs. 2 TVG die Notwendigkeit der einheitlichen Regelung Voraussetzung. Eine Regelung im jeweiligen Arbeitsvertrag müsse auf Grund einer „evident sachlogischen Unzweckmäßigkeit" ausscheiden und eine Regelung auf betrieblicher Ebene unerlässlich sein. Dies beträfe Fragen, die unmittelbar mit Organisation oder Gestaltung des Betriebs zusammen hängen.[323] Typische Betriebsnormen sind Regelungen zum Gesundheitsschutz, Torkontrollen, Rauchverbote oder Auswahlrichtlinien nach § 1 Abs. 4 KSchG.[324]

Die Wirkung von Betriebsnormen ist nicht unumstritten. Teilweise wurde vorgeschlagen, Betriebsnormen wie Inhaltsnormen zu behandeln.[325] Dies wird

319 *Zöllner/Loritz/Hergenröder*, S. 366; ErfK/*Franzen,* § 1 TVG, Rdnr. 45.

320 BAG v. 17.6.1997 - 1 ABR 3/97, AP TVG § 3 Betriebsnormen, Nr. 2; BAG v. 11.11.2008 - 1 ABR 68/07, NZA 2009, 450, 453.

321 Dies gilt auch für betriebsverfassungsrechtliche Normen, vgl. Drittes Kapitel II.3.e).

322 Ausführlich Wiedemann/*Oetker,* § 3 TVG, Rdnr. 172 ff. bzw. Wiedemann/*Thüsing,* § 1 TVG, Rdnr. 727. Das BVerfG hat sich noch nicht mit § 3 Abs. 2 TVG beschäftigt.

323 BAG v. 11.11.2008 - 1 ABR 68/07, NZA 2009, 450, 452 f.

324 ErfK/*Franzen,* § 1 TVG, Rdnr. 46; Däubler/*Reim,* § TVG, Rdnr. 326; *Preis,* S. 101.

325 Vgl. die Nachweise bei Wiedemann/*Thüsing,* § 1 TVG, Rdnr. 752, Fn. 792.

allerdings von der h.M. zu Recht abgelehnt.[326] Über diese Erkenntnis hinaus ist es schwierig, eine dominierende Richtung in Bezug auf die Wirkung der Betriebsnormen zu finden. Einerseits wird betont, Betriebsnormen sollen grundsätzlich keine Rechte des Arbeitnehmers hervorrufen, sondern ausschließlich eine einseitige Verpflichtung des Arbeitgebers begründen. Demnach wird der einzelne Arbeitnehmer grundsätzlich rein reflexartig betroffen.[327] Andererseits wird argumentiert, eine Betriebsnorm beträfe die Rechtssphäre des Arbeitnehmers soweit, dass dieser - ähnlich einer Inhaltsnorm - einen Anspruch aus einer Betriebsnorm ableiten kann.[328] Letzteres deutet allerdings darauf hin, dass es sich gerade nicht mehr um eine „reine" Betriebsnorm handelt, sondern bereits die Grenze zu einer Norm mit Doppelcharakter überschritten worden ist.[329]

Hinsichtlich der Frage, ob Betriebsnormen nach § 613a Abs. 1 S. 2 BGB weitergelten wird teilweise unterschieden zwischen solchen Regelungen, die nur den Arbeitgeber binden und solchen, die sich auch auf den Rechtskreis der einzelnen Arbeitnehmer auswirken, also einen Doppelcharakter besitzen. Dabei wird nicht auf die Einordnung der Regelung als Doppelnorm abgestellt, sondern gezielt danach gefragt, ob die betreffende Regelung einen Anspruch der Arbeitnehmer begründen kann, unabhängig von ihrer dogmatischen Einordnung. Während bei Normen, die Doppelcharakter besitzen oder Ansprüche der Arbeitnehmer begründen, eine Weitergeltung umstritten ist,[330] wird für Betriebsnormen, die nur den Arbeitgeber binden, eine Weitergeltung nahezu einheitlich abgelehnt.[331]

---

326 Hauptargument gegen die Behandlung als Inhaltsnorm ist der Wortlaut des § 4 Abs. 1 S. 2 TVG, der eine entsprechende Anwendung des § 4 Abs. 1 S. 1 TV für Betriebsnormen und betriebsverfassungsrechtliche Normen anordnet, Wiedemann/*Thüsing,* § 1 TVG, Rdnr. 752.

327 *Löwisch/Rieble,* § 1 TVG, Rdnr. 106; ErfK/*Franzen,* § 1 TVG, Rdnr. 45.

328 Wiedemann/*Thüsing,* § 1 TVG, Rdnr. 752.

329 Vgl. auch Däubler/*Reim,* § 1 TVG, Rdnr. 320.

330 Dafür beispielsweise MüKo/*Müller-Gloge,* § 613a BGB, Rdnr. 135; Däubler/*Lorenz,* § 3 TVG, Rdnr. 196; *Skuderis,* S. 126. Für eine Weitergeltung von solchen Regelungen, die einen Anspruch der Arbeitnehmer begründen und auch durch einheitliche Vertragsbedingungen erfasst werden könnten, Kempen/Zachert/*Kempen,* § 3 TVG, Rdnr. 102. Für eine Weitergeltung von „wohlerworbenen Rechten" *Gussen/Dauck,* Rdnr. 211 ff. Dagegen *Waas,* S. 51; *Hartmann,* S. 56.

331 Wiedemann/*Oetker,* § 3 TVG, Rdnr. 246; *Waas,* S. 48 f.; *Skuderis,* S. 120; ErfK/*Preis,* § 613a BGB, Rdnr. 118; Staudinger/*Annuß,* § 613a BGB, Rdnr. 263; *Hanau/Vossen,* FS f. Hilger/Stumpf, S. 271, 290. Ähnlich Däubler/*Lorenz,* § 3 TVG, Rdnr. 196 und Erman/*Edenfeld,* § 613a BGB, Rdnr. 81, die beide darauf abstellen, dass die Regelungen auch Inhalt eines Arbeitsverhältnisses sein können müssen.

(1) Auslegung nach dem Wortlaut

Dem Wortlaut nach sollen nach § 613a Abs. 1 S. 2 BGB solche Regelungen weitergelten, die Rechte und Pflichten des Arbeitsverhältnisses betreffen. Wie festgestellt, betreffen „reine" Betriebsnormen nicht das einzelne Arbeitsverhältnis, sondern die Rechtsverhältnisse zwischen dem Arbeitgeber und der Belegschaft oder Teilen der Belegschaft als Ganzes. Etwas anderes gilt nur, wenn die Betriebsnorm ähnlich einer Inhaltsnorm wirkt, also einen Doppelcharakter hat. Demnach legt der Wortlaut eine Weitergeltung Normen mit Doppelcharakter nahe, spricht aber gegen eine Weitergeltung der reinen Betriebsnormen. Daher wird vertreten, dass Betriebsnormen nur weitergelten, wenn sie ausnahmsweise Rechte und Pflichten festlegen.[332]

Andere Autoren schlagen vor, die Formulierung „Rechte und Pflichten" weit auszulegen und dahingehend zu verstehen, dass alle Regelungen gemeint sind, die den Arbeitnehmern zugute kommen.[333] Dadurch würde aber die Wortlautgrenze stark strapaziert werden. Der Wortlaut spricht folglich gegen eine Weitergeltung.

(2) Historische Auslegung

Die historische Auslegung bringt keine Argumente, ob Betriebsnormen nach § 613a Abs. 1 S. 2 BGB weitergelten sollen oder nicht. Weder die Gesetzesbegründung der Bundesregierung noch die Antwort des Bundestages enthalten diesbezüglich Hinweise. Es findet sich nur die Wiederholung des Gesetzeswortlauts.[334]

(3) Systematische Auslegung

Durch Betriebsnormen erhalten Vorgaben eines Tarifvertrags, die nur bei einer betriebseinheitlichen Geltung Sinn machen, eine einheitliche Wirkung. Dafür wird die Tarifbindung durch § 3 Abs. 2 TVG auf den gesamten Betrieb erstreckt. Fraglich ist, ob dies einer Weitergeltung entgegensteht, da § 613a Abs. 1 S. 2 BGB die Weitergeltung für die einzelnen Arbeitsverträge anordnet und nicht für den gesamten Betrieb. Darüber hinaus treffen die übergehenden Arbeitnehmer im Unternehmen des Erwerbers auf die dort bereits Beschäftigten. Für letztere gilt der Tarifvertrag und damit die betroffene Betriebsnorm nicht. Gleiches gilt auch für Arbeitsverträge, die nach Betriebsübergang begründet werden. Bei einer Weitergeltung der Betriebsnormen mit dem Betriebsübergang entstünden daher zwei „Lager" der Arbeitnehmer: bei einem Teil der Be-

332 *Lambrich,* FS f. Ehmann, 169, 192; *Wank,* NZA 1987, 505, 506; *Moll,* RdA 1996, 275, 277.

333 Vgl. die Nachweise bei *Hartmann*, S. 45.

334 BT-Drs. 8/3317, S. 11.

legschaft gelten die Betriebsnormen des ehemaligen Inhabers nach § 613a Abs. 1 S. 2 BGB und bei einem anderen Teil sind diese nicht einschlägig.[335] Dies widerspricht dem Sinn von Betriebsnormen, die gerade eine einheitliche Geltung fordern.

In der Literatur gibt es unterschiedliche Ansätze, diesen Widerspruch aufzulösen: Teilweise wird daraus geschlossen, eine Weitergeltung sei unmöglich.[336] Andere Autoren nehmen den neuen Arbeitgeber in die Pflicht: Er müsse die Betriebsnorm im gesamten Betrieb anwenden. Dazu müssten die Regelungen auch auf die Arbeitnehmer ausgeweitet werden, die ohne den Betriebsübergang nicht unter den Anwendungsbereich der Betriebsnormen fallen würden. Hier gäbe es die Möglichkeit, eine Nebenpflicht aus dem Arbeitsvertrag anzunehmen, die eine Ausdehnung der Geltung auf andere Verträge verlangt.[337] Teilweise wird grundsätzlich die Weitergeltung angenommen und für die Situation, dass im Einzelfall eine Weitergeltung einzelvertraglich nicht denkbar ist, eine Schadensersatzpflicht angedacht.[338]

Eine solche Ausdehnung der Geltung der Betriebsnormen zeigt, wie problematisch die Weitergeltung sein kann. Spätestens an diesem Punkt stellt sich die Frage, inwiefern eine solche Ausdehnung mit den Grundrechten des Erwerbers kollidiert.

Offenkundig ist auch folgende Problematik: während bei Inhalts-, Abschluss- und Beendigungsnormen eine Ablösung nach der Veränderungssperre durch einzelvertragliche Abreden möglich ist,[339] gestaltet sich dies bei Betriebsnormen schwieriger. Schließlich müsste diesbezüglich eine betriebseinheitliche Lösung gefunden werden.[340] Das ist aber nur durch Änderung aller Arbeitsverträge, durch Abschluss eines entsprechenden Firmentarifvertrags, durch den Beitritt zu einem Arbeitgeberverband, der einen entsprechenden Tarifvertrag geschlossen hat oder durch eine Betriebsvereinbarung möglich.[341] Praktisch kann eine Ablösung daher nur über einen Tarifvertrag oder eine Be-

---

335 Sollte bei dem neuen Inhaber des Betriebs ein anderer Tarifvertrag bestehen, kommt eine Ablösung nach § 613a Abs. 1 S. 3 BGB in Betracht, vgl. dazu unten Fünftes Kapitel.

336 Zu diesem Ergebnis kommen unter anderem *Löwisch/Rieble,* § 3 TVG, Rdnr. 177; *Hanau/Vossen,* FS f. Hilger/Stumpf, S. 271, 290 f.

337 So *Gussen/Dauck,* Rdnr. 208 hinsichtlich der betriebsverfassungsrechtlichen Normen. Allerdings lehnen sie eine Weitergeltung im Ergebnis dennoch ab.

338 In diese Richtung Kempen/Zachert/*Kempen,* § 3 TVG, Rdnr. 102.

339 Dazu noch unten Viertes Kapitel III.

340 Anders *Skuderis,* S. 118 ff., die darin offensichtlich kein Problem sieht.

341 Vgl. dazu *Hartmann,* S. 53.

triebsvereinbarung vorgenommen werden. Letztere kommt allerdings nur in den Grenzen des § 77 Abs. 3 BetrVG in Betracht.[342]

Insofern kann ein Vergleich mit der Nachwirkung nach § 4 Abs. 5 TVG angestellt werden.[343] Auch Betriebsnormen wirken nach.[344] Es wird aber ein vergleichbares Problem diskutiert: Es soll nicht zu einer „ewigen Nachwirkung" kommen. Interessanterweise verweisen *Löwisch/Rieble* auf eine der Jahresfrist des § 613a Abs. 1 S. 2 BGB vergleichbare Lösung und schlagen vor, die Nachwirkung nach einem Jahr ersatzlos entfallen zu lassen.[345] Das BAG hat in einer Entscheidung der zeitlichen Begrenzung der Nachwirkung widersprochen, aber betont, dass es sich in diesem speziellen Fall nicht um die Nachwirkung von Betriebsnormen gehandelt hat. Die Handhabung für diesen Fall wurde offen gelassen.[346] Auch in einem früheren Urteil hat das BAG die zeitliche Begrenzung der Nachwirkung im Fall einer Betriebsnorm nicht zu entscheiden gehabt. Allerdings sah der zuständige Senat „Veranlassung, auf Sinn und Zweck der Nachwirkung des § 4 V TVG hinzuweisen". Dabei kam er zu dem Ergebnis, dass es fraglich sei, ob sich eine Nachwirkung, die unbegrenzt ist bzw. nur durch einen Tarifvertrag beseitigt werden kann, mit der Überbrückungsfunktion des § 4 Abs. 5 TVG verträgt.[347]

Zumindest die Richtung, in die eine weitere Entscheidung gehen wird, hat das BAG deutlich gemacht: eine Nachwirkung der Betriebsnormen ist möglich, darf aber nicht dazu führen, dass ein Arbeitgeber zum Abschluss eines Tarifvertrags gezwungen wird; dies gilt unabhängig davon, ob es sich dabei um einen Firmen- oder einen Verbandstarifvertrag handelt. Dies wäre von Sinn und Zweck des § 4 Abs. 5 TVG nicht umfasst.

Wie bereits angedeutet, muss bei Übertragung dieses Schlusses auf § 613a Abs. 1 S. 2 BGB der Arbeitnehmerschutz in der Form des Bestandsschutzes bedacht werden. Dieser spricht aber erst recht für eine Weitergeltung der Be-

---

342 Dazu hinsichtlich der Ablösung im Nachwirkungszeitraum BAG v. 26.4.1990 - 1 ABR 84/87, NZA 1990, 850, 854.

343 Allerdings ist dieser Vergleich, wie bereits angesprochen, nicht ohne Einschränkung möglich, da die beiden Vorschriften eine unterschiedliche Zielsetzung haben.

344 BAG v. 26.4.1990 - 1 ABR 84/87, NZA 1990, 850, 853; *Löwisch/Rieble,* § 4 TVG, Rdnr. 403; HWK/*Henssler,* § 4 TVG, Rdnr. 10; Däubler/*Bepler,* § 4 TVG, Rdnr. 873; Wiedemann/*Wank,* § 4 TVG, Rdnr. 344; *Zöllner/Loritz/Hergenröder*, S. 381; *Hromadka/Maschmann* § 13, Rdnr. 100; Kempen/Zachert/*Kempen,* § 4 TVG, Rdnr. 553; ErfK/*Franzen,* § 4 TVG, Rdnr. 55.

345 *Löwisch/Rieble,* § 4 TVG, Rdnr. 399. Dies geschieht allerdings mit dem ausdrücklichen Hinweis, dass die Weitergeltung nach § 613a Abs. 1 S. 2 BGB Betriebsnormen *nicht* umfasst.

346 BAG v. 15.10.2003 - 4 AZR 573/02, NZA 2004, 387, 389.

347 BAG v. 26.4.1990 - 1 ABR 84/87, NZA 1990, 850, 854.

triebsnormen, auch wenn diese dafür auf weitere Arbeitnehmer ausgeweitet werden müssen.

(4) Verfassungskonforme Auslegung

Die systematische Auslegung gebietet es, eine Norm im Rahmen der Gesamtrechtsordnung zu betrachten. Dazu gehört nicht zuletzt das Verfassungsrecht. Bei verschiedenen Auslegungsmöglichkeiten einer Norm[348] muss immer der Auslegung Vorrang eingeräumt werden, die den Verfassungsvorgaben am ehesten entspricht.[349] Wenn allerdings alle Auslegungsvarianten der Verfassung entsprechen, kann durch eine verfassungskonforme Auslegung keine Entscheidung für oder gegen eine Möglichkeit getroffen werden. Es können nur die Auslegungsvarianten ausgeschlossen werden, die der Verfassung widersprechen. Die Auslegung als solche kann nicht direkt beeinflusst werden.[350]

Teilweise wird angenommen, dass die negative Koalitionsfreiheit[351] des Erwerbers einer Weitergeltung von Betriebsnormen generell entgegenstünde.[352] Damit wäre eine dahingehende Auslegung[353] des § 613a Abs. 1 S. 2 BGB ausgeschlossen.

Unstrittig umfasst Art. 9 Abs. 3 GG ein Individualgrundrecht, auf das sich der einzelne Arbeitgeber bzw. der einzelne Arbeitnehmer berufen kann.[354] Geschützt ist das Recht der Arbeitgeber,[355] sich zu Koalitionen zusammenzuschließen bzw. einer bestehenden Koalition beizutreten. Darüber hinaus müssen die Mitglieder einer Koalition die Möglichkeit haben Handlungen

---

348 Dies setzt voraus, dass die Norm selbst verfassungskonform und der Auslegung zugänglich ist. Davon kann im vorliegenden Fall ausgegangen werden.

349 *Rüthers,* Rdnr. 764.

350 *Höpfner,* S. 176, 180. Dieser unterscheidet zwischen der verfassungskonformen Auslegung und der verfassungsorientierten Auslegung. Letztere kommt insbesondere hinsichtlich Generalklauseln u.Ä. in Betracht. Auf diese Art der Auslegung wird im Rahmen der vorliegenden Arbeit nicht weiter eingegangen.

351 Zum Koalitionsbegriff Maunz/Dürig/*Scholz,* Art. 9 GG, Rdnr. 193 f.

352 Vgl. dazu *Hartmann,* S. 50 ff.

353 Sofern § 613a Abs. 1 S. 2 BGB ausschließlich so ausgelegt werden könnte, dass Betriebsnormen weitergelten *müssen*, die Verfassung dem aber entgegenstünde, wäre die Vorschrift selbst verfassungswidrig. Davon ist aber nach den bisherigen Ergebnissen nicht auszugehen.

354 Sachs/*Höfling,* Art. 9 GG, Rdnr. 63; Maunz/Dürig/*Scholz,* Art. 9 GG, Rdnr. 169; *Hufen,* Staatsrecht II, § 37, Rdnr. 9; *Pieroth/Schlink,* Rdnr. 736.

355 Natürlich haben auch die Arbeitnehmer das gleiche Recht. Da es an dieser Stelle ausschließlich um die negative Koalitionsfreiheit des neuen Arbeitgebers geht, wird im Folgenden hinsichtlich dieser Argumentationslinie nur auf die Arbeitgeber Bezug genommen.

vorzunehmen, die den Koalitionszweck fördern.[356] Strittig ist, ob die *negative Koalitionsfreiheit,* also die Freiheit einer Koalition fernzubleiben, von Art. 9 Abs. 3 GG geschützt ist.[357] *Ipsen* hält der Konstellation der negativen Koalitionsfreiheit entgegen, dass es dogmatisch nicht überzeugen würde, wenn ein Grundrecht eine Handlungsmöglichkeit und gleichzeitig das Gegenteil dieser schützt.[358] Nach hier vertretener Ansicht muss ein Grundrechtsberechtigter, der einer Vereinigung oder Koalition beitritt, diese auch wieder verlassen können. Andernfalls bestünde die Gefahr, dass sich der Einzelne aus Sorge, nicht mehr aus der Vereinigung/Koalition austreten zu können, gegen einen Beitritt entscheidet. Das zeigt den engen Zusammenhang zwischen Ein- und Austritt aus einer Koalition, und damit der positiven und negativen Freiheit.[359] Weiter muss sich aus der grundrechtlichen Gewährung der Koalitionsfreiheit die Möglichkeit ergeben, von diesem Recht keinen Gebrauch zu machen.[360] Somit ist mit dem BVerfG und der herrschenden Lehre davon auszugehen, dass der Schutzbereich des Art. 9 Abs. 3 GG auch die negative Koalitionsfreiheit umfasst.

Fraglich ist, welche Vorgaben die negative Koalitionsfreiheit macht. Ohne Zweifel darf der einzelne Arbeitgeber nicht zum Beitritt zu einer Koalition - oder zum Verbleib in einer solchen - verpflichtet werden. Weder darf ein, wenn auch nur faktischer, Zwang vorliegen, noch darf erheblicher Druck ausgeübt werden.[361] Strittig ist, ob der Schutzbereich der negativen Koalitionsfreiheit auch einschlägig ist, wenn ein nicht tarifgebundener Arbeitgeber von der

356 Schmidt-Bleibtreu/Hofmann/Hopfau/*Kannengießer,* Art. 9 GG, Rdnr. 23; Sachs/*Höfling,* Art. 9 GG, Rdnr. 63 f.

357 Dafür bspw. *Hufen,* Staatsrecht II, § 37, Rdnr. 9; *Brox/Rüthers/Henssler,* Rdnr. 639; Schmidt-Bleibtreu/Hofmann/Hopfau/*Kannengießer,* Art. 9, Rdnr. 23; Maunz/Dürig/*Scholz,* Art. 9 GG, Rdnr. 221; MünchHdbArbR-II/*Löwisch/Rieble,* § 155, Rdnr. 2; *Höfling/Rixen,* RdA 2007, 360, 361; *Schubert,* RdA 2001, 199, 200; BVerfG v. 1.3.1979 - 1 BvR 532, 533/77, 419/78, 1 BvL 21/78, BVerfGE 50, 290, 367; BVerfG v. 15.7.1980 - 1 BvR 24/74 und 439/79, BVerfGE 55, 7, 21; BVerfG v. 11.7.2006 - 1 BvL 4/00, NJW 2007, 51, 53 m.w.N. Dagegen *Ipsen,* Staatsrecht II, Rdnr. 663; wohl auch *Epping,* Grundrechte, Rdnr. 799, 820. Nimmt man an, dass es *keine* negative Koalitionsfreiheit gibt, ist Art. 2 Abs. 1 GG, die allgemeine Handlungsfreiheit, einschlägig. Insofern können vergleichbare Inhalte zugrunde gelegt werden, es ergibt sich aber eine geringe Hürde hinsichtlich der Schranken-Regelung.

358 *Ipsen,* Staatsrecht II, Rdnr. 557, 663.

359 Inwiefern solche Überlegungen auch auf andere Grundrechte zutreffen, kann hier unbeantwortet bleiben.

360 MAH-Arbeitsrecht/*Moll,* § 68, Rdnr. 18. Ganz allgemein zur Nichtausübung vgl. *Hufen,* Staatsrecht II, § 6, Rdnr. 42.

361 BVerfG v. 11.7.2006 - 1 BvL 4/00, NJW 2007, 51, 53. Ähnlich BVerfG v. 3.7.2000 - 1 BvR 945/00, NZA 2000, 947 m.w.N.

Normsetzung der Tarifvertragsparteien betroffen ist.[362] Das BVerfG lehnt das Eingreifen des Art. 9 Abs. 3 GG in letzterem Fall ab. Es geht davon aus, dass die negative Koalitionsfreiheit keinen Schutz davor biete, dass die Ergebnisse von Koalitionsvereinbarungen zum Anknüpfungspunkt gesetzlicher Regelungen werden. Nur das Unterworfen werden unter Vereinbarungen fremder Tarifvertragsparteien führe nicht zu einem koalitionsrechtlichen Aspekt.[363]

Wie das BAG zu dieser Frage steht kann nicht mit Sicherheit gesagt werden.[364] Daher ist fraglich, ob hinsichtlich der Weitergeltung der Betriebsnormen der Schutzbereich der negativen Koalitionsfreiheit überhaupt eröffnet ist.

Wie oben festgestellt, gestaltet sich die Ablösung der Betriebsnormen nach Ablauf der Änderungssperre schwierig. Da es aufgrund der Sperrwirkung des § 77 Abs. 2 BetrVG Fälle gibt, in denen der neue Arbeitgeber die weitergeltenden Betriebsnormen ohne Änderung aller Arbeitsverträge, nur durch einen ablösenden Tarifvertrag beenden kann, wird er faktisch zum Abschluss eines Tarifvertrags bzw. zum Beitritt zu einem Arbeitgeberverband gezwungen. Auch ein mittelbarer Zwang wird nach Meinung des BVerfG vom Schutzbereich des Art. 9 Abs. 3 GG erfasst.[365] Daher ist zumindest in der beschriebenen Konstellation der Schutzbereich eröffnet. Ist eine Ablösung zumindest grundsätzlich ohne Probleme auf anderem Weg möglich, muss sich mit der engen Rechtsprechung des BVerfG auseinandergesetzt werden.

Die vorliegende Konstellation zeigt, dass eine weite Auslegung des Art. 9 Abs. 3 GG geboten ist. Andernfalls hängt es vom Zufall bzw. der genauen Ausgestaltung einer Regelung ab, ob der Schutzbereich eröffnet ist. Darüber hinaus muss der Schutzbereich grundsätzlich weit ausgelegt werden.[366] Ein Ausgleich dafür kann und muss im Rahmen der Rechtfertigung gesucht werden. Fraglich erscheint auch, ab wann die erzwungene Unterwerfung unter die Normwirkung einen erheblichen Druck auf einen Arbeitgeber ausüben könnte,

---

362 Ein Überblick über den Meinungsstand findet sich bei *Schubert,* RdA 2001, 199, 200 f.

363 BVerfG v. 11.7.2006 - 1 BvL 4/00, NJW 2007, 51, 53. BVerfG v. 3.7.2000 - 1 BvR 945/00, NZA 2000, 947.

364 In BAG v. 19.9.2007 - 4 AZR 711/06, NZA 2008, 241, 243 folgt das Gericht zwar dem BVerfG, setzt sich in Folge aber dennoch mit der Frage auseinander, ob sich in der speziellen Konstellation etwas ändern würde, wenn der Schutzbereich weiter ausgelegt werden würde.

365 Maunz/Dürig/*Scholz,* Art. 9 GG, Rdnr. 226 ff.

366 Speziell zu Art. 9 Abs. 3 GG, wenn auch in anderem Zusammenhang *Höfling/Rixen,* RdA 2007, 360, 361. Allerdings gilt dieser Grundsatz auch für andere Grundrechte, da deren Auslegung zu einem möglichst umfassenden Schutz führen soll, vgl. dazu *Hufen,* Staatsrecht II, § 6, Rdnr. 15.

einem Arbeitgeberverband beizutreten.[367] Auch diese Unsicherheit spricht dafür, nach Eröffnung des Schutzbereichs einen Ausgleich im Rahmen der Rechtfertigung zu suchen.

Wenn die Weitergeltung der Betriebsnormen angeordnet wird und der neue Betriebsinhaber eventuell sogar verpflichtet wird, diese Regelungen auf andere Arbeitnehmer des Betriebs auszudehnen, wird in den Schutzbereich der negativen Koalitionsfreiheit eingegriffen. Fraglich ist, ob dieser Eingriff gerechtfertigt ist. Auch wenn Art. 9 Abs. 3 GG keinen Gesetzesvorbehalt vorsieht, kann das Grundrecht nicht schrankenlos gelten. Eine Rechtfertigung ist anhand kollidierenden Verfassungsrechts möglich. Letzteres muss mit der negativen Koalitionsfreiheit des Erwerbers in einen möglichst schonenden Ausgleich gebracht werden, bei dem zwar allen Rechten Grenzen gesetzt werden, diese aber den Schutzbereich so weit wie möglich gewährleisten.[368]

Als kollidierendes Verfassungsrecht kommt hier die positive Koalitionsfreiheit der Arbeitnehmer in Betracht, die Mitglied der Gewerkschaft sind, welche den für den übergehenden Betrieb geltenden Tarifvertrag geschlossen hat. Die Arbeitnehmer sollen ihre Rechtsposition, die sie aufgrund ihrer Mitgliedschaft in dieser Gewerkschaft innehaben, nicht ohne Weiteres verlieren.[369] Auch das Sozialstaatsprinzip kann als Verstärkung herangezogen werden. Aus diesem kann sich eine Schutzpflicht des Staates zugunsten der Arbeitnehmer ergeben, da diese als die schwächeren Wirtschaftssubjekte zu sehen sind.[370] Statt der Schaffung angemessener Arbeitsbedingungen,[371] ist der Staat hinsichtlich der Erhaltung angemessener und - vor allem auch vereinbarter - Arbeitsbedingungen gefordert.

Auf Seiten des Erwerbers steht, neben seiner negativen Koalitionsfreiheit, auch die der Arbeitnehmer des neuen Betriebs, da diese als Außenseiter von der Wirkung der Betriebsnormen erfasst werden könnten. Allerdings gilt diesbezüglich die gleiche Argumentation mit der eine Verfassungsmäßigkeit des § 3 Abs. 2 TVG angenommen wird. Meist handelt es sich bei den Vereinbarungen zwischen Tarifvertragsparteien ohnehin um Regelungen, die für die

---

367 Ausführlich *Höfling/Rixen,* RdA 2007, 360, 361.

368 Dabei handelt es sich um die sog. praktische Konkordanz, vgl. *Hufen*, Staatrecht II, § 9, Rdnr. 31, § 37, Rdnr. 20.

369 Vgl. dazu in anderem Zusammenhang Kempen/Zachert/*Kempen,* § 3 TVG, Rdnr. 113.

370 Allerdings könnte das Sozialstaatsprinzip für sich gesehen keinen Eingriff rechtfertigen, Schmidt-Bleibtreu/Hofmann/Hopfau/*Hofmann,* Art. 20 GG, Rdnr. 30, 37. Der Gesetzgeber kann aber die Tarifautonomie im Hinblick auf Gemeinwohlbelange einschränken, vgl. *Brox/Rüthers/Henssler,* Rdnr. 647.

371 Dazu in anderem Zusammenhang *Sodan/Zimmermann,* NJW 2009, 2001, 2004.

Arbeitnehmer als Ganzes positiv zu werten sind. Insofern erscheint die Argumentation von *Waas*[372] als nicht ausreichend. Er unterscheidet zwischen Betriebsnormen, die einseitige Verpflichtungen des Arbeitgebers auslösen und solchen, die rechtliche Wirkungen gegenüber den Arbeitnehmern entfalten. Hier lehnt er eine Weitergeltung mit Verweis auf die Außenseiterproblematik ab. Es ist nicht ersichtlich, warum eine Ausdehnung auf die „neuen" Außenseiter im Fall eines Betriebsübergangs einen Verfassungsverstoß auslöst, während die grundsätzliche Wirkung des § 3 Abs. 2 TVG nicht beanstandet wird. Etwas anderes kann sich nur ergeben, wenn die Regelungen aufgrund eines Geltungsbereichswechsels unangemessen sind.

Letztlich könnte die kollektive Koalitionsfreiheit der Gewerkschaften bzw. der Arbeitgeberverbände entgegenstehen, da durch die Ausdehnung der Tarifnormen auf Außenseiter die Tarifautonomie betroffen ist.[373] Allerdings zeigt sich, dass das GG einer solchen Ausdehnung nicht grundsätzlich entgegensteht, sondern Ausnahmen durchaus zulässig sind.[374] Nichtsdestotrotz müssen diese Überlegungen mit einbezogen werden.

Versucht man hinsichtlich der genannten entgegen streitenden Positionen einen Ausgleich zu finden, der alle Rechtsgüter so weit wie möglich zur Geltung bringt, kommt man zu folgenden Überlegungen: Gegen eine Weitergeltung spricht, dass der neue Betriebsinhaber die Wirkung der Betriebsnormen auf den gesamten Betrieb, inklusive aller hinzukommenden Arbeitnehmer, ausdehnen muss. Der Erwerber läuft Gefahr, die Auswirkungen bei Übernahme des Betriebs nicht abschätzen zu können.[375] Allerdings kann dem neuen Inhaber vor Betriebsübernahme durchaus ein angemessen erhöhter Prüfungsaufwand zugemutet werden.[376]

Im Zusammenhang mit einer ähnlichen Fragestellung[377] hat das BAG, zum Verstoß gegen die Koalitionsfreiheit durch das zwangsweise Unterwerfen un-

---

372 *Waas,* S. 50 ff.

373 Vgl. dazu *Skuderis,* S. 87.

374 Dies zeigt sich insbesondere an § 3 Abs. 2 TVG, § 5 TVG. Ausführlich zur Reichweite der Tarifautonomie und ihren Grenzen *Waltermann,* ZfA 2000, 53.

375 Ausführlich zu dieser Argumentation *Hartmann,* S. 53.

376 Im Rahmen eines Unternehmenskaufs wird von vornherein eine sehr ausführliche Prüfung der wirtschaftlichen und rechtlichen Situation vorgenommen, vgl. ausführlich für den M&A-Bereich *Gran,* NJW 2008, 1409. Im Rahmen dieser kann auch die Frage der Weitergeltung der Betriebsnormen untersucht werden. Sofern durch die Weitergeltung von Betriebsnormen Probleme auf den neuen Inhaber zukommen, könnte er dies bei den Verhandlungen über den Kaufpreis mit einfließen lassen.

377 In der Entscheidung wurde thematisiert, ob die negative Koalitionsfreiheit einschlägig ist, wenn eine dynamische Weitergeltung nach § 613a Abs. 1 S. 2 BGB in einzelnen Fällen angenommen wird; vgl. zu dieser Problematik noch unten Viertes Ka-

ter „fremde" Tarifnormen, festgestellt, dass dieser Aspekt schon deshalb ausscheide, weil die arbeitsvertragliche Bindung an tarifliche Regelungen allein auf einer *rechtsgeschäftlichen Willenserklärung* beruhe. Diese sei Ausdruck der allgemeinen Handlungsfreiheit der Beteiligten des Arbeitsverhältnisses. Vom Rechtsbindungswillen seien auch die gesetzlichen Rahmenbedingungen erfasst, die einem Betriebsübergang durch Rechtsgeschäft zugrunde liegen.[378] Dem ist grundsätzlich zuzustimmen. Somit sind bestimmte Aspekte der Weitergeltung von Tarifnormen bei Betriebsübergang bereits von den Willenserklärungen im Rahmen eines solchen Übergangs umfasst. Diese Argumentation kann auch für die vorliegende Problematik herangezogen werden: Ausgehend davon, dass die Betriebsnormen im Rahmen des § 613a Abs. 1 S. 2 BGB weitergelten, entscheidet sich der neue Inhaber bewusst für diese Konstellation und unterwirft sich freiwillig dieser Weitergeltung. Dabei darf aber nicht übersehen werden, dass die Regelungen ursprünglich tariflicher und nicht individualrechtlicher Natur waren. Daher muss der Erwerber insbesondere die Möglichkeit haben, sich von unangemessenen Regeln zu lösen.

Noch nicht angesprochen wurde auch das Problem der Ablösung der Regelungen nach Ablauf der Veränderungssperre.[379] Grundsätzlich kann der neue Inhaber bei Vorliegen der entsprechenden Voraussetzungen eine vertragliche Ablösung für den gesamten Betrieb vornehmen. Dies geht zwar mit einem erhöhten praktischen Aufwand einher, darf aber nicht zu Lasten der Arbeitnehmer gehen.[380] Dieses Argument muss mit in Betracht gezogen werden, da die Arbeitnehmer einem solchen Betriebsübergang so gut wie[381] ausgeliefert sind und weder das „Ob" noch das „Wie" eines solchen beeinflussen können. Entscheidet sich der Betriebsinhaber hingegen, den Betrieb zu übernehmen, übernimmt er automatisch alle Pflichten, die bestehen. Sollte eine Ablösung nicht möglich sein, *muss* eine andere Lösung gefunden werden.

---

pitel I.3.c). Das BAG hat sich mit der Frage beschäftigt, ob der Schutzbereich der negativen Koalitionsfreiheit *überhaupt* eröffnet ist. Wie bereits festgehalten, wird davon ausgegangen, dass dies der Fall ist. Insofern werden dahingehende Überlegungen im Bereich der verfassungsrechtlichen Rechtfertigung angesprochen.

378 BAG v. 19.9.2007 - 4 AZR 711/06, NZA 2008, 241, 244.

379 Zu dieser Problematik *Hartmann,* S. 53.

380 Problematisch kann allerdings das Vorliegen der Voraussetzungen eines Grundes für eine Änderungskündigung sein, vgl. Viertes Kapitel III. Allerdings würde dieses Argument gegen eine Weitergeltung tarifrechtlicher Normen überhaupt sprechen.

381 Selbstverständlich könnten die Arbeitnehmer dem Übergang widersprechen. Ein solcher Widerspruch macht aber nur Sinn, wenn der alte Betriebsinhaber auch nach dem Übergang Arbeitsplätze in seinem Unternehmen hat bzw. er überhaupt noch ein Unternehmen hat. Es gibt eine Vielzahl von Fällen, in denen es für den Arbeitnehmer keinen Sinn macht, dem Übergang zu widersprechen.

Durch die vorliegende Konstellation ist auch Art. 14 GG betroffen. Hinsichtlich des Erwerbers ist dies aber ohne Auswirkung. Er erhält das Eigentum an dem Betrieb bereits mit der Einschränkung, der weitergeltenden Betriebsnormen und ist damit nicht in Art. 14 GG verletzt. Hinsichtlich des bisherigen Inhabers ergibt sich Folgendes: Der Betrieb verliert unter Umständen an Wert, wenn § 613a Abs. 1 S. 2 BGB dahingehend ausgelegt wird, auch Betriebsnormen weitergelten zu lassen. Somit können sich aber nur diejenigen Betriebsinhaber auf Art. 14 GG berufen, die einen Tarifvertrag abgeschlossen haben, während § 613a Abs. 1 S. 2 BGB von der h.M. nicht in diesem Sinne ausgelegt wurde. Nur für diese würde eine Änderung der Auslegung einen Eingriff in Art. 14 GG darstellen.[382] Insofern wäre unter Umständen Vertrauensschutz angezeigt.

Die verfassungsrechtliche Würdigung stellt sich zusammenfassend schwierig dar. Die verfassungsrechtlich gewährten Rechte aller Parteien sind betroffen. Letztlich spricht mehr für den Bestandsschutz, da die Arbeitnehmer keinen Einfluss auf das Geschehen haben, während der Erwerber den Betrieb bewusst übernimmt. So gesehen sind die Arbeitnehmer schutzwürdiger. Allerdings darf dies unter keinen Umständen zu einer „ewigen" Bindung führen.

Fraglich ist, ob sich durch die Vorgaben der Betriebsübergangsrichtlinie Auswirkungen auf die verfassungskonforme Auslegung ergeben können. *Höpfner* stellt diesbezüglich fest, auch die Verfassung müsse unter Umständen richtlinienkonform ausgelegt werden. Das heißt aber nicht, dass die Verfassung im Rang unterhalb der Richtlinie anzusiedeln wäre: Die Richtlinienkonformität muss nicht um jeden Preis hergestellt werden.[383] Bei verschiedenen Auslegungsmöglichkeiten kann eine Wertung, die durch das Europarecht vorgegeben wird, mit einbezogen werden. So kann dem Problem vorgebeugt werden, dass eine Umsetzung des EG-Rechts in nationales Recht nicht möglich wäre, wenn das GG entgegensteht. Dies darf aber unter keinen Umständen dazu führen, dass das GG dem Europarecht „angepasst" wird. Da die EG nicht als Bundesstaat organisiert ist, kann eine nationale Verfassung nicht durch eine Richtlinie ausgefüllt werden.

---

382 Fraglich ist bereits, ob diesbezüglich eine Änderung eintritt. Bis dato gibt es zwar eine herrschende Lehre, aber keine ständige Rechtsprechung. Dennoch wäre eine Klarstellung durch den Gesetzgeber hilfreich. Diesem käme auch sein Prognosespielraum bei Ausgestaltung des Inhalts des Eigentums zugute, vgl. dazu Maunz/Dürig/*Papier,* Art. 14 GG, Rdnr. 322 f.

383 Dabei handelt es sich um eine Problematik, die an dieser Stelle nicht abschließend behandelt werden kann. Insbesondere da diese erst langsam seitens der Literatur aufgearbeitet wird. Ein Überblick über den Streitstand findet sich bei *Höpfner*, S. 381 ff.

Die Betriebsübergangsrichtlinie gibt die Wertung vor, dass sich für den Arbeitnehmer durch den Betriebsübergang keine Nachteile bilden sollen.[384] Wirft man diese Wertung der Richtlinie – wie *Höpfner* dies vorschlägt – mit „in die Waagschale", festigt sich das gefundene Ergebnis.

(5) Auslegung anhand des Normzwecks

Der Bestandsschutz zugunsten der Arbeitnehmer ist der durch § 613a Abs. 1 S. 2 BGB verfolgte Hauptzweck. Eine Weitergeltung von Betriebsnormen dient grundsätzlich dem Bestandsschutz und scheint daher dem Normzweck zu entsprechen.[385] Geht man aber davon aus, dass Hintergrund der Norm[386] auch der Ausgleich zwischen den Interessen der Arbeitnehmer und des bisherigen bzw. neuen Inhabers ist, zeigt sich ein differenzierteres Bild. Dem neuen Inhaber wird meist daran gelegen sein, die Betriebsnormen nicht weitergelten zu lassen, um einen weiten Gestaltungsspielraum zu bekommen. Umso größer dieser Spielraum ist, umso einfacher fällt dem neuen Inhaber die Eingliederung des Betriebs in eventuell bereits bestehende Strukturen. Wie bereits erwähnt dient dies unter Umständen auch den Arbeitnehmern, da die Wahrscheinlichkeit erhöht wird, dass deren Arbeitsplatz erhalten bleibt. Einzig der Vorteil, der durch die Ordnungsfunktion der Tarifnormen entsteht, könnte aus Sicht des neuen Inhabers für eine Weitergeltung sprechen, wenn diese Normen eines Tarifvertrags zum Unternehmen des neuen Inhabers „passen". Für den bisherigen Inhaber ist eine Weitergeltung der Betriebsnormen grundsätzlich ohne Bedeutung, außer der Wert des Betriebs sinkt durch eine Weitergeltung. Dies hängt insbesondere davon ab, ob der Erwerber bei weitergeltenden Betriebsnormen von einem niedrigeren Wert des Betriebs ausgeht. Es darf aber nicht übersehen werden, dass alter und neuer Inhaber frei über den Betriebsübergang entscheiden können, während die Arbeitnehmer vor vollendete Tatsachen gestellt werden. Daher ist auch der Arbeitnehmerschutz Hauptzweck der Vorschrift und kann in manchen Konstellationen den Interessen der beiden Betriebsinhaber vorgehen.

Neben den bisher angesprochenen Beteiligten sind aber im Hinblick auf Betriebsnormen auch die Interessen der Arbeitnehmer zu beachten, die bereits

---

384 Darauf wird im Folgenden noch ausführlich eingegangen.

385 Dies gilt nicht immer und für jeden einzelnen Arbeitnehmer. So wird bspw. ein rauchender Arbeitnehmer den Wegfall eines Rauchverbotes als positiv empfinden. Dennoch kann angenommen werden, dass Betriebsnormen insgesamt positiv für die Arbeitnehmer sind.

386 Auch wenn sich dies nicht unbedingt aus § 613a Abs. 1 S. 2 BGB direkt ergibt, gilt diese Aussage insbesondere mit Blick auf die Regelung § 613a Abs. 1 BGB als Ganzes. An dieser Stelle verschwimmen teleologische und systematische Auslegung.

im Unternehmen des Erwerbers arbeiten. Diese wären von einer eventuellen Ausweitung der Betriebsnormen ebenfalls betroffen.[387] Besonders problematisch erscheint dies, wenn für die bereits beim Erwerber beschäftigten Arbeitnehmer ein anderer Tarifvertrag gelten würde. Allerdings muss diesbezüglich ein Ausweg über eine Anwendung des § 613a Abs. 1 S. 3 BGB auch bei fehlender kongruenter Tarifbindung gefunden werden.[388]

Zusammenfassend gibt der Telos der Norm mit Blick auf die Ausgleichsfunktion des § 613a Abs. 1 S. 2 bis 4 BGB kein zwingendes Ergebnis vor. Eine Weitergeltung von Betriebsnormen ist nicht zwingend, aber auch nicht ausgeschlossen.

(6) Richtlinienkonforme Auslegung

Offen bleibt, welche Vorgaben die Betriebsübergangsrichtlinie macht. Während die nationale Methodenlehre eine lange Tradition hat,[389] stellt sich die Situation in Bezug auf das Europarecht anders dar.[390]

Schwierigkeiten ergeben sich nicht nur, da es sich um ein vergleichsweise junges Rechtsgebiet handelt und keine den nationalen Rechtsordnungen vergleichbare Tradition besteht, sondern auch durch die EuGH-Rechtsprechung wurde dieses Problem eher verstärkt als abgeschwächt.[391] Daneben gibt es innerhalb der Mitgliedstaaten unterschiedliche Herangehensweisen,[392] die nicht zur Vereinfachung beitragen. Außerdem stellt das Europarecht eine aus dem Völkerrecht entwickelte „eigene Rechtsordnung" dar.[393] Aus letzterem und aus der Natur des Europarechts wird deutlich, dass nicht allein völkerrechtliche Auslegungskriterien zur Anwendung gelangen können.[394] Es muss zu einem Zusammenspiel der völkerrechtlichen Grundsätze und der nationalen Methoden kommen, wobei diese an die Besonderheiten des Gemeinschaftsrechts an-

---

387 Für *Waas,* S. 50 ist dies das Hauptargument gegen eine Weitergeltung.

388 Dazu noch unten Fünftes Kapitel II.5.

389 Wobei dies nicht heißt, dass sie stets den gleichen Stand hatte wie heute, vgl. dazu *Rüthers,* Rdnr. 640 ff.

390 Vgl. dazu *Höpfner/Rüthers,* AcP 209 (2009), 1, 2. Dies veranlasste *Schroeder,* JuS 2004, 180 zu der Frage „Hat Europarecht Methode?".

391 *Höpfner/Rüthers,* AcP 209 (2009), 1, 3.

392 Daraus kann sich unter Umständen eine zusätzliche Auslegungshilfe, die Rechtsvergleichung ergeben. Ob dies ein eigenes Auslegungskriterium darstellt, kann hier nicht abschließend entschieden werden. Dagegen bspw. *Höpfner/Rüthers,* AcP 209 (2009), 1, 16. Im Folgenden wird die Rechtsvergleichung als Teil der systematischen Auslegung der Richtlinie gesehen.

393 EuGH v. 15.7.1964, Rs. 6/64 - Costa/E.N.E.L., Slg. 1964, 1141.

394 Dies gilt bspw. hinsichtlich der eingeschränkten Souveränität der einzelnen Mitgliedstaaten, vgl. dazu *Schroeder,* JuS 2004, 180, 181.

gepasst werden müssen. Aus diesen Überlegungen hat sich eine eigenständige Interpretationsbasis entwickelt.[395] Dabei orientiert sich der EuGH[396] eher an den nationalen Auslegungskriterien.

(a) Bedeutung für das nationale Recht

Die richtlinienkonforme Auslegung muss dazu führen, nationales Recht so weit wie möglich im Lichte des Wortlauts und des Zwecks der Richtlinie auszulegen, um deren Ziel zu erreichen.[397] Bei einer richtlinienkonformen Auslegung müssen folglich alle nationalen Auslegungsmöglichkeiten ausgeschöpft werden, um zu einer gemeinschaftsrechtskonformen Auslegung zu gelangen. Es besteht keine Verpflichtung, den nationalen Spielraum bei der Auslegung zu überdehnen.[398] Dennoch ist eine Interpretation des nationalen Rechts, die gegen die Auslegung der Richtlinie verstößt, nicht möglich. Auch muss bei mehreren denkbaren Interpretationen des nationalen Rechts immer diejenige gewählt werden, die den europäischen Vorgaben am ehesten entspricht.[399] Für die Auslegung einer nationalen Vorschrift bedeutet dies Folgendes: Eine Interpretation der Vorschrift muss im Lichte der europäischen Vorgaben nach nationalen Auslegungskriterien vorgenommen werden. Sollten mehrere Interpretationsmöglichkeiten stehen bleiben, ist zwischen diesen nach den europarechtlichen Vorgaben zu entscheiden.

(b) Wörtliche Auslegung der Richtlinie

In erster Linie ist eine wörtliche Auslegung der Richtlinie vorzunehmen.[400] Diese ist vor allem von Bedeutung, wenn es sich um einen eindeutigen[401]

---

395 *Oppermann,* Europarecht, § 8, Rdnr. 18 f., *Schroeder,* JuS 2004, 180.

396 Nicht ganz unproblematisch ist die Frage, ob der EuGH nun das Auslegungsmonopol inne hat, vgl. ziemlich knapp, aber mit guten Argumenten gegen ein solche Monopol, *Schroeder,* JuS 2004, 180, 181. Allerdings hat der EuGH bei Auslegungsfragen „das letzte Wort". Bei den folgenden Ausführungen wird deutlich, dass der Hinweis von *Schroeder* nicht von der Hand zu weisen ist, dass auch außerhalb des Gerichtshofs eine Auslegung möglich sein muss. Schließlich kann der EuGH nicht jedes Detail klären, was die nationalen Gerichte nicht davon entbindet, die europäische Vorlage zu beachten. Dazu muss die Möglichkeit zur verbindlichen Auslegung bestehen.

397 EuGH v. 10.4.1984, Rs. 14/83 - Colson und Kalmann/Land Nordrhein-Westfalen, Slg. 1984, 1891; EuGH v. 13.11.1990, Rs. C-106/89 - Marleasing SA/La Comercial Internacional de Alimentacion SA, Slg. 1990, I-4135; EuGH v. 10.11.2005, Rs. C-316/04 - Stichting Zuid-Hollandse Milieufederatie/College voor de toelating van bestrijdingsmiddelen, Slg. 2005, I-9759, Rdnr. 78.

398 Streinz/*Schroeder*, Art. 249 EGV, Rdnr. 128.

399 *Schweitzer/Hummer/Obwexer,* Rdnr. 291; *Roth,* EWS 2005, 385, 392.

400 *Höpfner/Rüthers,* AcP 209 (2009), 1, 9; *Grundmann/Riesenhuber,* JuS 2001, 529 f.

Wortlaut handelt. Den gemeinschaftsrechtlichen Besonderheiten wird insofern Genüge getan, als bei gemeinschaftsrechtlichen Begriffen nicht die nationalen Wortbedeutungen zugrunde gelegt werden, sondern aus einer Gesamtschau die europarechtliche Bedeutung ermittelt wird.[402] Fraglich ist, was unter der Formulierung „nach dem Übergang erhält der Erwerber die in einem Kollektivvertrag vereinbarten Arbeitsbedingungen [...] in dem gleichen Maße aufrecht"[403] zu verstehen ist. Interessant ist v.a., wie der Begriff Arbeitsbedingungen auszufüllen ist, und ob sich daraus eine Vorgabe für die Weitergeltung von Betriebsnormen ergeben kann.

Entgegen der Ansicht, dass sich die Begriffe „Arbeitsbedingungen" bzw. „Rechte und Pflichten" nicht unterscheiden,[404] können die Begriffe durchaus eine andere Bedeutung haben. Während der Begriff der Arbeitsbedingungen weit ist, verlangen Rechte und Pflichten vom Wortsinn einen zugrunde liegenden Anspruch. Dies spräche dafür, Arbeitsbedingungen entsprechend weit auszulegen und damit den Weg für eine Weitergeltung aller Tarifnormen zu ebnen, die Vereinbarungen umfassen, durch welche die Bedingungen, unter denen die Arbeitnehmer ihre Arbeitsleistung zu erbringen haben, geregelt werden.[405] Welche Betriebsnormen unter diese Definition fallen, müsste in einem zweiten Schritt geklärt werden.

Bei Unklarheiten hinsichtlich der Auslegung des Wortlauts, kann auch ein Vergleich der unterschiedlichen sprachlichen Fassungen einer europäischen Vorschrift geboten sein: Alle Fassungen einer Richtlinie sind gleichermaßen verbindlich. Sollten zwischen den verschiedenen sprachlichen Fassungen Unterschiede bestehen, „ist die Bestimmung nach Maßgabe des Sinns und Zwecks der Regelung auszulegen, zu der sie gehört".[406] Vergleicht man die un-

401 Vgl. *Höpfner/Rüthers,* AcP 209 (2009), 1, 11 zu der Frage, ob ein eindeutiger Wortlaut überhaupt vorliegen kann.

402 *Oppermann,* Europarecht, § 8, Rdnr. 20; *Schroeder,* JuS 2004, 180, 185.

403 Vgl. Art. 3 Abs. 3 S. 1 der Betriebsübergangsrichtlinie.

404 Dazu insbesondere Staudinger/*Annuß,* § 613a BGB, Rdnr. 264.

405 So hinsichtlich der Auslegung der Richtlinie *Seiter,* DB 1980, 877, 880 f.; *Hartmann,* S. 42 ff.; *Skuderis,* S. 130. Allerdings nimmt *Hartmann,* S. 50 ff. im Ergebnis keine Weitergeltung an, da seiner Ansicht nach das nationale Verfassungsrecht einer solchen entgegensteht.

406 EuGH v. 27.10.1977, Rs. 30/77 - Regina/Pierre Bouchereau, Slg. 1977, 1999; EuGH v. 28.3.1985, Rs. 100/84 - Kommission/Vereinigtes Königreich Großbritannien und Nordirland, Slg. 1985, 1169, Rdnr. 15 ff.; EuGH v. 17.9.1997, Rs. C-83/96 - Provincia autonoma di Trento und Ufficio del medico provinciale di Trento/Dega di Depretto Gino SNC, Slg. 1997, I-5001, Rdnr. 13 ff.; EuG v. 6.10.2005, verb. Rs. T-22/02 u. T-32/02 - Sumitomo Chemical Co. Ltd und Sumika Fine Chemicals Co.

terschiedlichen Formulierungen der jeweiligen nationalen Fassungen, ergibt sich folgendes Bild: Im englischen ist die Rede von „terms and conditions", im französischen von „conditions de travail", im italienischen von „condizioni di lavoro" und im spanischen von „condiciones de trabajo". Auch dieser Vergleich spricht für eine weite Auslegung des Begriffs „Arbeitsbedingung",[407] da es sich jeweils um weit gefasste Begriffe handelt.

(c) Auslegung nach dem Sinn und Zweck

Als weiteres Auslegungskriterium ist die Auslegung nach *Sinn und Zweck* der Richtlinie zu nennen.[408] Sinn und Zweck der Betriebsübergangsrichtlinie ist unzweifelhaft der Arbeitnehmerschutz im Sinne eines Bestandsschutzes. Dies ergibt sich bereits aus den Erwägungsgründen der Richtlinie.[409] Folglich sollen den Arbeitnehmern die Arbeitsbedingungen weitgehend erhalten bleiben. Nach Ansicht des EuGH können allerdings, neben dem Schutz der Interessen der Arbeitnehmer, die von einem Betriebsübergang betroffen sind, die Rechte des Erwerbers nicht unberücksichtigt bleiben. Dieser müsse Anpassungen vornehmen können, die für die Fortsetzung seiner Tätigkeit erforderlich sind.[410] Dass eine Abwägung nötig ist, zeigen auch die verschiedenen Ausnahmemöglichkeiten, die durch die Richtlinie vorgesehen sind.[411]

Auch nach den europäischen Vorgaben ist folglich eine Abwägung zwischen den Interessen der Arbeitnehmer und dem Erwerber vorzunehmen. Wie bereits im Zusammenhang mit dem nationalen Recht dargelegt, sind die Interessen der Arbeitnehmer vorrangig zu schützen, dies gilt auch für die europarechtliche Abwägung.[412] Allerdings darf auch im Rahmen der europarechtlichen Auslegung nicht übersehen werden, dass das Interesse des Erwerbers auf Erhalt der Rentabilität des Betriebs auf Dauer mit den Interessen der Arbeitnehmer auf Erhalt ihrer Arbeitsplätze übereinstimmen kann.

Ltd/Kommission, Slg. 2005, II-4065, Rdnr. 42 ff. Der Hinweis auf die Auslegung nach Sinn und Zweck wird im Folgenden noch weiter ausgeführt.

407 Zu diesem Ergebnis kommt auch *v. Alvensleben,* S. 244.

408 EuGH v. 6.10.1982, Rs. 283/81 - CILFIT u.a./Ministro della Sanità, Slg. 1982, 3415, Rdnr. 20; EuGH v. 17.11.1983, Rs. 292/82 - Merck/Hauptzollamt Hamburg-Jonas, Slg. 1983, 3781, Rdnr. 12. EuG v. 6.10.2005, verb. Rs. T-22/02 u. T-32/02 - Sumitomo Chemical Co. Ltd und Sumika Fine Chemicals Co. Ltd/Kommission, Slg. 2005, II-4065, Rdnr. 47.

409 Vgl. dazu insbesondere den Erwägungsgrund (3) der Betriebsübergangsrichtlinie. Auch in der abgelösten Richtlinie 77/187/EWG wurde der Arbeitnehmerschutz als Ziel angesprochen.

410 EuGH v. 9.3.2006, Rs. C-499/04 - Werhof, Slg. 2006, I-2397, Rdnr. 31.

411 Dazu *Hromadka/Maschmann/Wallner,* Rdnr. 322 ff.

412 *V. Alvensleben,* S. 245.

(d) Systematische Auslegung

Ergänzend kann auch im Europarecht eine *systematische* Auslegung herangezogen werden. Dabei sind „der Zusammenhang und die Ziele der Regelung, zu der sie gehört, sowie sämtliche Bestimmungen des Gemeinschaftsrechts zu berücksichtigen".[413]

Aus der Richtlinie ergeben sich keine Vorgaben für eine systematische Auslegung des Begriffs Arbeitsbedingung.[414] Auch primäres EU-Recht kann herangezogen werden. AEUV und EGV verwenden den Begriff „Arbeitsbedingungen" mehrfach,[415] definieren ihn allerdings nicht. Aus einer Gesamtschau der Artikel, in denen der Begriff verwendet wird, ist zu erkennen: Der Begriff kann nicht einheitlich ausgelegt werden.[416] Für jeden Regelungsbereich muss eine Ausfüllung des Begriffes gesondert vorgenommen werden. Gemeinsam ist den jeweiligen Ansätzen, dass es sich grundsätzlich um eine weite Verwendung des Begriffs handelt.[417] Demnach ist anzunehmen, dass auch im Rahmen der Betriebsübergangsrichtlinie ein weites Verständnis von „Arbeitsbedingungen" zugrunde zu legen ist. Allerdings wird, unter Berücksichtigung des speziellen Regelungsgebiets der Richtlinie, deutlich, dass der Begriff der Arbeitsbedingung nicht hinsichtlich aller Aspekte vergleichbar weit ausgelegt werden kann. So kann beispielsweise eine Verlagerung des Betriebs und damit des Arbeitsplatzes nicht von der Arbeitsbedingung in diesem Sinne umfasst sein. Trotz alledem spricht der Vergleich mit dem EGV dafür, den Begriff „Arbeitsbedingung" weit auszulegen.

Eine weitere Möglichkeit, einen Rückschluss auf die Auslegung einer Richtlinie zu ziehen, ist ein Vergleich der Umsetzungsvorschriften durch andere Mitgliedstaaten.[418] Dabei sind die unterschiedlichen Voraussetzungen in den Mitgliedstaaten für die Geltung von Kollektivverträgen zu beachten. Insofern

---

413 EuGH v. 6.10.1982, Rs. 283/81 - CILFIT u.a./Ministro della Sanità, Slg. 1982, 3415, Rdnr. 20; EuGH v. 17.11.1983, Rs. 292/82 - Merck/Hauptzollamt Hamburg-Jonas, Slg. 1983, 3781, Rdnr. 12. EuG v. 6.10.2005, verb. Rs. T-22/02 u. T-32/02 - Sumitomo Chemical Co. Ltd und Sumika Fine Chemicals Co. Ltd/Kommission, Slg. 2005, II-4065, Rdnr. 47.

414 So *Skuderis,* S. 131 f., die Argumente sowohl für eine enge als auch für eine weite Auslegung des Begriffs gegenüberstellt.

415 Vgl. dazu Art. 45 Abs. 2, 151 UA 1, 153 Abs. 1 lit. b, 156 AEUV bzw. Art. 39 Abs. 2, 136 UA 1, 137 Abs. 1 lit. b, 140 EGV.

416 *Birk* stellt diesbezüglich fest, dass es „wenig nichtssagendere Begriffe als denjenigen der Arbeitsbedingungen" gibt, vgl. MünchHdbArbR-I/*Birk,* 2. Auflage, 2000, § 18, Rdnr. 41.

417 V.d.Groeben/Schwarze/*Högl,* Art. 137 EGV, Rdnr. 18.

418 Kritisch *Grundmann/Riesenhuber,* JuS 2001, 529, 533 f.

ist ein Schluss von den jeweiligen Umsetzungsnormen nur als zusätzliches Indiz zu werten. In vielen Mitgliedstaaten wird die Weitergeltung der Kollektivverträge als Ganzes angeordnet.[419] Dies spricht wiederum für eine weite Auslegung des Begriffs Arbeitsbedingung.

Letztlich sind auch die Vorgaben anderer Vorschriften des Gemeinschaftsrechts, und dabei insbesondere der gemeinschaftsrechtlich verbürgte Grundrechtsschutz zu beachten. Dieser ist nach Meinung des EuGH integraler Bestandteil der allgemeinen Rechtsgrundsätze.[420] Die zu achtenden Grundrechte ergeben sich zum einen nach Art. 6 Abs. 2 und 3 EUV n.F. aus der EMRK,[421] der die Union nach Art. 6 Abs. 2 EUV n.F. beitritt. Eine weitere Möglichkeit ist nach Art. 6 Abs. 3 EUV n.F. die Heranziehung von Grundrechten, die sich aus den gemeinsamen Verfassungstraditionen der Mitgliedstaaten als allgemeine Grundsätze des Gemeinschaftsrechts ergeben. Dabei kommt es auf eine Gesamtschau der Verfassungen der Staaten an.[422] Daran ändert sich auch durch den Vertrag von Lissabon nichts. Darüber hinaus wurde im Jahr 2000 die Europäische Grundrechtecharta verabschiedet, die lange keine rechtliche Verbindlichkeit hatte.[423] Allerdings nahm der EuGH dennoch an, dass sich eine Verstärkung der Grundrechte aus der Charta ergeben kann.[424] Nach den Änderungen durch den Vertrag von Lissabon ist jetzt in Art. 6 Abs. 1 EUV n.F. geregelt, dass die Union die Rechte anerkennt, die in der Charta niedergelegt

---

419 *Allenberg,* Betriebsübergang im französischen Arbeitsrecht, S. 1, 20; *Fröhlich,* Betriebsübergang im spanischen Recht, S. 27, 39 f.; *Koch,* Betriebsübergang im dänischen Arbeitsrecht, S. 45, 58 f.; *Rauch,* Betriebsübergang im englischen Arbeitsrecht, S. 67, 87 f. Eine Übersicht, allerdings aus dem Jahr 1992, findet sich auch bei *v. Alvensleben,* S. 245 f.

420 EuGH v. 27.6.2006, Rs. C-540/03 - Familienzusammenführung, Slg. 2006, I-5769, Rdnr. 35; EuGH v. 3.9.2008, Rs. C-402/05 P und C-415/05 P - Kadi u.a./Rat und Kommission, Slg. 2008, I-6351.

421 Noch zu Art. 6 Abs. 2 EGV a.F.: EuGH v. 27.6.2006, Rs. C-540/03 - Familienzusammenführung, Slg. 2006, I-5769, Rdnr. 35.m.w.N; EuGH v. 3.9.2008, Rs. C-402/05 P und C-415/05 P - Kadi u.a./Rat und Kommission, Slg. 2008, I-6351, Rdnr. 283; *Arndt,* Europarecht, S. 142.

422 Zu Art. 6 Abs. 2 EGV a.F.: EuGH v. 12.6.2003, Rs. C-112/00 - Schmidberger/Republik Österreich, Slg. 2003, I-5659; Rdnr. 71; EuGH v. 27.6.2006, Rs. C-540/03 - Familienzusammenführung, Slg. 2006, I-5769, Rdnr. 35.m.w.N.; EuGH v. 3.9.2008, Rs. C-402/05 P und C-415/05 P - Kadi u.a./Rat und Kommission, Slg. 2008, I-6351, 283; *Arndt,* Europarecht, S. 143.

423 *Krebber,* RdA 2009, 224.

424 EuGH v. 27.6.2006, Rs. C-540/03 - Familienzusammenführung, Slg. 2006, I-5769, Rdnr. 38.

sind. Weiter sind die Verträge und die Grundrechtecharta gleichrangig. Die Charta wird damit rechtsverbindlich.[425]

Für den vorliegenden Fall käme, wie auch im nationalen Recht die Vereinigungsfreiheit in Betracht: Nach Art. 12 Abs. 1 Alt. 2 GRCh hat jeder das Recht, sich mit anderen zusammenzuschließen. Dies umfasst ausdrücklich das Recht, Gewerkschaften zu gründen oder einer solchen beizutreten. Das gleiche Recht wird durch Art. 11 Abs. 1 Alt. 2 EMRK verbürgt. Auch ist die Vereinigungsfreiheit in fast allen Verfassungen der Mitgliedstaaten zu finden.[426] Der EuGH hat die Vereinigungsfreiheit als allgemeines Grundrecht in der *Bosman*-Entscheidung anerkannt,[427] aber bereits zuvor im Arbeitsrecht aus den allgemeinen Grundsätzen hergeleitet.[428] Sowohl die EMRK als auch die Grundrechtecharta nennen beispielhaft die Gewerkschaft als Vereinigung. Dies bedeutet nicht, dass der Zusammenschluss zu einem Arbeitgeberverband nicht umfasst wäre.[429] Geschützt ist die allgemeine Betätigungsfreiheit der Vereinigungen, vergleichbar mit dem nationalen Recht. Von der auf europäischer Ebene verbürgten Vereinigungsfreiheit ist auch die *negative* Vereinigungsfreiheit umfasst.[430]

Damit kann die Koalitionsfreiheit der Arbeitgeber die Auslegung der Richtlinie beeinflussen. Allerdings sind mit der Koalitionsfreiheit, wie auch im nationalen Bereich, die Rechte der Arbeitnehmer abzuwägen. Insbesondere, da es sich nicht um eine nachträgliche Änderung der Lage nach Betriebsübergang handelt,[431] und die Richtlinie gerade die Rechte der Arbeitnehmer konkretisieren sollen, spricht die negative Koalitionsfreiheit der Arbeitgeber nicht gegen eine weite Auslegung der Richtlinie. Vielmehr ist der Bestandsschutz der negativen Vereinigungsfreiheit entgegenzuhalten.[432]

---

425 *Mayer,* EuR 2009 Beiheft 1, 87, 89.

426 Stern/Tettinger/*Rixen,* Art. 12 GRCh, Rdnr. 1; EuGH v. 15.12.1995, Rs. C-415/93 - Bosman, Slg. 1995, I-4921, Rdnr. 38.

427 EuGH v. 15.12.1995, Rs. C-415/93 - Bosman, Slg. 1995, I-4921, Rdnr. 79.

428 EuGH v. 8.10.1974, Rs. 18/4 - Allgemeine Gewerkschaft, Slg. 1974, 933, Rdnr. 10/12; EuGH v. 18.1.1990, Rs. C-193/87 und C-194/87 - Maurissen u.a./Rechnungshof, Slg. 1990, I-95.

429 Stern/Tettinger/*Rixen,* Art. 12 GRCh, Rdnr. 9; *Meyer-Ladewig*, Art. 11 EMRK, Rdnr. 13.

430 EuGH v. 9.3.2006, Rs. C-499/04 - Werhof, Slg. 2006, I-2397, Rdnr. 34.

431 Vgl dazu auch im Folgenden und EuGH v. 9.3.2006, Rs. C-499/04 - Werhof, Slg. 2006, I-2397, Rdnr. 34.

432 Diese Rechtsposition kann sich aus verschiedenen Aspekten ergeben, auf die hier nicht abschließend eingegangen werden kann. Vgl. zu Fragestellungen hinsichtlich „sozialer Rechte“ allgemein *Krebber,* RdA 2009, 224. Im Rahmen eines Betriebs-

(e) Historische Auslegung

Im Rahmen einer Auslegung des europäischen Sekundärrechts spielt die historische Auslegung nur eine nachrangige Rolle.[433] Grundsätzlich können sich zwar Anhaltspunkte aus der Entwicklung einer Rechtsvorschrift ergeben; dies trifft aber für den vorliegenden Fall im Hinblick auf die Entstehungsgeschichte nicht zu. Einzig die bereits erwähnten Erwägungsgründe[434] können herangezogen werden.

(f) Zusammenfassung der Richtlinienvorgaben

Nach der Betriebsübergangsrichtlinie muss der Erwerber die Arbeitsbedingungen, die in einem Kollektivvertrag vereinbart waren, aufrechterhalten. Der Begriff der Arbeitsbedingungen ist weit auszulegen. Es sind davon alle Bedingungen umfasst, unter denen die Arbeitnehmer ihre Arbeitsleistung zu erbringen haben. Folglich gebietet die richtlinienkonforme Auslegung, alle Regelungen weitergelten zu lassen, die solche Bedingungen umfassen. Dies gilt auch, wenn sich diese aus Betriebsnormen ergeben.

(7) Zusammenfassung und kritische Würdigung

Sinn und Zweck der Norm verbieten eine Weitergeltung der Betriebsnormen nach Betriebsübergang nicht. Ein Vergleich mit § 4 Abs. 5 TVG spricht für eine Weitergeltung. Sinn und Zweck dieser Vorschrift ist die Verhinderung von inhaltsleeren Arbeitsverträgen. Sogar in diesem Zusammenhang wird eine Nachwirkung von Betriebsnormen angenommen. Daher muss dies erst recht für einen Fall gelten, in dem die Weitergeltung der Normen auch dem Arbeitnehmerschutz dienen soll.

Weiter sind die Vorgaben durch das EG-Recht bezüglich solcher Betriebsnormen, die Arbeitsbedingungen regeln, eindeutig. Dies gilt vor allem, da auch die verfassungsrechtlichen Vorgaben nicht gegen eine solche Weitergeltung sprechen.

Problematisch bleibt, dass der Wortlaut der Vorschrift gegen eine Weitergeltung aller Betriebsnormen gilt, sofern diese nicht einen Erfüllungsanspruch des Arbeitnehmers begründen. Dies steht allerdings im Widerspruch zu den Richtlinienvorgaben, die im nationalen Recht so weit wie möglich erfüllt wer-

übergangs ergibt sich der Arbeitnehmerschutz insbesondere aus den Erwägungsgründen der Betriebsübergangsrichtlinie.

433 Für das Primärrecht wird die historische Auslegung teilweise ganz abgelehnt. Zustimmend *Schroeder,* JuS 2004, 180, 183. Kritisch *Höpfner/Rüthers,* AcP 209 (2009), 1, 14.

434 Vgl. *Höpfner/Rüthers,* AcP 209 (2009), 1, 15, die annehmen, dass dies Teil der historischen Auslegung ist.

den müssen. Allerdings muss keine Auslegung gegen den nationalen Zweck einer Vorschrift erfolgen. Vielmehr müssen nach dem nationalen Recht mehrere Auslegungsmöglichkeiten zur Verfügung stehen.[435] Nach dem Sinn der nationalen Vorschrift, dem Arbeitnehmerschutz, ist auch das Ergebnis der Richtlinienauslegung gedeckt. Nur der Wortlaut widerspricht einer vollständigen Weitergeltung von Betriebsnormen. Dieser kann aber nicht der richtlinienkonformen Auslegung entgegenstehen.[436] Insofern ist § 613a Abs. 1. S. 2 BGB dementsprechend auszulegen, oder auf § 4 Abs. 5 TVG zurückzugreifen, um den Vorgaben zu entsprechen.[437] Allerdings müsste in beiden Fällen die einjährige Veränderungssperre aufrechterhalten werden. Ausschlaggebend ist, dass Betriebsnormen weitergelten müssen, wenn durch sie Arbeitsbedingungen geregelt sind.

Gliedert der Erbwerber den Betrieb in sein Unternehmen ein und ändert sich dadurch die Zusammensetzung der Belegschaft, muss die Geltung der Betriebsnormen auch auf diese ausgedehnt werden, um den Besonderheiten der Betriebsnormen und § 3 Abs. 2 TVG gerecht zu werden.

Eine Lösung muss aber für die Ablösung nach Ablauf der einjährigen Veränderungssperre gefunden werden. Unter Umständen könnte man nach Ablauf der einjährigen Veränderungssperre die Weitergeltung[438] ersatzlos entfallen lassen.[439] Allerdings kann dies nicht voraussetzungslos geschehen. Der neue Betriebsinhaber hat eventuell Vorkehrungen getroffen, die nicht ohne Weiteres rückgängig gemacht werden können. Insofern muss dem Arbeitgeber ein Wahlrecht gelassen werden, die Weitergeltung beibehalten zu können.[440]

Eine weitere Möglichkeit, die Ablösung zu erleichtern, wäre eine teleologische Reduktion der Sperrwirkung des § 77 Abs. 3 BetrVG für den Fall des Betriebsübergangs. Die aufgeworfene Problematik sollte durch den Gesetzgeber gelöst werden. Dieser sollte insbesondere eine Entscheidung hinsichtlich

---

435 Ebenso *Höpfner,* S. 272 ff.

436 *Höpfner,* S. 280 f. Anderer Ansicht ist wohl *Roth,* EWS 2005, 385, 392 f. Die jeweiligen Meinungsunterschiede decken sich aller Wahrscheinlichkeit nach mit der Einschätzung der Frage bei der nationalen Auslegung und der Wortlautanalyse. Ausführlich dazu *Rüthers,* Rdnr. 734 ff.

437 Dazu oben Zweites Kapitel II.1.d).

438 An dieser Stelle zeigt sich erneut, dass eine normative Weitergeltung der tariflichen Normen der dogmatisch sauberste Weg ist. Geht man davon aus, dass die Regelungen als individualvertragliche Vereinbarungen ins Arbeitsverhältnis transformiert werden, kann deren Wegfall nicht ohne weiteres angenommen werden.

439 Ähnlich der Vorschlag von *Löwisch/Rieble,* § 4 TVG, Rdnr. 399 für die Nachwirkung von Betriebsnormen nach § 4 Abs. 5 TVG.

440 Insofern bestünde die Möglichkeit einen vergleichbaren Weg im Rahmen der betrieblichen Übung zu erreichen.

der Ablösung nach Ablauf der Veränderungssperre treffen. Der Gesetzgeber ist demnach gefordert § 613a Abs. 1 S. 2 BGB hinsichtlich der Betriebsnormen nachzubessern. Neben der Festlegung, wie Betriebsnormen abgelöst werden können, sollte die Weitergeltung an sich festgelegt werden. Dadurch entfiele auch die dargelegte verfassungsrechtliche Problematik bezüglich Art. 14 GG.

e) Betriebsverfassungsrechtliche Normen

Betriebsverfassungsrechtliche Normen setzen sich mit Fragen der betrieblichen Mitbestimmung durch die Interessenvertretung der Arbeitnehmer auseinander.[441] Wie Betriebsnormen gelten betriebsverfassungsrechtliche Normen bereits bei nur einseitiger Tarifgebundenheit des Arbeitgebers für alle seine Betriebe (vgl. § 3 Abs. 2 TVG). Betroffen sind davon in erster Linie die Einrichtung und Organisation der Betriebsvertretung und darüber hinaus deren Befugnisse und Rechte.[442] Grundsätzlich ist eine Änderung der Organisation der Betriebsverfassung nur möglich, wenn es das BetrVG vorsieht. Anders ist dies hinsichtlich der Mitbestimmungsrechte des Betriebsrats. Diesbezüglich lässt das BAG eine *Erweiterung* der Bereiche zu, in denen eine Mitbestimmung erforderlich ist, eine *Einschränkung* der Bereiche wird aber ausgeschlossen.[443]

Auch im Hinblick auf betriebsverfassungsrechtliche Normen ist eine Weitergeltung problematisch. Meist wird eine Weitergeltung abgelehnt.[444] Nur selten finden sich Stimmen, die sich für eine Weitergeltung betriebsverfassungsrechtlicher Normen, eventuell abhängig von weiteren Voraussetzungen, aussprechen.[445] Die Fragestellung gleicht in vielen Aspekten derjenigen der

---

441 Däubler/*Lorenz,* § 3 TVG, Rdnr. 75, der ausführlich die verschiedenen diesbezüglichen Möglichkeiten erklärt.

442 ErfK/*Franzen,* § 1 TVG, Rdnr. 48; HWK/*Henssler,* § 1 TVG, Rdnr. 53; *Preis,* S. 170; Däubler/*Reim,* § 1 TVG, Rdnr. 333.

443 *Zöllner/Loritz/Hergenröder*, S. 368 f. Allerdings ist auch diesbezüglich nicht unumstritten, ob eine solche Erweiterung zulässig sein sollte.

444 Staudinger/*Annuß,* § 613a BGB, Rdnr. 263; HWK/*Willemsen/Müller-Bonanni,* § 613a BGB, Rdnr. 261; Wiedemann/*Oetker,* § 3 TVG, Rdnr. 246; *Hartmann,* S. 58; *Zöllner,* DB 1995, 1401; *Wank,* NZA 1987, 505, 506; *Prange,* NZA 2002, 817, 822; *Henssler,* FS für Schaub, S. 311, 317. Vgl. auch *Gussen/Dauck,* Rdnr. 207, die nur geringe Ausnahmen zulassen wollen.

445 Für eine Weitergeltung, wenn betriebsverfassungsrechtliche Normen ausnahmsweise Rechte und Pflichten der Arbeitsvertragsparteien auslösen *Lambrich,* FS f. Ehmann, S. 169, 192; *Moll,* RdA 1996, 275, 277. Ähnlich *Skuderis,* S. 127 ff. Differenzierend danach, ob die Regelungen auch Inhalt einer individualrechtlichen Vereinbarung sein könnte Däubler/*Lorenz,* § 3 TVG, Rdnr. 196; Kempen/Zachert/*Kempen,* § 3 TVG, Rdnr. 102.

Weitergeltung der Betriebsnormen. Deshalb wird im Folgenden die Argumentation auf die wichtigsten Aspekte beschränkt. Es muss dabei zwischen der Weitergeltung betriebsverfassungsrechtlicher Regelungen und Betriebsvereinbarungen, die aufgrund dieser Regelungen ergangen sind, unterschieden werden.

(1) Weitergeltung betriebsverfassungsrechtlicher Regelungen

Ein Argument gegen eine Weitergeltung betriebsverfassungsrechtlicher Normen ist, dass durch diese grundsätzlich nicht Aspekte des Einzelarbeitsverhältnisses, sondern Rechte und Pflichten der Betriebspartner geregelt werden.[446] Vom Wortlaut des § 613a Abs. 1 S. 2 BGB wäre diese Konstellation nicht umfasst, da auf die Rechte und Pflichten aus Satz 1 Bezug genommen wird und sich diese auf das Arbeitsverhältnis beziehen. Somit entfiele eine Weitergeltung vollständig. *Skuderis* hält dem zutreffend entgegen, dass Adressat von betriebsverfassungsrechtlichen Normen auch der Arbeitgeber ist und die Regelungen ihn in seiner Stellung als Arbeitsvertragspartei betreffen.[447]

Grundsätzlich ist, wie bei Betriebsnormen, nur eine Geltung für den ganzen Betrieb denkbar (vgl. dazu auch § 3 Abs. 2 TVG) und es bestehen ebenfalls Bedenken im Hinblick auf die negative Koalitionsfreiheit des Erwerbers. Somit kann auf die obige Argumentation verwiesen werden.[448]

Auch der Vergleich mit § 4 Abs. 5 TVG führt zu systematischen Bedenken: Dort stellt sich wiederum die Frage, wodurch die Nachwirkung beendet werden könnte. Insofern wird ebenfalls auf die Gefahr einer „ewigen Nachwirkung" hingewiesen, da eine Ablösung bei betriebsverfassungsrechtlichen Normen durch Individualvereinbarung nicht infrage kommt, da diese ausschließlich durch einen Tarifvertrag abgelöst werden könnten.[449]

Aus europarechtlicher Sicht ergibt sich Folgendes: Arbeitsbedingungen sind weit auszulegen und erfassen damit das Verhältnis zwischen Arbeitgeber und Arbeitnehmer im weitesten Sinn. Dabei muss nicht der einzelne Arbeitnehmer durch die Regelung angesprochen sein.[450] Verstärkt wird diese Einschätzung hinsichtlich der betriebsverfassungsrechtlichen Normen durch Art. 6 Abs. 1 UA 1 der Betriebsübergangsrichtlinie.[451] Sofern also Arbeitsbedingungen im Sinne der Richtlinie durch betriebsverfassungsrechtliche Normen gere-

---

446 HWK/*Willemsen/Müller-Bonanni,* § 613a BGB, Rdnr. 261; Wiedemann/*Oetker,* § 3 TVG, Rdnr. 246; *Gussen/Dauck,* Rdnr. 207.

447 *Skuderis,* S. 128.

448 Vgl. Drittes Kapitel II.3.d) (4).

449 ErfK/*Franzen,* § 4 TVG, Rdnr. 55; Wiedemann/*Wank,* § 4 TVG, Rdnr. 344.

450 So *v. Alvensleben,* S. 308.

451 Ausführlich dazu *Hartmann,* S. 57.

gelt sind, müssen diese weitergelten.[452] Als Rechtsgrund käme dafür sowohl § 613a Abs. 1 S. 2 BGB und bei Bedenken hinsichtlich des Wortlauts § 4 Abs. 5 TVG analog in Betracht. Allerdings in beiden Fällen mit Geltung der Veränderungssperre. Hier wäre wiederum der Gesetzgeber gefordert, diesbezüglich Klarheit zu schaffen, und insbesondere die Ablösung nach Ablauf der Veränderungssperre zu regeln. Nach jetzigem Stand ist diesbezüglich der ersatzlose Wegfall - mit Wahlrecht des Erwerbers - anzunehmen.

(2) Weitergeltung von Betriebsvereinbarungen, die aufgrund einer betriebsverfassungsrechtlichen Norm erlassen wurde

Neben der Frage, ob betriebsverfassungsrechtliche Regelungen weitergelten, muss die Problematik angesprochen werden, welches Schicksal Betriebsvereinbarungen erleiden, die aufgrund einer betriebsverfassungsrechtlichen Norm ergangen sind. Diese Frage stellt sich insbesondere, wenn durch betriebsverfassungsrechtliche Regelungen der Bereich der Mitbestimmung erweitert wird, und auf Grundlage dieser Erweiterung eine Betriebsvereinbarung ergangen ist. Unabhängig davon, ob man der hier vertretenen Ansicht folgt, dass auch betriebsverfassungsrechtliche Regelungen, die sich mit Arbeitsbedingungen beschäftigen, nach § 613a Abs. 1 S. 2 BGB weitergelten, muss dies für Betriebsvereinbarungen gelten, sofern diese bereits beim ursprünglichen Inhaber zustande gekommen sind. Dies gilt auch, wenn Grundlage dieser Betriebsvereinbarung eine betriebsverfassungsrechtliche Norm eines Tarifvertrags gewesen ist.[453]

f) Auswirkungen auf gemeinsame Einrichtungen

Die letzte Gruppe der normativ wirkenden Regelungen eines Tarifvertrags sind die Normen über gemeinsame Einrichtungen nach § 4 Abs. 2 TVG. Als Beispiele werden dort Lohnausgleichs- und Urlaubskassen genannt. Für die Entstehung einer gemeinsamen Einrichtung bedarf es der Gründung eines rechtsfähigen eigenständigen Rechtsträgers. Dabei handelt es sich meist um eine GmbH oder um einen Verein.[454] Dieser Rechtsträger muss von den Tarifvertragsparteien abhängig sein; es bedarf also einer „hinreichenden Einflussnahmemöglichkeit“.[455]

---

452 Ebenso beispielsweise *Röder,* DB 1981, 1980, 1981.

453 Ausführlich dazu *Kempen,* BB 1991, 2006, 2009. Ebenso *Gussen/Dauck,* Rdnr. 210; *Skuderis,* S. 129.

454 *Löwisch/Rieble,* § 4 TVG, Rdnr. 177. Es muss sich nicht um eine juristische Person handeln, vgl. Wiedemann/*Oetker,* § 1 TVG, Rdnr. 799.

455 Wiedemann/*Oetker,* § 1 TVG, Rdnr. 788.

Zweck einer solchen gemeinsamen Einrichtung ist es, Aufgaben zu übernehmen, die nicht nur ein einzelnes Unternehmen betreffen, sondern von mehreren Arbeitgebern gemeinsam getragen werden, um dadurch die Lasten zu verteilen.[456] Mittelbar soll beispielsweise die Vermögensbildung gefördert werden oder die Möglichkeit geschaffen werden, Arbeitnehmer bei Arbeitslosigkeit zu unterstützen.[457] Die Einrichtung muss durch die Tarifvertragsparteien errichtet werden, weder Dritte noch die Arbeitnehmer oder Arbeitgeber dürfen daran beteiligt sein.[458] Nach § 4 Abs. 2 TVG gelten allerdings die Regelungen bezüglich einer gemeinsamen Einrichtung nicht nur zwischen tarifgebundenen Arbeitgebern und Arbeitnehmern unmittelbar und zwingend, sondern auch innerhalb des Verhältnisses zwischen der gemeinsamen Einrichtung und den tarifgebundenen Arbeitgebern und Arbeitnehmern. Insofern entsteht auch ein unmittelbares tarifliches Rechtsverhältnis zwischen Arbeitgeber und Arbeitnehmer.[459]

Die Normen über gemeinsame Einrichtungen werden nicht in § 1 Abs. 1 TVG aufgeführt. Auch unterscheiden sich die Regelungen über gemeinsame Einrichtungen deutlich von den in § 1 Abs. 1 TVG genannten Regelungen. Hauptunterschied zwischen Inhaltsnormen und Regelungen über gemeinsame Einrichtungen ist, dass letztere nicht ein bestehendes Rechtsverhältnis mit Inhalt füllen, sondern ein neues schaffen.[460]

Auch bei Normen bezüglich einer gemeinsamen Einrichtung ist die Weitergeltung problematisch. Allerdings finden sich hinsichtlich der Tarifverträge mit gemeinsamen Einrichtungen häufig Allgemeinverbindlichkeitserklärungen, sodass diesbezüglich eine geringere praktische Brisanz besteht.[461] Darüber hinaus sind gemeinsame Einrichtungen denkbar, bei denen die organisierten Arbeitnehmer weiterhin Ansprüche gegen die Einrichtung geltend machen können. So stellt sich die Frage nach einer Weitergeltung nur bedingt, da es bei § 613a Abs. 1 S. 2 BGB um Bestandsschutz geht. Sofern der Status Quo ohne

---

456 *Zöllner/Loritz/Hergenröder*, S. 368; *Preis,* S. 104. Dennoch ist auch im Rahmen eines Firmentarifvertrags die Schaffung einer gemeinsamen Einrichtung denkbar. Deren Zweck erschöpft sich allerdings in der Verlagerung der Tätigkeit aus dem Unternehmen heraus, während eine gemeinsame Einrichtung in einem Verbandstarifvertrag auch zu einer Verteilung der Lasten bzw. des Risikos führt, vgl. *Löwisch/Rieble*, § 4 TVG, Rdnr. 175.

457 *Skuderis,* S. 137.

458 *Löwisch/Rieble*, § 4 TVG, Rdnr. 178, 181.

459 Wiedemann/*Oetker,* § 1 TVG, Rdnr. 784.

460 Wiedemann/*Oetker,* § 1 TVG, Rdnr. 803.

461 Dazu *Waas,* S. 41. Ebenso *Gussen/Dauck,* Rdnr. 222; *Kempen,* BB 1991, 2006, 2009.

Zutun des neuen Arbeitgebers erhalten bleibt, ist eine Weitergeltung nicht notwendig.[462] Dass die Arbeitnehmer weiterhin Ansprüche gegen die gemeinsame Einrichtung geltend machen können, ist nicht der Regelfall, da eine solche zumindest die Tarifgebundenheit des Arbeitgebers fordert.[463] Daher ist die Handhabung der Regelungen über gemeinsame Einrichtungen, die keine der genannten Voraussetzungen erfüllen, bei Betriebsübergängen zu klären.[464]

(1) Auslegung anhand des Wortlauts

Mit Blick auf den Wortlaut des § 613a Abs. 1 S. 2 BGB, ließe sich eine ablehnende Haltung hinsichtlich der Weitergeltung begründen: Durch die Regelungen über gemeinsame Einrichtungen werden keine Rechte und Pflichten zwischen Arbeitnehmer und Arbeitgeber getroffen, sondern solche zwischen Arbeitgeber/Arbeitnehmer und der gemeinsamen Einrichtung. Davon ausgenommen ist nur die Satzung der gemeinsamen Einrichtung.[465]

Dennoch sind Stimmen zu finden, die zumindest teilweise eine Weitergeltung der Normen über gemeinsame Einrichtungen fordern,[466] teils mit der Einschränkung, dass der Tarifvertrag einen „Verschaffungsanspruch" enthalten müsse.[467] Neben des Beitritts des Erwerbers zu einer gemeinsamen Einrichtung käme auch in Betracht, dass der neue Arbeitgeber verpflichtet ist, die Leistungen selbst zu erbringen.[468] Allerdings liegt auch dies nach dem Wortlaut nicht nahe.

(2) Systematische Auslegung

Fraglich ist, ob sich aus einem Vergleich mit der Nachwirkung nach § 4 Abs. 5 TVG eine Antwort ableiten lässt. Bei gemeinsamen Einrichtungen ist eine solche problematisch, wenn die Tarifvertragsparteien die gemeinsame Einrichtung auflösen. Andernfalls ist grundsätzlich die Möglichkeit einer Nachwirkung anzunehmen.[469] Allerdings hat das BAG hiervon das Herausfallen eines

---

462 *Gussen/Dauck,* Rdnr. 222.

463 Ausführlich *Skuderis,* S. 138 f.

464 Die folgenden Ausführungen betreffen nicht die Verpflichtung zur Errichtung einer gemeinsamen Einrichtung. Diese ist schuldrechtlicher Natur und erleidet damit das Schicksal des schuldrechtlichen Teils des Tarifvertrags. Dazu noch im nächsten Abschnitt.

465 *Gussen/Dauck,* Rdnr 216; *Lambrich,* FS für Ehmann, S. 169, 192.

466 HWK/*Willemsen/Müller-Bonanni,* § 613a BGB, Rdnr. 261.

467 *Löwisch/Rieble,* § 3 TVG, Rdnr. 180. Fraglich ist allerdings, wo die Grenze zu schuldrechtlichen Absprachen gezogen werden muss.

468 Dazu Kempen/Zachert/*Kempen,* § 3 TVG, Rdnr. 103, der aber eine darüber hinausgehende Weitergeltung der Regelungen über gemeinsame Einrichtungen ablehnt.

469 Wiedemann/*Wank,* § 4 TVG, Rdnr. 348 f.

Betriebs aus dem betrieblichen bzw. fachlichen Geltungsbereich eines Tarifvertrags ausgenommen.[470] Dem ist für die Nachwirkung auch zuzustimmen. Wie bereits festgestellt, ist der Zweck dieser die Verhinderung inhaltsleerer Arbeitsverträge. Hinsichtlich einer gemeinsamen Einrichtung bedarf es aber keiner Ausfüllung des Arbeitsverhältnisses, da es sich um ein eigenes Rechtsverhältnis handelt. Insofern müssen Argumente gefunden werden, warum *überhaupt* eine Nachwirkung erforderlich sein sollte. Diesbezüglich kann darauf hingewiesen werden, dass eine gemeinsame Einrichtung bestehen bleibt, bis sie gekündigt wird. Solange dies nicht der Fall ist, wirken auch die betreffenden Regelungen nach.[471] Beim Verlassen des (fachlichen bzw. betrieblichen) Geltungsbereichs entsteht eine andere Situation: Der Betriebsinhaber würde weiterhin seinen Beitrag zu der betreffenden Einrichtung erfüllen müssen, er hätte aber keine Möglichkeit, deren Bestehen zu beeinflussen. Es ist dem BAG zuzustimmen, wenn es in dieser Situation eine Zwangsmitgliedschaft sieht, die gegen Art. 9 Abs. 3 GG verstößt.[472]

Eine ähnliche Argumentation kann auch für den Fall des Betriebsübergangs herangezogen werden, wobei allerdings der unterschiedliche Zweck der Vorschrift, namentlich der Arbeitnehmerschutz bei § 613a Abs. 1 S. 2 BGB, beachtet werden muss. Offensichtlich wäre ein zwangsmäßiger Beitritt des Arbeitgebers zu einer bestehenden gemeinsamen Einrichtung ein sehr weitgehender Eingriff in dessen negative Koalitionsfreiheit. Denn um Einfluss auf die Geschicke der gemeinsamen Einrichtung nehmen zu können, müsste der Erwerber dem zuständigen Arbeitgeberverband beitreten. Folglich erscheint eine Rechtfertigung selbst im Hinblick auf den Arbeitnehmerschutz fraglich. Somit ist eine „Weitergeltung“ in Form des zwangsmäßigen Beitritts abzulehnen.[473]

Den neuen Arbeitgeber könnte auch die Verpflichtung treffen, ohne Rückgriff auf die gemeinsame Einrichtung, vergleichbare Leistungen zu erbringen.[474] *Gussen/Dauck* lehnen dies mit Hinweis auf das arbeitsvertragliche Synallagma ab. Demnach wäre durch eine gemeinsame Einrichtung der Anspruch auf die entsprechende Leistung gerade aus dem Gegenseitigkeitsverhältnis he-

---

470 BAG v. 5.10.1993 - 3 AZR 586/92, NZA 1994, 848, 850.

471 Wiedemann/*Wank*, § 4 TVG, Rdnr. 348 f. Im Ergebnis ebenso *Löwisch/Rieble*, § 4 TVG, Rdnr. 404, die aber entgegen der h.M. davon ausgehen, dass die Normen ohne Probleme im Nachwirkungszeitraum abbedungen werden können.

472 BAG v. 5.10.1993 - 3 AZR 586/92, NZA 1994, 848, 850.

473 Zu diesem Ergebnis kommen auch *Waas*, S. 43; *Skuderis*, S. 140 ff.

474 Däubler/*Lorenz*, § 3 TVG, Rdnr. 196; *Hanau/Vossen*, FS f. Hilger/Stumpf, S. 271, 291; ErfK/*Preis*, § 613a BGB, Rdnr. 118. Ähnlich Kempen/Zachert/*Kempen*, § 3 TVG, Rdnr. 103. Als ultima-ratio nimmt auch Wiedemann/*Oetker*, § 3 TVG, Rdnr. 247 einen Kompensationsanspruch an.

rausgenommen, während bei einer Verpflichtung des Arbeitgebers dem Arbeitnehmer ein Zurückbehaltungsrecht zustünde.[475] Dies reicht bei näherer Betrachtung nicht aus, um die Leistungserbringungspflicht abzulehnen. Vielmehr führt diese Überlegung einzig dazu, dass die Pflicht des neuen Betriebsinhabers zur Erbringung der Leistung nicht als gegenseitige Pflicht des Arbeitgebers i.S.d. § 320 BGB angesehen werden darf, sondern als Nebenabrede außerhalb des Synallagma eingestuft werden muss. Welche Pflichten im Sinne der genannten Vorschrift als gegenseitig eingestuft werden, hängt von der Entscheidung der Parteien ab.[476] Eine wertende Betrachtung muss dazu führen, dass gerade kein Leistungsverweigerungsrecht nach § 320 BGB entsteht. Ähnlich kann hinsichtlich des allgemeinen Zurückbehaltungsrechts vorgegangen werden. Auch der Frage nach der Konnexität, die von § 273 BGB gefordert wird, liegt eine Wertung zugrunde, wie sich aus der Formulierung „nach Treu und Glauben" ergibt. Daher kann das Problem durch Ausschluss der infrage kommenden Einreden gelöst werden.[477] Dieser Ausschluss kann aus der Weitergeltungsanordnung als Auslegungsregel geschlossen werden.

Waas hält dem gefundenen Ergebnis entgegen, dass eine Konkretisierung der Beitragspflichten bzw. Leistungsansprüche erst durch die Satzung einer gemeinsamen Einrichtung oder einem Entscheidungsgremium der Einrichtung erfolgt.[478] Sind im Einzelfall die Pflichten des Arbeitgebers nicht bestimmbar, kann dies tatsächlich gegen eine Weitergeltung sprechen. Daraus kann aber nicht geschlossen werden, dass eine Weitergeltung grundsätzlich abzulehnen sei.

Problematisch bleibt die Ablösung. Hier kann davon ausgegangen werden, dass die Verpflichtung zur Erbringung vergleichbarer Leistungen nach Ablauf des Jahres endet. Gleiches gilt, wenn die gemeinsame Einrichtung durch die Tarifvertragsparteien aufgelöst wird.

(3) Auslegung anhand des Normzwecks

Ausgehend vom Bestandsschutz als Hintergrund der Vorschrift, könnte auch eine Weitergeltung der gemeinsamen Einrichtungen geboten sein. Die Leistungen der gemeinsamen Einrichtungen sind von Vorteil für die Arbeitnehmer. Insofern würde ein Ende der gemeinsamen Einrichtung durch Betriebsübergang einen Nachteil bedeuten. Allerdings soll durch die Vorschrift nur der Status quo aufrecht erhalten werden. Diesbezüglich wird das bereits gefundene

---

475 *Gussen/Dauck*, Rdnr. 221.

476 Allgemein dazu MüKo/*Emmerich,* Vor § 320 BGB, Rdnr. 6.

477 Im Ergebnis ähnlich *Skuderis,* S. 147.

478 *Waas,* S. 47.

Ergebnis verstärkt, dass den Arbeitnehmern kein Zurückbehaltungsrecht zugestanden werden kann.

Nicht zugestimmt werden kann der Feststellung, dass dem Bestandsschutz hinsichtlich der Arbeitnehmerrechte eine proportionale „Deckelung" der Pflichten des Arbeitgebers entspricht.[479] Trifft den Erwerber die Pflicht, bestimmte Rechte der Arbeitnehmer aufrechtzuerhalten, kann dies nicht davon abhängen, ob die Pflichten des Arbeitgebers im Vergleich zum Zustand vor Betriebsübergang wachsen. Dies ist eine Situation, für die sich der Erwerber bewusst entscheidet. Allerdings sind dieser Feststellung durch die Angemessenheit Grenzen gesetzt. Es ist aber davon auszugehen, dass die Mehrbelastung überschaubar sein wird.[480] Somit kann dieses Argument nicht gegen eine grundsätzliche Weitergeltung angebracht werden.

Allerdings muss im Sinne des Interessensausgleichs darauf geachtet werden, dass eine Ablösung der Regelungen nach Ende der Veränderungssperre möglich ist.

(4) Richtlinienkonforme Auslegung

Im Hinblick auf den europarechtlichen Hintergrund gilt das bezüglich der Betriebsnormen gefundene Ergebnis[481] auch hinsichtlich der gemeinsamen Einrichtungen: Die Betriebsübergangsrichtlinie sieht eine Weitergeltung aller Kollektivnormen vor, welche das Verhältnis zwischen Arbeitgeber und Arbeitnehmer im weitesten Sinne betreffen. Darunter können auch gemeinsame Einrichtungen subsumiert werden, da diese mit Urlaubskassen u.Ä. Arbeitsbedingungen betreffen.[482] Verstärkt wird diese Einschätzung dadurch, dass die Leistungen der gemeinsamen Einrichtungen häufig an die Stelle der Entgeltleistungen der Arbeitgeber treten.[483] Insofern wäre europarechtlich eine Weitergeltung angezeigt.

(5) Zusammenfassung und kritische Würdigung

Der Betriebserwerber ist nach § 613a Abs. 1 S. 2 BGB dazu verpflichtet, im Zeitraum der Veränderungssperre, Leistungen zu erbringen, die denen der gemeinsamen Einrichtung gleichwertig sind, ohne dass diesbezüglich ein Zurückbehaltungsrecht entstehen kann.

Fraglich ist allerdings *wie* diese Erbringung auszusehen hat. Ein „freiwilliger" Beitritt zu einer gemeinsamen Einrichtung scheitert an zwei Gründen:

479 So aber *Waas,* S. 44.
480 *Hartmann,* S. 60.
481 Dazu oben Drittes Kapitel II.3.d) (6) (f).
482 Ebenso *v. Alvensleben,* S. 308; *Waas,* S. 42.
483 Zu diesem Aspekt ausführlich *Waas,* S. 42.

Zum einen wäre dadurch ein Verstoß gegen die negative Koalitionsfreiheit des Erwerbers gegeben. Zum anderen sehen auch die gemeinsamen Einrichtungen keine Möglichkeit des Beitritts nicht tarifgebundener Arbeitgeber vor.[484] Folglich bleiben zwei Möglichkeiten: Der Erwerber könnte verpflichtet sein, direkte Zahlungen an die Arbeitnehmer zu leisten, deren Höhe und Voraussetzungen denen der gemeinsamen Einrichtung entsprechen. Es könnte auch eine Verpflichtung bestehen, beispielsweise eine Versicherung zugunsten der Arbeitnehmer abzuschließen, die den Leistungen der gemeinsamen Einrichtung entspricht. Insbesondere die Höhe der drohenden Zahlungen spricht dafür, so weit wie möglich eine Verpflichtung zur Übernahme von Versicherungspflichten statt direkter Leistungen anzunehmen.[485] Ist dies nicht denkbar, muss der Erwerber während der Veränderungssperre auch direkte Leistungen erbringen. Sollte sich im Zuge dessen eine übermäßige Belastung des Erwerbers ergeben, muss die Leistung der Höhe nach begrenzt werden. Sofern nicht Geldzahlungen zu leisten sind, muss dabei die Angemessenheit an Hand des Betrages ermittelt werden, den der Arbeitgeber einsetzen muss, um die Leistung erbringen zu können.[486]

g) Schuldrechtliche Teile des Tarifvertrags

Neben den normativen Teilen eines Tarifvertrags, sind bestimmte schuldrechtliche Verpflichtungen notwendiger Bestandteil eines Tarifvertrags. Dies umfasst insbesondere die Friedenspflicht und die Durchführungspflicht.[487]

Nach der herrschenden Meinung gelten nach § 613a Abs. 1 S. 2 BGB nur die normativen Teile des Tarifvertrags weiter.[488] Dies wird damit begründet, dass durch die schuldrechtlichen Vereinbarungen des Tarifvertrags ausschließlich Verpflichtungen zwischen den Tarifvertragsparteien begründet würden,

484 *Skuderis,* S. 145; *Kempen,* BB 1991, 2006, 2009.

485 Ausführlich dazu *Skuderis,* S. 148.

486 Vgl. dazu auch *Moll,* RdA 1996, 275, 278.

487 *Zöllner/Loritz/Hergenröder*, S. 369; *Waas,* S. 51; *Skuderis,* S. 151.

488 MüKo/*Müller-Glöge,* § 613a BGB, Rdnr. 135; Wiedemann/*Oetker,* § 3 TVG, Rdnr. 243; Staudinger/*Annuß,* § 613a BGB, Rdnr. 262; ErfK/*Preis,* § 613a BGB, Rdnr. 118; *Boecken,* Unternehmensumwandlungen, Rdnr. 191; *Lambrich,* FS. f. Ehmann, S. 169, 191; HWK/*Willemsen/Müller-Bonanni,* § 613a BGB, Rdnr. 261; *Gaul,* § 24, Rdnr. 27; *Hanau/Vossen,* FS f. Hilger/Stumpf, S. 271, 291; Däubler/*Lorenz,* § 3 TVG, Rdnr. 196; Erman/*Edenfeld,* § 613a BGB, Rdnr. 82. Ebenso *Skuderis,* S. 153 ff., die auch ausführlich auf die Möglichkeit der analogen Anwendung des § 613a Abs. 1 S. 2 BGB eingeht, aber im Ergebnis ablehnt. Vgl. auch *Gussen/Dauck,* Rdnr, 223, allerdings differenzierend hinsichtlich der schuldrechtlichen Absprachen, die einen Vertrag zugunsten Dritter darstellen.

während § 613a Abs. 1 S. 2 BGB auf die Parteien des Arbeitsverhältnisses abziele.[489] Vereinzelt wird allerdings auch eine weitere Auslegung vertreten.[490]

Der Wortlaut des § 613a Abs. 1 S. 2 BGB spricht gegen eine Weitergeltung der schuldrechtlichen Teile eines Tarifvertrags, da er von „Rechtsnormen eines Tarifvertrags" spricht. Einzig der normative Teil eines Tarifvertrags kann als Rechtsnorm bezeichnet werden.[491]

Fraglich ist, ob dies auch Sinn und Zweck der Vorschrift entspricht. Auch dem neuen Inhaber könnten die schuldrechtlichen Absprachen entgegenkommen, insbesondere eine vereinbarte Friedenspflicht. Da, wie oben dargelegt, § 613a Abs. 1 S. 2 BGB nicht ausschließlich der Arbeitnehmerschutz zugrunde liegt, könnte dies für eine Weitergeltung sprechen.[492] Allerdings wird der Argumentation bei der Weitergeltung von schuldrechtlichen Abreden zutreffend entgegen gehalten, dass es dem neuen Arbeitgeber unbenommen bleibt, sich freiwillig der Tarifbindung des betroffenen Tarifvertrags zu unterwerfen, und damit unter anderem auch in den Genuss der Friedenspflicht zu kommen.[493]

Die Vorgaben der Betriebsübergangsrichtlinie sprechen für eine Weitergeltung auch der schuldrechtlichen Teile, sofern von diesen Arbeitsbedingungen geregelt sind. Dort ist die Rede von Arbeitsbedingungen, „die in einem Kollektivvertrag vereinbart" sind; eine Unterscheidung nach deren rechtlicher Zuordnung wird nicht vorgenommen.[494] Wie bereits an anderer Stelle festgehalten, kann die Richtlinie diese Unterscheidung nicht vorgeben, da die Ausgestaltung der tarifrechtlichen Wirkung in anderen Mitgliedstaaten nicht immer vergleichbar mit der deutschen ist.[495]

Da nach hier vertretener Ansicht der Begriff der Arbeitsbedingungen im Sinne der Richtlinie weit auszulegen ist, und nicht gleichzustellen ist mit „Rechte und Pflichten", können auch im schuldrechtlichen Teil Arbeitsbedingungen geregelt sein. Dies trifft nicht auf alle schuldrechtlichen Absprachen gleichermaßen zu, sodass beispielsweise die Durchführungspflichten in der Regel nicht weitergelten werden. Etwas anderes ergibt sich aber z.B. bei der Friedenspflicht, sofern diese im Falle des Bruches durch den Arbeitgeber,

489 *Lambrich,* S. 169, 191; Wiedemann/*Oetker,* § 3 TVG, Rdnr. 243; Erman/*Edenfeld,* § 613a BGB, Rdnr. 82; ErfK/*Preis,* § 613a BGB, Rdnr. 118.

490 Dazu *Hartmann,* S. 62.

491 *Waas,* S. 53.

492 Nicht überzeugend daher *Gussen/Dauck,* Rdnr. 223.

493 *Gussen/Dauck*, Rdnr. 223.

494 Ähnlich *Seiter,* DB 1980, 877, 881; *Waas,* S. 53.

495 Ebenso *Waas,* S. 53, der aus dem Widerspruch zwischen Wortlaut und Richtlinie schließt dass falls die Richtlinie eine Weitergeltung fordert, eine Analogie nötig wäre.

Schadensersatzansprüche der Arbeitnehmer gegen den Betriebsinhaber selbst auslösen kann.[496]

Liegen schuldrechtliche Absprachen vor, die Regelungen treffen, die auch im normativen Teil geregelt sein könnten, werden meist Arbeitsbedingungen angesprochen sein. Allerdings muss in diesen Fällen darauf geachtet werden, dass der Wille der Tarifvertragsparteien nicht übergangen wird.[497] Ergibt sich durch Auslegung des Tarifvertrags, dass eine Weitergeltung durch schuldrechtliche Regelung gerade ausgeschlossen werden soll, kann dies nicht durch eine Ausdehnung des § 613a Abs. 1 S. 2 BGB umgangen werden. Eine solche wäre auch im Hinblick auf den Bestandsschutz nicht notwendig.

h) Kündigungsrecht bei einem Firmentarifvertrag

Eine weitere Frage ist, ob der Erwerber bei Weitergeltung der Regelungen eines Firmentarifvertrags auf das Kündigungsrecht des ehemaligen Arbeitgebers aus diesem Firmentarifvertrag zurückgreifen kann.[498] Gegen eine Weitergeltung des Kündigungsrechts spricht vor allem der Bestandsschutz.

Dennoch wird vertreten, es bestehe eine Kündigungsmöglichkeit durch den Erwerber nach Betriebsübergang.[499] Um ein solches Kündigungsrecht herzuleiten, bestehen zwei Ansatzpunkte: Der Erwerber kann ein eigenes Kündigungsrecht erhalten.[500] Es kann ihm aber auch ein Anspruch darauf gewährt werden, dass der ursprüngliche Inhaber des Betriebs von seiner Kündigungsmöglichkeit Gebrauch macht. Für ein eigenes Kündigungsrecht des Erwerbers ergibt sich keine gesetzliche Grundlage, da § 613a Abs. 1 S. 2 BGB - in Folge einer richtlinienkonformen Auslegung - ausschließlich diejenigen schuldrechtlichen Absprachen des Tarifvertrags weitergelten lässt, die Arbeitsbedingungen regeln. Darunter lässt sich ein Kündigungsrecht nicht subsumieren.

Hinsichtlich des Anspruchs auf Kündigung gegen den ehemaligen Betriebsinhaber ergibt sich zusätzlich das Problem, dass eine Kündigung des Firmentarifvertrags nur für den übergegangenen Betrieb erfolgen müsste. Wur-

---

496 Zur Frage, ob dies bei Vorliegen eines Verbandstarifvertrags praktische Auswirkungen hat vgl. *Waas,* S. 53 ff.

497 Vgl. zu diesen Überlegungen *Skuderis,* S. 159 f., die aber daraus schließt, dass eine Weitergeltung der schuldrechtlichen Absprachen grundsätzlich ausgeschlossen sei.

498 Diese Fragestellung wird allerdings nur relevant, wenn der Firmentarifvertrag tatsächlich fortbesteht, ausführlich dazu *Waas,* S. 61 f.

499 *Hanau/Vossen,* FS f. Hilger/Stumpf, S. 271, 294; Erman/*Edenfeld,* § 613a BGB, Rdnr. 85; *Röder*, DB 1981, 1980, 1982. Ebenso *Waas,* S. 63, der allerdings betont, dass eine Kündigung allen Arbeitnehmern gegenüber ausgesprochen werden muss und nicht selektiv gegenüber einzelnen. Vgl. auch *Hartmann,* S. 65, der unter engen Voraussetzungen ein Kündigungsrecht annimmt.

500 *Hanau/Vossen,* FS f. Hilger/Stumpf, S. 271, 283 f., 294.

de der Firmentarifvertrag ursprünglich aber nicht nur für diesen Betrieb, sondern für mehrere Teile des bisherigen Unternehmens geschlossen, müsste eine Teilkündigung erfolgen können.[501] Bereits dies erscheint zweifelhaft.

Auch die Richtlinie sieht keinen solchen Übergang vor. Vielmehr sprechen die dort gewährten Ausnahmen gegen eine Kündigungsmöglichkeit, da diese voraussetzen, dass Kündigung oder Ablauf des Tarifvertrags beim *ursprünglichen* Betriebsinhaber[502] und unabhängig vom Betriebsübergang eintreten. Eine andere Auslegung würde die Weitergeltung ad absurdum führen. Letztlich spricht der Bestandsschutz gegen eine Kündigungsmöglichkeit des Erwerbers, unabhängig von deren Ausgestaltung. Die Arbeitnehmer sollen zumindest für ein Jahr beim Erwerber unter denselben Arbeitsbedingungen beschäftigt sein wie vor dem Übergang. Um dies zu erreichen, sehen Richtlinie und nationale Umsetzungsvorschrift eine Veränderungssperre vor. Sinn dieser ist es, eine Veränderung zu verhindern. Gewährt man dem Betriebserwerber eine Kündigungsmöglichkeit, ist er in der Lage, die Weitergeltung der tariflichen Regelungen und die damit verbundene Veränderungssperre zu umgehen.[503] Sobald ein Betrieb übergegangen ist, und der neue Inhaber eine Anpassung der Arbeitsverträge an sein Unternehmen vornehmen will, hat er einen Grund, einen bestehenden Tarifvertrag zu kündigen. Dies gilt auch, wenn es für den ursprünglichen Inhaber keinen Grund für eine solche Kündigung gegeben hätte. Insofern ist es wahrscheinlich, dass der Erwerber des Betriebs bei einem Firmentarifvertrag von einer solchen Möglichkeit Gebrauch machen würde. Dabei ist es nicht von der Hand zu weisen, dass der Erwerber ein Interesse daran hat, die weitergeltenden Regelungen abzulösen, insbesondere um die Arbeitsbedingungen zu vereinheitlichen.[504] Um diesen Interessen zu entsprechen, sieht § 613a Abs. 1 S. 2 bis 4 BGB selbst Ausnahmen von der Weitergeltung vor. Dabei ist aber gerade keine ersatzlose Kündigungsmöglichkeit hinsichtlich aller Regelungen vorgesehen. Dies darf auch nicht ausgehöhlt werden. Letztlich ist der Erwerber an die Weitergeltung nur ein Jahr und nicht - bei Ablauf einer Kündigungsfrist - für eine weitere Periode gebunden. Im Umkehrschluss bedeutet dies, dass die Erklärung der Kündigung eines Firmentarifvertrags auch nach Betriebsübergang gegenüber dem ursprünglichen Vertragspartner erfolgen muss.[505]

501 Ausführlich dazu *Hartmann,* S. 64 f.

502 Vgl. *Skuderis,* S. 216.

503 So *Skuderis,* S. 215 f.

504 Ausführlich zu dieser Problematik noch unten Fünftes Kapitel.

505 BAG v. 26.8.2009 - 4 AZR 280/08, NZA 2010, 238, 240.

Darüber hinaus steht auch dem Arbeitnehmer kein Kündigungsrecht hinsichtlich eines Firmentarifvertrags zu, was für einen Arbeitnehmer insbesondere bei Vorliegen eines weitergeltenden Sanierungstarifvertrags von Bedeutung sein kann, wenn beim Erwerber bessere Arbeitsbedingungen gegeben wären.[506]

III. Erneuter Betriebsübergang

Löst der neue Inhaber nach erfolgtem Übergang einen erneuten Betriebsübergang aus, muss geklärt werden, was die Folgen für die Arbeitsverhältnisse und die weitergeltenden Normen sind. Nimmt man an, dass die Weitergeltung nach § 613a Abs. 1 S. 2 BGB keinen individualrechtlichen, sondern normativen Charakter hat, gilt die Weitergeltung in gleicher Weise bei einem erneuten Betriebsübergang. Insofern wären auch die Sätze 3 und 4 direkt anwendbar.[507] Fraglich bliebe, ob die Jahresfrist bei einem erneuten Betriebsübergang wieder zu laufen beginnt, oder ob sie nicht erneut ausgelöst wird.[508]

Geht man von einer individualrechtlichen Weitergeltung der Regelungen nach Betriebsübergang aus, werden die Regelungen in den Arbeitsvertrag transformiert. Bei einem weiteren Betriebsübergang fände § 613a Abs. 1 S. 1 BGB Anwendung.[509] Dies hätte zur Folge, dass mit dem Zeitpunkt des zweiten Betriebsübergangs die ursprünglich normativ geltenden Regelungen des Tarifvertrags als Teil des Individualvertrags ohne Weiteres abänderbar wären. Es wird allerdings vertreten, dass die zwingende Wirkung der nach § 613a Abs. 1 S. 2 BGB weiter geltenden Regelungen in den Vertrag mit übernommen wird und die Veränderungssperre damit mittelbar weiterläuft.[510]

Ein weiterer Problemkreis eröffnet sich hinsichtlich des § 613a Abs. 1 S. 3 BGB. Lässt man die Regelungen bei einem wiederholten Betriebsübergang als individualvertraglich nach § 613a Abs. 1 S. 1 BGB auf den neuen Betriebsinhaber übergehen, wäre § 613a Abs. 1 S. 3 BGB nicht mehr anwendbar. Damit würde - zum Vorteil der Arbeitnehmer - statt des „Ablösungsprinzips" das Günstigkeitsprinzip gelten.[511] Das BAG hat diesbezüglich Zweifel geäußert, sich aber nicht entschieden.[512]

---

506 Dazu BAG v. 26.8.2009 - 4 AZR 280/08, NZA 2010, 238, 241.

507 Vgl. HWK/*Willemsen/Müller-Bonanni,* § 613a BGB, Rdnr. 271.

508 Dazu HWK/*Willemsen/Müller-Bonanni,* § 613a BGB, Rdnr. 271.

509 *Skuderis,* S. 245; Bachner/Köstler/Matthießen/Trittin/*Trittin,* § 5, Rdnr. 145. BAG v. 20.4.1994 - 4 AZR 342/93, NZA 1994, 1140;

510 Mit diesem Ergebnis *Skuderis,* S. 245 f. Wohl auch *Moll,* RdA 1996, 275, 279.

511 Vgl. zu dieser Problematik Bachner/Köstler/Matthießen/Trittin/*Trittin,* § 5, Rdnr. 156 ff.; *Bepler,* RdA 2009, 65, 70.

512 BAG v. 20.4.1994 - 4 AZR 342/93, NZA 1994, 1140, 1142.

Weder die nationale Vorschrift noch die Betriebsübergangsrichtlinie äußern sich ausdrücklich zu der Konstellation des mehrfachen Betriebsübergangs. Ausgehend vom Arbeitnehmerschutz könnte man annehmen, dass die Veränderungssperre erneut zu laufen beginnt, § 613a Abs. 1 S. 3 BGB aber keine Anwendung findet. Dem Vereinheitlichungsinteresse des Erwerbers hingegen entspräche zumindest die Ablösungsmöglichkeit nach § 613a Abs. 1 S. 3 BGB. Verwehrt man diese, würde einem Betriebserwerber die Weiterveräußerung des Betriebs unverhältnismäßig erschwert, während sich für die Arbeitnehmer insofern kein Unterschied ergibt - auch beim ersten Erwerber wäre eine Ablösung nach § 613a Abs. 1 S. 3 BGB möglich. Die Arbeitnehmer sollen durch § 613a Abs. 1 S. 2 bis 4 BGB so gestellt werden, wie sie stünden, wäre es nicht zu einem Betriebsübergang gekommen. Vergleicht man die Situation nach dem ersten mit der nach dem zweiten Übergang, muss folglich in beiden Fällen § 613a Abs. 1 S. 3 BGB anwendbar sein.[513] Die Jahresfrist hingegen beginnt nicht erneut zu laufen, da sich der Schutz nur auf den ursprünglichen Wegfall der Tarifregelungen bezieht und nicht auf die weitergeltenden Regelungen.[514] Diese sind nur noch mittelbar tariflich bedingt.

IV. Auswirkungen eines Widerspruchs

Fraglich ist, wie sich die Situation für den einzelnen Arbeitnehmer darstellt, wenn er von seinem Recht nach § 613a Abs. 6 BGB Gebrauch macht und dem Übergang seines Arbeitsverhältnisses auf den neuen Inhaber widerspricht, *nachdem* bereits der Vertragsübergang auf den Erwerber stattgefunden hat. Nach allgemeiner Ansicht geht der Arbeitsvertrag wieder auf den Veräußerer zurück und der Arbeitsvertrag mit dem Erwerber wird mit ex-tunc-Wirkung aufgelöst.[515] Folglich gelten die ursprünglich vereinbarten Regelungen weiter. Dies umfasst auch kollektivrechtliche Vorgaben. Fiel das Arbeitsverhältnis beim Erwerber unter einen anderen Tarifvertrag, gilt § 613a Abs. 1 S. 2 BGB nicht. Diese Rechtsfolge ist durch § 613a BGB nicht vorgesehen.[516]

V. Analoge Anwendung bei Gesamtrechtsnachfolge

Hinsichtlich der Fälle der Gesamtrechtsnachfolge, die nicht im Anwendungsbereich des UmwG liegen, ist eine Anwendung des § 613a Abs. 1 S. 2 bis 4

---

513 Erneut führt die Annahme, die Regelungen gelten nach § 613a Abs. 1 S. 2 BGB normativ weiter, zu dogmatisch saubereren Ergebnissen. Anderes *Hartmann,* S. 35.

514 *Hartmann,* S. 34 f.; Staudinger/*Annuß,* § 613a BGB, Rdnr. 267.

515 MüKo/*Müller-Glöge,* § 613a BGB, Rdnr. 122; *Löwisch/Rieble,* § 3 TVG, Rdnr. 170 ff. Kritisch *Rieble,* NZA 2004, 1.

516 *Rieble,* NZA 2004, 1, 7.

BGB nicht vorgesehen. Hinsichtlich eines bestehenden Firmentarifvertrags kann auf die kollektivrechtliche Bindung verwiesen werden.[517]

Offen bleibt, ob hinsichtlich eines Verbandstarifvertrags eine analoge Anwendung des § 613a Abs. 1 S. 2 BGB geboten ist. Eine solche wird von Rechtsprechung und herrschender Lehre abgelehnt.[518] Problematisch ist das Vorliegen einer planwidrigen Regelungslücke des nationalen Gesetzgebers. § 613a sieht als Voraussetzung für seine Anwendbarkeit den *rechtsgeschäftlichen* Übergang eines Betriebs vor. Insofern ist nicht ersichtlich, dass der Gesetzgeber die Gesamtrechtsfolge aus Versehen vergessen hätte. Vielmehr wurde dieser Fall bewusst ausgeschlossen. Betrachtet man den Erbfall nach § 1922 BGB, als Hauptanwendungsfall außerhalb des § 324 UmwG, gilt Folgendes: Stirbt der Betriebsinhaber, tritt der Erbe entweder in die Mitgliedschaft im Arbeitgeberverband und damit in die daran gebundene Tarifbindung ein, oder der Tarifvertrag wirkt nach § 4 Abs. 5 TVG nach. Zu welcher Folge es kommt, richtet sich nach der Satzung des Verbands.[519] Das BAG erkennt diesbezüglich auch keine Wertungswidersprüche.[520] Auch die Veränderungssperre müsste demnach nicht übertragen werden. Dies würde zwar den Arbeitnehmern einen möglichst umfassenden Schutz bieten, wurde aber vom Gesetzgeber durch das Fordern eines rechtsgeschäftlichen Übergangs ausgeschlossen. Zur Beantwortung dieser Frage ist ausschließlich das nationale Recht von Bedeutung, da die Richtlinie nach ihrem Art. 1 Abs. 1a nur auf einen Übergang „durch vertragliche Übertragung oder durch Verschmelzung anwendbar“ ist. Insofern bleibt es bei den Vorgaben der nationalen Regelungen und im Falle einer Gesamtrechtsnachfolge findet die Veränderungssperre keine Anwendung.[521] Dem BAG ist allerdings nicht zuzustimmen, wenn es annimmt, dass kein Wertungswiderspruch beim Vergleich des rechtsgeschäftlichen Übergangs zur Gesamtrechts-

517 Dazu oben Zweites Kapitel II.2.b) (2).

518 BAG v. 13.7.1994 - 4 AZR 555/93, NZA 1995, 479, 481; zustimmend *Gussen/Dauck*, Rdnr. 32. Wohl auch ErfK/*Preis,* § 613a BGB, Rdnr. 58. Anders ist dies bezüglich der Anwachsung, vgl. MAH-Arbeitsrecht/*Cohnen/Tepass,* § 50, Rdnr. 51.

519 *Löwisch/Rieble,* § 3 TVG, Rdnr. 87; Wiedemann/*Oetker,* § 3 TVG, Rdnr. 206 ff. Zur Anwendung des § 4 Abs. 5 TVG BAG v. 13.7.1994 - 4 AZR 555/93, NZA 1995, 479. Dies ist auch *Preis/Steffan,* FS f. Kraft, S. 477, 480 entgegenzuhalten, die eine analoge Anwendung von § 613a Abs. 1 S. 2 BGB befürworten, da andernfalls die Arbeitsverträge inhaltsleer werden würden.

520 BAG v. 13.7.1994 - 4 AZR 555/93, NZA 1995, 479.

521 Geht ein Betrieb durch eine gesetzliche Anordnung über, muss der Gesetzgeber die Interessen aller Beteiligten in Einklang bringen. Insofern kann er gezwungen sein, dem Arbeitnehmerschutz anderweitig Genüge zu tun.

nachfolge vorliege.[522] Zwar kommt dem Gesetzgeber ein Ermessensspielraum zu,[523] dennoch kommt es aufgrund der fehlenden Möglichkeit einer Analogie zu Schutzlücken.[524] Der Gesetzgeber ist gefordert, diese zu schließen.

VI. Zusammenfassung des Dritten Kapitels

§ 613a Abs. 1 S. 2 BGB lässt die tariflichen Regelungen normativ weitergelten. Grundlage der Weitergeltung ist nicht mehr der Tarifvertrag, sondern § 613a Abs. 1 S. 2 BGB. Von dieser Weitergeltung werden dennoch nur die Arbeitsverhältnisse erfasst, die zum Zeitpunkt des Betriebsübergangs bestanden haben. Dieser Zeitpunkt bestimmt sich danach, wann der Erwerber die Geschäftstätigkeit *tatsächlich* weiterführt, was sich nach den äußeren Umständen bestimmt. Die Möglichkeit zur Fortsetzung der Geschäftstätigkeit reicht nicht aus.

Von der Weitergeltung umfasst sind in erster Linie Inhaltsnormen, aber auch Beendigungsnormen und Abschlussnormen, soweit letztere auf bereits abgeschlossene Arbeitsverträge bezogen sind. Auch Betriebsnormen gelten weiter, wenn sie Arbeitsbedingungen regeln. Unter Umständen müssen sie auf weitere Arbeitnehmer ausgedehnt werden. Nach Ablauf der Veränderungssperre muss der Erwerber ein Wahlrecht haben, ob er die Weitergeltung beibehalten möchte, oder die Regelungen ersatzlos entfallen lassen möchte. Auch eine teleologische Reduktion der Sperrwirkung des § 77 Abs. 3 BetrVG für den Fall des Übergangs eines Betriebs kommt in Betracht. Der Gesetzgeber ist gefordert, § 613a Abs. 1 S. 2 BGB hinsichtlich der Betriebsnormen nachzubessern. Neben den Ablösungsmöglichkeiten, sollte die Weitergeltung ausdrücklich festgelegt werden. Gleiches gilt für betriebsverfassungsrechtliche Normen.

Der Betriebserwerber ist nach § 613a Abs. 1 S. 2 BGB bis zu einer angemessenen Höhe dazu verpflichtet, Leistungen zu erbringen, die denen der gemeinsamen Einrichtung gleichwertig sind, ohne dass diesbezüglich ein Zurückbehaltungsrecht entstehen kann.

Sofern der Tarifvertrag dies nicht ausschließt, gelten auch schuldrechtliche Regelungen weiter, wenn durch diese Arbeitsbedingungen geregelt werden. Das Kündigungsrecht bezüglich eines Firmentarifvertrags geht hingegen nicht auf den Erwerber über.

---

522 So BAG v. 13.7.1994 - 4 AZR 555/93, NZA 1995, 479, 482.

523 Der Ermessensspielraum kann durch Art. 3 GG begrenzt sein. Die Unterscheidung Gesamtrechtsnachfolge - Einzelrechtsnachfolge stellt aber einen sachlichen Grund dar.

524 Mit Hinweis auf diese Schutzlücken nimmt Däubler/*Lorenz,* § 3 TVG, Rdnr. 138 eine analoge Anwendung des § 613a Abs. 1 S. 2 BGB an.

Bei einem erneuten Betriebsübergang finden die Regelungen des § 613a Abs. 1 S. 2 bis 4 BGB Anwendung ohne dass die Veränderungssperre erneut zu laufen beginnt.

Der Gesetzgeber muss auch hier nachbessern und Schutzlücken, die bei Betriebsübergang im Rahmen einer Gesamtrechtsnachfolge entstehen können schließen.

Viertes Kapitel
Reichweite der Weitergeltung und Ablösungsmöglichkeiten

Nach § 613a Abs. 1 S. 2 BGB gelten die Regelungen des Tarifvertrags weiter und dürfen innerhalb eines Jahres nicht zum Nachteil des Arbeitnehmers verändert werden. Von dieser Veränderungssperre macht § 613a Abs. 1 BGB in Satz 4 Ausnahmen. Auch diese werden im Folgenden näher betrachtet. Zuvor soll auf die Umstände der Weitergeltung der Normen eingegangen werden. Vor allem soll der Frage nachgegangen werden, inwiefern statt einer statischen Weitergeltung auch eine dynamische angenommen werden kann.

I. Statische oder dynamische Weitergeltung?

1. Statische Weitergeltung als Grundsatz

Grundsätzlich handelt es sich bei der Weitergeltung der bis zum Zeitpunkt des Betriebsübergangs zwingend wirkenden[525] Regelungen eines Tarifvertrags nach § 613a Abs. 1 S. 2 BGB, um eine statische.[526] Danach haben Änderungen, Ergänzungen und Neuabschlüsse hinsichtlich des Tarifvertrags, die von den Tarifvertragsparteien nach dem Zeitpunkt des Betriebsübergangs vorgenommen werden, keine Auswirkung auf die Arbeitsverhältnisse des übergegangen Betriebs. Dabei macht es keinen Unterschied, ob die Änderungen mit Rückwirkung beschlossen werden.[527] Dies entspricht auch der Ansicht des

---

525 Für den Fall, dass der betroffene Tarifvertrag sich im Nachwirkungsstadium befunden hat, vgl. Viertes Kapitel VI.

526 Etwas anderes kann sich ergeben, wenn die zuständigen Verbände, der bisherige Betriebsinhaber und der Erwerber einen Überleitungstarifvertrag schließen. Ausführlich zu dieser Möglichkeit und deren Voraussetzungen *Schmitt-Rolfes,* FS f. Buchner, S. 817 ff.

527 BAG v. 22.4.2009 - 4 AZR 100/08, NZA 2010, 41, 49; MüKo/*Müller-Glöge,* § 613a BGB, Rdnr. 134; Bachner/Köstler/Matthießen/Trittin/*Trittin,* § 5, Rdnr. 147; ErfK/*Preis,* § 613a BGB, Rdnr. 112; *Lambrich,* FS f. Ehmann, S. 193; *Preis/Steffan,* FS f. Kraft, S. 477, 482; *Schiefer/Pogge,* NJW 2003, 3734, 3738; *Bepler,* RdA 2009, 65, 67; *Moll,* RdA 1996, 275, 279; *Boecken,* Unternehmensumwandlungen, Rdnr. 189; *Schiefer,* 50 Jahre BAG, S. 859, 864; Kempen/Zachert/*Kempen,* § 3 TVG, Rdnr. 112; *Hromadka/Maschmann,* § 19, Rdnr. 102; HWK/*Willemsen/Müller-Bonanni,* § 613a BGB, Rdnr. 263; Staudinger/*Annuß,* § 613a BGB, Rdnr. 266; *Heinze,* FS für Schaub, S. 275, 281; *Waas,* S. 93; *Melot de Beauregard,* NJW 2006, 2522, 2524; *Henssler,* FS für Wißmann, S. 133, 147; *Schwab,* S. 209; *Kania,* DB 1994, 529, 530. Ausführlich *Skuderis,* S. 185 ff.

BAG. Demnach geht der Regelungsgehalt statisch in das Arbeitsverhältnis über. Dabei komme es weder zu einer Veränderung des sachlichen Inhalts der tariflichen Regelungen noch zu einem Wandel des Geltungsumfangs. An einer Änderung der Tarifnormen würde eine übergegangene Regelung nicht teilnehmen.[528]

Eine solche Auslegung der Vorschrift stimmt auch mit der Intention des § 613a Abs. 1 S. 2 BGB und der dahinter stehenden Betriebsübergangsrichtlinie überein. Es soll der Stand *zum Zeitpunkt des Betriebsübergangs* aufrechterhalten, es sollen aber keine zusätzlichen Rechte begründet werden.[529] Der Arbeitnehmerschutz wird gewährleistet, indem Bestandsschutz gewährt wird. Dieser ist mit einer statischen Weitergeltung gegeben. Darüber hinaus muss beachtet werden, dass der neue Inhaber keinen Einfluss auf Änderungen des Tarifvertrags hat und einen solchen nur erlangen könnte, wenn er dem betroffenen Arbeitgeberverband beitritt bzw. selbst Tarifvertragspartei wird. Ein dahingehender Druck darf aber nicht aufgebaut werden.[530] Etwas anderes kann sich ergeben, wenn der Vertrag, der dem Betriebsübergang zugrunde liegt, hinsichtlich der dynamischen Weitergeltung eine Regelung zugunsten Dritter, also der Arbeitnehmer, enthält.[531]

2. Regelungen, die nach dem Tarifvertrag bereits dynamisch sind

Fraglich ist, welche Folge sich ergibt, wenn den weitergeltenden Regelungen des Tarifvertrags selbst eine gewisse Dynamik eigen ist.[532] Nach Ansicht des BAG sollen nur tarifliche Regelungen zu Rechten und Pflichten Inhalt des Arbeitsverhältnisses werden. Dies ergebe sich daraus, dass der Zustand zum Zeitpunkt des Betriebsübergangs „eingefroren“ wird; dieser Zustand umfasse dabei

528 BAG v. 14.11.2007 – 4 AZR 828/06, NZA 2008, 420 m.w.N. In diese Richtung bereits BAG v. 13.11.1985 - 4 AZR 309/84, NZA 1986, 422, mit ausführlicher Argumentation, warum keine grundsätzliche dynamische Weitergeltung möglich ist. Ebenso BAG v. 22.3.2005 - 1 ABR 64/03, NZA 2006, 383, 385; BAG v. 10.12.2008 - 4 AZR 881/07, NZA-RR 2009, 537, 538.

529 Dazu *Bepler,* RdA 2009, 65, 67.

530 In diese Richtung auch EuGH v. 9.3.2006, Rs. C-499/04 - Werhof, Slg. 2006 I-2397. Der EuGH beschäftigt sich in dieser Entscheidung zwar mit einer Bezugnahmeklausel, legt aber in Rdnr. 28 dar, dass hier die gleichen Maßstäbe gelten, wie für die Tarifvertragsweitergeltung.

531 Ausführlich zu den diesbezüglichen Schwierigkeiten *Bepler,* RdA 2009, 65, 68.

532 Dazu *Lambrich*, FS. für Ehmann, S. 169, 193, der als Beispiel Lohnerhöhungen nennt, die nach den Vorgaben des Tarifvertrags stufenweise erhöht werden sollen. *Bepler,* RdA 2009, 65, 67; *Schiefer/Worzalla,* DB 2008, 1566, 1571 mit weiteren Beispielen.

nicht die konkreten Arbeitsbedingungen, sondern ausschließlich die tariflichen Regelungen. Sehen diese vor, dass ihre Voraussetzungen erst später eintreten, müsse dies auf den Erwerber unverändert übergehen. Folglich würden die Tarifnormen selbst zwar statisch weitergelten, behielten aber eine in ihnen selbst angelegte Dynamik. Das Gericht sieht keinen Grund, nach § 613a BGB Abs. 1 S. 2 BGB weitergeltende tarifliche Regelungen diesbezüglich anders zu behandeln als Stufensteigerungen o.ä., die individuell vereinbart wurden.[533] Als Folge sollen Rechte und Pflichten, die zum Zeitpunkt des Betriebsübergangs bereits fest vereinbart wurden und nur auf Grund Zeitablaufs wirksam werden würden, auch mit diesem Inhalt nach § 613a Abs. 1 S. 2 BGB auf einen Betriebserwerber übergehen.[534]

Dem ist zuzustimmen. Der Hauptunterschied zur eingangs dargelegten Konstellation ist, dass die Veränderung des Inhalts der Regelungen gerade nicht *nachträglich durch die Tarifvertragsparteien* vorgenommen wird, sondern bereits im Tarifvertrag vorgesehen ist, der *zum Zeitpunkt des Übergangs* gilt. Nur die Wirkung tritt später – nach Ablauf einer bestimmten, im Tarifvertrag festgelegten Zeitspanne – ein.[535] Daher ist eine andere Wertung angebracht.

Insbesondere der Bestandsschutz legt eine Weitergeltung der dynamischen Regelung nahe. Die Dynamik ist bereits in dem Tarifvertrag angelegt und es kann ein gewisser Vertrauensschutz erwartet werden, da die Arbeitnehmer so gestellt werden sollen, wie sie ohne Übergang ihres Arbeitsverhältnisses stünden. Es handelt sich nicht um Rechte, die erst nach Betriebsübergang entstehen, sondern um solche, die bereits durch den Tarifvertrag begründet wurden, nämlich der Anspruch auf Teilhabe an der Dynamik.

Auch der Wechsel in der Rechtsgrundlage, namentlich vom Tarifvertrag zu § 613a Abs. 1 S. 2 BGB, ändert daran nichts.[536] Darüber hinaus ist aus der ta-

533 BAG v. 14.11.2007 - 4 AZR 828/06, NZA 2008, 420, 421 mit Verweis auf BAG v. 19.9.2007 - 4 AZR 711/06, NZA 2008, 241. Das BAG stellt u.a. auf die ähnliche Struktur bei der Nachwirkung nach § 4 Abs. 5 TVG ab. Anderer Ansicht sind insofern HWK/*Willemsen/Müller-Bonanni,* § 613a BGB, Rdnr. 262, die auch für die vorliegende Konstellation eine dynamische Weitergeltung ablehnen.

534 BAG v. 19.9.2007 - 4 AZR 711/06, NZA 2008, 241. Zustimmend BAG v. 22.4.2009 - 4 AZR 100/08, NZA 2010, 41. Zum gleichen Ergebnis kommen Staudinger/*Annuß,* § 613a BGB, Rdnr. 266; *Schiefer/Worzalla,* DB 2008, 1566, 1571; *Lambrich,* FS f. Ehmann, S. 169, 193 f. Umfassend für eine dynamische Weitergeltung wohl auch Däubler/*Lorenz,* § 3 TVG, Rdnr. 198; Kempen/Zachert/*Kempen,* § 3 TVG, Rdnr. 106. Kritisch *Hohenstatt*, NZA 2010, 23, 26.

535 Vgl. BAG v. 14.11.2007 - 4 AZR 828/06, NZA 2008, 420. Beispiele dafür finden sich auch bei *Bepler,* RdA 2009, 65, 67 f.

536 So aber *Heinze,* DB 1998, 1861, 1862.

riflichen Regelung das Ergebnis der dynamischen Entwicklung ersichtlich. Der Erwerber kann sich auf deren Inhalt einstellen[537] und entscheidet sich gleichzeitig mit Übernahme des Betriebs bewusst für diese Wirkung. Damit liegt auch kein Verstoß gegen die negative Vereinigungsfreiheit vor.[538]

Dennoch kann unter unternehmerischen Gesichtspunkten auch eine Dynamik, die in einer weitergeltenden Regelung angelegt ist, für den Erwerber problematisch sein. Wie bereits festgehalten, ist die rentable Führung des Betriebs auch im Interesse der Arbeitnehmer und darf daher bei Auslegung einer Arbeitnehmerschutzvorschrift nicht außer Acht gelassen werden. Allerdings gelten die Regelungen zwingend nur für ein Jahr weiter und nicht dauerhaft.[539]

Nach diesem Jahr kann der Erwerber die Regelung oder die darin liegende Dynamik nach den allgemeinen Vorschriften abbedingen. Auch vorher ist unter den Voraussetzungen der § 613a Abs. 1 S. 3 und 4 BGB eine Ablösung möglich. Letztlich hat der Erwerber die Möglichkeit, die dynamische Weitergeltung der Regelungen bei den Verhandlungen mit dem Veräußerer anzusprechen und auf einen geringeren Kaufpreis hinwirken.

Die Regelungen gelten folglich so weiter, wie sie sich im Zeitpunkt des Betriebsübergangs darstellten und zu diesem Zeitpunkt sind sie bereits dynamisch.

Etwas anderes ergibt sich nach der Rechtsprechung, wenn der Anspruch nicht vom Zeitablauf abhängig gemacht wird, sondern von einer „außervertraglichen dynamischen Komponente“.[540] Ein Beispiel dafür ist der dynamische Verweis auf einen anderen Tarifvertrag.[541]

3. Dynamischer Verweis auf einen anderen Tarifvertrag

Hier ist zu erörtern, wie mit einem solchen dynamischen Verweis[542] auf einen anderen Tarifvertrag umgegangen werden soll. Unstreitig nimmt der Inhalt des

---

537 Überzeugend *Lambrich,* FS f. Ehmann, S. 169, 194; *Bepler,* RdA 2009, 65, 67.

538 Dazu BAG v. 19.9.2007 - 4 AZR 711/06, NZA 2008, 241, 244. Vgl. auch die Argumentation im folgenden Abschnitt.

539 Sofern eine Situation eintritt, die für den Betrieb existenzbedrohend ist, kann auch über ein Sonderkündigungsrecht hinsichtlich der einzelnen Regelungen nachgedacht werden.

540 Dazu BAG v. 19.9.2007 - 4 AZR 711/06, NZA 2008, 241, 243.

541 Daneben gibt es weitere Beispiele, allerdings kann diesbezüglich eine vergleichbare Argumentation herangezogen werden, sodass eine weitere Aufteilung nicht nötig erscheint.

542 Ob es sich tatsächlich um einen dynamischen Verweis auf einen anderen Tarifvertrag handelt, ist im Wege der Auslegung der Tarifvertragsregelungen zu ermitteln. Zu dieser Auslegung *Zöllner/Loritz/Hergenröder*, S. 357; *Hromadka/Maschmann,* § 13, Rdnr. 119 ff.

Tarifvertrags, auf den verwiesen wird, an der Weitergeltung teil.[543] Geht man davon aus, dass mit Betriebsübergang die Regelungen des Tarifvertrags „eingefroren" werden,[544] könnte man dies ebenfalls für einen dynamischen Verweis annehmen. Auch in diesem Fall wird die Regelung nicht nachträglich verändert, sondern ist für sich gesehen dynamisch. Es wird auf einen Tarifvertrag verwiesen, der auch geändert werden kann. Durch § 613a Abs. 1 S. 2 BGB sollen die Rechte und Pflichten der Arbeitsvertragsparteien so aufrechterhalten werden, wie dies der Fall wäre, wenn das Arbeitsverhältnis mit dem bisherigen Betriebsinhaber fortbestanden hätte. Hinsichtlich eines dynamischen Verweises ist offensichtlich, dass dieser seine Dynamik nicht einbüßen würde, wenn es nicht zu einem Betriebsübergang kommen würde. Dennoch geht das BAG von einem Verlust der Dynamik aus.[545]

Dieser Einschätzung ist von vornherein zuzustimmen, wenn der Tarifvertrag auf einen anderen Tarifvertrag verweist, dieser aber von denselben Tarifvertragsparteien geschlossen wurde. In diesem Fall würde die negative Koalitionsfreiheit des Erwerbers einer Dynamik eindeutig entgegenstehen. Die Einschätzung wäre vergleichbar mit der Änderung des Tarifvertrags selbst, da die Tarifvertragsparteien die Regelungsmacht selbst ausüben und nicht „aus der Hand gegeben haben". Fraglich ist aber, ob sich an dieser Einschätzung etwas ändert, wenn der Tarifvertrag einen dynamischen Verweis auf einen fremden[546] Tarifvertrag beinhaltet. Auch wenn dies nicht den Regelfall darstellt, muss die Einordnung geklärt werden.

a) Wortlaut und historische Auslegung

Aus dem Wortlaut lassen sich keine zwingenden Schlüsse ziehen. In der Zusammenschau mit Satz 1 ergibt sich zwar, dass die, zum Zeitpunkt des Be-

---

543 BAG v. 20.6.2001 - 4 AZR 295/00, NZA 2002, 517, 519; *Heinze,* FS für Schaub, S. 275, 281; *Schiefer,* 50 Jahre BAG, S. 859, 864; HWK/*Willemsen/Müller-Bonanni,* § 613a BGB, Rdnr. 262; Kempen/Zachert/*Kempen,* § 3 TVG, Rdnr. 106; MüKo/*Müller-Glöge,* § 613a BGB, Rdnr. 134;.

544 Vgl. zu dieser Formulierung bereits oben und BAG v. 20.6.2001 - 4 AZR 295/00, NZA 2002, 517, 520. So auch *Lambrich,* S, 193, der eine dynamische Weitergeltung im Falle der dynamischen Verweisung gänzlich ablehnt.

545 BAG v. 29.8.2001 - 4 AZR 332/00, NZA 2002, 513, 515; BAG v. 26.8.2009 - 5 AZR 969/08, NZA 2010, 173, 175. Ebenso HWK/*Willemsen/Müller-Bonanni,* § 613a BGB, Rdnr. 262; Staudinger/*Annuß,* § 613a BGB, Rdnr. 266; *Schiefer,* 50 Jahre BAG, S. 859, 864; MüKo/*Müller-Glöge,* § 613a BGB, Rdnr. 134; *Schiefer/Pogge,* NJW 2003, 3734, 3738.

546 Dies ist von vornherein nur unter engen Voraussetzungen möglich, insbesondere muss ein Sachzusammenhang zwischen den Tarifverträgen gegeben sein, ausführlich dazu *Löwisch/Rieble,* § 1 TVG, Rdnr. 178.

triebsübergangs geltenden, Regelungen weitergelten. Ob dies allerdings statisch oder dynamisch sein soll, lässt sich nicht ableiten. Auch die Entstehungsgeschichte gibt kein Ergebnis vor. Insbesondere die Begründung der Bundesregierung enthält keine diesbezüglichen Ausführungen.[547]

b) Systematische Auslegung

Gegen eine dynamische Weitergeltung eines Verweises auf einen anderen Tarifvertrag spricht, dass nicht der *reine* Zeitablauf die Veränderung auslöst - im Gegensatz zu den oben besprochenen Tarifvertragsregelungen, denen eine gewisse Dynamik bereits eigen ist. Die Rechtsverhältnisse werden durch eine Änderung des Tarifvertrags beeinflusst, auf den verwiesen wird. Auf letzteres hat der Betriebsinhaber keinen Einfluss. Vergleicht man diese Situation allerdings mit der, die vor Übergang des Betriebs herrschte, zeigt sich, dass auch der vorherige Betriebsinhaber keinen Einfluss auf eine Änderung des Tarifvertrags hatte, auf den verwiesen wird. Dem wird berechtigterweise entgegengehalten, dass der alte Betriebsinhaber der Weiterentwicklung durch Verbandsaustritt oder Kündigung eines Firmentarifvertrags „entkommen könnte".[548] Dies gilt insbesondere, da nach der Rechtsprechung des BAG die Wirkung des § 3 Abs. 3 TVG mit Änderung eines Tarifvertrags endet, und sich die (statische) Nachwirkung nach § 4 Abs. 5 TVG anschließt.[549] Insofern wäre der Erwerber schlechter gestellt, als der ursprüngliche Betriebsinhaber;[550] allerdings gilt dies nur für ein Jahr.

Ein weiteres Argument der Rechtsprechung für den Verlust der Dynamik eines Verweises auf einen anderen Tarifvertrag ist der Vergleich mit der Nachwirkung nach § 4 Abs. 5 TVG: Hier wird davon ausgegangen, dass auch ein dynamischer Verweis auf einen anderen Tarifvertrag im Nachwirkungszeitraum statische Wirkung hat.[551] Da sowohl § 4 Abs. 5 TVG als auch § 613a

---

547 BT-Drs. 8/3317, S. 11.

548 Vgl. zu dieser Argumentation BAG v. 20.6.2001 - 4 AZR 295/00, NZA 2002, 517, 519; BAG v. 29.8.2001 - 4 AZR 332/00, NZA 2002, 513, 515.

549 BAG v. 17.5.2000 - 4 AZR 363/99, NZA 2001, 453; BAG v. 4.4.2001 - 4 AZR 215/00, NZA 2002, 104. Diese Rechtsprechung ist allerdings nicht unumstritten, vgl. nur Däubler/*Lorenz,* § 3 TVG, Rdnr. 126.

550 Vgl. die Ausführungen in BAG v. 20.6.2001 - 4 AZR 295/00, NZA 2002, 517, 519, wobei nicht sicher ist, ob sich das BAG diese Argumentation des LAG zu eigen macht.

551 BAG v. 24.11.1999 - 4 AZR 666/98, NZA 2000, 435; BAG v. 17.5.2000 - 4 AZR 363/99, NZA 2001, 453, 457; BAG v. 29.1.2008 - 3 AZR 426/06, NZA 2008, 541. Auch hier finden sich Stimmen, die für eine Weitergeltung der Dynamik im Nachwirkungszeitraum sind, vgl. *Wiedemann,* Anm. zu BAG v. 13.8.1986 - 4 ABR 2/86, AP MTV Ang-DFVLR § 2, Nr. 1. Allerdings können die dortigen Argumente für die

Abs. 1 S. 2 BGB eine Rechtserhaltungsfunktion erfüllen würden, kann nach Ansicht des BAG die Wertung des § 4 Abs. 5 TVG auf den Betriebsübergang übertragen werden.[552] Diese Argumentation greift zu kurz. Es ist dem BAG zwar zuzustimmen, dass auch § 613a Abs. 1 S. 2 BGB eine Rechtserhaltungsfunktion hat. Diese ist allerdings dem Arbeitnehmerschutz geschuldet, während die Nachwirkung nach § 4 Abs. 5 TVG vor allem eine allgemeine Ordnungsfunktion[553] erfüllt. Die beiden Vorschriften können nicht ohne Weiteres verglichen werden. Vielmehr muss der grundlegende Unterschied in der Zwecksetzung der Vorschriften beachtet werden. Die Dynamik ist aber Teil der Rechtsposition des Arbeitnehmers[554] und kann aufgrund des Bestandsschutzes[555] nicht ohne Weiteres in eine statische Weitergeltung umgewandelt werden. Auf diesen Aspekt geht das BAG in seinen Entscheidungen nicht ein. Darüber hinaus ergibt sich aus § 613a Abs. 1 S. 2 BGB kein Anhaltspunkt dafür, dass eine der Nachwirkung vergleichbare Wirkung erfolgen soll.[556] Daher können die Grundsätze des § 4 Abs. 5 TVG nicht unbesehen übernommen werden.

c) Verfassungskonforme Auslegung

Fraglich ist, ob der Erhalt der Dynamik einen nicht zu rechtfertigenden Eingriff in die negative Koalitionsfreiheit des Erwerbers darstellt.[557] Hinsichtlich

---

vorliegende Diskussion nur bedingt fruchtbar gemacht werden. *Wiedemann* argumentiert unter anderem mit einem Vergleich mit § 613a Abs. 1 S. 2 BGB. So käme es bei Berufung auf diese Argumentation zu einem Zirkelschluss.

552 BAG v. 20.6.2001 - 4 AZR 295/00, NZA 2002, 517; BAG v. 29.8.2001 - 4 AZR 332/00, NZA 2002, 513, 516.

553 Erschwerend kommt hinzu, dass nicht unumstritten ist, inwiefern aus der allgemeinen Ordnungsfunktion geschlossen werden kann, dass nach § 4 Abs. 5 TVG eine statische Nachwirkung verlangt wird. Dazu Däubler/*Bepler,* § 4 TVG, Rdnr. 824, der allerdings mit anderer Argumentation dennoch eine dynamische Weitergeltung ablehnt.

554 So *Skuderis,* S. 195 f.

555 Mit Verweis auf den Arbeitnehmerschutz kommt es in der Praxis auch zu Vereinbarungen zwischen altem und neuem Betriebsinhaber, die im Sinne eines Vertrags zugunsten Dritter eine Weiterführung der Dynamik auch nach Betriebsübergang vereinbaren, vgl. dazu *Bepler,* RdA 2009, 65, 68 f.

556 So bereits Kempen/Zachert/*Kempen,* § 3 TVG, Rdnr. 106.

557 Davon geht das BAG offensichtlich in Bezug auf die dynamische Verweisung aus, vgl. BAG v. 29.8.2001 - 4 AZR 332/00, NZA 2002, 513, 515. Interessant ist, dass sich diese Einschätzung nicht mit der des BVerfG deckt. Letzteres geht davon aus, dass gerade *keine* Eröffnung des Schutzbereichs in einem solchen Fall gegeben ist, vgl. dazu bereits oben Drittes Kapitel II.3.d) (4). und *Däubler,* RdA 2002, 303, 305. In einer späteren Entscheidung in Bezug auf Regelungen, denen nach dem Tarifver-

der Regelungen eines Tarifvertrags, die ihre Dynamik durch Zeitablauf entfalten, lehnte das BAG einen Verstoß gegen die Koalitionsfreiheit ab. Es führt aus, dass dieser Aspekt schon deshalb ausscheide, weil die Regelungen, die ursprünglich von Tarifvertragsparteien vereinbart wurden, nur eine arbeitsvertragliche Bindung entfalten, weil dem eine *rechtsgeschäftliche Willenserklärung* des Erwerbers zugrunde liege, welche dieser in Ausübung seiner allgemeinen Handlungsfreiheit abgebe. Die statische Weitergeltung der tariflichen Regelungen nach § 613a Abs. 1 S. 2 BGB sei dabei als gesetzliche Rahmenbedingung von dem Rechtsbindungswillen umfasst. Sofern den Regelungen eine Dynamik eigen sei, könne darin keine Bindung an nachfolgende Änderungen durch die Tarifvertragsparteien gesehen werden.[558]

Geht man aber davon aus, dass die „gesetzlichen Rahmenbedingungen [...] von dem Rechtsbindungswillen des Erklärenden erfasst“[559] sind, kann entgegen der Ansicht des BAG auch für den Fall eines dynamischen Verweises nichts Anderes gelten. Ob ein solcher dynamischer Verweis im Einzelfall vorliegt, muss der Erwerber vor Übernahme des Betriebs klären. Auch der Hinweis auf eine Bindung an nachfolgende Regelungen der Tarifvertragsparteien ändert in der vorliegenden Konstellation nichts an dieser Feststellung. Schließlich ist eine solche Bindung einem dynamischen Verweis gerade eigen.

Damit würde nichts anderes als auch bei einer Dynamik, die im Tarifvertrag selbst angelegt ist, gelten: Der Erwerber entscheidet sich selbst für eine Übernahme des Betriebs und damit für die Weitergeltung der tariflichen Regelungen. Wenn diese einen dynamischen Verweis auf einen anderen Tarifvertrag vorsehen, umfasst die Entscheidung des Erwerbers auch die Dynamik. Allerdings besteht ein Unterschied zur Konstellation, in der der Regelung selbst die Dynamik eigen ist. Während dort der Erwerber aus dem Tarifvertrag selbst erkennen kann,[560] welche Folgen der Zeitablauf hat, ist dies bei einem dynamischen Verweis auf einen Tarifvertrag nicht möglich. Bei letzterem hängt die Entwicklung von externen Faktoren ab. Diese Unsicherheit mindert den Wert des Betriebs für den Erwerber und er müsste dies bei den Verhandlungen mit

---

trag bereits eine gewisse Dynamik eigen ist, lässt das BAG offen, ob in Fällen der Normunterwerfung die negative Koalitionsfreiheit einschlägig ist, vgl. dazu BAG v. 19.9.2007 - 4 AZR 711/06, NZA 2008, 241, 244. Nach m.E. ist der Schutzbereich der negativen Koalitionsfreiheit eröffnet. Allerdings wird dann die Hürde für eine Rechtfertigung niedriger angelegt.

558 BAG v. 19.9.2007 - 4 AZR 711/06, NZA 2008, 241, 244.

559 BAG v. 19.9.2007 - 4 AZR 711/06, NZA 2008, 241, 244.

560 Beispielsweise bei einer stufenweisen Lohnerhöhung ist ersichtlich, zu welchem Zeitpunkt welcher Lohn gezahlt werden muss.

dem Erwerber anbringen, ohne einschätzen zu können, welche Entwicklung die Regelungen nehmen werden.

d) Auslegung anhand des Normzwecks

Der Bestandsschutz hinsichtlich der Arbeitnehmerrechte streitet für eine dynamische Auslegung: Die Dynamik ist in der Verweisung angelegt und genießt ebenfalls Bestandsschutz.[561] Problematisch ist aber nicht nur, dass der Arbeitnehmerschutz nicht jede Einschränkung der Interessen des Erwerbers rechtfertigen kann und in einen Ausgleich gebracht werden muss, sondern auch, dass eine rentable Unternehmensführung ebenfalls den Arbeitnehmerinteressen entspricht.

Für eine Weitergeltung der Dynamik spricht, dass diese nur für ein Jahr gelten würde und der Erwerber im Anschluss die Möglichkeit hat, sich von den Regelungen zu lösen. Gegen eine Weitergeltung muss die Unsicherheit, mit der sich der Erwerber konfrontiert sieht, angeführt werden. Unter Umständen schätzt er diese als so hoch ein, dass er von einer Übernahme absieht. Wie bereits mehrfach erwähnt, entspricht dies nicht unbedingt den Arbeitnehmerinteressen. Gleiches würde für den Fall gelten, dass der Wert des Betriebs stark sinken würde und der Veräußerer keinen Abnehmer fände. Im schlimmsten Fall könnte dies die Stilllegung des Betriebs bedeuten.

Gerade im Bereich von Betriebsübergängen, bei denen genaue Kalkulationen vorgenommen werden müssen, muss eine solche Unsicherheit, von der sich der Erwerber auch nicht lösen kann, vermieden werden.

e) Richtlinienkonforme Auslegung

Interessant könnten die Vorgaben sein, die durch die Betriebsübergangsrichtlinie gemacht werden. Der EuGH hat in der Entscheidung *Werhof* festgehalten, dass die dynamische Auslegung einer Bezugnahmeklausel das Grundrecht der negativen Vereinigungsfreiheit des Betriebserwerbers beeinträchtigen könnte. Daher kommt man nicht zu der *zwingenden* Folge, dass eine tarifliche Regelung, die auf einen Tarifvertrag verweist, zu einem dynamischen Ergebnis führt.[562] Zieht man zusätzlich den Schlussantrag des Generalanwalts *Ruiz-Jarabo Colomer* heran, der aufgrund der negativen Koalitionsfreiheit eine dynamische Weitergeltung ablehnt, kommt man zu dem Ergebnis, dass der dynamische Verweis auf einen anderen Tarifvertrag nicht angezeigt ist. Der Generalanwalt führt dazu aus, dass es sich um einen unzulässigen Vertrag zu Lasten Dritter handeln würde, wenn sich spätere Kollektivverträge ständig auf

---

561 Ebenso *Skdueris,* S. 196.

562 EuGH v. 9.3.2006, Rs. C-499/04 - Werhof, Slg. 2006, I-2397, Rdnr. 35 f. Vgl. dazu auch unten Sechstes Kapitel IV.2.d).

den Erwerber als Arbeitgeber auswirken würden und dieser an der Aushandlung der Verträge nicht beteiligt wäre.[563]

Dem ist hinsichtlich einer grundsätzlichen Dynamik der Weitergeltung auch zuzustimmen. Handelt es sich um eine Veränderung des Tarifvertrags, dessen Regelungen nach § 613a Abs. 1 S. 2 BGB weitergelten, verstößt dies in nicht zu rechtfertigender Weise gegen die negative Koalitionsfreiheit. Inwiefern diese Argumentation aber auf den dynamischen Verweis übertragen werden kann, ist nicht gesichert. Ein solcher Verweis nimmt grundsätzlich auf einen Tarifvertrag Bezug, der, aus welchen Gründen auch immer, nicht einschlägig ist. Somit haben auch die Tarifvertragsparteien bei Vereinbarung des Verweises auf die Entwicklung des Tarifvertrags, auf den verwiesen wird, keinen Einfluss. Eine Dynamik ist dieser Art des Verweises gerade eigen. Dies kann nicht der Weitergeltung entgegengehalten werden. Zwischen der Aushandlung durch die Tarifvertragsparteien und der Bindung des Erwerbers an das dabei erzielte Ergebnis steht eine privatautonome Entscheidung des Erwerbers, den Betrieb und damit die Arbeitsverhältnisse zu übernehmen. Dennoch handelt es sich um eine Regelung, die ursprünglich mitgliedschaftlich legitimiert war und daher einer individualrechtlichen nicht gleich gestellt werden kann. Die Richtlinie schreibt ein Aufrechterhalten der Dynamik nicht vor.

f) Zusammenfassung und kritische Würdigung

Durch die Betriebsübergangsrichtlinie ist nicht vorgeschrieben, dass ein dynamischer Verweis auf einen anderen Tarifvertrag diese Dynamik beibehalten muss. Wortlaut und Entstehungsgeschichte der nationalen Vorschrift enthalten keine Anhaltspunkte. Ein systematischer Vergleich mit § 4 Abs. 5 TVG zeigt, dass bei diesem die Regelung ihrer Dynamik entkleidet werden, diese Folge aber nicht ohne Weiteres auf § 613a Abs. 1 S. 2 BGB übertragen werden kann, da die Schutzrichtung der Vorschriften nicht vollständig übereinstimmt.

Die Weitergeltung der Dynamik stellt im Hinblick auf die negative Koalitionsfreiheit des Erwerbers einen Eingriff dar. Die Rechtfertigung dieses Eingriffs erscheint im Hinblick auf die mit der Dynamik verbundene Unsicherheit fraglich. Auch beruhte die Regelung bis zum Zeitpunkt des Betriebsübergangs ausschließlich auf der Mitgliedschaft des ursprünglichen Arbeitgebers im Arbeitgeberverband bzw. auf seiner Stellung als Tarifvertragspartei. Dies gilt für den Erwerber nicht.

Grundsätzlich spricht der Bestandsschutz, der von § 613a Abs. 1 S. 2 BGB bezweckt wird, dafür, dass eine dynamische Verweisung ihre Dynamik behält. Auch wäre der Erwerber nur ein Jahr an diese Dynamik gebunden. Dennoch

---

563 Schlussantrag zu EuGH v. 9.3.2006, Rs. C-499/04 - Werhof, Slg. 2006, I-2397.

kann er für dieses Jahr in keiner Weise abschätzen, welche Auswirkungen die Dynamik hat. Sofern sich der Tarifvertrag, auf den die Regelung Bezug nimmt, innerhalb dieses Jahres grundlegend ändert, bleibt der Erwerber daran bis zum Ablauf der Veränderungssperre gebunden. Eine solche Unsicherheit kann einen Unternehmer davon abhalten, einen Betrieb überhaupt zu erwerben und damit notwendige Umstrukturierungen vorzunehmen, v.a. da die Wertminderung nicht eingeschätzt werden kann. Dies widerspricht den Arbeitnehmerinteressen, wenn der Veräußerer den Betrieb stattdessen stilllegt, oder verkleinert. Insofern ist eine Weitergeltung der Dynamik bei einem dynamischen Verweis auf einen anderen Tarifvertrag abzulehnen. Die Regelungen werden statisch.

II. Ablösung vor Ablauf der Veränderungssperre

1. Grundsatz: Veränderungssperre für ein Jahr

Im Laufe eines Jahres nach Betriebsübergang, ist eine Ablösung der weitergeltenden Regelungen auf Grund des Arbeitnehmerschutzes grundsätzlich nicht vorgesehen. Demnach sind Änderungsvereinbarungen und Änderungskündigungen, durch die weitergeltende Regelungen abgelöst werden sollen, nicht möglich.[564] Die Berechnung dieser Jahresfrist erfolgt nach den §§ 187 ff. BGB. Gemäß § 187 Abs. 1 BGB beginnt die Frist mit dem Zeitpunkt[565] des Betriebsübergangs an zu laufen. Sie endet nach § 188 Abs. 2 BGB mit dem Ablauf desjenigen Tages, welcher durch seine Benennung oder seine Zahl dem Tag entspricht, in den der Betriebsübergang fällt.[566]

Mit *Löwisch/Rieble*[567] ist anzunehmen, dass eine Kündigung aus wichtigem Grund möglich sein muss, wenn eine solche auch dem Veräußerer zugestanden hätte, und die Veränderungssperre unzumutbar erscheint. Allerdings kann dies nur unter sehr engen Voraussetzungen der Fall sein, da andernfalls der Bestandsschutz ausgehöhlt werden würde. Ohne eine solche Kündigungsmöglichkeit stünden die Arbeitnehmer hinsichtlich des Kündigungsschutzes besser als vor Betriebsübergang. Außerdem kann nicht hingenommen werden, dass ein Betrieb derart unrentabel wird, dass er am Ende stillgelegt werden muss. Der Grund darf aber nichts mit dem Betriebsübergang zu tun haben.

---

564 Ausführlich dazu *Skuderis,* S. 202 ff. Ebenso MüKo/*Müller-Glöge,* § 613a BGB, Rdnr. 136; Vgl. auch HWK/*Willemsen/Müller-Bonanni,* § 613a BGB, Rdnr. 263, die ausdrücklich betonen, dass die Veränderungssperre ausschließlich für die nach § 613a Abs. 1 S. 2 BGB weitergeltenden Normen gilt und *nicht* für die individualvertraglichen Vereinbarungen, die nach Satz 1 auf den Erwerber übergehen.

565 Zum Zeitpunkt des Betriebsübergangs bereits oben Drittes Kapitel II.1.b).

566 Vgl. dazu *Skuderis,* S. 203 m.w.N.

567 *Löwisch/Rieble,* § 3 TVG, Rdnr. 192.

2. Bestandsschutz oder Kontrahierungsverbot?

Zu diskutieren ist, ob sich aus der Veränderungssperre ein Verbot ergibt, während der Jahresfrist Änderungen der nach § 613a Abs. 1 S. 2 BGB weitergeltenden Regelungen zu vereinbaren, oder ob nur die Wirkung einer Abänderung nach Ablauf der Frist eintreten muss. Denkbar wäre es, den Ausspruch einer Änderungskündigung bzw. die vertragliche Abänderung innerhalb der Jahresfrist zu ermöglichen. Demnach müsste nur der Ablauf der Kündigungsfrist *nach* Ende der Veränderungssperre liegen, es würde sich um eine Bestandsschutzgarantie und kein Kontrahierungsverbot handeln.[568] Eine während der Veränderungssperre ausgesprochene Kündigung oder ein geschlossener Änderungsvertrag könnte aber auch nach § 134 BGB unwirksam sein.[569] Der Unterschied wird z.B. bei Berechnung der Kündigungsfristen deutlich, da sich diese gemäß § 622 BGB nach der Dauer der Betriebszugehörigkeit richten.[570]

Auch hierfür wird ein Vergleich mit § 4 Abs. 5 TVG herangezogen. Nach Meinung des BAG ist eine, die Nachwirkung ablösende, Abmachung auch vor Beginn der Nachwirkungszeit möglich.[571] Teilweise fordert das Gericht allerdings eine konkrete Abrede, die zeitnah vor Beginn des Nachwirkungszeitraums liegt.[572] *Bepler* weist darauf hin, dass die Situation der Arbeitnehmer im Rahmen eines Betriebsübergangs nicht vollumfänglich mit einem Fall der Nachwirkung zu vergleichen ist.[573] Der Arbeitnehmer ist im Rahmen des Betriebsübergangs schutzwürdiger als er dies bei anderen Fällen des Wegfalls der Tarifbindung ist. Wie bereits festgestellt, zeigt sich das auch in der Intention der jeweiligen Vorschrift. Nur mit einem Kontrahierungsverbot ist gewährleistet, dass der Arbeitnehmer die neue Situation kennt, und damit bei einer Änderungsvereinbarung seine Position richtig einschätzen kann. Andernfalls droht die Gefahr, dass der Arbeitnehmer voreilige Entscheidungen trifft, deren lang

568 *Lambrich,* S. 169, 195. Ebenso HWK/*Willemsen/Müller-Bonanni,* § 613a BGB, Rdnr. 263a; *Löwisch/Rieble,* § 3 TVG, Rdnr. 191; wohl auch *Meyer,* NZA 2002, 246, 251. Für Änderungskündigungen ebenso *Skuderis,* S. 205 ff.

569 MüKo/*Müller-Glöge,* § 613a BGB, Rdnr. 136; ErfK/*Preis,* § 613a BGB, Rdnr. 119; *Preis/Steffan,* FS f. Kraft, S. 477, 483; *Hartmann,* S. 135; Däubler/*Lorenz,* § 3 TVG, Rdnr. 215. Für Änderungsvereinbarungen ebenso *Skuderis,* S. 204 f.

570 Vgl. dazu *Skuderis,* S. 205 f.

571 BAG v. 17.1.2006 - 9 AZR 41/05, NZA 2006, 923, 925; BAG v. 3.4.2007 - 9 AZR 867/06, NZA 2007, 1045; BAG v. 22. 10. 2008 - 4 AZR 789/07, NZA 2009, 265; BAG v. 20.5.2009 - 4 AZR 230/08.

572 BAG v. 17.1.2006 - 9 AZR 41/05, NZA 2006, 923, 925; BAG v. 20.5.2009 - 4 AZR 230/08.

573 *Bepler,* RdA 2009, 65, 69.

fristige Folgen er noch nicht abschätzen kann. Gleiches gilt für die Reaktion des Arbeitnehmers auf eine Änderungskündigung. Auch um Unsicherheiten zu vermeiden, sollte daher ein Kontrahierungszwang angenommen werden.

3. Abweichungen zugunsten der Arbeitnehmer

Der Wortlaut des § 613a Abs. 1 S. 2 BGB ist eindeutig: Es sind nur solche Änderungen der weitergeltenden Normen ausgeschlossen, die die Situation der Arbeitnehmer verschlechtern.[574] Dies stimmt auch mit dem Zweck der Vorschrift überein, wonach die Arbeitnehmer geschützt werden sollen. Jede andere Auslegung widerspräche dem. Insofern ist auch kein Rückgriff auf § 4 Abs. 3 Alt. 2 TVG nötig,[575] da sich die Wertung direkt aus § 613a Abs. 1 S. 2 BGB ergibt. § 4 Abs. 3 Alt. 2 TVG ist aber zur Ausfüllung heranzuziehen. Die Einzelheiten des Günstigkeitsprinzips sind umstritten. Dies gilt zum einen für die Frage, welche Regelungen des Tarifvertrags umfasst sind und zum anderen für den Vergleichsgegenstand. In Betracht kommen ein Einzelvergleich, ein Sachvergleich oder ein Gesamtvergleich.[576]

4. Anwendung von § 4 Abs. 4 S. 1 TVG

Eine weitere Möglichkeit, die weitergeltenden Regelungen des Tarifvertrags vor Ablauf der Veränderungssperre individualrechtlich abzulösen, könnte bestehen, wenn ein Vergleich i.S.d. § 4 Abs. 4 S. 1 TVG möglich wäre und vorläge. Ausgehend vom Wortlaut der Vorschrift muss für einen solchen Vergleich die Zustimmung *beider* Tarifvertragsparteien vorliegen.

Hier stellt sich die Frage, ob diese Regelung auch für die weitergeltenden Normen anwendbar ist und ob es dann bei dem Erfordernis der Zustimmung beider Tarifvertragsparteien bliebe. *Gussen/Dauck* schlagen vor, § 4 Abs. 4 S. 1 TVG anzuwenden, aber unter Berücksichtigung der negativen Koalitionsfreiheit und der Wertung des § 613a BGB nur die Zustimmung der Gewerkschaft zu fordern.[577] Gerade die Systematik der letztgenannten Vorschrift zeigt,

---

574 Ebenso *Skuderis,* S. 202; *Röder,* DB 1981, 1980. Gleiches gilt auch für einzelvertragliche Abreden, die zwischen Arbeitnehmer und ursprünglichem Betriebsinhaber vereinbart wurden, vgl. dazu *Wank,* NZA 1987, 505, 506.

575 Dies schlagen *Gussen/Dauck,* Rdnr. 227 ff. vor. Wie hier hingegen *Löwisch/Rieble,* § 3 TVG, Rdnr. 190.

576 Ausführlich ErfK/*Franzen,* § 4 TVG, Rdnr. 33 ff.

577 *Gussen/Dauck,* Rdnr. 230 f. Hält man § 4 Abs. 4 S. 1 TVG für anwendbar, ist der Ansicht von *Gussen/Dauck* zuzustimmen, und es kann nicht auf die Zustimmung des Arbeitgeberverbandes ankommen. Andernfalls würde ein zu großer Druck auf den neuen Arbeitgeber entstehen, dem Verband beizutreten, um die Zustimmung zu erlangen. Sofern es sich um einen Firmentarifvertrag handelt, ist das Verlangen der

dass für eine Anwendung des § 4 Abs. 4 S. 1 TVG kein Raum ist. Durch § 613a Abs. 1 S. 2 bis 4 werden nicht nur die Weitergeltung der Normen und die Veränderungssperre angeordnet, sondern es finden sich auch Ausnahmen. Bei diesen findet sich kein Vergleich und es wird auch nicht auf das TVG verwiesen. Insofern müssen die Ausnahmen als abschließende Regelung gesehen werden, die nicht durch die Vorschriften des TVG ergänzt werden muss.[578]

III. Ablösung nach Ablauf der Veränderungssperre

Gemäß § 613a Abs. 1 S. 2 BGB gelten die tariflichen Regelungen ein Jahr zwingend weiter. Danach *verlieren die Bestimmungen nicht ihre Wirkung* - es entfällt nur die zwingende Gestaltung.[579] Nach Ablauf der Veränderungssperre ist somit eine Ablösung sowohl auf normativer als auch individualrechtlicher Ebene möglich. Der Arbeitgeber kann mit dem Arbeitnehmer einen Änderungsvertrag schließen oder eine Änderungskündigung[580] aussprechen.[581] Letztere muss aber mit den Vorschriften des KSchG[582] übereinstimmen.[583]

Im Folgenden soll die Änderung von Arbeitsbedingungen näher betrachtet werden. Es gelten grundsätzlich keine besonderen Voraussetzungen für die Ablösung der weitergeltenden Regelungen im Vergleich zur sonstigen Änderung von arbeitsvertraglichen Abreden.[584] Während eine einvernehmliche Änderung der Arbeitsbedingungen durch die Vertragsparteien seitens des BAG erleichtert wurde,[585] gibt es hinsichtlich einer Änderungskündigung hohe Hür-

---

Zustimmung des alten Arbeitgebers ebenfalls nicht sinnvoll, da nicht davon auszugehen ist, dass diese verweigert werden würde: Es würde sich also nur um unnötige Formalien handeln.

578 Dies heißt nicht, dass es nicht möglich wäre auf die Wertungen des TVG zurückzugreifen. Allerdings gilt dies nur als Auslegungshilfe des § 613a Abs. 1 S. 2 bis 4 BGB, nicht hinsichtlich einer Ergänzung.

579 MüKo/*Müller-Glöge,* § 613a BGB, Rdnr. 136; *Skuderis,* S. 203 ff. m.w.N; *Röder,* DB 1981, 1980, 1981.

580 Allgemein zur Änderungskündigung *Zöllner/Loritz/Hergenröder*, S. 297 ff.

581 Däubler/*Lorenz,* § 3 TVG, Rdnr. 157; MüKo/*Müller-Glöge,* § 613a BGB, Rdnr 136.

582 Außerhalb des Anwendungsbereichs des KSchG muss eine Kündigung den Vorgaben des § 242 BGB entsprechen.

583 Gleiches gilt auch, wenn der Erwerber nicht nur einzelne Regelungen abändern will, sondern einem oder mehreren Arbeitnehmern kündigen will. Zur Frage inwiefern diesbezüglich § 613a Abs. 4 BGB zu beachten ist MünchHdbArbR-I/*Wank,* § 103, Rdnr. 10 ff.

584 MüKo/*Müller-Glöge,* § 613a BGB, Rdnr. 136.

585 Im Rahmen des § 613a Abs. 1 S. 1 BGB hat das BAG entschieden, dass es keines sachlichen Grundes mehr für eine solche Änderungsvereinbarung bedarf, vgl. BAG v. 7.11.2007 - 5 AZR 1007/06, NZA 2008, 530.

den, die der Arbeitgeber zu überwinden hat.[586] Es kann daher in der praktischen Anwendung auch nach Ablauf der Veränderungssperre schwierig sein, eine Veränderung der weitergeltenden Normen zu erreichen.[587] *Lorenz* weist darauf hin, dass organisatorische Gründe meist nicht greifen werden, da aufgrund der Veränderungssperre bereits zwölf Monate Vorkehrungen getroffen werden mussten, um eine funktionierende Struktur zu erhalten.[588]

Auch sind Massenänderungskündigungen nicht ohne Weiteres[589] denkbar, und Änderungskündigungen aus reinen Kosteneinsparungsgründen werden häufig nicht zu rechtfertigen sein.[590] Möglich ist eine Änderungskündigung, wenn andernfalls Arbeitsplätze geopfert werden müssten oder der Betrieb stillgelegt werden würde.[591] Mittlerweile wird von der Rechtsprechung zumindest die „erhebliche Störung des Betriebsfriedens aufgrund entstandener Ungleichbehandlung" als ausreichender Grund für eine Änderungskündigung anerkannt.[592] Auch aus der negativen Koalitionsfreiheit ergibt sich, dass eine Veränderung nach Ablauf der Veränderungssperre möglich sein muss und nicht zu hohen Hürden unterworfen sein darf. Dies muss im Rahmen der sozialen Rechtfertigung einer Änderungskündigung bedacht werden. Andernfalls würden die Rechte des Betriebserwerbers zu weit zurückgedrängt werden und unter Umständen könnten notwendige Umstrukturierungsmaßnahmen unterdrückt werden.

Auch eine Veränderung auf kollektivrechtlicher Ebene ist möglich, sodass neben einem Tarifvertrag auch eine Betriebsvereinbarung in Betracht kommt. Allerdings ist dabei das Günstigkeitsprinzip zu beachten, da die nach § 613a Abs. 1 S. 2 BGB weitergeltenden Regelungen vergleichbar mit individualrechtlichen Normen sind.[593]

---

586 Ausführlich *Dzida/Wagner*, NZA 2008, 571, 572.

587 Dazu *Schiefer,* 50 Jahre BAG, S. 859, 861.

588 Däubler/*Lorenz,* § 3 TVG, Rdnr. 157.

589 Vgl. dazu insbesondere § 17 KSchG und *Meyer,* NZA 2002, 246, 247 f.

590 ErfK/*Preis,* § 613a BGB, Rdnr. 120 m.w.N.; *Lambrich,* FS f. Ehmann, S. 169, 198 m.w.N. Zu Massenänderungskündigungen *Preis/Steffan,* FS f. Kraft, S. 477, 483.

591 Für den Bereich der Nachwirkung *Däubler,* NZA 1996, 225, 229; *Meyer,* NZA 2002, 246, 248. Allgemein *Zöllner/Loritz/Hergenröder*, S. 299.

592 Einen kurzen Überblick dazu bei *Schiefer,* 50 Jahre BAG, S. 859, 865.

593 Zur Problematik des Scheiterns einer kollektivrechtlichen Ablösung von Regelungen nach einem Betriebsübergang *Dzida/Wagner,* NZA 2008, 571, 572 für Absprachen, die nach § 613a Abs. 1 S. 1 BGB übergegangen sind.

Problematisch ist die Behandlung von *Beendigungsnormen*. Diese können dazu führen, dass eine Änderungskündigung[594] stark erschwert wird. Fraglich ist, ob diesbezüglich der Bestandsschutz vorgeht oder das Interesse des Betriebsinhabers. Grundsätzlich ist eine „ewige" Weitergeltung der Tarifnormen nicht denkbar. Dies würde zu einer Besserstellung der Arbeitnehmer führen, die von § 613a Abs. 1 S. 2 bis 4 BGB gerade nicht gewollt ist. Schließlich kann es auch bei einem tarifgebundenen Arbeitgeber, spätestens mit Beendigung des Tarifvertrags, zu Veränderung dieser Art kommen.[595] So ist immer, wenn die allgemeinen Bedingungen für eine solche Änderungskündigung gegeben sind, auch hinsichtlich der Beendigungsnormen eine Änderungskündigung möglich. Bei Ablösung von *Betriebsnormen* ist über die angesprochene Lockerung der Sperrwirkung des § 77 Abs. 3 BetrVG nachzudenken oder ein ersatzloser Wegfall nach Wahl des Erwerbers anzubieten.

Fraglich ist, ob es zu einem *Wiederaufleben* von vertraglichen Bestimmungen kommen kann, die zwischen dem bisherigen Betriebsinhaber und dem Arbeitnehmer einzelvertraglich vereinbart wurden, wenn diese ursprünglich durch die normative Wirkung der Tarifvertragsnormen verdrängt wurden.

Der Wortlaut des § 613a Abs. 1 S. 2 BGB würde dem nicht entgegenstehen. Allerdings zeigt ein Vergleich mit § 4 Abs. 5 TVG, dass es nach einem Betriebsübergang nur ausnahmsweise zu einem Wiederaufleben kommen kann.[596] Das BAG hat im Hinblick auf § 4 Abs. 5 TVG entschieden, dass es grundsätzlich nicht zu einem *automatischen* Wiederaufleben ursprünglicher vertraglicher Vereinbarungen kommt. Vielmehr kommen vor Eintritt vereinbarte Regelungen nur dann als „andere Abmachungen" i.S.d. § 4 Abs. 5 TVG in Betracht, wenn die Vereinbarung auf den Wegfall der Nachwirkung gerichtet war, diese von den Parteien also gewollt ist. Etwas anderes ergibt sich nur, wenn die tarifvertraglichen Regelungen andernfalls ersatzlos wegfallen würden.[597] Wenn schon im Rahmen des § 4 Abs. 5 TVG kein automatisches Wiederaufleben denkbar ist, wenn die Abmachung nicht auf die Ablösung der Nachwirkung gerichtet ist, muss dies bei § 613a Abs. 1 S. 2 BGB erst recht gelten, da dieser nicht nur die Verhinderung von inhaltsleeren Arbeitsverhältnissen bezweckt, sondern gerade auch den Bestandsschutz zugunsten der Arbeitnehmer. Diesem widerspräche es, wenn Vereinbarungen wiederaufleben würden, die der Arbeitnehmer nicht zum Zweck der Ablösung der Weitergel-

594 Die folgenden Ausführungen gelten *nicht* für eine Kündigung, sondern ausschließlich für die Änderungskündigung.

595 Zu dieser Argumentation *Gussen/Dauck,* Rdnr. 253 ff.

596 Im Ergebnis ebenso *Hartmann,* S. 136.

597 BAG v. 22.10.2008 - 4 AZR 789/07, NZA 2009, 265; BAG v. 1.7.2009 - 4 AZR 250/08, NZA-RR 2010, 30.

tung nach Betriebsübergang geschlossen hat. Folglich kann ein Wiederaufleben nur in Betracht kommen, wenn die Abrede weitergeltende Regelungen nach Ende der Veränderungssperre ersetzen soll.[598] Dabei darf das Kontrahierungsverbot des § 613a Abs. 1 S. 2 BGB nicht umgangen werden. Folglich wird praktisch kein Anwendungsbereich für wiederauflebende Regelungen bleiben, die für den Arbeitnehmer ungünstig sind.

IV. Ablösung vor Ablauf der Veränderungssperre nach § 613a Abs. 1 S. 4 Alt. 1 BGB

Nach § 613a Abs. 1 S. 4 Alt. 1 BGB können die nach § 613a Abs. 1 S. 2 BGB weitergeltenden Regelungen bereits *vor Ablauf* der Veränderungssperre geändert werden, wenn der Tarifvertrag, auf den sie zurückgehen, nicht mehr gilt.

Demnach verlieren die nach § 613a Abs. 1 S. 2 BGB weitergeltenden Normen ihre zwingende Wirkung, wenn auch der Tarifvertrag nicht mehr zwingend gelten würde. Die Abänderbarkeit in diesem Fall ergibt sich aus der bereits erwähnten Wertung, wonach die Arbeitnehmer durch den Betriebsübergang zwar nicht schlechter, aber auch nicht besser stehen sollen und sichert daher die Interessen des neuen Inhabers. Dem Arbeitnehmer soll kein anderer Stand zukommen, als dies der Fall wäre, wenn es nicht zu einem Betriebsübergang gekommen wäre. Hätte der Tarifvertrag beim Veräußerer keine zwingende Wirkung mehr, soll dies auch beim neuen Betriebsinhaber nicht der Fall sein.[599] Diese Abweichung von der Veränderungssperre sieht auch die Betriebsübergangsrichtlinie[600] vor. Gilt der Tarifvertrag nicht mehr, sind demnach Änderungen der Arbeitsbedingungen durch eine entsprechende Vereinbarung oder eine Änderungskündigung möglich.[601]

1. Grundsätzliche Überlegungen

Fraglich ist, wann ein Tarifvertrag nicht mehr gilt bzw. keine zwingende Wirkung mehr entfaltet. In erster Linie sind davon der Ablauf einer Befristung, der Ablauf der Kündigungsfrist nach erfolgter Kündigung und die einvernehmliche Aufhebung des Tarifvertrags nach Betriebsübergang angesprochen.

---

598 Dies kann bei dynamischen Bezugnahmeklauseln angenommen werden, da diese gerade den Sinn haben, auf Änderungen der Tarifsituation zu reagieren.

599 MüKo/*Müller-Glöge,* § 613a BGB, Rdnr. 137; *Lambrich,* FS f. Ehmann, S. 169, 173, 196; ErfK/*Preis,* § 613a BGB, Rdnr. 121; *Waas,* S. 88; *Skuderis,* S. 210 f.

600 Vgl. Art. 3 Abs. 3 UA 1 der Betriebsübergangsrichtlinie.

601 Die Änderung ist genauso möglich, wie nach Ablauf der Jahresfrist, vgl. dazu Viertes Kapitel III.

In diesen Fällen würden die Regelungen des Tarifvertrags auch beim ursprünglichen Inhaber des Betriebs nur noch nach § 4 Abs. 5 TVG nachwirken.[602] Tritt beim ursprünglichen Inhaber hingegen die Nachbindung nach § 3 Abs. 3 TVG ein, reicht dies nicht aus, um die Wirkung des § 613a Abs. 1 S. 4 Alt. 1 BGB auszulösen.[603]

Daneben gibt es Fälle, in denen eine Einordnung problematischer ist. Beispielsweise können die Tarifvertragsparteien ihre Tarifzuständigkeit verändern oder den Geltungsbereich des Tarifvertrags neu bestimmen.[604] Auch in diesen Fällen kommt es dazu, dass der Tarifvertrag für den übergegangenen Betrieb auch beim bisherigen Betriebsinhaber nicht mehr gelten würde. Mit *Waas* ist anzunehmen, dass auch in solchen Fällen § 613a Abs. 1 S. 4 Alt. 1 BGB anwendbar ist und die zwingende Wirkung der Regelungen entfällt. Der Wegfall der Tarifbindung darf aber *nichts mit dem Betriebsübergang* zu tun haben.[605] Es reicht aus, wenn der Tarifvertrag für den übergegangenen Betrieb nicht mehr gelten würde, auch wenn er an sich noch Wirkung entfaltet.

2. Ersatz des ursprünglichen durch einen neuen Tarifvertrag

Weiter ist fraglich, ob die Veränderungssperre entfällt, wenn der Tarifvertrag durch einen neuen ersetzt wird und dadurch die ursprünglichen Regelungen konkludent aufgehoben werden.[606] Einerseits kann es keinen Unterschied machen, warum und wie ein Tarifvertrag aufgehoben wird. Auf der anderen Seite träten ohne Betriebsübergang an die Stelle der bisherigen kollektivrechtlichen Regelungen neue, die unter Umständen die Arbeitsbedingungen der Arbeitnehmer sogar verbessern würden. Nimmt man den weitergeltenden Regelungen zusätzlich die zwingende Wirkung, stünden die Arbeitnehmer deutlich schlechter. Diese Überlegung bringt *Skuderis* dazu, bei Ablösung des bisheri-

---

602 *Waas,* S. 88; *Hartmann,* S. 137; *Preis/Steffan,* FS f. Kraft, S. 477, 484; *Hohenstatt,* NZA 2010, 23, 25. Eine weitere, umstrittene, Möglichkeit der Tarifvertragsbeendigung ist der Wegfall der Geschäftsgrundlage. Allerdings hat das BAG ausdrücklich festgestellt, Veränderungen, die allein auf einen Betriebsübergang zurückzuführen sind, würden nicht zur Änderung der Geschäftsgrundlage führen, vgl. BAG v. 22.4.2009 - 4 AZR 100/08, NZA 2010, 41, 45.

603 Kempen/Zachert/*Kempen,* § 3 TVG, Rdnr. 125.

604 Vgl. zu diesen Beispielen *Waas,* S. 88 f.

605 *Waas,* S. 89. Auch die Problematik, die entsteht, wenn der Betrieb bei Übergang den Geltungsbereich verlässt, muss aus dem Anwendungsbereich des § 613a Abs. 1 S. 4 BGB ausgeklammert werden. Vgl. zu dieser Thematik noch unten Viertes Kapitel VI.2.

606 Zu dieser Problematik *Skuderis,* S. 220 f.

gen Tarifvertrags durch einen neuen, der die Stellung der Arbeitnehmer verbessert, die Veränderungssperre nicht aufzuheben und § 613a Abs. 1 S. 4 Alt. 1 BGB insofern teleologisch zu reduzieren.[607]

Aus Bestandsschutzgesichtspunkten wäre der Aufrechterhaltung der Veränderungssperre durchaus zuzustimmen. Einige Argumente sprechen aber gegen eine dahingehende teleologische Reduktion. Es kann keinen Unterschied machen, aus welchem Grund ein Tarifvertrag aufgehoben wird. Andernfalls hinge es vom Zufall ab, welche Folgen eine solche Aufhebung für den neuen Betriebsinhaber hat. Heben die Tarifvertragsparteien einen Tarifvertrag auf und schließen beispielsweise einen Monat später einen neuen Vertrag, würde keine teleologische Reduktion der Vorschrift infrage kommen. Weiter kann der Fall mit der Verlängerung eines befristeten Tarifvertrags verglichen werden: In beiden Konstellationen wird der Tarifvertrag von einem neuen Willensentschluss getragen.[608] Auch dort kann keine dahingehende Reduktion vorgenommen werden, da es sich gerade um einen *neuen Entschluss* der Tarifvertragsparteien handelt.[609] Dem Erwerber würde durch eine Aufrechterhaltung der Veränderungssperre die Willensentschließung der Tarifvertragsparteien, *überhaupt* einen Tarifvertrag zu schließen zur Last gelegt werden. Dies soll gerade nicht der Fall sein, da er diese nicht mit trägt. Hat der neue Betriebsinhaber bei Erwerb darauf vertraut, dass der Tarifvertrag auslaufen wird, kann nicht unter Berufung auf einen neuen Tarifvertrag die Veränderungssperre aufrechterhalten werden. Auch bei Ersatz eines Tarifvertrags durch einen Folgetarifvertrag entfällt die Veränderungssperre.

3. Tarifvertragsparteien lassen Kündigungsmöglichkeit verstreichen

Teilweise wird vertreten, dass die vorzeitige Abänderbarkeit nach § 613a Abs. 1 S. 4 Alt. 1 BGB bereits dann ermöglicht werden muss, wenn der ursprüngliche Betriebsinhaber die Möglichkeit gehabt hätte, sich durch Kündigung von seiner Tarifbindung zu lösen.[610] Dies kann zum Beispiel durch eine vertraglich vereinbarte Kündigungsmöglichkeit der Fall sein. Diesbezüglich wird angenommen, dass auch der neue Betriebsinhaber die Möglichkeit haben muss, sich „im gleichen Maße“ wie der ursprüngliche Inhaber von der Tarifbindung zu

---

607 *Skuderis,* S. 221 f.

608 Zu dieser Argumentation im Rahmen des § 3 Abs. 3 TVG *Houben,* NJOZ 2008, 2170, 2172.

609 Diese Argumentation wird auch im Rahmen des § 3 Abs. 3 TVG fruchtbar gemacht, vgl. dazu *Houben,* NJOZ 2008, 2170, 2172.

610 *Meyer,* NZA 2002, 246, 251 f.

lösen.[611] Demnach würde die Wirkung des § 613a Abs. 1 S. 4 BGB bereits mit der Kündigungs*möglichkeit* entstehen. Dabei ist hinsichtlich des Firmen- und des Verbandstarifvertrags zu unterscheiden, da bei letzterem die Kündigung durch den Arbeitgeberverband erfolgt und nicht durch den Arbeitgeber selbst.

a) Kündigungsmöglichkeit eines Verbandstarifvertrag

Zu diskutieren ist, ob die Veränderungssperre gem. § 613a Abs. 1 S. 4 Alt. 1 BGB entfällt, wenn der Arbeitgeberverband von der ersten Möglichkeit zur Kündigung des Tarifvertrags keinen Gebrauch macht.

Auch für den Austritt des Arbeitgebers aus dem tarifschließenden Verband und der sich anschließenden Nachbindung nach § 3 Abs. 3 TVG wird dieses Problem diskutiert. Es wird vertreten, die Tarifbindung nach dem Austritt bereits dann enden zu lassen, wenn eine Kündigung durch den Arbeitgeberverband möglich ist, auch wenn von dieser kein Gebrauch gemacht wird. Die Weitergeltung des Tarifvertrags sei nicht von der mitgliedschaftlichen Legitimation gedeckt und der Arbeitgeber habe keine Chance, die Kündigung zu beeinflussen.[612] Dieser Argumentation kann nicht gefolgt werden. Bei einem unbefristeten Tarifvertrag legitimiert der Arbeitgeber gerade eine längere Bindung und kann sich nicht auf das Ende zu einem bestimmten Zeitpunkt verlassen.[613]

Fraglich ist, ob diese Wertung ohne Probleme auf die Weitergeltung nach § 613a Abs. 1 S. 2 bis 4 BGB nach einem Betriebsübergang übertragen werden kann. Ein Unterschied besteht hinsichtlich der Legitimation, die § 3 Abs. 3 TVG zugrunde liegt und der Legitimation der Weitergeltung nach § 613a Abs. 1 S. 2 BGB. Während § 3 Abs. 3 TVG auf der - ursprünglichen - Mitgliedschaft beruht, hat der Erwerber des Betriebs die Tarifnormen von vornherein nicht mitgliedschaftlich legitimiert. Daher kann diese Legitimation auch nicht entfallen. Vielmehr ist Grund für die Geltung der Tarifnormen § 613a Abs. 1 S. 2 BGB.[614] Insbesondere besteht auch nicht die bei § 3 Abs. 3 TVG diskutierte Problematik der Weitergeltung auf unbestimmte Zeit. Die Veränderungs-

---

611 Dazu *Hartmann,* S. 141.

612 ErfK/*Franzen,* § 3 TVG, Rdnr. 27; *Löwisch/Rieble,* § 3 TVG, Rdnr. 91.

613 Auf den Meinungsstreit kann im Rahmen der vorliegenden Arbeit nicht abschließend eingegangen werden. Vgl. daher zur hier vertretenen Meinung mit überzeugenden Argumenten *Däubler,* NZA 1996, 225, 226; *Houben,* NJOZ 2008, 2170, 2172. Allerdings kann in solchen Fällen bei einer langen Kündigungsfrist über eine zeitliche Begrenzung der Nachbindung nachgedacht werden, dazu ebenfalls *Däubler,* NZA 1996, 225, 226.

614 Ähnlich *Skuderis,* S. 214, die allerdings von einer individualvertraglichen Weitergeltung ausgeht.

sperre ist nur für ein Jahr vorgesehen. Dennoch stellt sich die Frage, ob dem Erwerber der Entschluss der Tarifvertragsparteien, *nicht* zu kündigen, zugerechnet werden kann. Anders als bei Abschluss eines Folgetarifvertrags kann sich der Erwerber bei Verstreichenlassen einer Kündigungsmöglichkeit nicht auf diesen Aspekt berufen. Es ist schon zweifelhaft, ob der Entschluss, einen Tarifvertrag zu schließen und der Entschluss, einen solchen nicht zu kündigen, vergleichbar sind.[615] Vor allem aber konnte sich der Erwerber bei Betriebsübergang nicht darauf verlassen, dass der Tarifvertrag gekündigt werden wird. Dies ist aber bei Ablauf einer Befristung der Fall. Die Veränderungssperre des § 613a Abs. 1 S. 2 BGB entfällt folglich nicht, wenn eine Möglichkeit zur Kündigung des Tarifvertrags bestanden hätte, diese aber nicht genutzt wurde.

b) Kündigungsmöglichkeit eines Firmentarifvertrags

Bei einem bestehenden Firmentarifvertrag ist der ursprüngliche Arbeitgeber selbst Tarifvertragspartei und kann eine Kündigung des Tarifvertrags ohne Rückgriff auf einen Verband aussprechen. Gilt ein Tarifvertrag nicht - wie im Fall der Gesamtrechtsnachfolge - kollektivrechtlich weiter und wird der neue Betriebsinhaber Tarifvertragspartei, geht das Kündigungsrecht des Veräußerers nicht über. Das Recht, einen Tarifvertrag zu kündigen, ist mit der Stellung als Vertragspartner untrennbar verbunden.[616] Fraglich ist, ob eine vorzeitige Ablösung nach § 613a Abs. 1 S. 4 Alt. 1 BGB möglich ist, wenn eine Kündigungsmöglichkeit des Firmentarifvertrags besteht. Im Vergleich zu einem Verbandstarifvertrag ergibt sich ein großer Unterschied, da der Arbeitgeber nicht auf den Arbeitgeberverband einwirken muss, um eine Kündigung herbeizuführen. Er kann die Kündigung einfach aussprechen. Dennoch kann sich der Erwerber nicht darauf verlassen, dass der Tarifvertrag seitens des ursprünglichen Inhabers gekündigt wird. Somit ergibt sich im Ergebnis keine andere Einschätzung als bei einem Verbandstarifvertrag.

4. Änderung oder Kündigung einzelner Regelungen

Wie bereits festgestellt nehmen die Arbeitsverträge an Änderungen des Tarifvertrags nicht teil.[617] Fraglich ist, ob bei Änderung einzelner Regelungen für die Arbeitsverhältnisse die Veränderungssperre weiter gilt, oder ob auch insofern § 613a Abs. 1 S. 4 Alt. 1 BGB anwendbar ist. Nimmt man an, dass § 613a Abs. 1 S. 4 Alt. 1 BGB einschlägig ist, stellt sich die Frage, ob eine Ablösung aller Regelungen des Tarifvertrags innerhalb der einjährigen Veränderungs-

615 *Houben,* NJOZ 2008, 2170, 2172.

616 Dazu bereits oben Drittes Kapitel II.3.h).

617 Siehe dazu oben Viertes Kapitel I.1.

sperre ermöglicht wird,[618] oder dies nur für die Regeln gilt, die einer Änderung oder Kündigung unterworfen wurden.

Dabei kann bei Bewertung der Frage keine Rolle spielen, ob die Regelungen geändert oder gekündigt werden, da andernfalls den Betriebserwerber wiederum die Willensentschließung der Tarifvertragsparteien träfe.

Somit stellt sich sowohl für die Kündigung als auch für die Änderung einzelner Teile des Tarifvertrags die Frage, ob die Veränderungssperre für einzelne Regelungen[619] oder den gesamten Tarifvertrag[620] außer Kraft tritt. Ebenso ist eine Aufrechterhaltung der Veränderungssperre für den gesamten Tarifvertrag denkbar.

a) Wortlaut und historische Auslegung

Zuzugestehen ist, dass auch im Fall der Änderung oder Kündigung einzelner Abschnitte des Tarifvertrags die Regelungen des Tarifvertrags nicht mehr gelten und dies vom Wortlaut des § 613a Abs. 1 S. 4 Alt. 1 BGB umfasst sein könnte. Wird allerdings nur eine geringfügige Änderung einzelner Regelungen vorgenommen, ist fraglich, ob dies mit dem Nichtgelten eines Tarifvertrags im Ganzen gleichzusetzen ist. Die Vorschrift bezieht sich auf die Geltung des gesamten Tarifvertrags, es ist nicht von einzelnen Regelungen die Rede.

Aus der Gesetzesbegründung zu § 613a Abs. 1 S. 4 BGB ergibt sich kein Anhaltspunkt dafür, dass der Gesetzgeber auch die Änderung bzw. Kündigung einzelner Regelungen von der Vorschrift umfasst haben wollte.[621]

b) Systematische Auslegung

Für eine Aufhebung der Veränderungssperre nach § 613a Abs. 1 S. 4 Alt. 1 BGB auch bei Kündigung oder Änderung einzelner Bereiche wird erneut ein Vergleich mit der Nachbindung nach § 3 Abs. 3 TVG angeführt. Diese müsse bei Änderung einzelner Regelungen für den gesamten Tarifvertrag entfallen.[622] Die Legitimation für den Tarifvertrag als Ganzes sei durch die Änderung entfallen.[623] Auch im Rahmen der Nachbindung ist diese Auslegung allerdings umstritten.[624]

---

618 So *Waas,* S. 95 f.

619 *Skuderis,* S. 212.

620 *Waas,* S. 94 ff.; *Hartmann,* S. 146.

621 Dazu BT-Drs. 8/3317, S. 11.

622 *Löwisch/Rieble,* § 3 TVG, Rdnr. 214.

623 Das BAG hat im Zusammenhang mit der Nachbindung entschieden, dass bei Änderung einzelner Abschnitte des Tarifvertrags die Nachbindung hinsichtlich des gesamten Tarifvertrags entfällt, vgl. BAG v. 4.4.2001 - 4 AZR 215/00, NZA 2002, 104.

624 Zum Streitstand Wiedemann/*Oetker,* § 3 TVG, Rdnr. 95 ff.

Der Vergleich mit § 3 Abs. 3 TVG ist nicht unproblematisch. Die Legitimation der Weitergeltung beruht nicht auf der Mitgliedschaft, sondern ist gesetzlich durch § 613a Abs. 1 S. 2 BGB begründet. Wenn diese Vorschrift keinen Wegfall der Weitergeltung bei einer Änderung oder Kündigung einzelner Regelungen des Tarifvertrags vorsieht, kann nicht auf den Wegfall der Legitimation abgestellt werden.

Auch wird argumentiert, dass die Wirkung des § 613a Abs. 1 S. 4 BGB zur Disposition der Tarifvertragsparteien stünde, wenn man die Veränderung einzelner Regelungen nicht mit einbezieht: Wird der Tarifvertrag gekündigt, entfällt die Veränderungssperre, wenn einzelne Änderungen vorgenommen werden, ist keine Abänderung möglich. Dem folgend würde selbst bei einer geringfügigen Änderung die gesamte Weitergeltung ihre zwingende Wirkung verlieren.[625] Dies ist richtig, wenn die Veränderung der Regelungen so weitgehend ist, dass quasi von einem neuen Tarifvertrag gesprochen werden muss.

Hartmann weist darauf hin, dass Gesichtspunkte der Rechtssicherheit dagegen sprechen, nur einzelne Regelungen des Tarifvertrags weiter der Veränderungssperre zu unterwerfen. Daraus schließt er, alle Regelungen des Tarifvertrags sollten von der Veränderungssperre ausgenommen werden, wenn einzelne Regelungen verändert werden.[626] Dieser Schluss ist nicht zwingend. Vielmehr ist der Rechtssicherheit auch Genüge getan, indem § 613a Abs. 1 S. 4 Alt. 1 BGB nicht angewendet wird, wenn einzelne Regelungen des Tarifvertrags durch die Tarifvertragsparteien geändert werden. Der gesamte Tarifvertrag unterliegt folglich der Veränderungssperre und es können keine Unklarheiten aufkommen.

Gleiches gilt hinsichtlich des Arguments, dass ein Tarifvertrag seine Richtigkeitsgewähr verlieren würde, wenn nur einzelne Teile der Veränderungssperre unterliegen würden.[627] Daraus lässt sich nur ableiten, dass die Regelungen des Tarifvertrags immer das gleiche Schicksal erleiden müssen. Ob dies bedeutet, dass die Veränderungssperre insgesamt oder überhaupt nicht aufgehoben wird, ist dadurch nicht vorgeschrieben.

c) Auslegung anhand des Normzwecks

§ 613a Abs. 1 S. 4 BGB ist Ausdruck des Interessenausgleichs zwischen den Arbeitnehmern und dem neuen Betriebsinhaber. Letzterem würde es entgegenkommen, die Veränderungssperre in möglichst vielen Fällen aufzuheben. Allerdings dürfen dabei die Interessen der Arbeitnehmer im Hinblick auf den Bestandsschutz nicht zu weit zurückgedrängt werden. Es ist keine ausufernde

625 Zum Ganzen *Hartmann,* S. 145.

626 *Hartmann,* S. 146.

627 Dahingehend *Waas,* S. 95.

Auslegung der Vorschrift geboten, sondern ein Ausgleich zwischen den Interessen, die aufeinander treffen, zu finden.

d) Richtlinienkonforme Auslegung

Fraglich ist, ob die Betriebsübergangsrichtlinie eine entscheidende Wertung vorgibt. Nach Art. 3 Abs. 3 UA 3 der Richtlinie „erhält der Erwerber die in einem Kollektivvertrag vereinbarten Arbeitsbedingungen bis zur Kündigung oder zum Ablauf des Kollektivvertrags [...] in dem gleichen Maße aufrecht, wie sie in dem Kollektivvertrag für den Veräußerer vorgesehen waren." Zur Umsetzung dieser Ausnahmemöglichkeit, namentlich *Kündigung* oder *Ablauf* des Tarifvertrags, dient § 613a Abs. 1 S. 4 Alt. 1 BGB. Die Richtlinie sieht keine Ausnahme für die Änderung oder Kündigung *einzelner Teile* des Tarifvertrags vor. Eine derart weite Auslegung des § 613a Abs. 1 S. 4 Alt. 1 BGB ist folglich europarechtlich nicht angebracht. Auch der Hinweis, dass die Aufrechterhaltung der Regelungen „in dem gleichen Maße" dazu führen würde, dass die Arbeitsbedingungen „so weit wie möglich" aufrechterhalten werden müssen,[628] geht fehl. In Art. 3 Abs. 3 S. UA 3 ist zwar die Rede davon, dass die Arbeitsbedingungen in dem gleichen Maße aufrechterhalten werden müssen, wie sie beim Veräußerer vorgesehen waren. Diese Formulierung bezieht sich aber nicht auf die Änderung einzelner Teile des Tarifvertrags. Nach hier vertretener Ansicht spricht der Hintergrund der Richtlinie, namentlich der Zweck die Arbeitsbedingungen für die Arbeitnehmer weitestgehend so aufrechtzuerhalten, wie diese beim Erwerber waren, gegen einen Verlust der zwingenden Wirkung bei Änderung oder Kündigung einzelner Regelungen.

e) Zusammenfassung und kritische Würdigung

Es lässt sich kein durchschlagendes Argument dafür finden, dass § 613a Abs. 1 S. 4 BGB auch bei - geringfügiger - Änderung oder Kündigung einen Wegfall der Veränderungssperre für die weitergeltenden Normen vorsähe. Selbst wenn die unveränderten Teile des Tarifvertrags eine abgeschlossene Regelung darstellen, spricht wenig dafür, die Veränderungssperre nur für diese Teile aufzuheben. Insbesondere die dadurch entstehende Unsicherheit für alle Beteiligten kann nicht hingenommen werden.

Zusammenfassend ist eine differenzierende Betrachtung nötig. Handelt es sich um die Kündigung bzw. Änderung einzelner Regelungen, die in der Gesamtschau als geringfügig einzuordnen sind, kann nicht die Veränderungssperre für die Weitergeltung des ganzen Tarifvertrags aufgehoben werden. Dies widerspricht dem Bestandsschutz. Werden allerdings weitreichende Teile eines Ta-

---

628 Dazu *Waas,* S. 95.

rifvertrags aufgehoben oder geändert, kann an dieser Einordnung nicht festgehalten werden. Problematisch bleibt die Rechtssicherheit. Dem Erwerber - und auch den Arbeitnehmern - ist es kaum zuzumuten, herauszusuchen, welche Normen jeweils noch gelten und welche nicht. Daher muss bei Kündigung von einzelnen Regelungen im Einzelfall entschieden werden, ob es sich um so weitreichende Veränderungen handelt, dass eine Aufhebung der Veränderungssperre für den gesamten Tarifvertrag angezeigt ist. Als Anhaltspunkt hierfür kann gelten, ob der übrig gebliebene Teil des Tarifvertrags für sich gesehen eine sinnvolle Regelung ergeben würde. Auch diese Situation ist bezüglich der Rechtssicherheit nicht optimal, allerdings werden dadurch die Interessen beider Seiten so weit wie möglich gewahrt.

5. Tarifvertrag sieht Ausschluss der Nachwirkung vor

Die Tarifvertragsparteien können einen Ausschluss der Nachwirkung im Sinne des § 4 Abs. 5 TVG vertraglich vereinbaren. Dies führt dazu, dass in den Fällen des § 4 Abs. 5 TVG die Regelungen des Tarifvertrags ersatzlos entfallen.[629] Sieht ein Tarifvertrag, dessen Regelungen nach § 613a Abs. 1 S. 2 BGB weitergelten, eine solche Vereinbarung vor, muss geklärt werden, welche Auswirkung dies auf die weitergeltenden Regelungen hat. So könnte man in Fällen der ausgeschlossenen Nachwirkung auch nach § 613a Abs. 1 S. 2 BGB weitergeltende Regelungen entfallen lassen, wenn der Tarifvertrag endet. Dafür spricht ein Vergleich mit der Situation ohne Betriebsübergang, in der dasselbe Ergebnis eintreten würde. Etwas anderes ergibt sich auch nicht aus der Wertung des § 613a Abs. 1 S. 4 Alt. 1 BGB. Dieser will einen Interessenausgleich dahingehend vornehmen, die Arbeitnehmer nicht schlechter, aber auch nicht besser als ohne Betriebsübergang zu stellen.[630] Es soll lediglich das weitergelten, was die Tarifvertragsparteien vereinbart haben. Deren Regelungen können nicht ersetzt oder übergangen werden. Auch nach einem Betriebsübergang ist somit bei Wegfall der Geltung des Tarifvertrags und gleichzeitigem Ausschluss der Nachwirkung der ersatzlose Wegfall der Regelungen anzunehmen.

---

629 *Zöllner/Loritz/Hergenröder,* S. 382; Wiedemann/*Wank,* § 4 TVG, Rdnr. 362; *Löwisch/Rieble,* § 4 TVG, Rdnr. 410; Kempen/Zachert/*Kempen,* § 4 TVG, Rdnr. 548.

630 Zu diesem Ergebnis kommt auch BAG v. 22.4.2009 - 4 AZR 100/08, NZA 2010, 41. Wie hier *Skuderis,* S. 225 f.; *Hartmann,* S. 141; Staudinger/*Annuß,* § 613a BGB, Rdnr. 286; MüKo/*Müller-Glöge,* § 613a BGB, Rdnr. 137. Anderer Ansicht ist *Moll,* RdA 1996, 275, 284.

V. Ablösung vor Ablauf der Veränderungssperre nach § 613a Abs. 1 S. 4 Alt. 2 BGB

1. Grundsatz: Vereinbarung von Bezugnahmeklauseln

Eine weitere Ausnahme von der einjährigen Veränderungssperre findet sich in § 613a Abs. 1 S. 4 Alt. 2 BGB. Danach können die nach S. 2 weitergeltenden Regelungen vor Ablauf des Jahres geändert werden, wenn „bei fehlender beiderseitiger Tarifgebundenheit im Geltungsbereich eines anderen Tarifvertrags dessen Anwendung zwischen dem neuen Inhaber und dem Arbeitnehmer vereinbart wird". Auch die zweite Alternative des vierten Satzes hat ein europarechtliches Fundament und soll die Interessen des neuen Betriebsinhabers wahren. Letzterer hat insbesondere bei Herausfallen aus dem Geltungsbereich eines Tarifvertrags ein gesteigertes Interesse, nicht diesen „unpassenden" Regelungen zu unterfallen, sondern einen Tarifvertrag wählen zu können, der mit der neuen Umgebung des Betriebs übereinstimmt. Insbesondere kann dadurch ein Gleichlauf mit den bereits im Unternehmen des neuen Inhabers beschäftigten Arbeitnehmern erreicht werden.

Sind die Voraussetzungen gegeben, kann der neue Betriebsinhaber mit den Arbeitnehmern Bezugnahmeklauseln vereinbaren, welche die bisherigen Regelungen ersetzen. Grundvoraussetzung, die sich aus dem Wortlaut der Vorschrift ergibt, ist, dass sich das betreffende Arbeitsverhältnis *im Geltungsbereich* des Tarifvertrags befindet, auf den Bezug genommen werden soll. Es muss folglich der Tarifvertrag in Bezug genommen werden, der gelten würde, läge beiderseitige Tarifbindung vor.

2. Fehlen der beiderseitigen Tarifbindung

Die h.M. geht davon aus, dass die Vereinbarung einer solchen Bezugnahmeklausel nicht nur möglich ist, wenn beide Parteien nicht tarifgebunden sind, sondern auch, wenn nur[631] eine der Parteien tarifgebunden ist.[632] Diesbezüglich

---

631 Sind beide Parteien hinsichtlich desselben Tarifvertrags gebunden, würde dieser entweder ohne Rückgriff auf § 613a Abs. 1 S. 4 Alt. 2 BGB kollektivrechtlich gelten, wenn es sich um den ursprünglichen Tarifvertrag handelt, oder es käme eine Ablösung nach § 613a Abs. 1 S. 3 BGB in Betracht.

632 ErfK/*Preis,* § 613a BGB, Rdnr. 122; *Lambrich,* FS f. Ehmann, S. 169, 197; *Skuderis,* S. 226 ff.; Kempen/Zachert/*Kempen,* § 3 TVG, Rdnr. 126; HWK/*Willemsen/Müller-Bonanni,* § 613a BGB, Rdnr. 279; Staudinger/*Annuß,* § 613a BGB, Rdnr. 287; *Bepler,* RdA 2009, 65, 71; *Preis/Steffan,* FS f. Kraft, S. 477, 484. Wohl auch MüKo/*Müller-Glöge,* § 613a BGB, Rdnr. 138. Anderer Ansicht ist *Heinze,* FS f. Schaub, 275, 293, der annimmt, dass der Arbeitgeber tarifgebunden sein muss.

wird auf den unglücklichen Wortlaut hingewiesen, aus dem dies nicht eindeutig hervorginge. Dem ist entgegenzuhalten, dass fehlende *beider*seitige Tarifgebundenheit sowohl vorliegt, wenn Arbeitnehmer und Arbeitgeber nicht an den betreffenden Tarifvertrag gebunden sind als auch, wenn nur einer der beiden gebunden ist.[633] In beiden Fällen sind nicht beide Parteien, sondern nur einer oder keiner gebunden. Auch vom Sinn der Vorschrift ist diese Auslegung gedeckt: Die Interessen der Arbeitnehmer an einer Weitergeltung ihrer Arbeitsbedingungen sollen mit denen des neuen Arbeitgebers auf Vereinheitlichung bzw. Anpassung an die neuen Gegebenheiten in Einklang gebracht werden. Dies ist durch die Bezugnahme auf einen Tarifvertrag, in dessen Geltungsbereich sich der Betrieb befindet, möglich. Dadurch werden die Interessen des neuen Betriebsinhabers gewahrt, aber auch der Arbeitnehmerschutz beachtet, indem die weitergeltenden Regelungen nicht durch Bedingungen ersetzt werden, die der einzelne Arbeitnehmer aushandeln muss. Vielmehr sind die ablösenden Regelungen durch Gewerkschaften ausgehandelt und haben insofern die gleiche „Berechtigung", die den ursprünglichen Regelungen eigen war.[634] Der Arbeitnehmerschutz wird auf einen anderen Tarifvertrag „verlagert". Insofern ist der h.M. zu folgen und auch bei Bindung einer Arbeitsvertragspartei an einen Tarifvertrag § 613a Abs. 1 S. 4 Alt. 2 BGB anzuwenden.

3. Bezugnahme auf den ganzen Tarifvertrags

Das Ablösen der weitergeltenden Regelungen ist nur durch die Bezugnahme auf einen Tarifvertrag im Ganzen möglich.[635] Hauptargument dafür ist die „Richtigkeitsgewähr",[636] die durch den Tarifvertrag als Ganzes gegeben wird. Wie angesprochen wird die Stellung der Arbeitnehmer dadurch verbessert, dass sie die einzelnen Regelungen nicht selbst aushandeln müssen, sondern sie sich auf das „Kollektiv" Gewerkschaft berufen können. Insofern ist es folgerichtig, dass einzig ein Verweis auf den Tarifvertrag im Ganzen möglich sein kann. Andernfalls würde der Ball zum Arbeitnehmer zurückgespielt werden, der, zum Beispiel aus Angst um seinen Job, einer Bezugnahme auf einzelne Aspekte des Tarifvertrags zustimmen könnte, die sich - ohne den anderen Teil der Vereinbarungen - für den Arbeitnehmer nachteilig auswirken. Inwiefern

---

633 Ebenso *Waas,* S. 77; Staudinger/*Annuß,* § 613a BGB, Rdnr. 287.

634 In diese Richtung argumentiert auch *Waas,* S. 76 f.

635 ErfK/*Preis,* § 613a BGB, Rdnr. 122; Kempen/Zachert/*Kempen,* § 3 TVG, Rdnr 126; Staudinger/*Annuß,* § 613a BGB, Rdnr. 287; Däubler/*Lorenz,* § 3 TVG, Rdnr. 210; MüKo/*Müller-Glöge,* § 613a BGB, Rdnr. 138; HWK/*Willemsen/Müller-Bonanni,* § 613a BGB, Rdnr. 279; *Skuderis,* S. 231 f.; *Gaul*, § 24, Rdnr. 57.

636 Vgl. zu diesem Begriff Wiedemann/*Thüsing,* § 1 TVG, Rdnr. 246 ff., insbesondere 254 ff. m.w.N.

dies heißt, dass der Tarifvertrag grundsätzlich auch inhaltlich einer umfassenden „Richtigkeitsgewähr“[637] unterliegt, sei dahingestellt. Zumindest die *Verhandlungsposition* des Arbeitnehmers wird aber durch die Gewerkschaft verbessert.

4. Mit dem Veräußerer geschlossene Bezugnahmeklausel

Ein Arbeitsvertrag, der nach § 613a Abs. 1 S. 1 BGB auf den Erwerber des Betriebs übergegangen ist, kann eine große dynamische Bezugnahmeklausel[638] enthalten. Sind die Regelungen des Tarifvertrags, auf den sich die Bezugnahmeklausel bezieht, für den Arbeitnehmer ungünstiger als die nach § 613a Abs. 1 S. 2 BGB weitergeltenden Regelungen, stellt sich die Frage, ob diese Bezugnahmeklausel nach dem Übergang des Betriebs Wirkung entfaltet. Das Wiederaufleben individualvertraglicher Abreden, die für den Arbeitnehmer ungünstiger sind, ist nur unter engen Voraussetzungen möglich, für eine dynamische Bezugnahmeklausel aber denkbar.[639] Fraglich ist, ob § 613a Abs. 1 S. 4 BGB bereits vor Ende der Veränderungssperre eine Ausnahme zulässt. Daher soll der Frage nachgegangen werden, wie das grundsätzliche Verhältnis einer Bezugnahmeklausel zu den nach § 613a Abs. 1 S. 2 BGB weitergeltenden Regelungen wäre.

Es kommt eine Anwendung des Günstigkeitsprinzips und damit eine „Zurückdrängung“ der Bezugnahmeklausel in Betracht.[640] Eine andere Möglichkeit wäre auch eine Bezugnahmeklausel, die der Veräußerer mit seinem Arbeitnehmer vereinbart hat, als Vereinbarung nach § 613a Abs. 1 S. 4 Alt. 2

637 Interessant dazu die Kritik von *Lambrich,* FS f. Ehmann, S. 169, 197, insbesondere Fn. 83, der eine solche Richtigkeitsgewähr - mit Hinweis auf gruppenegoistische Interessen - überhaupt infrage stellt. Auch wenn diesbezüglich ein wichtiger Punkt angesprochen wird, der hinsichtlich vieler Fragestellungen im Tarifrecht beachtet werden muss, kann nach hier vertretener Ansicht diesem Argument nicht vollumfänglich zugestimmt werden. Andernfalls müsste das Tarifsystem im Ganzen abgelehnt werden. Aus Arbeitnehmersicht würde dies einen Rückschritt bedeuten. Insofern müsste im Sinne einer konstruktiven Kritik ein Vorschlag gemacht werden, der unter Wahrung der Arbeitnehmerinteressen eine Verbesserung bringt. Dennoch ist *Lambrich* im Ergebnis zuzustimmen, dass den Tarifverträgen nicht immer eine inhaltliche Richtigkeitsgewähr unterstellt werden kann. Auf diese Problematik kann hier allerdings nicht abschließend eingegangen werden.

638 Zur genauen Einordnung und Auslegung solcher Bezugnahmeklauseln noch unten Sechstes Kapitel I.6.a).

639 Dazu bereits oben Viertes Kapitel III.

640 *Lambrich,* S. 269, 234; MüKo/*Müller-Glöge,* § 613a BGB, Rdnr. 138.

BGB anzusehen; damit wären die weitergeltenden Normen bereits mit Betriebsübergang abgelöst.[641]

Gegen letztere Ansicht spricht in erster Linie der Wortlaut von § 613a Abs. 1 S. 4 Alt. 2 BGB. Demnach ist eine Ablösung der weitergeltenden Normen möglich, wenn „im Geltungsbereich eines anderen Tarifvertrags dessen Anwendung *zwischen dem neuen Inhaber und dem Arbeitnehmer* vereinbart wird". Geht die Bezugnahmeklausel auf eine Vereinbarung zwischen Veräußerer und Arbeitnehmer zurück, handelt es sich nicht um eine Vereinbarung zwischen dem *neuen Inhaber* und dem Arbeitnehmer.[642] Weiter gegen eine Ablösung spricht der Arbeitnehmerschutz. § 613a Abs. 1 S. 4 BGB hat allerdings den Zweck, einen Ausgleich zwischen dem Bestandsschutz der Rechte der Arbeitnehmer und dem Vereinheitlichungsinteresse des Arbeitgebers zu erreichen. Dieser Ausgleich besteht darin, zwar eine individualrechtliche Vereinbarung zu ermöglichen, den Arbeitnehmern aber ein Mindestmaß an (kollektivem) Schutz zukommen zu lassen, indem auf den einschlägigen Tarifvertrag verwiesen wird. Daraus wird geschlossen, dass auch eine antizipierte Bezugnahmeklausel möglich ist.[643] Darüber hinaus bestünde, unabhängig von einem Betriebsübergang, auch beim ursprünglichen Inhaber die Gefahr, dass eine dynamische Bezugnahmeklausel bei Wegfall der beidseitigen Tarifbindung und gleichzeitiger Veränderung der Betriebsstruktur eine, für den Arbeitnehmer unangenehme, Überraschung bereithält.[644]

Andererseits ist die Situation nach Betriebsübergang für den Arbeitnehmer eine andere. Nicht nur, dass er einen neuen Arbeitgeber hat: Im Zweifel ändert sich sein gesamtes Arbeitsumfeld. Der Arbeitnehmer muss die Möglichkeit haben, sich aus der neuen Situation heraus für oder gegen eine Bezugnahmeklausel zu entscheiden. Bei Verabredung der alten Klausel konnte der Arbeitnehmer diese Überlegungen nicht mit einbeziehen, da er entweder nichts von einem - späteren - Betriebsübergang wusste oder dessen Folgen nicht abschätzen konnte. Insbesondere konnte der Arbeitnehmer nicht wissen, welches der einschlägige Tarifvertrag sein würde.

---

641 Staudinger/*Annuß,* § 613a BGB, Rdnr. 287; *Annuß,* ZfA 2005, 405, 456; *Henssler,* FS für Wißmann, S. 133, 154; *Bauer/Günther,* NZA 2008, 6, 11; *Jacobs,* NZA-Beil. 2009 Heft 1, 45, 51 f.

642 *Lambrich,* FS f. Ehmann, S. 169, 234.

643 Vgl. zu dieser Argumentation Staudinger/*Annuß,* § 613a BGB, Rdnr. 287.

644 Vgl. zu dieser Argumentation *Bepler,* RdA 2009, 65, 71.

Zusammenfassend ist eine Anwendung des § 613a Abs. 1 S. 4 BGB auf Bezugnahmeklauseln, die bereits der Veräußerer abgeschlossen hat, abzulehnen.[645]

5. Ablösung durch Änderungskündigung

Fraglich ist, ob der Meinung zuzustimmen ist, dass das Herbeiführen einer solchen Bezugnahmeklausel auch durch den Ausspruch einer Änderungskündigung möglich sein kann.[646] Da § 613a Abs. 1 S. 4 Alt. 2 BGB von „vereinbaren" spricht, scheint der Wortlaut eine dahingehende Änderungskündigung auszuschließen. Dieser Argumentation wird mit dem Hinweis, dass auch bei einer Änderungskündigung Arbeitnehmer und Arbeitgeber eine Vertragsänderung *vereinbaren,* also zwei übereinstimmende Willenserklärungen vorliegen müssen, widersprochen.[647] Der Unterschied ist aber, dass es sich bei einer „normalen" vertraglichen Vereinbarung um eine solche im gegenseitigen Einverständnis handelt, während bei einer - wirksamen - Änderungskündigung der Arbeitnehmer faktisch keine andere Wahl hat, als das Änderungsangebot anzunehmen.[648] Daher erscheint eine weite Auslegung des § 613a Abs. 1 S. 4 Alt. 2 BGB, die auch eine Änderungskündigung umfasst, aus Arbeitnehmerschutzgesichtspunkten fragwürdig.

Abgeschwächt wird diese Überlegung, da eine Änderungskündigung nicht voraussetzungslos erfolgen kann, sondern den Vorgaben des Kündigungsschutzgesetzes entsprechen muss. Demnach muss der Tarifvertrag, der in Bezug genommen wird, für das Arbeitsverhältnis angemessen sein.[649] Allerdings schützt dies die Rechte des Arbeitnehmers nicht ausreichend. Nach Betriebsübergang kann die Angemessenheit eines Tarifvertrags für ein Arbeitsverhältnis aus der veränderten Situation entstehen.

---

645 Davon zu trennen ist die Frage, ob nach Ablauf der Veränderungssperre eine Ablösung möglich ist.

646 *Lambrich,* FS f. Ehmann, S. 169, 198; *Hartmann,* S. 159; *Skuderis,* S. 234; MüKo/*Müller-Glöge,* § 613a BGB, Rdnr. 138; ErfK/*Preis,* § 613a BGB, Rdnr. 122; HWK/*Willemsen/Müller-Bonanni,* § 613a BGB, Rdnr. 280; Erman/*Edenfeld,* § 613a BGB, Rdnr. 93; *Wank,* NZA 1997, 505, 509; *Kania,* DB 1995, 625, 629; *Preis/Steffan,* FS f. Kraft, S. 477, 484; *Meyer,* NZA 2002, 246, 253.

647 *Lambrich,* FS f. Ehmann, S. 169, 198; *Skuderis,* S. 234; *Hartmann,* S. 159.

648 Andernfalls läuft er Gefahr, seinen Arbeitsplatz zu verlieren.

649 MüKo/*Müller-Glöge,* § 613a BGB, Rdnr. 138. Ähnlich *Skuderis,* S. 234 m.w.N. Anders sieht dies *Meyer*, NZA 2002, 246, 253, der annimmt, dass die Richtigkeitsgewähr des neuen Tarifvertrags die Angemessenheitsprüfung überflüssig macht.

Bezieht man diese Überlegung nicht mit ein, verliert der Arbeitnehmer seine weitergeltenden - günstigeren - Regelungen für einen zwar angemessenen, aber im Zweifel ungünstigeren, in Bezug genommenen Tarifvertrag. Dies ist nicht mit dem Bestandsschutz vereinbar, der durch § 613a Abs. 1 S. 2 bis 4 BGB gewährt werden soll. Dem kann auch nicht entgegengehalten werden, es gäbe nicht viele Fälle, in denen tatsächlich eine Änderungskündigung möglich sein wird.[650] Der Arbeitnehmer muss immer die Möglichkeit haben, frei - also ohne Druck durch eine Änderungskündigung - entscheiden zu können, ob er einer Bezugnahmeklausel zustimmt.

Eine Ablösung der weitergeltenden Regelungen vor Ende der Veränderungssperre durch Änderungskündigung ist folglich nicht von § 613a Abs. 1 S. 4 Alt. 2 BGB umfasst.[651]

VI. Weitergeltung tarifvertraglicher Regelungen, die bereits beim Veräußerer das Nachwirkungsstadium erreicht haben

1. Weitergeltung nach § 613a Abs. 1 S. 2 BGB

Erreichen beim bisherigen Arbeitgeber die Regelungen eines Tarifvertrags das Nachwirkungsstadium nach § 4 Abs. 5 TVG, stellt sich die Frage, wie sich dies bei einem Betriebsübergang auswirkt. Wie sich die Nachwirkung gestaltet, ist umstritten.[652] Problematisch ist, ob die Wertung des § 4 Abs. 5 TVG erhalten bleibt oder ausschließlich § 613a Abs. 1 S. 2 BGB einschlägig ist. Ein Unterschied ist dogmatischer Natur: Geht man davon aus, dass die Regelungen bereits in das Arbeitsverhältnis transformiert sind,[653] ist § 613a Abs. 1 S. 1 BGB einschlägig. Die Folge wäre der Übergang der Regelungen bezüglich der Arbeitsbedingungen auf den Erwerber, wobei diese auch auf einzelvertraglicher Ebene abänderbar wären. Sieht man den Tarifvertrag als Rechtsgrund der nachwirkenden Normen,[654] muss § 613a Abs. 1 S. 2 BGB als Maßstab herangezogen werden und die Weitergeltung der Tarifnormen würde durch die Weitergeltung nach dieser Vorschrift gesichert werden. Die Regelungen unterlägen grundsätzlich der einjährigen Veränderungssperre. Folgt man der Rechtspre-

---

650 So aber *Skuderis,* S. 235.

651 *Moll,* RdA 1996, 275, 285. Unter Berufung darauf, dass es dem Arbeitgeber grundsätzlich verwehrt ist, ein Vertragsangebot zu unterbreiten, welches für den Arbeitnehmer ungünstiger ist, kommt Däubler/*Lorenz,* § 3 TVG, Rdnr. 215 zum selben Ergebnis wie hier.

652 Vgl. dazu oben Zweites Kapitel II.1.c).

653 So *Löwisch/Rieble*, § 3 TVG, Rdnr. 181, § 4 Rdnr. 377.

654 U.a. Kempen/Zachert/*Kempen*, § 4 TVG, Rdnr. 537.

chung und sieht § 4 Abs. 5 TVG als Rechtsgrund[655] der Weitergeltung, stellt sich die Frage, ob nach diesem die Wirkung auch nach einem Betriebsübergang aufrechterhalten werden sollte. Bejahendenfalls müsste geklärt werden, ob die Veränderungssperre des § 613a Abs. 1 S. 2 BGB angewendet werden soll.

Es ist nicht von Bedeutung, welcher Ansicht man im Rahmen der dogmatischen Auseinandersetzung zur Wirkung des § 4 Abs. 5 TVG folgt. Entscheidend ist die Zielvorgabe des § 613a BGB bzw. dessen europarechtliche Vorgaben. So sind, unabhängig von der dogmatischen Einordnung, unterschiedliche Antworten auf die Frage denkbar, wie bei einem Betriebsübergang mit nachwirkenden Tarifnormen umgegangen werden soll.[656]

Eine Weitergeltung der Regelungen könnte völlig versagt,[657] oder die Wirkung des § 4 Abs. 5 TVG ohne Rückgriff auf § 613a Abs. 1 S. 2 BGB aufrechterhalten werden.[658] Eine weitere Möglichkeit wäre, die Regelungen zwar den Grundsätzen des § 613a Abs. 1 S. 2 BGB zu unterwerfen, aber die in § 4 Abs. 5 TVG vorgesehene Ersetzung durch „eine andere Abmachung" beizubehalten und die Wirkung des § 613a Abs. 1 S. 2 BGB dahingehend abzuschwächen.[659] Letztlich wäre auch die Anwendung des § 613a Abs. 1 S. 2 BGB ohne Beachtung des vorher erreichten Nachwirkungsstatus denkbar. Damit würden die bisher nachwirkenden Normen der einjährigen Veränderungssperre unterliegen und es wäre in dieser Zeit keine Ersetzung durch eine andere Abmachung möglich.[660]

a) Weitergeltung nachwirkender Normen

Der Zweck des § 613a Abs. 1 S. 2 BGB ist in erster Linie der Arbeitnehmerschutz in Form des Bestandsschutzes. Daher ist ein völliges Versagen der Weitergeltung nachwirkender Normen nicht denkbar. Auch der Hintergrund der

---

655 Unter anderem BAG v. 3. 4. 2007 - 9 AZR 867/06, NZA 2007, 1045, 1047, vgl. dazu bereits oben Zweites Kapitel II.1.c).

656 Auf die dogmatische Einordnung soll nach Erörterung der Grundsätze erneut eingegangen werden.

657 *Rieble*, SAE 1995, 77, 79.

658 So wohl *Heinze,* FS für Schaub, S. 275, 280. Dass dies grundsätzlich möglich wäre wurde oben Zweites Kapitel II.1.d) festgestellt.

659 Wiedemann/*Oetker*, TVG, § 3, Rdnr. 244, 258; ErfK/*Preis*, § 613a BGB, Rdnr. 117; MüKo/ *Müller-Glöge*, § 613a BGB, Rdnr. 134; *Skuderis,* S. 257; *Schiefer/Pogge,* NJW 2003, 3734, 3738; *Prange,* NZA 2002, 817, 822; HWK/*Willemsen/Müller-Bonanni,* § 613a BGB, Rdnr. 260; *Schiefer,* 50 Jahre BAG, S. 859, 863; BAG v. 27.11.1991 - 4 AZR 211/91, NZA 1992, 800; BAG v. 1.8.2001 - 4 AZR 82/00, NZA 2002, 41.

660 Kempen/Zachert/*Kempen*, § 3 TVG, Rdnr. 105.

Regelung des § 4 Abs. 5 TVG widerspricht einem Versagen der Weitergeltung: sollen durch die Nachwirkung doch „inhaltsleere Arbeitsverträge“ vermieden werden. Diese entstünden aber, wenn die nachwirkenden Regelungen ohne Ersatz entfielen. Somit ist aus einer Gesamtschau der betroffenen nationalen Vorschriften diese Ansicht nicht haltbar.

Darüber hinaus ist die europarechtliche Vorgabe eindeutig: Nach Art. 3 Abs. 3 S. 1 der Betriebsübergangsrichtlinie müssen die kollektivvertraglich vereinbarten Arbeitsbedingungen „in dem gleichen Maße“ aufrechterhalten werden. Warum Arbeitsbedingungen, die durch nachwirkende Regelungen aufgestellt werden, nicht erfasst sein sollten, ist nicht ersichtlich. Die Richtlinie spricht nicht von zwingend geltenden Rechtsnormen, sondern von Arbeitsbedingungen, die ihre Grundlage in einem Tarifvertrag finden. Dabei kann es nicht von Bedeutung sein, in welcher Form das nationale Recht die Wirkung der einzelnen Regelungen ausgestaltet. Vielmehr kommt es darauf an, wo diese Regelungen ihren Ursprung finden. Und dieser Ursprung ist bzw. war der Tarifvertrag.[661]

Nachwirkende Tarifregelungen sind somit von § 613a Abs. 1 S. 2 BGB umfasst. Weiter stellt sich die Frage, wie dem Umstand Rechnung getragen wird, dass nachwirkende Normen keine zwingende Wirkung haben, sondern nach § 4 Abs. 5 TVG jederzeit durch eine andere Abmachung ersetzt werden können.

b) Geltung der Veränderungssperre

Fraglich ist, ob die Wertung des § 4 Abs. 5 TVG übernommen und insofern eine Ausnahme von der Veränderungssperre des § 613a Abs. 1 S. 2 BGB gemacht werden muss.

(1) Auslegung der nationalen Vorschriften

Zweck des § 613a Abs. 1 BGB ist es, den Status Quo zu erhalten. Daraus wird abgeleitet, es solle keine Besserstellung der Arbeitnehmer eintreten, sondern nur das erhalten bleiben, was bisher galt. Dies fände insbesondere durch § 613a Abs. 1 S. 4 BGB Ausdruck.[662] Nähme man bei einem Betriebsübergang an, dass auch nachwirkende Regelungen des Tarifvertrags nach § 613a Abs. 1 S. 2 TVG weitergelten und der einjährigen Veränderungssperre unterlägen, stünden die Arbeitnehmer besser, als wenn das Verlassen des Geltungsbereichs

661 Dies gilt auch, wenn man § 4 Abs. 5 TVG als Rechtsgrund für die Nachwirkung sieht. Gleiches gilt für die Transformation in das Arbeitsverhältnis.

662 *Schiefer,* 50 Jahre BAG, S. 859, 863; *Prange,* NZA 2002, 817, 822; *Schiefer/Pogge,* NJW 2003, 3734, 3738; ähnlich *Gussen/Dauck,* Rdnr. 226. BAG v. 1.8.2001 - 4 AZR 82/00, NZA 2002, 41, 43.

bei ihrem bisherigen Arbeitgeber eingetreten wäre. Dort wären die nur nachwirkenden Regelungen durch eine andere Abmachung ablösbar. Dies könnte dazu führen, dass im Falle von nachwirkenden Tarifnormen keine einjährige Veränderungssperre gilt. *Kempen* widerspricht dieser Argumentation und führt an, § 613a Abs. 1 S. 4 BGB solle nur den Fall umfassen, dass sich an der Situation nach einem Betriebsübergang beim Erwerber etwas ändert. Dies sei nicht mit der vorliegenden Situation vergleichbar. Darüber hinaus sei die Situation der Arbeitnehmer nach einem Betriebsübergang grundsätzlich schlechter und dieser daher auch der „Königsweg der Tarifflucht“. Somit könne von einer Besserstellung der Arbeitnehmer nicht die Rede sein.[663]

Dieser Argumentation ist insofern zuzustimmen, dass *nur* der Blick auf den Wortlaut von § 613a Abs. 1 S. 4 BGB keinen allgemeinen Schluss zulässt, § 613a Abs. 1 S. 2 BGB solle keine Verbesserung der Stellung der Arbeitnehmer, sondern nur die Erhaltung des Status Quo erreichen. Allerdings ergibt sich dieses Ergebnis aus anderen Argumenten. Die *grundsätzliche* Verschlechterung der Position der Arbeitnehmer durch einen Betriebsübergang kann nicht als Grundsatz-Argument dienen. Durch § 613a BGB soll ein Teil der Verschlechterung aufgefangen werden. Bei Anwendung der Vorschrift müssen auch Arbeitgeberinteressen beachtet werden. Vor allem darf man nicht übersehen, welcher Zweck durch die Nachwirkung des § 4 Abs. 5 TVG verfolgt wird. Dies ist in nicht in erster Linie der Arbeitnehmerschutz, sondern die Ausfüllung der Arbeitsverträge mit Inhalt. Dies dient auch den Arbeitgebern und ist nicht nur zugunsten der Arbeitnehmer gedacht.[664] Dieser Zweck ist erfüllt, wenn durch eine andere Abmachung neue Arbeitsbedingungen vereinbart werden. Insofern braucht es für eine Erfüllung des Zwecks des § 4 Abs. 5 TVG keine einjährige Veränderungssperre. Auch dem § 613a Abs. 1 S. 2 BGB ist nicht zu entnehmen, dass die Veränderungssperre für Fälle gelten soll, in denen die Tarifbindung nicht mehr zwingend ist, sondern bereits zur Disposition der Arbeitsvertragsparteien steht.

Zu klären ist, inwiefern die Wahrscheinlichkeit besteht, dass Unternehmen in der Praxis tatsächlich einen Betriebsübergang als Weg zur Tarifflucht nutzen. Bei einem Betriebsübergang entstehen sowohl vielfältige gesellschafts- steuer- und arbeitsrechtliche Probleme, als auch betriebswirtschaftliche Fragestellungen in Bezug auf die Eingliederung eines übernommenen Betriebs o.ä. Allein die Entscheidungsfindung, die zu einem Betriebsübergang führt, kostet

663 Kempen/Zachert/*Kempen*, § 3 TVG, Rdnr. 105.

664 Ausführlich Wiedemann/*Wank*, TVG, § 4, Rdnr. 327 ff.

Zeit und Geld.[665] Insofern stellt sich die Frage, für welche Unternehmen eine Tarifflucht durch Betriebsübergang in Betracht kommt. Dies dürften in erster Linie Großunternehmen sein, für die der Übernahmemarkt keine Besonderheit ist. Ausgehend davon, dass in Deutschland 70,6 % aller Beschäftigten bzw. 65,8 % aller sozialversicherungspflichtig Beschäftigten bei kleinen und mittleren[666] Unternehmen zu finden sind und diese Unternehmen 99,7 % der deutschen Unternehmen ausmachen,[667] dürfte die Gefahr der Tarifflucht durch Betriebsübergang überschaubar sein.

(2) Richtlinienkonforme Auslegung

Letztlich gibt auch die Betriebsübergangsrichtlinie keine andere Wertung vor. Unstrittig ist deren Hauptzweck der Bestandsschutz. Dieser gilt allerdings nur insofern, als die Arbeitsbedingungen *im gleichen Maße* aufrechterhalten werden sollen. Für den Arbeitnehmer soll keine Verschlechterung eintreten, die durch den Betriebsübergang ausgelöst wird.[668]

Nach Ansicht des EuGH ändert ein Betriebsübergang nichts daran, wenn das nationale Recht *„unabhängig vom Fall des Unternehmensübergangs“* die Änderung von arbeitsvertraglichen Regelungen zum Nachteil des Arbeitnehmers zulässt. Eine solche Möglichkeit könne nicht dadurch entfallen, dass es in der Zwischenzeit zu einer Übertragung des Unternehmens gekommen sei und der Erwerber die Vereinbarung schließe.[669]

Auch wenn dem EuGH eine andere Konstellation zur Entscheidung vorlag, passt die Feststellung auch auf die Frage, wie mit nachwirkenden Normen umgegangen werden muss. Legt man diese Wertung zugrunde, ist offensichtlich, dass die Schlechterstellung - also die dispositive Wirkung der Tarifvertragsregelungen - gerade nicht durch den Betriebsübergang entsteht. Der Arbeitnehmer musste vielmehr bereits vor dem Betriebsübergang damit rechnen, dass seine ursprünglich zwingend kollektivrechtlich geregelten Arbeitsbedingungen

---

665 Vgl. zu Vorüberlegungen und Ablauf eines Betriebsübergangs bis zum Post Merger Bereich *Gran,* NJW 2008, 1409.

666 Dabei wird die KMU-Definition des Instituts für Mittelstandsforschung Bonn (IfM) zugrunde gelegt. Danach sind unter KMU Unternehmen zu verstehen, die bis zu 500 Menschen beschäftigen und einen Umsatz von unter 50 Millionen Euro haben, vgl. http://www.ifm-bonn.org/index.php?id=89.

667 Zu den Zahlen vgl. http://www.ifm-bonn.org/index.php?id=89.

668 EuGH v. 17.12.1987, Rs. 287/86 - Landsorganisationen i Danmark for Tjenerforbundet i Danmark/Ny Mølle Kro, Slg. 1987, 5465, Rdnr. 25; EuGH v. 26.5.2005, Rs. C-478/03 - Celtec Ltd/John Astley u.a., Slg. 2005, I-4389, Rdnr. 26.

669 EuGH v. 6.11.2003, Rs. C-4/01 - Martin u.a, Slg. 2003, I-12859, Rdnr. 42. Ähnlich EuGH v. 27.11.2008, Rs. C-396/07 - Juuri/Fazer Amica Oy, Slg. 2008, I-8883, Rdnr. 23.

auch individualrechtlich verändert werden konnten, unter Umständen sogar durch eine Änderungskündigung. *Durch* den Betriebsübergang entsteht keine Veränderung der Situation zum Nachteil der Arbeitnehmer. Auch der Hinweis, der Betriebsübergang mache einen Änderungswunsch der Arbeitsbedingungen seitens des Arbeitgebers wahrscheinlicher, kann an dieser Stelle nicht ausreichen. Dies gilt vor allem, da nach § 613a Abs. 4 S. 1 BGB eine Änderungskündigung, deren tragender Grund der Betriebsübergang ist, nicht möglich ist.[670] Auch darf dieses Verbot nicht durch andere Maßnahmen umgangen werden.[671]

(3) Dogmatische Umsetzung

Als Ergebnis kann festgehalten werden, dass eine Weitergeltung der nachwirkenden Normen erfolgen muss, deren dispositive Wirkung aber beibehalten wird.

Wie dies erreicht wird, hängt von der systematischen Bewertung des § 4 Abs. 5 TVG ab. Nimmt man eine Transformation der Normen in die Arbeitsverhältnisse an, schließt dieser Weg das Ergebnis bereits ein, da die Normen als Teil des Arbeitsvertrags nach § 613a Abs. 1 S. 1 BGB auf den Erwerber übergehen und somit von vornherein keiner Veränderungssperre unterworfen sind. Der herrschenden Lehre folgend kommt § 613a Abs. 1 S. 2 BGB zur Anwendung, da Rechtsgrund für die Geltung der nachwirkenden Normen der Tarifvertrag ist. Die gewünschte Nichtgeltung der Veränderungssperre könnte dann über eine teleologische Reduktion oder die (analoge) Anwendung des § 613a Abs. 1 S. 4 BGB[672] erreicht werden. Letztlich ist eine vergleichbare Lösung auch zu suchen, wenn § 4 Abs. 5 TVG als Rechtsgrund für die nachwirkenden Rechtsnormen gesehen wird: Die Weitergeltung kann entweder durch § 4 Abs. 5 TVG analog oder über § 613a Abs. 1 S. 2 BGB mit einer anschließenden teleologischen Reduktion erreicht werden.[673]

670 MüKo/*Müller-Glöge*, § 613a BGB, Rdnr. 188; ErfK/*Preis*, § 613a BGB, Rdnr. 153 ff.

671 ErfK/*Preis*, § 613a BGB, Rdnr. 157 f.

672 So wohl MüKo/*Müller-Glöge*, § 613a BGB, Rdnr. 134; *Prange,* NZA 2002, 817, 822. Diesbezüglich wird nur auf § 613a Abs. 1 S. 4 BGB verwiesen, ohne näher auf die Frage einzugehen, ob die beschriebene Konstellation von § 613a Abs. 1 S. 4 BGB direkt erfasst wird.

673 Einzig durch solche Überlegungen könnten die Entscheidungen des BAG v. 27.11.1991 - 4 AZR 211/91, NZA 1992, 800 und BAG v. 1.8.2001 - 4 AZR 82/00, NZA 2002, 41 zu erklären zu sein. Das BAG stellt dort - ohne dogmatische Begründung - fest, dass auch nachwirkende Tarifnormen von § 613a Abs. 1 S. 2 BGB erfasst werden. Betrachtet man die Einordnung der Nachwirkung mit dem BAG als staatlich durch § 4 Abs. 5 TVG legitimiert, bedürfte es eigentlich einer näheren Er-

Hier zeigen sich die Unterschiede hinsichtlich der Vorgehensweise bezüglich des Rechtsgrunds der Nachwirkung. Die dogmatisch sauberste Lösung zeigen *Löwisch/Rieble* auf, die annehmen, dass bereits eine Transformation der nachwirkenden Normen stattgefunden hat. Allerdings wird sich zeigen, dass dies nur für die bisher besprochene Konstellation gilt. Folglich sollte eine Weitergeltung nach § 4 Abs. 5 TVG analog angenommen werden. Dass dies auch bei fehlender Tarifbindung des Erwerbers möglich wäre, wurde oben bereits festgestellt.[674] Wird der Rechtsprechung gefolgt und § 4 Abs. 5 TVG als Rechtsgrund gesehen, sollte dies konsequenterweise auch für den Fall des Betriebsübergangs gelten.

2. Verlassen des Geltungsbereichs bei Betriebsübergang

Zu Problemen kann es kommen, wenn bei einem Betriebsübergang der Geltungsbereich des ursprünglich geltenden Tarifvertrags verlassen wird. Grundsätzlich hängt diese Fragestellung eng mit der Nachwirkung von Tarifverträgen zusammen. Dennoch unterscheiden sich die Konstellationen grundlegend.

a) Zeitliche Abfolge der Vorgänge bei einem Betriebsübergang

Bevor auf die Unterschiede eingegangen werden kann, muss die zeitliche Abfolge im Rahmen eines Betriebsübergangs geklärt werden. Teilweise wird davon ausgegangen, der Übergang des Betriebs und das Verlassen des Geltungsbereichs stellten eine Einheit dar und fielen damit zeitlich zusammen. *Skuderis* hat dem berechtigterweise entgegengehalten, dass der Veräußerer den Betrieb zuerst von seinem verbleibenden Unternehmen absondert, bevor der abgetrennte Betrieb auf den Erwerber übergehen kann.[675] Demnach würde der Betrieb den Geltungsbereich verlassen und damit die Regelungen des Tarifvertrags das Nachwirkungsstadium erreichen, *bevor* der Betriebsübergang stattfindet. Allerdings kann nicht unterstellt werden, dass dies in der Praxis uneingeschränkt der Fall ist. Insbesondere, wenn der Betriebsübergang durch den Übergang von Personal ausgelöst wird, muss keine vorherige „Abspaltung“

---

läuterung, warum nachwirkende Normen dennoch von § 613a Abs. 1 S. 2 BGB erfasst sein sollen. Insofern wäre der von *Skuderis,* S. 255, Fn. 19 erhobene Vorwurf der Inkonsequenz seitens des BAG durchaus berechtigt. Nimmt man aber wie hier an, dass ein bestimmtes Ergebnis systematisch bzw. europarechtlich vorgegeben ist und sich im Einzelnen nur der Weg dorthin unterscheidet, ist der Entscheidung zumindest im Ergebnis uneingeschränkt zuzustimmen. Dennoch wäre es begrüßenswert gewesen, wenn sich das BAG zumindest kurz mit der Problematik auseinandergesetzt hätte.

674 Siehe Zweites Kapitel II.1.d).

675 *Skuderis,* S. 180.

dieser Mitarbeiter stattgefunden haben. Vielmehr kommt es in dieser Konstellation zu einem Zusammenfallen des Verlassens des Geltungsbereichs und des Betriebsübergangs. Auch ist denkbar, dass der Geltungsbereich erst beim Erwerber verlassen wird, wenn beispielsweise der Betrieb in die Organisation des Erwerbers eingegliedert wird.[676]

b) Wertende Bestimmung der ausschlaggebenden Faktoren

In vielen Fällen wird es vom Zufall abhängen, wie sich der zeitliche Ablauf darstellt.[677] Somit bedarf es einer Beantwortung der Frage, inwiefern das *tatsächliche* zeitliche Moment[678] an der Weitergeltung der Regelungen des Tarifvertrags etwas ändern kann, oder ob der „Zeitpunkt des Betriebsübergangs" wertend bestimmt werden muss. Damit wäre auch dem möglichen Kritikpunkt, dass auf die tatsächlich zum Zeitpunkt des Übergangs bestehenden Arbeitsbedingungen abzustellen sei, vorgebeugt. Dies soll auch Ziel der hier vertretenen Ansicht sein. Der Unterschied besteht darin, wie man den Zeitpunkt des Betriebsübergangs bestimmt.[679]

Im Hinblick auf Arbeitnehmerschutzgesichtspunkte ist es problematisch, eine Aufspaltung der Vorgänge vorzunehmen, wenn das Verlassen des Geltungsbereichs durch den (bevorstehenden) Betriebsübergang *veranlasst* wird. Auch wenn tatsächlich eine - unter Umständen geringe - Zeitspanne zwischen den Vorgängen liegt, handelt es sich wirtschaftlich um einen Vorfall. Sollte man diesen trennen und in einem weiteren Schritt die Grundsätze des § 4 Abs. 5 TVG für anwendbar halten, gäbe es für einen Unternehmer eine Möglichkeit, die Regelungen des § 613a Abs. 1 S. 2 BGB in Bezug auf die Veränderungssperre zu umgehen. Diese entstünde dadurch, dass der Veräußerer, um seinem Nachfolger die (zwingende) Weitergeltung der Tarifnormen zu ersparen, den Betrieb vorher aus dem Geltungsbereich entfernen müsste. Daher ist nicht zwischen verschiedenen *zeitlichen* Abfolgen zu unterscheiden, sondern danach, ob das Verlassen des Geltungsbereichs durch den Betriebsübergang veranlasst war. Dies verkennt *Skuderis,* wenn sie feststellt, dass der Verlust der Tarifbin-

---

676 *Waas,* S. 89 f.

677 Ähnlich wie hier *Löwisch/Rieble,* § 3 TVG, Rdnr. 182 f. Allerdings kommen diese mit Hinweis auf dieses Argument auf ein anderes Ergebnis.

678 Vgl. zum Folgenden auch *Waas,* S. 91 ff., der nicht auf die Problematik des „zeitlichen Zufalls" abstellt, sondern die Frage aufwirft, ob es einen Unterschied machen darf, welche Teile des Betriebs übergehen. Dies wird insofern relevant, dass es entscheidend darauf Einfluss nehmen kann, ob der fachliche Geltungsbereich verlassen wird oder nicht. In Bezug auf diese Unterscheidung kommt er auf ein Ergebnis, das mit der hier vertretenen Ansicht vergleichbar ist.

679 Vgl. zu dieser Argumentation sehr ausführlich *Skuderis,* S. 182.

dung primär aus der Veränderung der Betriebsorganisation folge.[680] Die Veränderung der Betriebsorganisation würde ohne Betriebsübergang nicht vorgenommen werden.

Besteht kein Zusammenhang zwischen Betriebsübergang und Verlassen des Geltungsbereichs, kommt es zur Anwendung oben dargelegter Grundsätze bezüglich der Weitergeltung nachwirkender Tarifnormen und die Veränderungssperre findet keine Anwendung.

c) Geltung der Veränderungssperre

Wäre aber das Erreichen des Nachwirkungsstadiums allein durch das Verlassen des Geltungsbereichs beim Betriebsübergang veranlasst, bedarf es einer differenzierteren Betrachtung. Unter Zugrundelegung dieser Konstellation muss erneut die Frage gestellt werden, ob die Wertung des § 4 Abs. 5 TVG bei Anwendung des § 613a Abs. 1 S.2 BGB mit einfließt und die tarifrechtlichen Vorgaben nur solange gelten, bis sie durch eine andere Abmachung ersetzt werden, oder ob nicht in diesem Fall die Veränderungssperre zwingend angewendet werden muss.

Gegen eine Geltung der Veränderungssperre spricht, dass bei Vorliegen eines anderen Geltungsbereichs die Regelungen des Tarifvertrags im Zweifel „nicht passen". Darüber hinaus kann es zu Konstellationen kommen, in denen es dem neuen Arbeitgeber schwerfällt, einen Tarifvertrag abzuschließen, da die betroffenen Arbeitnehmer in der Gewerkschaft organisiert sein werden, die für den Abschluss des Tarifvertrags in dem vorherigen Geltungsbereich zuständig war.[681] Für die Veränderungssperre kann wiederum mit dem Arbeitnehmerschutz argumentiert werden aufgrund dessen eine zwingende Geltung für ein Jahr in § 613a Abs. 1 S. 2 BGB vorgesehen ist.

Aufschluss kann dabei die Betriebsübergangsrichtlinie und deren Auslegung durch den EuGH geben. Wie bereits festgestellt ist deren Hauptzweck der Arbeitnehmerschutz. Daher sollen nach Art. 3 Abs. 3 S. 1 der Betriebsübergangsrichtlinie die Arbeitsbedingungen, welche durch einen Tarifvertrag geregelt wurden und zum Zeitpunkt des Betriebsübergangs bestanden, aufrechterhalten werden. Die Arbeitsverhältnisse sollen „so weit wie möglich [...] in unveränderter Form" mit dem Erwerber fortgesetzt werden.[682] Im Zusammenhang mit den nachwirkenden Normen wurde festgestellt, dass die dispositive Wirkung der Regelungen, die unabhängig von einem Betriebsübergang bereits bei dem bisherigen Arbeitgeber bestand, auch bei einem Übergang beibehalten

---

680 *Skuderis,* S. 180.

681 Zu dieser Argumentation *Waas,* S. 90 f.

682 EuGH v. 26.5.2005, Rs. C-478/03 - Celtec Ltd/John Astley u.a., Slg. 2005, I-4389, Rdnr. 26.

werden muss. Es macht einen Unterschied, wenn diese Nachwirkung nicht unabhängig von der Veräußerung des Betriebs entsteht, sondern nur eintritt, weil der Betrieb aufgrund des Übergangs den Geltungsbereich des Tarifvertrags verlässt. Fallen Verlassen des Geltungsbereichs und Übergang des Betriebs zusammen, waren die Regelungen bei dem Veräußerer noch zwingend und würden daher unproblematisch unter § 613a Abs. 1 S. 2 BGB fallen. Folglich ist auf diese Konstellation die Veränderungssperre anwendbar.[683] Problematisch ist diese Feststellung, wenn das Verlassen des Geltungsbereichs und der Betriebsübergang nicht zeitlich zusammenfallen, sondern der Wechsel des Geltungsbereichs durch den Übergang veranlasst wurde. In der Sache *Celtec Ltd/John Astley* hat der EuGH festgestellt, dass der Begriff „Zeitpunkt" i.S.d. Betriebsübergangsrichtlinie auf einen „genau bestimmten Zeitpunkt des Übergangs" hindeutet und nicht den Verlauf eines „mehr oder weniger langen Zeitraums" umschreibt. Letzteres widerspräche auch der Rechtssicherheit.[684] Legt man dieses Verständnis zugrunde ist fraglich, ob auf die Veranlassung durch den Betriebsübergang abgestellt werden kann. Dies würde dazu führen, dass bei vorherigem Aussondern aufgrund des Übergangs zum konkreten Zeitpunkt des Übergangs bereits die Nachwirkung eingesetzt hat und damit die Veränderungssperre entfallen würde. Dem ist entgegenzuhalten, dass der EuGH in seiner Entscheidung eine durch die Arbeitgeber herbeigeführte künstliche Ausdehnung des Übergangszeitraums verhindern wollte. Durch die Vermeidung einer zu weiten Auslegung des Begriffs „Zeitpunkt" sollte einer besonderen Form des Gestaltungsmissbrauchs seitens des Veräußerers vorgebeugt werden.

Gerade eine solche Möglichkeit würde bei einem zu engen Verständnis des Begriffs aber ebenfalls geschaffen werden. Daher ist nicht davon auszugehen, dass der EuGH den hier vorgeschlagenen Weg für gemeinschaftsrechtswidrig erachten würde. Andernfalls würde der Arbeitnehmerschutz ins Gegenteil verkehrt werden. Gestärkt wird diese Vermutung durch die Feststellung des EuGH an anderer Stelle, dass der Betriebsübergang nicht der *Grund* einer Verschlechterung sein darf.[685] Ob der Betriebsübergang der Grund für eine vorzeitige Ablösbarkeit der Regelungen ist oder nicht, kann nicht von der zufälligen zeitlichen Abfolge abhängen.

683 *Löwisch/Rieble,* § 3 TVG, Rdnr. 182 ff. kommen - auch unter Berufung auf die Betriebsübergangrichtlinie - zu einem anderen Ergebnis und wollen in keinem Fall die Veränderungssperre anwenden. Allerdings unterscheiden sie im Laufe ihrer Argumentation nicht wie hier nach der Veranlassung der Nachwirkung, sondern rein zeitlich.

684 EuGH v. 26.5.2005, Rs. C-478/03 - Celtec Ltd/John Astley u.a., Slg. 2005, I-4389, Rdnr. 30.

685 EuGH v. 6.11.2003, Rs. C-4/01 - Martin u.a, Slg. 2003, I-12859, Rdnr. 45.

d) Zusammenfassung und Ergebnis

Differenziert man also zwischen Konstellationen, bei denen eine Nachwirkung unabhängig von der Frage des Betriebsübergangs vorliegt und solchen, bei denen der Geltungsbereich *veranlasst* durch den Übergang verlassen wird, kommt man zu folgendem Ergebnis: Haben Regelungen unabhängig von einem Betriebsübergang das Nachwirkungsstadium erreicht, werden sie zwar nach § 613a Abs. 1 BGB[686] Teil des Arbeitsvertrags mit dem Erwerber bzw. gelten nach § 4 Abs. 5 TVG nach, fallen aber nicht unter die Veränderungssperre. Anders stellt sich die Situation dar, wenn aufgrund des Betriebsübergangs der Geltungsbereich verlassen wird. Dann greift der Bestandsschutz und die Arbeitsbedingungen dürfen grundsätzlich ein Jahr nicht verändert werden. Ob hierzu § 613a Abs. 1 S. 2 BGB ohne Veränderung angewendet wird oder eine analoge Anwendung der Vorschrift nötig ist, hängt von der jeweiligen dogmatischen Einordnung der Vorschrift ab.

VII. Verlassen des Geltungsbereichs nach Betriebsübergang

Eine Veränderung des Geltungsbereichs kann auch nach vollzogenem Betriebsübergang eintreten. Bis zum Verlassen des Geltungsbereichs gilt § 613a Abs. 1 S. 2 BGB inklusive des Verbots der Abweichung von diesen Regelungen zum Nachteil der Arbeitnehmer. Verlässt der Betrieb den Geltungsbereich des bis zu dem Übergang geltenden Tarifvertrags nachträglich, gilt es zu unterscheiden, was die Motivation für diesen Wechsel ist. Insofern gilt, wie oben bereits festgestellt: Handelt es sich um einen Umstand, der durch den Betriebsübergang veranlasst bzw. auf diesen zurückzuführen ist, gilt die Veränderungssperre des § 613a Abs. 1 S. 2 BGB wie es das Gesetz vorsieht. Finden allerdings Umstrukturierungen statt, die unabhängig vom Übergang vorgenommen werden, besteht keine Notwendigkeit, zwingend an den „unpassenden" Regelungen festzuhalten. Folglich findet in solchen Fällen § 613a Abs. 1 S. 4 Alt. 1 BGB Anwendung und der Betriebserwerber erhält die Möglichkeit, durch eine Bezugnahmeklausel die nun einschlägigen tariflichen Regelungen zu vereinbaren.[687]

Dem steht der Arbeitnehmerschutz nicht entgegen. Zwar ist die Veränderung des Geltungsbereichs zumindest mittelbar auf den Betriebsübergang zurückzuführen. Eine allgemeine Veränderung bzw. Verschlechterung der Situation für die Arbeitnehmer durch einen Betriebsübergang kann nicht als

---

686 Ob § 613a Abs. 1 S. 1 oder 2 einschlägig ist, richtet sich nach der dogmatischen Wirkung des § 4 Abs. 5 TVG.

687 Ebenso *Waas*, S. 93; *Skuderis*, S. 178.

„Grundsatz-Argument" herangezogen werden. Letztlich bestünde auch beim ursprünglichen Betriebsinhaber die Gefahr, dass Umstrukturierungen vorgenommen werden und dadurch der Geltungsbereich verlassen wird.[688] Tritt ein solcher Fall ein, kommt § 4 Abs. 5 TVG zur Anwendung und die tariflichen Regelungen können durch eine andere Abmachung verändert werden. Diesbezüglich sind die Arbeitnehmer durch § 613a Abs. 1 S. 4 Alt. 1 BGB besser geschützt, da eine Bezugnahmeklausel vereinbart werden muss und dadurch zumindest kollektivrechtliche Regelungen zur Anwendung kommen. Erklärt sich der Arbeitnehmer nicht zu einer Bezugnahmeklausel bereit, bleibt es bei den nach § 613a Abs. 1 S. 2 BGB weitergeltenden Regelungen.

VIII. Zusammenfassung des Vierten Kapitels

Die Weitergeltung ist statisch. Arbeitsverhältnisse nehmen an späteren Veränderungen des Tarifvertrags nicht teil. Etwas anderes gilt für die Dynamik, die bereits im Tarifvertrag angelegt war, wenn diese durch reinen Zeitablauf eintritt. Dynamische Verweise auf andere Tarifverträge werden statisch.

Die Veränderungssperre stellt ein Kontrahierungsverbot dar, kann aber zugunsten der Arbeitnehmer und aus wichtigem Grund durchbrochen werden. Letzteres ist eng auszulegen. Nach Ablauf der Veränderungssperre ist eine Ablösung sowohl auf normativer als auch auf individualrechtlicher Ebene möglich. Der Arbeitgeber kann mit dem Arbeitnehmer einen Änderungsvertrag schließen oder im Rahmen des KSchG eine Änderungskündigung aussprechen. Die Hürden für letztere dürfen nicht zu hoch sein, was im Rahmen der sozialen Rechtfertigung einer Änderungskündigung bedacht werden muss.

Ein Wiederaufleben von Regelungen, die vor Geltung der tariflichen Regelungen mit dem Veräußerer geschlossen wurden, ist nur denkbar, wenn diese geschlossen wurden, um die Weitergeltung abzulösen. Dies ist außer bei großen dynamischen Bezugnahmeklauseln eher unwahrscheinlich, sodass diesbezüglich kaum ein praktischer Anwendungsspielraum bleibt.

Eine Möglichkeit, die weitergeltenden Regelungen vor Ende der Veränderungssperre abzulösen, wird nach § 613a Abs. 1 S. 4 Alt. 1 BGB eröffnet, wenn der Tarifvertrag, auf den sie zurückgehen, nicht mehr gilt. Voraussetzung dafür ist, dass der Tarifvertrag auch nicht mehr gelten würde, wenn der Betrieb nicht übergegangen wäre, also beispielsweise nach erfolgter Kündigung, einvernehmlicher Aufhebung oder Ersatz des bisherigen durch einen neuen Tarifvertrag durch die Tarifvertragsparteien. Bei Kündigung bzw. Änderung einzelner Regelungen, die in der Gesamtschau als geringfügig einzuord-

688 *Gussen/Dauck*, Rdnr. 187, bezeichnen dies als „allgemeines Lebensrisiko" der Arbeitnehmer.

nen sind, bleibt die Veränderungssperre bestehen. Werden allerdings weitreichende Teile eines Tarifvertrags aufgehoben oder geändert, können alle weitergeltenden Regelungen ersetzt werden.

Weiter können die weitergeltenden Regelungen vor Ablauf der Veränderungssperre nach § 613a Abs. 1 S. 4 Alt. 2 BGB abgelöst werden, wenn auf den gesamten Tarifvertrag, in dessen Geltungsbereich sich das Arbeitsverhältnis befindet, Bezug genommen wird. Dies ist möglich, wenn der Erwerber und/oder der Arbeitnehmer nicht an diesen Tarifvertrag gebunden sind. Nicht umfasst sind von § 613a Abs. 1 S. 4 Alt. 2 BGB eine Änderungskündigung und eine Bezugnahmeklausel, die bereits mit dem Veräußerer geschlossen wurde.

Haben die tariflichen Regelungen beim Veräußerer bereits unabhängig von einem Betriebsübergang das Nachwirkungsstadium erreicht, werden sie nach § 613a Abs. 1 BGB Teil des Arbeitsvertrags mit dem Erwerber bzw. gelten nach § 4 Abs. 5 TVG nach, fallen aber nicht unter die Veränderungssperre. Wird der Geltungsbereich aufgrund des Betriebsübergangs verlassen, gilt die Veränderungssperre. Dies ist nicht zeitlich zu bestimmen.

Verlässt der Betrieb nach Übergang den Geltungsbereich, ohne dass dies direkt kausal mit dem Übergang zusammenhängt, gilt § 613a Abs. 1 S. 4 Alt. 1 BGB und der Erwerber erhält die Möglichkeit, eine Bezugnahme auf den einschlägigen Tarifvertrag zu vereinbaren.

Fünftes Kapitel
Vorrang normativer Regelungen nach § 613a Abs. 1 S. 3 BGB

Die nach § 613a Abs. 1 S. 2 BGB weitergeltenden Normen können durch eine andere Kollektivvereinbarung abgelöst werden, wenn diese den Vorgaben des § 613a Abs. 1 S. 3 BGB entspricht.[689] Auch diese Regelung bringt Anwendungsschwierigkeiten mit sich, die im Folgenden aufgearbeitet werden sollen.

I. § 613a Abs. 1 S. 3 BGB als abschließende Regelung

§ 613a Abs. 1 S. 3 BGB eröffnet dem Erwerber die Möglichkeit der Vereinheitlichung der Arbeitsbedingungen innerhalb des Betriebs.[690] Diesbezüglich handelt es sich um eine Ausnahmevorschrift,[691] durch die das Verdrängen der weitergeltenden Normen auf kollektivrechtlicher Ebene abschließend geregelt wird. Ein Rückgriff auf andere Vorschriften oder Grundsätze, insbesondere den umstrittenen Grundsatz der Tarifeinheit, ist nicht möglich.[692]

II. Beendigung der Weitergeltung durch einen Tarifvertrag

1. Vorliegen eines Tarifvertrags

Regelungen, die nach § 613a Abs. 1 S. 2 BGB weitergelten, können sowohl durch einen Verbands- als auch durch einen Firmentarifvertrag abgelöst wer-

---

689 Dazu Kempen/Zachert/*Kempen*, § 3 TVG, Rdnr. 112 ff.

690 BT-Drs. 8/3317, S. 11. Vgl. auch ErfK/*Preis*, § 613a BGB, Rdnr. 124; *Kania*, DB 1994, 529, 530; *Hartmann*, S. 94; Bachner/Köstler/Matthießen/Trittin/*Trittin*, § 5, Rdnr. 180; *Skuderis*, S. 271, 284; *Brox/Rüthers/Henssler*, Rdnr. 609; *Waas*, S. 71; Erman/*Edenfeld*, § 613a BGB, Rdnr. 87; *Henssler*, FS für Wißmann, S. 133, 147; *Kania*, DB 1994, 529, 530; *Röder*, DB 1981, 1980.

691 Vgl. zur Problematik, inwiefern es sich tatsächlich um eine Ausnahmevorschrift handelt, noch unten Fünftes Kapitel II.5.c).

692 Sehr ausführlich *Waas*, S. 82 ff.; *Kania*, DB 1994, 529, 531. Jeweils mit dem hier vertretenen Ergebnis, aber verschiedenen Begründungen ErfK/*Preis*, § 613a BGB, Rdnr. 124; Bachner/Köstler/Matthießen/Trittin/*Trittin*, § 5, Rdnr. 208; *Preis/Steffan*, FS f. Kraft, S. 477, 487; *Hergenröder*, 50 Jahre BAG, S. 713, 714 f.; *Kania*, DB 1994, 529, 531; MüKo/*Müller-Glöge*, § 613a BGB, Rdnr. 140.

den.[693] Das sonst geltende Spezialitätenprinzip,[694] nach dem ein Firmentarifvertrag einem Verbandstarifvertrag vorgeht, findet keine Anwendung. Dies ergibt sich daraus, dass die weitergeltenden Tarifnormen keinen originären Tarifvertrag darstellen,[695] sondern ihren Rechtsgrund in § 613a Abs. 1 S. 2 BGB finden. Der übernommene Betrieb bzw. das Arbeitsverhältnis müssen dabei in den Geltungsbereich des Tarifvertrags beim Erwerber fallen.[696]

2. Ablösung bei Entsprechung anhand eines Sachgruppenvergleichs

Um eine Ablösung der nach § 613a Abs. 1 S. 2 BGB weitergeltenden Normen durch einen anderen Tarifvertrag zu erreichen, muss nach der h.M. Gegenstandsidentität bzw. Regelungsidentität bestehen.[697] Hinsichtlich der Regelungen, die sich insofern nicht decken, würde es bei einer Weitergeltung nach Satz 2 bleiben.[698] Eine Ausnahme könne sich ergeben, wenn der Tarifvertrag vorsehen würde, dass die weiter geltenden Regelungen insgesamt abgelöst werden sollen.[699] Anders sehen dies *Löwisch/Rieble,* die nicht eine Ablösung einzelner Regelungen, sondern stets des gesamten Tarifvertrags vornehmen wollen.[700] Umstritten ist innerhalb dieser Ansicht, wann Gegenstandsidentität vorliegen soll. Einig ist man sich, dass nicht Inhaltsgleichheit i.S.e. punktuellen Deckungsgleichheit gemeint ist.[701]

---

693 HWK/*Willemsen/Müller-Bonanni,* § 613a BGB, Rdnr. 270; Wiedemann/*Oetker,* § 3 TVG, Rdnr. 250; *Prange,* NZA 2002, 817, 820; *Skuderis,* S. 260 ff.; *Hanau/Vossen,* FS f. Hilger/Stumpf, S. 271, 293; Bachner/Köstler/Matthießen/Trittin/*Trittin,* § 5, Rdnr. 185; *Hartmann,* S. 75; *Wank,* NZA 1987, 505, 509.

694 Allgemein dazu *Zöllner/Loritz/Hergenröder,* S. 391; BAG v. 15.4.2008 - 9 AZR 159/07, NZA-RR 2008, 586.

695 HWK/*Willemsen/Müller-Bonanni,* § 613a BGB, Rdnr. 270.

696 *Zöllner,* DB 1995, 1401, 1403; *Moll,* RdA 2007, 47, 48. Ausführlich dazu *Skuderis,* S. 262 ff.

697 BAG v. 20.4.1994 - 4 AZR 342/93, NZA 1994, 1140, 1142; BAG v. 22.1.2003 - 10 AZR 227/02, AP § 613a BGB, Nr. 242; BAG v. 11.5.2005 - 4 AZR 315/04, NZA 2005, 1362, 1365; BAG v. 9.4.2008 - 4 AZR 164/07, NJOZ 2008, 5178, 5181. *Lambrich,* FS f. Ehmann, S. 169, 200; HWK/*Willemsen/Müller-Bonanni,* § 613a BGB, Rdnr. 267; *Moll,* RdA 1996, 275, 284; Staudinger/*Annuß,* § 613a BGB, Rdnr. 275; Wiedemann/*Oetker,* § 3 TVG, Rdnr. 255; *Röder,* DB 1981, 1980.

698 Kempen/Zachert/*Kempen,* § 3 TVG, Rdnr. 117; HWK/*Willemsen/Müller-Bonanni,* § 613a BGB, Rdnr. 267; *Wank,* NZA 1987, 505, 508 f.

699 BAG v. 22.1.2003 - 10 AZR 227/02, AP § 613a BGB, Nr. 242.

700 *Löwisch/Rieble,* § 3 TVG, Rdnr. 203.

701 *Lambrich,* S. 169, 200; *Döring/Grau,* BB 2009, 158, 161; Staudinger/*Annuß,* § 613a BGB, Rdnr. 275; HWK/*Willemsen/Müller-Bonanni,* § 613a BGB, Rdnr. 267.

Der h.M. ist grundsätzlich nicht zuzustimmen, sondern es reicht aus, wenn der beim Erwerber geltende Tarifvertrag in einem Sachgruppenvergleich dem Abzulösenden entspricht. Problematisch ist sonst u.a., wenn der Tarifvertrag, der die weitergeltenden Normen verdrängen soll, zu einem Regelungsbereich schweigt. Daraus könnten unterschiedliche Schlüsse gezogen werden.[702] Das Nichterwähnen einer Thematik kann ohne Hintergrund sein. Das Schweigen des Tarifvertrags kann aber auch beabsichtigt sein und dazu führen, dass eine Leistung gerade nicht geschuldet sein soll. Letzteres würde dazu führen, dass Rechte der Arbeitnehmer, die aufgrund der weitergeltenden Normen begründet wurden, bei einem Betriebsübergang ersatzlos wegfallen. Grundsätzlich muss eine Ablösung auch möglich sein, wenn dies zur Folge hat, dass keine Leistungen mehr gewährt werden.[703]

Um bei einer „Nichtregelung“ zu einer Ablösung nach § 613a Abs. 1 S. 3 BGB zu kommen, wird seitens der h.M. aber teilweise eine ausdrückliche Regelung vorausgesetzt, dass eine bestimmte Leistung nicht gefordert werden könne. Liegt keine ausdrückliche Regelung vor, bliebe es demnach bei den weitergeltenden Regelungen.[704] Aus Gründen des Arbeitnehmerschutzes könne bei Ermittlung der Gegenstandsidentität nicht auf einen Vergleich des „Gesamtzwecks“, also beispielsweise Entgeltregelungen, abgestellt werden, sondern es müsse ein „vergleichbares Schutzniveau“ des ablösenden Tarifvertrags gefordert werden.[705] Eine andere Möglichkeit wäre, auch ohne eine ausdrückliche Regelung eine Ablösung durch eine Negativregelung gelten zu lassen.[706]

Fordert man bei Ablösung tatsächlich ein vergleichbares Schutzniveau, könnte nicht *jede* Negativregelung zu einem ersatzlosen Wegfall einer Leistung führen. Es müsste eine ausdrückliche Regelung gefordert werden, die aber meist nicht vorliegen wird. Für den Erwerber des Betriebs bedeutet dies einen zu weitreichenden Einschnitt in seine Rechte.[707] Gerade die Interessen des Er-

702 In erster Linie ist dafür die Auslegung des Tarifvertrags ausschlaggebend. Vgl. zur Auslegung *Hromadka/Maschmann,* § 13, Rdnr. 119 ff.; Kempen/Zachert/*Kempen,* Grundlagen, Rdnr. 358 ff.

703 *Bepler,* RdA 2009, 65, 70.

704 So *Bepler,* RdA 2009, 65, 70. Wohl auch Kempen/Zachert/*Kempen,* § 3 TVG, Rdnr. 117.

705 Kempen/Zachert/*Kempen,* § 3 TVG, Rdnr. 117; Däubler/*Lorenz,* § 3 TVG, Rdnr. 203.

706 Staudinger/*Annuß,* § 613a BGB, Rdnr. 277; HWK/*Willemsen/Müller-Bonanni,* § 613a BGB, Rdnr. 267.

707 Vor diesem Hintergrund müssten seitens der h.M. zumindest Fälle, in denen eine Ablösung an einer Negativregelung *nach Ablauf der Veränderungssperre* scheitern, überdacht werden. Insbesondere wäre diesbezüglich an eine erleichterte Änderungskündigung zu denken.

werbers sollen durch § 613a Abs. 1 S. 3 BGB aber gewahrt werden. Diesbezüglich muss eine Abwägung vorgenommen werden. Da die Ablösung durch einen Tarifvertrag erfolgt, ist der Arbeitnehmerschutz insofern gewahrt, dass es sich um Regelungen handelt, die kollektiv ausgehandelt wurden.

Aus der Betriebsübergangsrichtlinie ergibt sich keine Vorgabe, dass bei einer Negativregelung keine Ablösung möglich wäre.[708] Einzig der Arbeitnehmerschutz spricht gegen eine solche Ablösungsmöglichkeit. Allerdings sieht die Richtlinie selbst eine Ausnahme für den Fall vor, dass das Arbeitsverhältnis durch einen anderen Tarifvertrag geregelt wird. Es stellt sich nur die Frage, wie weit diese Ausnahme gehen soll. Um aber zu einer auch praktisch relevanten Ablösung zu kommen, muss auch die Ablösung durch „Nichtgewähren" möglich sein. Dies wird am Besten dadurch erreicht, dass die Ablösung anhand des gesamten Tarifvertrags vorgenommen wird, wenn dieser bei einem Sachgruppenvergleich dem Abzulösenden entspricht.

Besonders deutlich werden die Schwächen der h.M. bei einem Vergleich mit der Ablösung der weitergeltenden Regelungen durch Bezugnahme auf einen Tarifvertrag nach § 613a Abs. 1 S. 4 Alt. 2 BGB.[709] Dort wird der gesamte Tarifvertrag abgelöst, nicht nur einzelne Teile. Es findet auch keine Prüfung der Gegenstandsidentität statt. Warum dies anders sein sollte, wenn beide[710] Parteien des Arbeitsvertrags an den Tarifvertrag gebunden sind, ist nicht ersichtlich. Eine Ablösung ist immer möglich, wenn der ablösende Tarifvertrag im Wege eines Sachgruppenvergleichs dem Weitergeltenden entspricht. In solchen Fällen ist Ablösungsgegenstand das gesamte Tarifwerk.[711] Dabei muss nicht auf ein vergleichbares Schutzniveau geachtet werden. Auch praktische Argumente sprechen dafür, bei § 613a Abs. 1 S. 3 BGB ebenfalls auf einen Sachgruppenvergleich abzustellen,[712] da andernfalls die Lage für den Erwerber unübersichtlich wird. Dabei muss nur darauf geachtet werden, dass die geregelte Materie übereinstimmt. So kann beispielsweise ein Lohntarifvertrag nicht durch einen Manteltarifvertrag abgelöst werden.[713]

3. „Ablösungsprinzip" statt Günstigkeitsprinzip

Entsprechen sich die Tarifverträge hinsichtlich eines Sachgruppenvergleichs, ist eine Ablösung nach § 613a Abs. 1 S. 3 BGB möglich. Das Günstigkeits-

---

708 Ausführlich *Hartmann,* S. 105 f.

709 Zu dieser Argumentation *Meyer,* NZA 2002, 246, 252. Ebenso *Hartmann,* S. 107 f.

710 Zum Erfordernis der kongruenten Tarifbindung vgl. sogleich Fünftes Kapitel II.5.

711 Ebenso *Löwisch/Rieble,* § 3 TVG, Rdnr. 203; *Hartmann,* S. 108; *Gussen/Dauck,* Rdnr. 245.

712 Dazu *Gussen/Dauck,* Rdnr. 244.

713 Zu diesem Beispiel *Zöllner,* DB 1995, 1401, 1403.

prinzip gilt nicht. Die weitergeltenden Normen können auch abgelöst werden, wenn die Regelungen des ablösenden Tarifvertrags nachteilig für den Arbeitnehmer sind.[714]

Eine Einschränkung hinsichtlich des „Ablösungsprinzips" muss für bereits erworbene Besitzstände, sog. „wohlerworbene Rechte", gemacht werden. Diese können nicht nach § 613a Abs. 1 S. 3 BGB abgelöst werden. Somit bleiben beispielsweise Versorgungsanwartschaften bestehen. Eine Ablösung findet nur für die Zukunft, aber nicht für die Vergangenheit statt.[715]

4. Zeitpunkt der Verdrängung

Fraglich ist, ob der ablösende Tarifvertrag und die Bindung an diesen bereits zum Zeitpunkt des Betriebsübergangs[716] bestanden haben müssen.

Ausgehend vom Wortlaut könnte eine Ablösung nach § 613a Abs. 1 S. 3 BGB nur möglich sein, wenn Arbeitnehmer und Arbeitgeber bereits zum Zeitpunkt des Betriebsübergangs an einen wirksamen Tarifvertrag gebunden sind.[717] Allerdings wird angenommen, dass zumindest auch eine Ablösung im Verlauf der Jahresfrist möglich ist.[718] Problematisch ist, dass die h.M. eine in-

---

714 Staudinger/*Annuß,* § 613a BGB, Rdnr. 273; Däubler/*Lorenz,* § 3 TVG, Rdnr. 204; *Löwisch/Rieble,* § 3 TVG, Rdnr. 199; Kempen/Zachert/*Kempen,* § 3 TVG, Rdnr. 117; MüKo/*Müller-Glöge,* § 613a BGB, Rdnr. 139; HWK/*Willemsen/Müller-Bonanni,* § 613a BGB, Rdnr. 266; *Schiefer,* 50 Jahre BAG, S. 859, 862; *Kempen,* BB 1991, 2006, 2010; *Bepler,* RdA 2009, 65, 70; *Waas,* S. 64; *Hartmann,* S. 75; *Röder,* DB 1981, 1980, 1981; *Döring/Grau,* BB 2009, 158, 161; *Schaub,* NZA 1998, 617, 620; *Prange,* NZA 2002, 817, 820; *Bauer/Günther,* NZA 2008, 6, 10; *Moll,* NJW 1993, 2016, 2020; *ders.,* RdA 2007, 47, 49. BAG v. 20.4.1994 - 4 AZR 342/93, NZA 1994, 1140, 1142; BAG v. 11.5.2005 - 4 AZR 315/04, NZA 2005, 1362, 1365; BAG v. 22.4.2009 - 4 AZR 100/08, NZA 2010, 41.

715 HWK/*Willemsen/Müller-Bonanni,* § 613a BGB, Rdnr. 266; *Gussen/Dauck,* Rdnr. 246, 251; Bachner/Köstler/Matthießen/Trittin/*Trittin,* § 5, Rdnr. 214; *Moll,* NJW 1993, 2016, 2020; *Hartmann,* S. 109 f.

716 Zur Feststellung dieses Zeitpunkts vgl. bereits oben Drittes Kapitel II.1.b).

717 Anderer Ansicht ist *Skuderis,* S. 269.

718 *Kania,* DB 1994, 529, 530; *Waas,* S. 64; *Schiefer,* 50 Jahre BAG, S. 859, 861; *Schaub,* NZA 1998, 617, 620; *Schiefer/Worzalla,* DB 2008, 1566, 1571; *Zöllner,* DB 1995, 1401, 1403; Wiedemann/*Oetker,* § 3 TVG, Rdnr. 252; HWK/*Willemsen/Müller-Bonanni,* § 613a BGB, Rdnr. 266; *Prange,* NZA 2002, 817, 820; *Löwisch/Rieble,* § 3 TVG, Rdnr. 201; Kempen/Zachert/*Kempen,* § 3 TVG, Rdnr. 117. Bachner/Köstler/Matthießen/Trittin/*Trittin,* § 5, Rdnr. 193 ff., der aber betont, dass dies nur bis Ablauf des ersten Jahres möglich ist. Teilweise wird dies über eine analoge Anwendung erreicht; wohl auch *Bepler,* RdA 2009, 65, 70. BAG v. 19.3.1986 - 4 AZR 640/84, NZA 1986, 687; BAG v. 20.4.1994 - 4 AZR 342/93,

dividualvertragliche Weitergeltung annimmt. Dem widerspricht die Ablösungsmöglichkeit der weitergeltenden Regelungen durch tarifvertragliche Normen nach § 613a Abs. 1 S. 3 BGB auch nach erfolgter Transformation.[719] Dadurch werden arbeitsvertragliche Regelungen durch tarifvertragliche Normen abgelöst, auch wenn diese ungünstiger sind. Werden die Regelungen Teil des Arbeitsverhältnisses, bedarf es einer Begründung, warum § 4 Abs. 3 TVG nicht gilt. Diese findet sich in der Regelung § 613a Abs. 1 S. 3 BGB selbst, deren Zweck die Anpassungsmöglichkeit der Arbeitsverhältnisse an die neue Situation ist und daneben sicherstellen soll, dass die kollektivrechtlichen den weitergeltenden Regelungen vorgehen.[720] Dieser Zweck kann nur erfüllt werden, wenn die Arbeitsvertragsparteien die Möglichkeit erhalten, auch nach Betriebsübergang eine Ablösung durch einen anderen Tarifvertrag vorzunehmen. Unter Umständen muss dafür ein Wechsel der Gewerkschaft bzw. des Arbeitgeberverbandes erfolgen, was Zeit braucht. Nicht einsichtig ist, warum dem Betriebserwerber diese Möglichkeit verwehrt werden sollte. Der Arbeitgeber kann auch nicht auf den Abschluss von Bezugnahmeklauseln verwiesen werden, da diesbezüglich die Mitwirkung der Arbeitnehmer nötig wäre.[721] Ein weiteres Argument bringt *Wank,* wenn er darauf hinweist, die Transformation sei nur ein „rechtstechnischer Kunstgriff" und daher entfalle das Günstigkeitsprinzip.[722] Folgt man der hier vertretenen Ansicht und nimmt eine normative Weitergeltung an, fällt diese „dogmatische Begründungshürde" weg.

Fraglich bleibt, ob ein enger zeitlicher Zusammenhang zwischen Betriebsübergang und Ablösung nach § 613a Abs. 1 S. 3 BGB vorliegen muss.[723] Auch wenn der Arbeitnehmerschutz für eine solche Auslegung sprechen mag, ist dem nicht zuzustimmen.[724] Die Weitergeltung nach § 613a Abs. 1 S. 2 BGB ist zwingend nur für ein Jahr gedacht. Nach Ablauf dieses Jahres muss eine Ablösung auch durch Tarifvertrag möglich sein. Andernfalls würde der Arbeitnehmerschutz überdehnt. Der Erwerber kann nicht „ewig" in seiner Koalitions-

---

NZA 1994, 1140, 1142; BAG v. 16.5.1995 - 3 AZR 535/94, NZA 1995, 1166; BAG v. 11.5.2005 - 4 AZR 315/04, NZA 2005, 1362, 1365.

719 Anders *Löwisch/Rieble,* § 3 TVG, Rdnr. 199, die zwar eine Transformation annehmen, aber betonen, dass keine arbeitsvertraglichen Regelungen entstünden. Daher würde das Günstigkeitsprinzip nicht gelten.

720 BAG v. 20.4.1994 - 4 AZR 342/93, NZA 1994, 1140, 1142; BAG v. 16.5.1995 - 3 AZR 535/94, NZA 1995, 1166, 1167; BAG v. 1.8.2001 - 4 AZR 82/00, NZA 2002, 41, 44.

721 Vgl. *Skuderis,* S. 271.

722 *Wank,* NZA 1987, 505, 510.

723 So beispielsweise Bachner/Köstler/Matthießen/Trittin/*Trittin*, § 5, Rdnr. 193 ff.

724 Ebenso Wiedemann/*Oetker,* § 3 TVG, Rdnr. 252; *Moll,* RdA 2007, 47, 48.

freiheit eingeschränkt sein, indem das Günstigkeitsprinzip für Regelungen gilt, die - auch nach der h.M. - keine individualvertraglichen im eigentlichen Sinne sind.

5. Erfordernis der kongruenten Tarifbindung

Ob § 613a Abs. 1 S. 3 BGB eine kongruente Tarifbindung des neuen Arbeitgebers und des betroffenen Arbeitnehmers voraussetzt, ist nach *Lambrich* der entscheidende Punkt „ob § 613 a Abs. 1 Satz 3 BGB ein Tor zur Tarifflucht öffnet oder lediglich einen Weg in eine tarifrechtliche Sackgasse weist“[725]. Wie bereits festgehalten, ist fraglich wie groß die Gefahr einer Tarifflucht durch Betriebsübergang tatsächlich ist. Dennoch sollte der Frage nachgegangen werden, inwiefern dem Erwerber die Ablösung der weitergeltenden Regelungen möglich ist. Der Bestandsschutz gilt letztlich auch bei Betriebsübergängen, denen keine Tarifflucht zugrunde liegt und dem Erwerber kommt eine Vereinheitlichung der Arbeitsbedingungen bei allen Umstrukturierungen entgegen.

Nach Ansicht des BAG[726] und Teilen der Literatur[727] bedarf es einer solchen kongruenten Tarifbindung, um eine Ablösung der weitergeltenden Regelungen des alten Tarifvertrags durch einen anderen nach § 613a Abs. 1 S. 3 BGB auszulösen. Dies führt dazu, dass die Vorschrift nicht greift, wenn der Arbeitgeber an einen Tarifvertrag gebunden ist, aber dieser nicht von der Gewerkschaft geschlossen wurde,[728] deren Mitglied der vom Betriebsübergang

---

725 *Lambrich,* FS f. Ehmann, S. 169, 202.

726 BAG v. 20.4.1994 - 4 AZR 342/93, NZA 1994, 1140, 1142; BAG v. 30.8.2000 - 4 AZR 581/99, NZA 2001, 510; BAG v. 21.2.2001 - 4 AZR 18/00, NZA 2001, 1318; BAG v. 1.8.2001 - 4 AZR 82/00, NZA 2002, 41, 44; BAG v. 25.9.2002 - 4 AZR 294/01, NZA 2003, 807, 809; BAG v. 11.5.2005 - 4 AZR 315/04, NZA 2005, 1362; BAG v. 9.4.2008 - 4 AZR 164/07, NJOZ 2008, 5178, 5181.

727 *Bepler,* RdA 2009, 65, 70; *Skuderis,* S. 301; *Gussen/Dauck,* Rdnr. 233; *Döring/Grau,* BB 2009, 158, 159; *Waas,* S. 66 ff.; HWK/*Willemsen/Müller-Bonanni,* § 613a BGB, Rdnr. 264; Kempen/Zachert/*Kempen,* § 3 TVG, Rdnr. 114; MAH-Arbeitsrecht/*Cohnen/Tepass,* 51, Rdnr. 91; Erman/*Edenfeld,* § 613a BGB, Rdnr. 89; MüKo/*Müller-Glöge,* § 613a BGB, Rdnr. 139; *Löwisch/Rieble,* § 3 TVG, Rdnr. 207; *Hromadka/Maschmann,* § 19, Rdnr. 107; *Boecken,* Unternehmensumwandlungen, Rdnr. 194; Wiedemann/*Oetker,* § 3 TVG, Rdnr. 253; Däubler/*Lorenz,* § 3 TVG, Rdnr. 201; *Bauer/Günther,* NZA 2008, 6, 10; Staudinger/*Annuß,* § 613a BGB, Rdnr. 282; *Annuß,* ZfA 2005, 405, 454; Bachner/Köstler/Matthießen/Trittin/*Trittin,* § 5, Rdnr. 196; *Hartmann,* S. 102. Kritisch *Schiefer,* 50 Jahre BAG, S. 859, 866; *Moll,* RdA 2007, 47, 48; *Schiefer/Pogge,* NJW 2003, 3734, 3739.

728 Fraglich ist, inwiefern der Meinungsstreit durch den Zusammenschluss zur Vereinten Dienstleistungsgewerkschaft ver.di an Relevanz verloren hat. Vertreten wird, dass

betroffene Arbeitnehmer ist oder nach Betriebsübergang wird. Etwas anderes würde nur bei einem Tarifvertrag gelten, der für allgemeinverbindlich erklärt wurde.

Es gibt auch Stimmen, die einem solchen Erfordernis widersprechen und es für die Ausnahme des § 613a Abs. 1 S. 3 BGB genügen lassen, dass der Arbeitgeber an den Tarifvertrag gebunden ist, der für den Betrieb einschlägig ist.[729] Eine vermittelnde Ansicht schlägt vor, dass eine Verdrängung nach § 613a Abs. 1 S. 3 BGB möglich sein soll, wenn beide Tarifverträge von einer DGB-Gesellschaft geschlossen werden.[730]

Nimmt man an, dass eine Verdrängung der weitergeltenden Normen möglich ist, wenn bezüglich eines bestimmten Arbeitsverhältnisses *keine* beidseitige Tarifgebundenheit vorliegt, würde dies dazu führen, dass zwar die weitergeltenden Normen verdrängt werden, aber keine tarifvertraglichen Regelungen an Stelle dieser treten. Die Frage ist folglich: Setzt § 613a Abs. 1 S. 3 BGB voraus, dass die weitergeltenden Normen durch tarifliche *ersetzt* werden, oder sollen sie nur *verdrängt*[731] werden.

a) Auslegung nach dem Wortlaut

Hinsichtlich des Wortlauts wird vertreten, dass § 613a Abs. 1 S. 3 BGB eine kongruente Tarifbindung fordert, da die Rechte und Pflichten durch einen an-

---

durch die Verschmelzung alle Tarifverträge auf ver.di übergegangen seien und damit zwischen Gewerkschaften, die sich angeschlossen haben, stets kongruente Tarifbindung vorliege, vgl. *Prange,* NZA 2002, 817, 821; *Schiefer/Pogge,* NJW 2003, 3734, 3739; *Schiefer,* 50 Jahre BAG, S. 859, 868. Dem wird unter Hinweis auf die ver.di-Satzung widersprochen, da demnach die Tarifbindung unverändert bliebe und keine kongruente Tarifbindung eintreten könne, vgl. Kempen/Zachert/*Kempen,* § 3 TVG, Rdnr. 115. Das BAG geht von einer kongruenten Tarifbindung aus, vgl. BAG v. 11.5.2005 - 4 AZR 315/04, NZA 2005, 1362. Nach eigenen Angaben hat ver.di 2,3 Mio. Mitglieder, vgl. www.verdi.de/ver.di_vona_bis_z. Damit ist der Anwendungsbereich von § 613a Abs. 1 S. 3 BGB deutlich erweitert, auch wenn eine kongruente Tarifbindung zu fordern wäre.

729 *Zöllner,* DB 1995, 1401, 1403 f.; *Seitz/Werner,* NZA 2000, 1257, 1267; *Heinze,* FS für Schaub, S. 275, 290; *Lambrich,* FS f. Ehmann, 169, 204; *Henssler*, FS f. Schaub, 311, 319 ff.; *ders.,* FS für Wißmann, S. 133, 148; *Moll*, RdA 1996, 275, 280 f. In diese Richtung auch *Schumacher-Mohr,* GS für Heinze, S. 843, 849 ff. *Röder,* DB 1981, 1980, 1982.

730 *Hanau/Kania,* FS f. Schaub, S. 239, 256; *Kania,* DB 1996, 1921, 1922 f.; LAG Köln v. 30.9.1999 - 6 [9] Sa 740/99, NZA-RR 2000, 179.

731 So ausdrücklich *Zöllner,* DB 1995, 1401, 1404. Auf diesen Umstand verweist auch *Lambrich,* FS f. Ehmann, S. 169, 205.

deren Tarifvertrag *geregelt* sein müssen.[732] Dem ist nicht zuzustimmen. Der Wortlaut kann in diese Richtung ausgelegt werden. Allerdings können Rechte und Pflichten auch in einem Tarifvertrag geregelt sein, ohne dass dieser auf ein bestimmtes Arbeitsverhältnis Anwendung findet.[733] Es wäre auch eine Auslegung denkbar, die keine kongruente Tarifbindung fordert. Die gegensätzliche Auslegung wird unter Hinweis darauf, dass § 613a Abs. 1 S. 3 BGB die Regelung „bei dem neuen Inhaber" fordert, vertreten. Dies deute darauf hin, dass die Tarifgebundenheit des Betriebsinhabers ausreiche.[734] Auch dem ist nicht zu folgen, da die Bezugnahme auf den neuen Inhaber nur hervorheben soll, dass die Situation nach Betriebsübergang, also nicht mehr beim Veräußerer, gemeint ist.[735] Aus dem Wortlaut ergibt sich keine gesicherte Aussage, ob eine kongruente Tarifbindung zur Verdrängung nötig ist.[736]

b) Historische Auslegung

Nach der Gesetzesbegründung soll § 613a Abs. 1 S. 3 BGB klarstellen, dass kollektivrechtliche Regelungen den nach § 613a Abs. 1 S. 2 BGB individualvertraglich weitergeltenden „wie üblich" vorgehen. Weiter wird dort ausgeführt:

> „Der neue Inhaber ist in diesem Fall nur verpflichtet, die bei ihm bereits geltenden Tarifverträge oder Betriebsvereinbarungen einzuhalten und nicht noch daneben Arbeitsbedingungen, die sich nach Satz 2 aus anderen Tarifverträgen oder Betriebsvereinbarungen ergeben."[737]

Der Hinweis darauf, dass keine weitere Geltung *neben* der kollektivrechtlichen besteht, könnte darauf deuten, dass der Gesetzgeber für eine Anwendung des § 613a Abs. 1 S. 3 BGB eine kongruente Tarifbindung vorausgesetzt hat. Andererseits könnte dies auch einen Hinweis darstellen, dass - vergleichbar mit dem Grundsatz der Tarifeinheit - die Geltung eines Tarifvertrags alle anderen Regelungen, die auf einen Tarifvertrag zurückgehen, verdrängt. Folglich ist aus der Gesetzesbegründung keine gesicherte Erkenntnis möglich.

---

732 *Bepler,* RdA 2009, 65, 70; Bachner/Köstler/Matthießen/Trittin/*Trittin,* § 5, Rdnr. 203; *Hartmann,* S. 85 f. Ausführlich dazu BAG v. 21.2.2001 - 4 AZR 18/00, NZA 2001, 1318, 1321.

733 Vgl. zu dieser Argumentation LAG Schleswig-Holstein v. 4.3.1998 - 2 Sa 456/97, NZA-RR 1999, 251, 253.

734 *Moll,* RdA 1996, 275, 280.

735 Sehr überzeugend *Waas,* S. 66.

736 Ähnlich *Skuderis,* S. 275.

737 BT-Drs. 8/3317, S. 11. Hervorhebung durch die Verfasserin.

c) Auslegung anhand des Normzwecks

Durch die Ablösungsmöglichkeit nach § 613a Abs. 1 S. 3 BGB soll der Erwerber eines Betriebs nach Übergang die Möglichkeit erhalten, eine Vereinheitlichung der Arbeitsbedingungen vorzunehmen. Dies ist nötig, da es für den Erwerber eine schwierige Situation ist, wenn die übergehenden Arbeitnehmer andere, unter Umständen bessere, Bedingungen haben als die Arbeitnehmer, die bereits bei ihm beschäftigt waren. Wie bereits erwähnt, kann dies besonders bei besserer Bezahlung der übergehenden Arbeitnehmer ein Problem für den Betriebsfrieden darstellen.

Es handelt sich bei § 613a Abs. 1 S. 3 BGB um eine Ausnahmevorschrift[738] zu § 613a Abs. 1 S. 2 BGB.[739] Grundsätzlich entspricht es dem Interesse des Betriebserwerbers, wenn es ihm nach Satz 3 möglich ist, die weitergeltenden Regelungen zu verdrängen, wenn nur er als Arbeitgeber tarifgebunden ist. Fordert man eine kongruente Tarifbindung, ist der Anwendungsbereich der Vorschrift enger und der Betriebsinhaber ist darauf angewiesen, dass die Arbeitnehmer zu der Gewerkschaft wechseln, die den einschlägigen Tarifvertrag geschlossen hat. Inwiefern allerdings bei fehlender kongruenter Tarifbindung die Arbeitsbedingungen vereinheitlicht werden können, erscheint fraglich.[740]

Nur eine kongruente Tarifbindung entspricht dem Normzweck vollumfänglich, wenn man § 613a Abs. 1 S. 3 BGB auch die Funktion zukommen lässt, i.S.e. Ordnungsfunktion inhaltsleere Arbeitsverhältnisse zu vermeiden.[741] Dieser Zweck wäre nur erfüllt, wenn die Regelungen des anderen Tarifvertrags tatsächlich Anwendung fänden.

d) Systematische Auslegung

§ 613a Abs. 1 S. 3 BGB stellt eine Ausnahme zu § 613a Abs. 1 S. 2 BGB dar. Insofern muss der gewährleistete Arbeitnehmerschutz mit in die Überlegungen einbezogen werden. Eine Gesamtschau des § 613a Abs. 1 S. 2 bis 4 BGB zeigt,

---

738 Eigentlich müsste sich an dieser Stelle mit der genauen Einordnung der Vorschrift beschäftigt werden. Fraglich ist, ob es sich um eine Ausnahmevorschrift im eigentlichen Sinn handelt. Andernfalls wäre von einer Einschränkung des Anwendungsbereichs auszugehen. Ausführlich *Larenz/Canaris,* S. 175 f. Durch diese Einordnung wird das methodische Verhältnis der Vorschriften beeinflusst. Allerdings legt der Wortlaut nahe, dass es sich um eine Einordnung als Ausnahmevorschrift handelt („Satz 2 gilt nicht…“).

739 Strittig ist, inwiefern darüber hinaus Tarifpluralität beim Erwerber vermieden werden soll, vgl. dazu *Kania,* DB 1994, 529, 530; *Moll,* RdA 1996, 275, 280 f.

740 Dazu sogleich.

741 So BAG v. 21.2.2001 - 4 AZR 18/00, NZA 2001, 1318, 1323.

dass ein Ausgleich zwischen den Interessen des Erwerbers und der Arbeitnehmer gefunden werden soll.[742] Aus dem Wortlaut der Sätze 2 und 3 ergibt sich nicht eindeutig, wie weit diese Ausnahme gehen soll. Im Rahmen der Abwägung zwischen den widerstreitenden Interessen muss grundsätzlich eine der beiden zurücktreten: Gibt man dem Arbeitnehmerschutz den Vorrang, muss eine beidseitige Tarifbindung vorliegen, während eine solche nicht nötig ist, wenn man in erster Linie auf das Vereinheitlichungsinteresse des Betriebserwerbers abstellt. Auf Seiten des Betriebserwerbers steht noch eine weitere Überlegung. Wenn Unternehmen eigentlich notwendige Umstrukturierungen unterlassen, kann dies zu Arbeitsplatzverlusten führen.[743] Dies wäre wiederum nicht im Sinne der Arbeitnehmer.

Durch § 613a Abs. 1 S. 2 BGB soll neben dem Arbeitnehmerschutz aber auch der Ordnungsfunktion Genüge getan werden, ähnlich[744] der Nachwirkung nach § 4 Abs. 5 TVG. Dies kann aus der Gesamtsystematik des § 613a Abs. 1 S. 2 bis 4 BGB geschlossen werden.[745] Andernfalls würde es reichen, wenn die Normen ein Jahr weitergelten und dann entfallen. Diesen Überlegungen widerspricht es, nach Satz 3 eine Ausnahme von der Weitergeltung der Normen zu machen, ohne die Geltung anderer Normen oder Regelungen anzuordnen.[746] Die „Gegner" einer kongruenten Tarifbindung widersprechen dem mit der Argumentation, das Berufen auf die Intention von § 613a Abs. 1 S. 2 BGB sei nicht möglich, da die Voraussetzungen der Ausnahme von dieser Vorschrift geklärt werden soll. Dem ist grundsätzlich auch zuzustimmen. Allerdings entbindet dies nicht von der Aufgabe eine Abwägung herbeizuführen.

§ 613a Abs. 1 S. 3 BGB selbst könnte eine *Verdrängung* nur für den Fall vorsehen, dass eine andere Regelung an die Stelle der ursprünglichen Regelungen tritt. Gerade dies ist bei fehlender kongruenter Tarifbindung nicht der Fall. Auch sieht die Vorschrift keinen anderweitigen Ersatz vor,[747] sodass, unterstellt, es läge keine Bezugnahmeklausel vor, Gesetzesrecht oder betriebsübliche Arbeitsbedingungen in Betracht kommen.[748]

Gegen dieses Ergebnis spricht ein Vergleich mit § 613a Abs. 1 S. 4 BGB. Beide Alternativen dieser Vorschrift setzen voraus, dass die nach Satz 2 wei-

742 In diese Richtung auch Bachner/Köstler/Matthießen/Trittin/*Trittin,* § 5, Rdnr. 204 ff.

743 *Schiefer/Pogge,* NJW 2003, 3734, 3739 sprechen insofern von einem „Jobkiller".

744 Wie schon mehrfach festgehalten sind die beiden Vorschriften in ihrer Zielsetzung nicht deckungsgleich. Nichtsdestotrotz weisen sie Ähnlichkeiten auf.

745 So BAG v. 21.2.2001 - 4 AZR 18/00, NZA 2001, 1318, 1323.

746 Ähnlich auch Staudinger/*Annuß,* § 613a BGB, Rdnr. 282.

747 Vgl. ausführlich zu den jeweiligen Möglichkeiten *Gussen/Dauck,* Rdnr. 234 ff.

748 Dazu *Zöllner,* DB 1995, 1401, 1405, der aber davon ausgeht, den Arbeitgeber träfe eine Pflicht, eine solche Klausel anzubieten.

tergeltenden Normen durch andere Regelungen ersetzt werden und nicht ersatzlos entfallen. Dies entspricht auch anderen Fällen, in denen die Geltung eines Tarifvertrags für ein Arbeitsverhältnis entfällt. Dabei kann insbesondere wieder auf § 4 Abs. 5 TVG verwiesen werden, der als Auffangvorschrift unzählige Fälle des Wegfalls der Geltung eines Tarifvertrags umfasst. Dieser schreibt im Sinne der Nachwirkung die Weitergeltung der Regelungen vor, bis eine andere Abmachung getroffen wird. Hintergrund ist es, inhaltsleere Arbeitsverhältnisse zu vermeiden. Zwar kann die Wertung der Nachwirkung nicht komplett auf den Betriebsübergang übertragen werden, es zeigt sich aber: Sogar in Fällen, denen nicht der Arbeitnehmerschutz zugrunde liegt, sieht das Tarifrecht eine Weitergeltung der tariflichen Regelungen vor, solange keine *Ablösung* erfolgt. Warum dies gerade bei § 613a Abs. 1 S. 3 BGB, der so eng mit der Arbeitnehmerschutzvorschrift § 613a Abs. 1 S. 2 BGB zusammenhängt, nicht der Fall sein soll, ist nicht ersichtlich.

Fraglich ist, ob dieses Argument durch einen weiteren Vergleich in anderer Hinsicht mit § 613a Abs. 1 S. 4 Alt. 2 BGB verstärkt wird. Bei fehlender kongruenter Tarifbindung ist eine Vereinbarung nötig, um die weitergeltenden Normen abzulösen. Dies könnte dazu führen, bei Verdrängung nach § 613a Abs. 1 S. 3 BGB eine beidseitige Tarifbindung vorauszusetzen.[749] Allerdings wird dieser Vergleich von beiden Seiten als Argument herangezogen und ist letztlich nicht aussagekräftig.[750]

Zieht man den Grundsatz der Tarifeinheit[751] als Auslegungshilfe heran, könnte dies gegen das Erfordernis einer kongruenten Tarifbindung sprechen. Sind der Erwerber des Betriebs und zumindest ein Teil seiner bereits bestehenden Belegschaft an denselben Tarifvertrag gebunden und gelten gleichzeitig für die durch den Betriebsübergang hinzukommenden Arbeitnehmer die Tarifnormen des ursprünglichen Betriebsinhabers, finden Regelungen aus zwei verschiedenen Tarifverträgen innerhalb eines Betriebs Anwendung.[752] Diesbezüglich auf die nach der h.M. vorliegende individualvertragliche Geltung bzw. auf

749 *Bepler,* RdA 2009, 65, 70.

750 Ausführlich dazu *Waas,* S. 75 ff.; *Skuderis,* S. 277 ff. m.w.N. Anderer Ansicht ist beispielsweise *Hartmann,* S. 88, der hierin ein Argument für das Erfordernis der kongruenten Tarifbindung sieht.

751 Ausschlaggebend ist hier das Problem der Tarifpluralität. Keine Bedeutung erlangt an dieser Stelle die Tarifkonkurrenz i.e.S., da bei beidseitiger Tarifbindung an einen anderen Tarifvertrag für das Arbeitsverhältnis selbst verschiedene Tarifverträge angewendet werden müssten und in einem solchen Fall die weiter geltenden Regelungen unstreitig verdrängt werden.

752 Auf diesen Aspekt verweisen beispielsweise *Schiefer/Pogge,* NJW 2003, 3734, 3739.

den Wechsel des Geltungsgrunds zu verweisen griffe zu kurz.[753] Hintergrund des Grundsatzes der Tarifpluralität ist es, nicht mehrere Tarifverträge anzuwenden und damit einheitliche Arbeitsbedingungen zu schaffen.[754] Der dahinter stehende Gedanke könnte auch zur Anwendung kommen, wenn normativ geltende Regelungen auf solche treffen, die nach § 613a Abs. 1 S. 2 BGB weiter gelten. Allerdings hat der Erwerber die Möglichkeit, den Zustand der Tarifpluralität - unter Wahrung der Interessen der Arbeitnehmer - zu beenden, indem er beispielsweise einen Firmentarifvertrag schließt.[755] Das BAG tritt diesem Argument mit dem Hinweis entgegen, dass es zu einer ähnlichen Situation bei nachwirkenden Normen käme. Da diese auch nur bei beidseitiger Tarifbindung abgelöst werden, müsse dies erst recht für § 613a Abs. 1 S. 3 BGB gelten.[756] Dem ist vollumfänglich zuzustimmen. Vor allem ist darauf hinzuweisen, dass auch eine Verdrängung der nach § 613a Abs. 1 S. 2 BGB weitergeltenden Regelungen bei einseitiger Tarifbindung gerade *nicht* zur Vereinheitlichung der Arbeitsbedingungen führen würde. Die Vertreter dieser Ansicht nehmen an, dass die Regelungen des verdrängenden Tarifvertrags nicht zur Anwendung kommen sollen, sondern verweisen stattdessen auf Bezugnahmeklauseln oder, wenn diese seitens der Arbeitnehmer abgelehnt werden, auf gesetzliche Vorgaben, die als „Ersatz" infrage kommen. Dadurch käme es im Ergebnis zur Anwendung verschiedener Regelungen und nicht zwingend zu einheitlichen Arbeitsbedingungen. Folglich spricht der Grundsatz der Tarifeinheit - selbst wenn man ihm vollumfänglich zustimmt[757] - nicht für eine Anwendung des § 613a Abs. 1 S. 3 BGB bei einseitiger Bindung des Erwerbers.

Mit *Skuderis* ist anzunehmen, dass auch § 87 Abs. 1 BetrVG nicht zur Begründung einer Ablösung bei einseitiger Tarifbindung des Arbeitgebers herangezogen werden kann. Nicht nur, dass auch dort strittig ist, welcher Auslegung

---

753 Ähnlich *Schumacher-Mohr,* GS für Heinze, S. 843, 851. Anders wohl *Hartmann,* S. 90.

754 Strittig ist, wann dies der Fall ist, vgl. dazu noch Sechstes Kapitel IV.7.b) (2).

755 Däubler/*Lorenz,* § 3 TVG, Rdnr. 201.

756 BAG v. 21.2.2001 - 4 AZR 18/00, NZA 2001, 1318, 1323.

757 Die herrschende Lehre ist gegen eine Anwendung des Grundsatzes der Tarifeinheit im Falle einer Tarifpluralität, vgl. *Jacobs,* NZA 2008, 325, 326; *Giesen,* NZA 2009, 11, 12 m.w.N. Das BAG hat dies allerdings bisher angenommen, vgl. BAG v. 20.3.1991 - 4 AZR 455/90, NZA 1991, 736; BAG v. 15.11.2006 - 10 AZR 665/05, NZA 2007, 448. Der Vierte Senat hat in einem Beschluss v. 27.1.2010 - 4 AZR 549/08 angekündigt, nicht am Grundsatz der Tarifeinheit festhalten zu wollen. Er hat diesbezüglich eine Divergenzanfrage an den Zehnten Senat gestellt.

der Vorzug zu geben ist, auch kann die Vorschrift nicht mit § 613a Abs. 1 S. 3 BGB verglichen werden.[758]

e) Verfassungskonforme Auslegung

Heinze verweist darauf, dass die positive und negative Koalitionsfreiheit des Erwerbers die Möglichkeit einer Ablösung nahe lege, wenn nur der Arbeitgeber an den Tarifvertrag gebunden ist. Dies würde verkannt werden, wenn bei § 613a Abs. 1 S. 3 BGB eine kongruente Tarifbindung gefordert wird. Dass die Arbeitnehmer gezwungen wären, um in den Genuss der Regelungen zu kommen, die Gewerkschaft zu wechseln, könne dem nicht entgegenstehen.[759] Lässt man bei § 613a Abs. 1 S. 3 BGB die Tarifgebundenheit des Arbeitgebers ausreichen und werden gleichzeitig den Arbeitnehmern die Regelungen, an die der Erwerber gebunden wäre, nicht „aufgedrängt", entfällt zumindest diesbezüglich tatsächlich die verfassungsrechtliche Problematik.[760] *Heinze* übersieht allerdings, dass nicht nur die Entscheidung der Arbeitnehmer, welcher Gewerkschaft sie angehören wollen, verfassungsrechtlich geschützt ist, sondern auch ihre ursprüngliche Position, die sich durch das Unterfallen unter einen Tarifvertrag ergibt, den sie mitgliedschaftlich legitimiert haben.[761] Diese Position würde den Arbeitnehmern ohne einen „Ersatz" genommen werden. Darüber hinaus ist der Einschätzung *Heinzes* hinsichtlich der negativen Koalitionsfreiheit der Arbeitnehmer nicht zuzustimmen. Vielmehr wird auf letztere ein übermäßiger Druck ausgeübt, einer neuen Gewerkschaft beizutreten, wenn auf eine kongruente Tarifbindung verzichtet wird. Dies gilt auch, wenn es sich um eine DGB-Gewerkschaft auf beiden Seiten handelt. Auch dann sind die Arbeitnehmer gezwungen, ihre bisherige Gewerkschaft zu verlassen und in eine neue einzutreten, wollen sie in den Genuss der tariflichen Regelungen kommen.[762] Wechselt der Arbeitnehmer nicht, entfallen seine tariflichen Arbeitsbedingungen ersatzlos. Dies kann nicht verlangt werden. Folglich kann keine verfassungsrechtliche Entscheidung gegen das Erfordernis der kongruenten Tarifbindung getroffen werden.

---

758 Ausführlich dazu *Skuderis,* S. 279 ff.

759 *Heinze,* FS f. Schaub, S. 275, 290 ff.; *ders.,* DB 1998, 1861, 1866. Ähnlich auch *Zöllner,* DB 1995, 1401, 1404. Anders sieht dies das BAG in seiner Entscheidung v. 21.2.2001 - 4 AZR 18/00, NZA 2001, 1318, 1323.

760 *Skuderis,* S. 281.

761 Zu dieser Argumentation Kempen/Zachert/*Kempen,* § 3 TVG, Rdnr. 113; *Kempen,* BB 1991, 2006, 2010.

762 Ähnlich MüKo/*Müller-Glöge,* § 613a BGB, Rdnr. 140; *Skuderis,* S. 282; *Hartmann,* S. 93.

Auch die Ablösung nach § 613a Abs. 1 S. 3 BGB, wenn eine gewisse Anzahl von Arbeitnehmern an denselben Tarifvertrag wie der Arbeitgeber gebunden ist, kann nicht ausreichen. Neben den bisher genannten Argumenten, die zum großen Teil auch für diesen Fall gelten, kommt hinzu, dass der Erwerber dazu angestiftet werden würde, seinerseits Arbeitnehmer zum Eintritt in eine bestimmte Gewerkschaft zu drängen.[763] Es kann nicht hingenommen werden, dass durch staatliche Regelungen der Betriebsfrieden gestört wird.

f) Richtlinienkonforme Auslegung

Nach *Zöllner* fordert die Betriebsübergangsrichtlinie keine normative Geltung des Tarifvertrags, sondern lässt es ausreichen, wenn die Regelungen überhaupt zur Anwendung kommen. Der Arbeitgeber könne sich folglich auch rechtsverbindlich dazu verpflichten, die Regelungen zur Anwendung kommen zu lassen.[764] Dem entspricht die Argumentation des BAG, wobei es die Möglichkeit des nationalen Gesetzgebers betont, davon nach oben abzuweichen, da die europarechtlichen Vorgaben nur Mindeststandards darstellten. Das Gericht stellt aber fest, dass auch nach der Richtlinie der tarifvertragliche Schutz bestehen bleiben müsse.[765] Dieser kann nur gewahrt werden, wenn eine Verdrängung der weitergeltenden Normen ausschließlich durch Ablösung möglich ist.

(1) Wörtliche Auslegung der Richtlinie

Insbesondere der Hinweis auf die wörtliche Auslegung lege nach *Zöllner* nahe, dass die Betriebsübergangsrichtlinie keine kongruente Tarifbindung verlange, da deren Art. 3 Abs. 3 S. 1 die Aufrechterhaltung der Arbeitsbedingungen bis zum Inkrafttreten oder *bis zur Anwendung* eines anderen Kollektivvertrags fordert.[766]

Fraglich ist bereits, ob der Argumentation gefolgt werden kann, aus der Formulierung, dass ein Tarifvertrag „Anwendung“ finden muss, sei abzuleiten, keine Tarifbindung des Arbeitnehmers zu fordern. Laut *Zöllner* reicht es nach der Richtlinie für ein Ende der Weitergeltung der ursprünglichen Regelungen aus, wenn der Betriebserwerber dem Arbeitnehmer eine Bezugnahmeklausel anbietet.[767] Für diesen Fall hat der nationale Gesetzgeber allerdings § 613a Abs. 1 S. 4 Alt. 2 BGB vorgesehen und dort verlangt, dass das Angebot einer Bezugnahmeklausel seitens des Arbeitnehmers auch angenommen wird. Von

---

763 Zu diesem Argument *Heinze*, FS f. Schaub, S. 290 f.

764 *Zöllner,* DB 1995, 1401, 1404. Anderer Ansicht ist beispielsweise *Skuderis,* S. 284.

765 BAG v. 21.2.2001 - 4 AZR 18/00, NZA 2001, 1318, 1322.

766 *Zöllner,* DB 1995, 1401, 1404, allerdings noch zur Richtlinie 77/187/EWG, wobei deren Art. 3 Abs. 2 S. 1 dem jetzigen Art. 3 Abs. 3 S. 1 entspricht.

767 *Zöllner,* DB 1995, 1401, 1404.

§ 613a Abs. 1 S. 3 BGB könnte der Fall der kongruenten Tarifbindung umfasst sein, da damit alle Konstellationen abgedeckt wären, in denen die Regelungen gelten. Dem entspräche die Auslegung durch *Gussen/Dauck,* die fordern, dass der Tarifvertrag *tatsächlich* angewendet werden muss.[768]

Ein Vergleich mit den anderen sprachlichen Fassungen der Richtlinie führt an dieser Stelle nicht weiter, da beispielsweise im englischen von „application", im spanischen von „aplicación" und im französischen von „application" die Rede ist. Dies entspricht in etwa dem deutschen „Anwendung".

(2) Auslegung nach dem Sinn und Zweck

Sinn der Betriebsübergangsrichtlinie ist in erster Linie der Bestandsschutz. Allerdings hat der EuGH festgehalten, dass „die Interessen des Erwerbers, der in der Lage sein muss, die für die Fortsetzung seiner Tätigkeit erforderlichen Anpassungen vorzunehmen"[769], berücksichtigt werden müssen. Auch bei Auslegung der Richtlinie muss eine Abwägung der entgegen streitenden Positionen vorgenommen werden. Insofern gilt nichts anderes als im nationalen Recht. Dem Bestandsschutz widerspricht eine Verdrängung der weitergeltenden Regelungen, insbesondere wenn diese nicht durch andere kollektive Regelungen ersetzt werden. Gleichzeitig ist eine solche Verdrängung auch nicht vollumfänglich dazu geeignet, die Arbeitsbedingungen im Betrieb zu vereinheitlichen.

(3) Systematische Auslegung

Ein Vergleich mit den Regelungen, die andere Mitgliedstaaten zur Umsetzung erlassen haben, gestaltet sich schwierig, da die Tarifsysteme zu unterschiedlich sind. Allerdings zeigt sich beispielsweise im Vergleich zum französischen und spanischen Recht, dass dort stets eine Ablösung durch andere kollektive Regelungen gefordert wird bzw. die neuen und die weitergeltenden Regelungen nebeneinander gelten.[770]

(4) Zusammenfassung der Richtlinienvorgaben

Der Betriebsübergangsrichtlinie ist keine eindeutige Auslegung zu entnehmen. Insbesondere wird davon auszugehen sein, dass die Mitgliedstaaten ihre Tarifstruktur zugrunde legen müssen und daher keine einheitliche Festlegung mög-

---

768 *Gussen/Dauck,* Rdnr. 236.

769 EuGH v. 9.3.2006, Rs. C-499/04 - Werhof, Slg. 2006, I-2397, Rdnr. 31. Dazu bereits oben.

770 Für Frankreich *Allenberg,* Betriebsübergang im französischen Arbeitsrecht, S. 19 ff. und für Spanien *Fröhlich,* Betriebsübergang im spanischen Recht, S. 39 ff.

lich sein wird.[771] Allerdings spricht der Bestandsschutz eher für das Erfordernis einer kongruenten Tarifbindung, vor allem da auch das Vereinheitlichungsinteresse des Erwerbers nur bedingt erfüllt werden kann, wenn man keine kongruente Tarifbindung fordert.[772] Insofern ist bei einer Abwägung das Vereinheitlichungsinteresse nur mit Abstrichen zugrunde zu legen.

g) Zusammenfassung und kritische Würdigung

Für eine Verdrängung der nach § 613a Abs. 1 S. 2 BGB weiter geltenden Regelungen nach § 613a Abs. 1 S. 3 BGB im Laufe der Veränderungssperre ist eine kongruente Tarifbindung und damit eine Ablösung nötig. Andernfalls würde ein Eingriff in die Koalitionsfreiheit der Arbeitnehmer vorgenommen werden, der für den Zeitraum der Veränderungssperre außer Verhältnis zu der Gewichtung der Interessen des Arbeitgebers steht. Auch das Gesamtsystem des § 613a Abs. 1 S. 2 bis 4 BGB spricht für diese Auslegung.

Von den Gegnern einer kongruenten Tarifbindung wird übersehen, dass dem Interesse des Erwerbers nur teilweise Rechnung getragen wird, wenn ein Ende der Weitergeltung der Regelungen ohne Ablösung durch neue erreicht wird. Insofern kann er sich gerade nicht auf sein Vereinheitlichungsinteresse berufen, da diesem nicht Genüge getan wird, da auch bei Verdrängung unterschiedliche Bedingungen für die Arbeitnehmer gelten.

Allerdings sind von dem Erfordernis der kongruenten Tarifbindung zwei Ausnahmen zu machen. Hinsichtlich der Betriebsnormen besteht ein gewichtiger Unterschied zur Weitergeltung bei Inhalts-, Abschluss- oder Beendigungsnormen: Während bei letzteren eine Ablösung nach § 613a Abs. 1 S. 3 BGB nur bei kongruenter Tarifbindung möglich ist, kann eine Betriebsnorm auch durch Regelungen eines Tarifvertrags ersetzt werden, der nur beim Arbeitgeber gilt. Diese Wertung ergibt sich bereits aus § 3 Abs. 2 TVG.[773]

Auch das System des § 613a Abs. 1 S. 2 bis 4 BGB spricht für diese Auslegung, da die Regelungen nicht ersatzlos entfallen, sondern die Arbeitsverhältnisse durch § 3 Abs. 2 TVG von dem Tarifvertrag des Arbeitgebers erfasst werden.

---

771 Vgl. dazu *Waas,* S. 70, der kritisch anmerkt, dass dadurch ein unterschiedliches Niveau entstehen könnte, das eigentlich durch die Richtlinie gerade verhindert werden sollte.

772 Mit abweichender Argumentation kommt *Waas,* S. 69 ff. zu einem ähnlichen Ergebnis, lässt es allerdings mit Hinweis auf die Möglichkeit des nationalen Gesetzgebers, eine andere Wertung vorzunehmen, offen.

773 *Waas,* S. 48.

Daneben genügt die Verdrängung der Regelungen durch einseitige Tarifbindung *nach Ablauf der Veränderungssperre.* Da nach hier vertretener Ansicht § 613a Abs. 1 S. 3 BGB auch nach Ablauf der Jahresfrist anwendbar ist, kommt ab diesem Zeitpunkt eine andere Einschätzung infrage. Nach Ablauf des Jahres tritt der Arbeitnehmerschutz zurück. Dies sehen sowohl der nationale als auch der europäische Normgeber vor.

6. Nachwirkender Tarifvertrag beim neuen Betriebsinhaber

Es wird vertreten, dass die Wirkung des § 613a Abs. 1 S. 3 BGB auch eintritt, wenn beim Erwerber des Betriebs ein Tarifvertrag besteht, der sich im Nachwirkungsstadium befindet und die Arbeitnehmer an diesen gebunden wären. Dies ergäbe sich aus dem Umstand, dass § 613a Abs. 1 S. 3 BGB eine Vereinheitlichung herbeiführen soll.[774] Dem ist nicht zuzustimmen, da eine Vereinheitlichung nur erfolgen soll, wenn sich im Rahmen einer Abwägung des Arbeitnehmerschutzes mit dem Interesse des Betriebserwerbers ergibt, dass eine Ablösung angezeigt ist. Dies ist bei nachwirkenden Tarifregelungen nicht der Fall. Der Bestandsschutz des § 613a Abs. 1 S. 2 BGB verlangt, den Arbeitnehmer weitgehend so zu stellen, wie er vor Betriebsübergang stand. Eine Ausnahme davon wird gemacht, wenn ihm ein anderweitiger „kollektiver Schutz" zukommt. Dies ist bei nachwirkenden Normen gerade nicht der Fall, da diese jederzeit abbedungen werden können.

III. Beendigung der Weitergeltung durch Betriebsvereinbarung

Umstritten ist, ob § 613a Abs. 1 S. 3 BGB eine „Überkreuzablösung", also die Ablösung der weitergeltenden Normen eines Tarifvertrags durch eine Betriebsvereinbarung, vorsieht, insbesondere wenn dabei die Arbeitsbedingungen verschlechtert werden. Nach Ansicht des BAG sind Betriebsvereinbarungen nicht geeignet, tarifliche Regelungen die nach § 613a Abs. 1 S. 2 BGB weitergelten nach § 613a Abs. 1 S. 3 BGB abzulösen, wenn dadurch eine Verschlechterung für die Arbeitnehmer eintritt. Dies gelte unabhängig von einer eventuellen Sperrwirkung eines Tarifvertrags nach § 77 Abs. 3 S. 1 BetrVG. Eine „Über-Kreuz-Ablösung" tariflicher Regelungen durch die Regelungen

---

774 *Hartmann,* S. 114; Wiedemann/*Oetker,* § 3 TVG, Rdnr. 255; Erman/*Edenfeld,* § 613a BGB, Rdnr. 90; Bachner/Köstler/Matthießen/Trittin/*Trittin*, § 5, Rdnr. 187.

einer Betriebsvereinbarung seien ausgeschlossen, zumindest außerhalb der erzwingbaren Mitbestimmung des Betriebsrats.[775]

Etwas anderes könnte sich folglich nach Ansicht des BAG eventuell im Rahmen der zwingenden Mitbestimmung ergeben. In der Literatur gibt es eine starke Meinung für eine Überkreuzablösung.[776] Ein häufig vorgebrachtes Argument ist der praktische Vorteil. Sofern eine solche Möglichkeit bejaht wird, ist man sich einig, dass die Voraussetzungen für eine Ablösung durch Tarifvertrag in entsprechender Weise auch für die Betriebsvereinbarung gelten. Dies betrifft insbesondere die Gegenstandsidentität.[777] Es finden sich aber auch Stimmen gegen die Ablösung von Tarifverträgen durch Betriebsvereinbarungen.[778]

1. Sperrwirkung des § 77 Abs. 3 BetrVG

Grundsätzlich kommt eine Verdrängung von tariflichen Normen durch Betriebsvereinbarungen nicht in Betracht, wenn sich letztere mit Regelungen über Arbeitsentgelte und sonstigen Arbeitsbedingungen, die durch Tarifvertrag geregelt sind oder üblicherweise geregelt werden, beschäftigt. Dies ergibt sich aus § 77 Abs. 3 S. 1 BetrVG, der eine solche Sperrwirkung vorschreibt. Nach § 77 Abs. 3 S. 2 BetrVG gilt dies nicht, wenn der Tarifvertrag eine Regelung durch Betriebsvereinbarung ausdrücklich vorsieht. Eine gegen die Sperrwir-

---

775 BAG v. 6.11.2007 - 1 AZR 862/06, NZA 2008, 542, 545. Bestätigt von BAG v. 13.11.2007 - 3 AZR 191/06, NZA 2008, 600. Bereits im Jahr 2005 hatte das BAG Zweifel an der Möglichkeit einer Überkreuzablösung geäußert, vgl. BAG v. 22.3.2005 - 1 ABR 64/03, NZA 2006, 383. Zuvor war die Frage z.T. offen gelassen worden, vgl. BAG v. 1.8.2001 - 4 AZR 82/00, NZA 2002, 41, 43.

776 MüKo/*Müller-Glöge,* § 613a BGB, Rdnr. 143; *Meyer,* NZA 2001, 751; *Zöllner,* DB 1995, 1401, 1405; Wiedemann/*Oetker,* § 3 TVG, Rdnr. 251; *Hartmann,* S. 116 ff.; *Döring/Grau,* BB 2009, 158; *Hromadka/Maschmann/Wallner,* Rdnr. 369; ErfK/*Preis,* § 613a BGB, Rdnr. 126; HWK/*Willemsen/Müller-Bonanni,* § 613a BGB, Rdnr. 269; *Gussen/Dauck,* Rdnr. 249; *Schiefer/Pogge,* NJW 2003, 3734, 3740; Däubler/*Lorenz,* § 3 TVG, Rdnr. 199; *Lambrich,* FS f. Ehmann, S. 169, 213 ff.; *Moll,* RdA 1996, 275, 283 f.; Kempen/Zachert/*Kempen,* § 3 TVG, Rdnr. 123; *Kania,* DB 1995, 625, 626; *Hanau/Vossen,* FS f. Hilger/Stumpf, S. 271, 293; *Boecken,* Unternehmensumwandlungen, Rdnr. 193; *Henssler,* FS f. Schaub, S. 311, 321.

777 Zu den Voraussetzungen, die eine Betriebsvereinbarung hinsichtlich ihrer Einschlägigkeit erfüllen muss *Döring/Grau,* BB 2009, 158, 159 ff.

778 Bachner/Köstler/Matthießen/Trittin/*Trittin,* § 5, Rdnr. 188; Staudinger/*Annuß,* § 613a BGB, Rdnr. 274. Kritisch auch *Waas,* S. 110 ff.

kung verstoßende Betriebsvereinbarung ist unwirksam[779] und kommt insofern auch nicht als Ablösungsgegenstand infrage.[780]

Nach Ansicht des BAG sind alle Arbeitsbedingungen von dieser Sperrwirkung umfasst. Nach anderer Ansicht sind nur sogenannte materielle Arbeitsbedingungen betroffen und den Tarifvertragsparteien nur der klassische Bereich als vorrangiger Regelungskomplex vorbehalten.[781] Nach der Rechtsprechung sind Arbeitsbedingungen durch einen Tarifvertrag geregelt, wenn über sie ein solcher geschlossen wurde und der Betrieb umfassend in den Geltungsbereich fällt.[782] Dies kommt nach allgemeiner Ansicht für den Fall, dass ein Betrieb aufgrund eines Betriebsübergangs den Geltungsbereich verlässt, nicht in Betracht, da die weitergeltenden Normen ihren tarifrechtlichen[783] Charakter verloren haben und nur noch nach § 613a Abs. 1 S. 2 BGB weitergelten.[784]

Weiter wird die Frage, wann Arbeitsbedingungen üblicherweise durch einen Tarifvertrag geregelt sind, nach der einschlägigen Tarifpraxis beurteilt. Beispiel hierfür sind aufgenommene Verhandlungen über den Regelungsgegenstand oder das bereits feststehende spätere Inkrafttreten einer diesbezüglichen Regelung.[785] Darüber hinaus liegt Tarifüblichkeit vor, wenn eine tarifliche Regelung über Jahre gegolten hat oder mehrfach Teil eines Tarifvertrags gewesen ist.[786] Die Reichweite der Sperrwirkung richtet sich nach dem Geltungsanspruch des Tarifvertrags. Demnach gilt sie für alle Betriebe, die sich im Geltungsbereich des Tarifvertrags befinden, auch wenn die Arbeitgeber nicht

---

779 BAG v. 22.3.2005 - 1 ABR 64/03, NZA 2006, 383, 386. *Zöllner/Loritz/Hergenröder*, S. 502.

780 Zu diesem Ergebnis kommen, allerdings ohne nähere Begründung BAG v. 13.11.2007 - 3 AZR 191/06, NZA 2008, 600, 603; BAG v. 6.11.2007 - 1 AZR 862/06, NZA 2008, 542, 545, vgl. dazu auch und *Bepler,* RdA 2009, 65, 71; *Waas,* S. 110; *Schiefer,* 50 Jahre BAG, S. 859, 869; HWK/*Willemsen/Müller-Bonanni,* § 613a BGB, Rdnr. 269.

781 Vgl. dazu ausführlich *Zöllner/Loritz/Hergenröder*, S. 501.

782 BAG v. 22.3.2005 - 1 ABR 64/03, NZA 2006, 383, 386 m.w.N; BAG v. 6.11.2007 - 1 AZR 862/06, NZA 2008, 542, 544. Ebenso *Zöllner/Loritz/Hergenröder*, S. 502.

783 Dabei ist es auch ohne Bedeutung, ob die Normen individualvertraglich weitergelten oder normativ. In beiden Fällen ist Grundlage der Geltung nicht (mehr) der Tarifvertrag. Anders *Hartmann,* S. 117, der ausschließlich auf die individualvertragliche Natur abstellt, auch wenn er letztlich denselben Schluss zieht.

784 Wiedemann/*Oetker,* § 3 TVG, Rdnr. 251; *Döring/Grau,* BB 2009, 158, 162; *Gussen/Dauck,* Rdnr. 250.

785 BAG v. 22.3.2005 - 1 ABR 64/03, NZA 2006, 383, 386.

786 *Zöllner/Loritz/Hergenröder*, S. 501.

tarifgebunden sind.[787] Befindet sich der Betrieb auch nach Übergang im Geltungsbereich eines Tarifvertrags, durch den die betreffenden Aspekte geregelt werden, greift § 77 Abs. 3 BetrVG und eine Betriebsvereinbarung ist, unabhängig davon, ob man eine Überkreuzablösung als zulässig einordnen würde, unwirksam.

Zweck des § 77 Abs. 3 BetrVG ist die Wahrung der Funktionsfähigkeit der Tarifautonomie i.S.d. Art. 9 Abs. 3 GG.[788] Daher sind nicht nur ersetzende, sondern auch ergänzende Betriebsvereinbarungen nicht möglich, um eine inhaltliche Konkurrenz zu verhindern. Um die Sperrwirkung auszulösen, muss der Arbeitgeber nicht tarifgebunden sein. Darüber hinaus entfalten Tarifverträge ihre Sperrwirkung nicht nur hinsichtlich derjenigen Arbeitnehmer, die tatsächlich Gewerkschaftsmitglieder sind, sondern auch bei den potentiellen.[789] Diese Einschätzung stößt in der Literatur zunehmend auf Kritik und es wird angeregt, Betriebsvereinbarungen nur zu versagen, wenn *der Arbeitgeber* tatsächlich tarifgebunden ist.[790] Diesbezüglich wird unter anderem auf den Arbeitnehmerschutz verwiesen.[791]

Teilt man die Einschätzung des BAG hinsichtlich der Reichweite der Sperrwirkung, bliebe praktisch gesehen im Anwendungsbereich von § 77 Abs. 3 BetrVG für die Frage der Überkreuzablösung nach § 613a Abs. 1 S. 3 BGB nur wenig Spielraum. Etwas anderes ergibt sich, legt man § 77 Abs. 3 BetrVG hinsichtlich der Auslegung des Begriffs Arbeitsbedingung eng aus. In diesem Fall wäre ein Teil der von § 613a Abs. 1 BGB umfassten Arbeitsbedingungen nicht von der Sperrwirkung betroffen.

Ein weiterer Anwendungsbereich ergibt sich, folgt man der Vorrangtheorie des BAG hinsichtlich des Verhältnisses zwischen § 77 Abs. 3 BetrVG und § 87 Abs. 1 BetrVG. Demnach wäre im Bereich der mitbestimmungspflichtigen Regelungsgegenstände ausschließlich § 87 Abs. 1 BetrVG anwendbar, wonach eine Betriebsvereinbarung nur ausgeschlossen ist, wenn der betreffende Bereich *tatsächlich* tariflich geregelt ist. Dies ist nach der Rechtsprechung nicht der Fall, wenn es sich nur um nachwirkende Tarifnormen handelt.[792]

---

787 BAG v. 6.11.2007 - 1 AZR 862/06, NZA 2008, 542, 544. Dies gilt allerdings nicht für Firmentarifverträge, vgl. dazu BAG v. 22.3.2005 - 1 ABR 64/03, NZA 2006, 383, 386; BAG v. 6.11.2007 - 1 AZR 862/06, NZA 2008, 542.

788 BAG v. 22.3.2005 - 1 ABR 64/03, NZA 2006, 383, 385.

789 Vgl. zum Ganzen BAG v. 22.3.2005 - 1 ABR 64/03, NZA 2006, 383, 385 f. Ebenso *Zöllner/Loritz/Hergenröder*, S. 502.

790 Richardi/*Richardi,* § 77 BetrVG, Rdnr. 260; *Lambrich,* FS f. Ehmann, S. 169, 218.

791 *Lambrich,* FS f. Ehmann, S. 169, 218.

792 BAG v. 24.2.1987 - 1 ABR 18/85, NZA 1987, 639.

Teilweise wird vertreten, den Anwendungsbereich des § 77 Abs. 3 BetrVG bei Vorliegen eines Betriebsübergangs einzuschränken, um dadurch einen weiteren Bereich der Verdrängungsmöglichkeit durch eine Betriebsvereinbarung zu ermöglichen.[793] Dies ist für den Zeitraum der Veränderungssperre abzulehnen. Letztlich handelt es sich bei § 613a BGB um eine Arbeitnehmerschutzvorschrift. Auch wenn ebenfalls die Interessen des Betriebsinhabers gewahrt werden sollen, ist der Schritt von dieser Aussage zu einer Einschränkung allgemeiner Grundsätze durch einen Teil der Vorschrift mit Hinweis auf das Vereinheitlichungsinteresse ein zu großer Schritt. Auch der Hinweis auf die negative Koalitionsfreiheit des Erwerbers[794] geht fehl. Selbst wenn man diesbezüglich einen Eingriff annähme, wäre dieser durch die entgegenstehenden Grundrechte der Arbeitnehmer gerechtfertigt.[795] Eine Einschränkung des § 77 Abs. 3 BetrVG kann allerdings *nach Ablauf der Veränderungssperre* zu interessengerechten Ergebnissen führen.

Unabhängig davon, welcher Ansicht man folgt, gibt es einen mehr oder weniger großen Anwendungsbereich für eine Überkreuzablösung. Daher muss entschieden werden, ob eine solche durch § 613a Abs. 1 S. 3 BGB umfasst ist.

2. Wortlaut und historische Auslegung

Dem Wortlaut ist kein gesichertes Ergebnis zu entnehmen.[796] Insofern helfen auch Wortspielereien mit den Ausdrücken „anderer" bzw. „oder" nicht weiter.[797] In der Gesetzesbegründung findet sich ebenfalls kein Anhaltspunkt.[798]

Hinsichtlich des Wortlauts kann sich nur ein Argument gegen eine Überkreuzablösung ergeben, wenn ein Vergleich mit der Betriebsübergangsrichtlinie[799] angestellt wird. In deren Art. 3 Abs. 3 S. 1 steht, dass die weitergelten-

793 *Meyer,* NZA 2001, 751, 752; *Gussen/Dauck,* Rdnr. 250; *Boecken,* Unternehmensumwandlungen, Rdnr. 193; wohl auch *Zöllner,* DB 1995, 1401, 1406. Anderer Ansicht sind beispielsweise *Henssler,* FS f. Schaub, S. 311, 321; *Schiefer,* 50 Jahre BAG, S. 859, 869 f.; HWK/*Willemsen/Müller-Bonanni,* § 613a BGB, Rdnr. 272.

794 So aber *Meyer,* NZA 2001, 751, 752.

795 Zu diesem Ergebnis kommt mit ausführlicher Begründung auch *Hartmann,* S. 130 f.

796 Ausführlicher dazu BAG v. 6.11.2007 - 1 AZR 862/06, NZA 2008, 542, 545. Anderer Ansicht ist wohl Kempen/Zachert/*Kempen,* § 3 TVG, Rdnr. 123, der die Möglichkeit einer Überkreuzablösung im Ergebnis bejaht, oder Staudinger/*Annuß,* § 613a BGB, Rdnr. 274, der dem Wortlaut das gegenteilige Ergebnis entnimmt und die Möglichkeit einer Überkreuzablösung ablehnt. Wie hier beispielsweise MAH-Arbeitsrecht/*Cohnen/Tepass,* § 51, Rdnr. 97.

797 Vgl. dazu *Döring/Grau,* BB 2009, 158, 160 m.w.N.

798 BT-Drs. 8/3317, S. 11.

799 In diese Richtung wohl auch BAG v. 6.11.2007 - 1 AZR 862/06, NZA 2008, 542, 545.

den Normen aufrechterhalten werden „bis zur Anwendung eines anderen Kollektivvertrags“. Dort findet sich keine Unterscheidung zwischen Betriebsvereinbarung oder Tarifvertrag.[800] Der nationale Gesetzgeber hätte auch diese Formulierung übernehmen oder einen ähnlich weiten Begriff verwenden können. Die Aufteilung zwischen Betriebsvereinbarung und Tarifvertrag legt den Schluss nahe, eine Änderung soll nur zwischen gleichartigen kollektivrechtlichen Vereinbarungen ermöglicht werden.

3. Auslegung anhand des Normzwecks

Durch § 613a Abs. 1 S. 3 BGB soll, wie auch durch § 613a Abs. 1 S. 4 BGB, das Interesse des Betriebserwerbers an einer Vereinheitlichung der Arbeitsbedingungen berücksichtigt werden; es handelt sich diesbezüglich um eine Ausnahmevorschrift[801] zu § 613a Abs. 1 S. 2 BGB.[802] Es soll ein Ausgleich der entgegenstreitenden Interessen durch ein Zusammenspiel der Sätze 2 bis 4 erreicht werden. Dem Interesse des Arbeitgebers an einer Vereinheitlichung entspräche es, auch eine Verdrängung der weitergeltenden Regelungen durch eine Betriebsvereinbarung zuzulassen. Diese gilt bereits für andere Arbeitnehmer des Erwerbers bzw. würde auch diese umfassen, sofern sie in den Betrieb kommen. Daher ist eine Ausweitung auch auf die hinzukommenden Arbeitnehmer ohne Einschränkung im Sinne des Arbeitgebers.[803]

Allerdings muss der Normzweck der Ausnahmevorschrift § 613a Abs. 1 S. 3 BGB im Zusammenhang mit dem Grundsatz aus § 613a Abs. 1 S. 2 BGB gesehen werden. Demnach sollen die tariflichen Normen *zum Arbeitnehmerschutz* weitergelten. Diesem widerspricht auf den ersten Blick aber eine Verdrängung der tariflichen Normen durch eine verschlechternde Betriebsvereinbarung. Dies zeigt ein Vergleich mit der Situation beim ursprünglichen Arbeitgeber. Bei diesem wäre eine solche Ablösung nicht möglich, da insofern das Günstigkeitsprinzip nach § 4 Abs. 3 TVG[804] gilt. Die Situation der Arbeit-

---

800 Dazu Kempen/Zachert/*Kempen,* § 3 TVG, Rdnr. 123, der allerdings aus diesem Umstand den gegenteiligen Schluss zieht.

801 Vgl. zu der diesbezüglichen Problematik bereits oben Fünftes Kapitel II.5.c).

802 *Meyer,* NZA 2001, 751; *Gussen/Dauck,* Rdnr. 26, 249.

803 So im Ergebnis auch *Lambrich,* FS f. Ehmann, S. 169, 214; *Gussen/Dauck,* Rdnr. 26, 249; *Hartmann,* S. 118; *Meyer,* NZA 2001, 751.

804 Wobei nach Däubler/*Lorenz,* § 3 TVG, Rdnr. 209 zwar eine Ablösung durch Betriebsvereinbarung möglich ist, aber in diesem Bereich das Günstigkeitsprinzip gelten soll. Da *Lorenz* allerdings im Rahmen der Ablösung der tariflichen Normen durch einen Tarifvertrag das Günstigkeitsprinzip nicht anwendet, bleibt fraglich, mit welcher Begründung dies hinsichtlich einer Betriebsvereinbarung anders sein sollte.

nehmer würde sich bei einer Überkreuzablösung durch den Betriebsübergang verschlechtern. Der Bestandsschutz steht einer Verdrängung durch eine Betriebsvereinbarung entgegen. Durch das Zusammenspiel der Sätze 2 bis 4 soll gerade ein Ausgleich geschaffen werden. Daher sind die beiden Interessen gegeneinander abzuwägen und es kann nicht allein auf das Vereinheitlichungsinteresse ankommen.

Das BAG zieht ebenfalls einen Vergleich zu der Situation, die ohne einen Betriebsübergang bestünde. Dabei kommt das Gericht zu dem Ergebnis, dass in einem solchen Fall zumindest keine verschlechternde Betriebsvereinbarung denkbar wäre, da eine solche gegen § 4 Abs. 3 TVG verstieße. Insofern könne auch der Betriebsübergang an dieser Einschätzung nichts ändern.[805] Das Gericht übersieht, dass der Bestandsschutz des § 613a Abs. 1 S. 2 BGB zwar die Arbeitsbedingungen weitestgehend erhalten soll, dies aber nur in den Grenzen der § 613a Abs. 1 S. 3 und 4 BGB gedacht ist. Sofern eine Ablösung nach diesen Vorschriften erlaubt ist, soll nur noch eingeschränkt auf die allgemeinen Grundsätze zurückgegriffen werden. Dies führt, wie oben dargelegt, dazu, dass bei einer Ablösung der weitergeltenden Normen durch Tarifvertrag das Günstigkeitsprinzip nicht gilt. Es soll ermittelt werden, wieweit die Verdrängung durch § 613a Abs. 1 S. 3 BGB möglich ist. Dabei darauf zu verweisen, dass vorher eine Ablösung durch Betriebsvereinbarung nicht möglich war, zeigt nur, welches Ergebnis durch § 613a Abs. 1 S. 2 BGB erreicht werden soll. Ob diese Wertung auch der Ausnahme des Satzes § 613a Abs. 1 S. 3 BGB Stand hält, gilt es gerade durch Auslegung zu ermitteln.

Die Ausgleichsfunktion der Vorschriften ist erfüllt, wenn dem Betriebserwerber eine Vereinheitlichung ermöglicht wird, gleichzeitig dem Arbeitnehmer aber einen Mindestmaß an kollektivem Schutz gewährleistet wird. Dies auch vor dem Hintergrund, dass dem Arbeitnehmer langfristig auch daran gelegen ist, dass sein Arbeitsplatz erhalten wird. Dafür ist aber ein rentabler Betrieb Voraussetzung.

Aus dem Wortlaut der Vorschrift ergibt sich keine dahingehende Unterscheidung. Insofern würde es einer weiteren Klärung bedürfen.

805 BAG v. 6.11.2007 - 1 AZR 862/06, NZA 2008, 542, 546. Vgl. dazu die Kritik bei *Döring/Grau,* BB 2009, 158, 163, die dem entgegenhalten, dass der Erwerber gerade nicht tarifgebunden sei und daher auch § 4 Abs. 3 TVG für ihn und seine Arbeitsverhältnisse von vornherein nicht gelten würde, auch wenn man den Betriebsübergang „wegdenken" würde. Die Autoren übersehen offenbar, dass ohne den Betriebsübergang das Arbeitsverhältnis mit dem Veräußerer bestünde und daher für das jeweilige Arbeitsverhältnis § 4 Abs. 3 TVG ohne Zweifel gelten würde, während der Erwerber mit dem Betrieb nichts zu tun hätte.

4. Systematische Auslegung

a) Gegenüberstellung Betriebsvereinbarung - Tarifvertrag

Gegen die Ablösung tariflicher Regelungen durch eine Betriebsvereinbarung könnte die arbeitsrechtliche Normenhierarchie sprechen, nach der ein Tarifvertrag über einer Betriebsvereinbarung steht. Diesbezüglich ist *Waas* zuzustimmen, der dem eine wertungsmäßige Betrachtung vorzieht.[806] Jedes andere Vorgehen würde den Umstand verkennen, dass die arbeitsvertragliche Hierarchie an dieser Stelle nicht greift: Die weitergeltenden Normen beruhen *nicht* auf dem Tarifvertrag, sondern haben mit § 613a Abs. 1 S. 2 BGB einen neuen Geltungsgrund.[807] Damit ist eine Überkreuzablösung nicht grundsätzlich ausgeschlossen, aber auch nicht zwingend vorgeschrieben. Es bedarf der angesprochenen wertenden Betrachtung.

Vergleicht man den Charakter einer Betriebsvereinbarung mit der eines Tarifvertrags zeigen sich grundlegende Unterschiede. Fraglich ist, ob sich aus diesen ableiten lässt, dass eine Ablösung der einen durch die andere nicht möglich sein kann. Es wird argumentiert, Tarifvertrag und Betriebsvereinbarung entsprängen unterschiedlichen Ordnungen.[808] Insofern könnte von § 613a Abs. 1 S. 3 BGB eine „gleichwertige Kollektivvereinbarung" gefordert sein.[809] Dies könnte zum einen damit begründet werden, dass nur der Tarifvertrag eine „Richtigkeitsgewähr" hat, während bei einer Betriebsvereinbarung nicht der gleiche „kollektive Druck" aufgebaut werden kann, um auch dort eine Richtigkeitsgewähr zu garantieren.[810] Ganz abgesehen davon, ob eine solche Richtigkeitsgewähr überhaupt angenommen werden kann[811] oder das der Betriebsvereinbarung unterstellte Legitimationsdefizit tatsächlich besteht,[812] fällt es

806 *Waas,* S. 111.

807 So bereits *Waas,* S. 111.

808 Staudinger/*Annuß,* § 613a BGB, Rdnr. 274.

809 So ausdrücklich LAG Brandenburg v. 8.12.2005 - 9 Sa 324/05; LAG Düsseldorf v. 16.8.2007 - 15 Sa 630/07, NZA-RR, 23, 24. Wie bereits erwähnt muss sich diese Gleichwertigkeit aus einem anderen Umstand ergeben als der allgemeinen Hierarchie; es bedarf daher einer Auseinandersetzung mit der materiellen Gleichwertigkeit.

810 Dahingehend argumentiert auch das BAG, wenn es feststellt, dass Betriebsvereinbarungen weitergeltende Normen nur ablösen können, wenn diese wiederum auf Betriebsvereinbarungen beruhen, vgl. BAG v. 6.11.2007 - 1 AZR 862/06, NZA 2008, 542, 546.

811 Vgl. dazu oben Viertes Kapitel V.3.

812 Dazu *Lambrich,* FS f. Ehmann, S. 169, 214 m.w.N., der auch einer Betriebsvereinbarung eine dem Tarifvertrag vergleichbare Legitimation zuordnet. Beide hätten ihren Ausgangspunkt in der Privatautonomie und seien damit verfassungsrechtlich veran-

schwer, dem Arbeitnehmer mit dieser Argumentation jeglichen kollektiven „Schutz“ zu nehmen[813] und „nur“ auf die Veränderungssperre zu verweisen. Der Arbeitnehmerschutz darf nicht ins Gegenteil verkehrt werden.

Nach Ansicht des LAG Mecklenburg-Vorpommern macht es einen Unterschied, ob es sich um Bereiche handelt, in denen eine Mitbestimmung des Betriebsrats verpflichtend ist. Es werde eine Legitimationsgrundlage benötigt, die ähnlich stark sei wie die ehemals tariflichen Regelungen, um diese zu ersetzen. Diese Legitimation könne nicht mehr von den tarifschließenden Parteien abgeleitet werden, sondern müsse sich aus dem Gesetz ergeben. Somit könne eine betriebliche Regelung die weitergeltenden Regelungen nur ersetzen, wenn sich die zugrunde liegenden Mitbestimmungstatbestände unmittelbar aus dem Gesetz ergeben, eine freiwillige Betriebsvereinbarung reiche nicht aus.[814]

Wie bereits erwähnt hat sich das BAG zu dieser Frage nicht abschließend geäußert, sondern nur festgestellt, dass eine Ablösung tariflicher Vorschriften außerhalb der zwingenden Mitbestimmung durch Betriebsvereinbarung nicht möglich ist. Allerdings deutet sich in den Begründungen des BAG zur Ablehnung der Überkreuzablösung an, dass eine unterschiedliche Behandlung von mitbestimmungspflichtigen Bereichen möglich sein könnte.[815] Folgt man der Argumentation des BAG und geht davon aus, eine Betriebsvereinbarung könne tarifliche Normen nicht ablösen, da die kollektivrechtliche Rechtfertigung nicht ausreicht, wäre es konsequent, dies für den Bereich der zwingenden Mitbestimmung anders zu bewerten.[816]

b) Wertung des § 77 Abs. 3 BetrVG

Weiter ist fraglich, ob gegen eine grundsätzliche Überkreuzablösung der Schutzzweck des § 77 Abs. 3 BetrVG, also die Verhinderung der Aushöhlung der Tarifautonomie, spräche. Die weitergeltenden Regelungen selbst können nach obiger Überlegung die Voraussetzungen der Sperrwirkung nicht erfüllen, da sie gerade nicht tariflicher Natur sind.[817] Fraglich ist aber, ob ein systematischer Vergleich dennoch die gleiche Wirkung hervorruft, unabhängig davon,

---

kert. Insofern könne nicht ohne weiteres der Betriebsvereinbarung die Legitimation abgesprochen werden.

813 In diese Richtung auch *Döring/Grau,* BB 2009, 158, 163; *Hartmann,* S. 118; *Henssler,* FS f. Schaub, S. 311, 321.

814 LAG Mecklenburg-Vorpommern v. 23.5.2006 - 5 Sa 385/05.

815 BAG v. 6.11.2007 - 1 AZR 862/06, NZA 2008, 542, 546. Dem hat sich auch der 3. Senat angeschlossen, vgl. BAG v. 13.11.2007 - 3 AZR 191/06, NZA 2008, 600, 603.

816 *Schiefer/Worzalla,* DB 2008, 1566, 1572.

817 Insofern ist es auch nicht von Bedeutung, ob die Weitergeltung individualrechtlicher oder normativer Natur ist, vgl. dazu bereits oben.

ob die Sperrwirkung im Einzelfall greift. Dem wird zu Recht entgegengehalten, dass die Weitergeltung nicht mehr der Tarifautonomie, sondern einer Entscheidung des Gesetzgebers entspringt und insofern die Tarifautonomie nicht mehr geschützt werden muss.[818] Dies gilt insbesondere, wenn der Betrieb aus dem ursprünglichen Geltungsbereich herausgewandert ist und den Tarifparteien nicht mehr unterfällt.[819]

c) Vergleich mit § 4 Abs. 5 TVG

Eine weitere Überlegung ist ein Vergleich mit der Nachwirkung von Tarifnormen nach § 4 Abs. 5 TVG. Das BAG hat die Ansicht geäußert, dass auch Tarifnormen, die gemäß § 4 Abs. 5 TVG nachwirken, „zumindest außerhalb des Bereichs der zwingenden Mitbestimmung nicht durch eine ungünstigere Betriebsvereinbarung abgelöst werden" können. Eine solche Betriebsvereinbarung sei aufgrund des Günstigkeitsprinzips keine wirksame „andere Abmachung", durch die nachwirkende tarifliche Regelungen verschlechternd abgelöst werden könnten. Daher gelte dies auch für § 613a Abs. 1 S. 3 BGB.[820]

Diese Argumentation überzeugt nicht. Es stellt sich die Frage, warum eine Betriebsvereinbarung - außerhalb der Sperrwirkung des § 77 Abs. 3 BetrVG - keine „andere Abmachung" sein kann. Allgemein wird angenommen, dass eine Ablösung der nach § 4 Abs. 5 TVG nachwirkenden Normen durch eine Betriebsvereinbarung möglich ist.[821] Auch das BAG hatte dies ursprünglich so entschieden.[822] Weiter ist zweifelhaft, ob die Regelungen diesbezüglich vergleichbar sind. § 4 Abs. 5 TVG sieht keine zwingende Wirkung der nachwirkenden Regelungen vor und kann jederzeit auch durch eine individualvertragliche Abmachung beendet werden. § 613a Abs. 1 S. 2 bis 4 BGB sieht hingegen eine Veränderungssperre für ein Jahr vor, innerhalb derer nur eine beschränkte Ablösung der weitergeltenden Normen unter Berücksichtigung

---

818 In diese Richtung Wiedemann/*Oetker,* § 3 TVG, Rdnr. 251.

819 *Waas,* S. 111.

820 BAG v. 6.11.2007 - 1 AZR 862/06, NZA 2008, 542, 546. Hinsichtlich der Frage, ob eine Betriebsvereinbarung eine andere Abmachung i.S.d. § 4 Abs. 5 TVG sein kann, verweist das BAG auf die bereits erwähnte Entscheidung BAG v. 22.3.2005 - 1 ABR 64/03, NZA 2006, 383. Aus dieser ergibt sich allerdings nur, dass auch nachwirkende Tarifnormen die Sperrwirkung des § 77 Abs. 3 BetrVG auslösen können.

821 Wobei dies nichts darüber aussagt, wie häufig dies nach dem BetrVG tatsächlich möglich ist. § 4 Abs. 5 TVG steht dem aber nicht entgegen. Vgl. dazu ErfK/*Franzen,* § 4 TVG, Rdnr. 62; *Zöllner/Loritz/Hergenröder,* S. 381; *Löwisch/Rieble,* § 4 TVG, Rdnr. 388 ff.; Däubler/*Bepler,* § 4 TVG, Rdnr. 902 ff.; HWK/*Henssler,* § 4 TVG, Rdnr. 11; *Döring/Grau,* BB 2009, 158, 163; *Hartmann,* S. 117.

822 BAG v. 24.2.1987 - 1 ABR 18/85, NZA 1987, 639, 642; BAG v. 27.11.2002 - 4 AZR 660/01, AP § 4 TVG Nachwirkung, Nr. 44.

des Arbeitnehmerschutzes möglich sein soll. Insofern kann die Wertung der einen Vorschrift nicht ohne Weiteres auf die andere übertragen werden und der Vergleich hilft an dieser Stelle nicht weiter.

5. Verfassungsrechtliche Vorgaben

Wieder kann die negative Koalitionsfreiheit des Erwerbers aus Art. 9 Abs. 3 GG ins Feld geführt werden.[823] Allerdings ist der Eingriff als gering anzusehen. Es stellt sich eher die Frage, ob der Verweis auf die negative Koalitionsfreiheit des Betriebserwerbers einen Eingriff in die positive Koalitionsfreiheit der Arbeitnehmer rechtfertigen kann. Deren bereits erworbenen Rechte gelten nach § 613a Abs. 1 S. 2 BGB weiter. Insofern erhalten sie anstatt ihrer bis dahin unmittelbar und zwingend geltenden Rechte „nur" eine Veränderungssperre für ein Jahr. Diese auch noch durch eine weite Auslegung der Ausnahmevorschriften „auszuhöhlen", erscheint zumindest kritikwürdig. Allerdings kann versucht werden, im Rahmen von Überkreuzablösungen die Rechte der Arbeitnehmer weitgehend zu wahren. Andererseits ist auch die Betriebsautonomie verfassungsrechtlich geschützt und muss dementsprechend mit in die Abwägung einbezogen werden.[824]

6. Richtlinienkonforme Auslegung

Nach der Rechtsprechung und Teilen der Literatur verstößt die Möglichkeit einer Überkreuzablösung gegen die Betriebsübergangsrichtlinie. Nach Ansicht des BAG soll durch Art. 3 der Betriebsübergangsrichtlinie die Rechtstellung der Arbeitnehmer davor geschützt werden, aufgrund eines Betriebsübergangs verschlechtert zu werden. Diesem Ziel widerspräche die Ablösungsmöglichkeit von weitergeltenden, ursprünglich tariflichen, Regelungen durch verschlechternde Regelungen von Betriebsvereinbarungen. Schließlich sei dies vor Betriebsübergang wegen § 4 Abs. 3 TVG nicht möglich.[825]

Das BAG geht dabei nicht auf die Frage ein, ob die Betriebsübergangsrichtlinie eine Ausnahme hinsichtlich der Weitergeltung durch eine Überkreuzablösung selbst vorsieht. So heißt es in Art. 3 Abs. 3 S. 1 der Richtlinie, dass bis zum Inkrafttreten oder bis zur Anwendung eines anderen *Kollektivvertrags* die geltenden Regelungen aufrecht erhalten werden sollen. Wäre damit die Ablösung auch tariflicher Regelungen durch eine Betriebsvereinbarung

---

823 So beispielsweise *Döring/Grau,* BB 2009, 158, 163.

824 Ausführlich dazu *Lambrich,* FS f. Ehmann, S. 169, 215 f.

825 BAG v. 6.11.2007 - 1 AZR 862/06, NZA 2008, 542, 546. Zustimmend *Waas,* S. 111. Anderer Ansicht ist beispielsweise Kempen/Zachert/*Kempen,* § 3 TVG, Rdnr. 123, der annimmt, dass das Nichtzulassen der Überkreuzablösung den Vorgaben der Richtlinie widerspricht.

gemeint, würde die Betriebsübergangsrichtlinie einer Überkreuzablösung gerade *nicht* entgegenstehen, sondern selbst vorsehen.[826]

Nach *Lorenz* überlässt es der europäische Gesetzgeber den Mitgliedstaaten, welche Regelungsebenen als Ablösungsinstrument zulässig sein sollen.[827] Dies erscheint auch folgerichtig. Die Staaten haben unterschiedliche Ausprägungen der kollektivrechtlichen Möglichkeiten. Daher kann der europäische Gesetzgeber keine zwingenden Vorgaben machen. Allerdings darf der durch die Richtlinie bezweckte Arbeitnehmerschutz nicht zu weit eingeschränkt werden. Unabhängig von der rechtlichen Qualität des Kollektivvertrags ergibt ein Vorher-Nachher-Vergleich unter Zugrundelegung der nationalen Besonderheiten, dass keine Ablösung durch Betriebsvereinbarung möglich war. Vor Betriebsübergang konnten die tariflichen Regelungen durch einen anderen Tarifvertrag abgelöst werden,[828] aber nicht durch eine Betriebsvereinbarung. Dieses Ergebnis soll durch die Weitergeltung und den Bestandsschutz grundsätzlich erreicht werden, sagt aber noch nichts über die Ausnahmemöglichkeiten aus.

Allein die Voraussetzung der gleichen rechtlichen Qualität des Kollektivvertrags kommt dem Arbeitnehmer aber nicht immer entgegen. So kann es zu der Situation kommen, dass durch eine Betriebsvereinbarung für die Arbeitnehmer günstigere Regelungen zur Anwendung kommen, als dies durch einen Tarifvertrag der Fall ist.[829] Zumindest insofern muss eine Ablösung möglich sein. Was darüber hinaus zulässig ist, muss der nationale Gesetzgeber festlegen.

7. Zusammenfassung und kritische Würdigung

Eine Ablösung durch Betriebsvereinbarung ist möglich, wenn durch diese Arbeitsbedingungen entstehen, die für den Arbeitnehmer günstiger sind. Weiter zeichnet sich zu Recht hinsichtlich mitbestimmungspflichtiger Betriebsvereinbarungen eine Möglichkeit der Ablösung auch nach der höchstrichterlichen Rechtsprechung ab. Problematisch bleibt die Einordnung der Überkreuzablösung im Bereich der freiwilligen oder nur teilmitbestimmungspflichtigen Regelungsgegenstände.

---

826 Zu diesem Ergebnis kommen teils mit unterschiedlicher Argumentation *Kania*, DB 1995, 625, 626; *Döring/Grau,* BB 2009, 158, 163; *Henssler,* FS f. Schaub, S. 311, 321; *Lambrich*, FS f. Ehmann, 168, 241; *Meyer*, NZA 2001, 751; *Hanau/Vossen,* FS f. Hilger/Stumpf, S. 271, 282.

827 Däubler/*Lorenz,* § 3 TVG, Rdnr. 206.

828 Dies gilt auch, wenn der Tarifvertrag ungünstiger ist, Wiedemann/*Wank,* § 4 TVG, Rdnr. 77.

829 Überzeugend *Hartmann,* S. 117 f.

Das BAG kann mit seiner Argumentation hinsichtlich der Ablehnung der Verdrängungsmöglichkeit für diese Fälle durch eine Betriebsvereinbarung nicht überzeugen. Allerdings spricht nach hier vertretener Ansicht die Betriebsübergangsrichtlinie im Zusammenspiel mit dem Wortlaut, den der nationale Gesetzgeber gewählt hat, gegen eine Weitergeltung, da er sich nicht auf einen „Kollektivvertrag" bezieht, sondern die beiden Varianten einzeln nennt. Die Betriebsübergangsrichtlinie selbst lässt hingegen eine Ablösung zu.

Letztlich kommt es auf eine Abwägung zwischen den Interessen der Arbeitnehmer und des Erwerbers an. Der Arbeitnehmerschutz im Sinne des Bestandsschutzes gebietet eine enge Auslegung der Ausnahmevorschriften, vor allem da die Arbeitnehmer keinen Einfluss auf die Umstände des Betriebsübergangs haben. Allerdings müssen auch die Interessen des Arbeitgebers an einer Vereinheitlichung der Arbeitsbedingungen gewahrt werden. Dies kann durch eine Betriebsvereinbarung insofern erreicht werden, dass zwar eine Vereinheitlichung ermöglicht wird, aber die Arbeitnehmer dennoch ein gewisses Maß an kollektivem Schutz erhalten. Insofern muss eine Überkreuzablösung möglich sein.

IV. Zusammenfassung des Fünften Kapitels

§ 613a Abs. 1 S. 3 BGB ist eine abschließende Regelung, die eine Ablösung von weitergeltenden Regelungen durch einen Verbands- oder Firmentarifvertrag vorsieht. Um eine solche Ablösung zu ermöglichen, müssen sich der Tarifvertrag, dessen Regelungen nach § 613a Abs. 1 S. 2 BGB weitergelten und der ablösende Tarifvertrag bei einem Sachgruppenvergleich entsprechen. Dies gilt nicht bezüglich der einzelnen Regelungskomplexe. Sofern sich die Tarifverträge entsprechen, gilt das Ablösungsprinzip und nicht das Günstigkeitsprinzip.

Eine Ablösung nach § 613a Abs. 1 S. 3 BGB ist nicht nur zum Zeitpunkt des Betriebsübergangs, sondern auch später möglich. Allerdings ist Voraussetzung für eine Ablösung die kongruente Tarifbindung. Andernfalls würde nur eine Verdrängung der weitergeltenden Regelungen vorliegen, die nicht dem Zweck der Regelung entspricht. Eine Ablösung durch nachwirkende Tarifnormen ist nicht möglich.

Durch die Vorgaben der Betriebsübergangsrichtlinie ist die Ablösung von weitergeltenden Regelungen, die auf einem Tarifvertrag beruhen, durch eine Betriebsvereinbarung nicht ausgeschlossen. Aufgrund des Vereinheitlichungsinteresses des Erwerbers ist eine solche Möglichkeit zuzulassen. Dies gilt allerdings nur im Rahmen der Sperrwirkung des § 77 Abs. 3 BetrVG.

Sechstes Kapitel
Die Auswirkungen einer Bezugnahmeklausel

I. Die Bezugnahmeklausel

1. Hintergrund

Bei Bezugnahmeklauseln handelt es sich um Vereinbarungen zwischen Arbeitnehmer und Arbeitgeber, tarifliche Bestimmungen auf das Arbeitsverhältnis anzuwenden, auch wenn der betreffende Tarifvertrag nicht normativ gilt. Von einer solchen Bezugnahme sind nach einer Untersuchung aus dem Jahr 1993 von *Preis* 90 %, also nahezu alle, Arbeitsverträge betroffen.[830] Eine Ursache hierfür ist, dass der organisierte Arbeitgeber bei den Vertragsverhandlungen seinen eventuellen Arbeitnehmer nicht nach dessen Gewerkschaftszugehörigkeit fragen darf. [831] Dies führt dazu, dass im Jahr 2004 für 84 % der Arbeitnehmer die tarifvertraglichen Regelungen galten, auch wenn nur knapp 70 % der Betriebe tarifgebunden sind und auch innerhalb dieser nicht jeder Arbeitnehmer Gewerkschaftsmitglied ist.[832]

Eine Bezugnahme kann auf gesetzliche Zulassungsnormen zurückgehen, oder als „allgemeine" Bezugnahmeklausel Verwendung finden.[833] Während gesetzliche Zulassungsnormen Bezugnahmen zulassen und in diesem Bereich eine Abweichung von sonst zwingenden Vorschriften durch Verweis auf einen Tarifvertrag oder einen abgeschlossenen Regelungsbereich ermöglichen, sollen allgemeine Bezugnahmeklauseln bestimmte Regelungsbereiche oder einen Tarifvertrag als Ganzes für anwendbar erklären.[834]

Trotz teilweiser verfassungsrechtlicher Bedenken[835] gilt die Bezugnahmeklausel als zulässig, insbesondere kommt den Tarifverträgen kein Urheber-

---

830 *Preis*, Grundfragen der Vertragsgestaltung im Arbeitsrecht, S. 62.

831 ErfK/*Franzen,* § 3 TVG, Rdnr. 29; *Löwisch/Rieble,* § 3 TVG, Rdnr. 227. Zum Zweck einer Bezugnahmeklausel vgl. auch den nächsten Abschnitt.

832 Bundesministerium für Wirtschaft und Arbeit, Tarifvertragliche Arbeitsbedingungen im Jahr 2004, S. 11; ursprünglich abrufbar unter: http://www.bmas.bund.de/BMAS /Redaktion/-Pdf/tarifvertragliche-arbeitsbedingungen-2004,property=pdf,bereich= bmas,sprache=de,-rwb=true.pdf.

833 Wiedemann/*Oetker,* § 3 TVG, Rdnr. 260, dort finden sich auch Beispiele für gesetzliche Zulassungsnormen, aufgrund derer Bezugnahmeklauseln erlassen werden können.

834 Wiedemann/*Oetker,* § 3 TVG, Rdnr. 260, 263.

835 Diese werden in Hinblick auf die Gefahr geäußert, der Gebrauch von Bezugnahmeklauseln könne dazu führen, dass Gewerkschaften ihre Attraktivität verlieren, da dem Einzelnen die Regelungen auch zugute kommen können, wenn er nicht einer Ge-

schutz zu.[836] Auch die Vorschriften hinsichtlich der Einbeziehung von AGB in Formulararbeitsverträge stehen der Vereinbarung von Bezugnahmeklauseln nicht grundsätzlich[837] entgegen.

Im Laufe der letzten Jahre hat sich hinsichtlich Einordnung und Auslegung von Bezugnahmeklauseln die höchstrichterliche Rechtsprechung grundlegend geändert. Auf diese Änderung ist genauer einzugehen, da die aktuellen Grundsätze nicht für Altfälle gelten und daher in der arbeitsrechtlichen Praxis noch über einen gewissen Zeitraum alte und neue Rechtsprechung nebeneinander Anwendung finden.

2. Zweck einer Bezugnahmeklausel

Grundsätzlich ist durch eine Bezugnahmeklausel in allen Arbeitsverträgen der Verwaltungsaufwand für den Arbeitgeber - auch für den Nichtorganisierten - weitaus geringer als bei Vereinbarung individueller Arbeitsbedingungen.[838] Dies kann auch die Anpassung der Arbeitsverträge an veränderte Bedingungen betreffen, die durch eine flexible Bezugnahmeklausel „automatisch" erfolgt.[839] Weiter würde ein Arbeitsvertrag, der unterhalb der tariflichen Arbeitsbedingungen liegt, den Arbeitnehmer faktisch zu einem Eintritt in die jeweilige Gewerkschaft zwingen. Dass dies nicht im Sinne des Arbeitgebers sein kann, ergibt sich daraus, dass nur Gewerkschaftsmitglieder beim Arbeitskampf mitwirken.[840] Es kann für ein Unternehmen auch schwieriger sein, qualifizierte Mitarbeiter zu finden, wenn Löhne oder sonstige Arbeitsbedingungen unter dem tariflichen Niveau bleiben.[841]

---

werkschaft beitritt, vgl. Kempen/Zachert/*Stein,* § 3 TVG, Rdnr. 145. Kritisch auch *Däubler,* RdA 2002, 303, 306. Bezugnahmeklauseln, die nur auf einzelne Tarifbestimmungen verweisen, sind aus Arbeitnehmerschutzgesichtspunkten stärkeren Bedenken ausgesetzt. Dennoch werden auch diese als zulässig erachtet, vgl. *Schwab,* S. 38 ff.

836 Däubler/*Lorenz,* § 3 TVG, Rdnr. 217; Wiedemann/*Oetker,* § 3 TVG, Rdnr. 286; EfK/*Franzen,* § 3 TVG, Rdnr. 29; *Ebeling,* S. 36 ff.; *Thüsing/Lambrich,* NZA 2002, 1361, 1362; *Schwab,* S. 35.

837 Vgl. dazu § 310 Abs. 4 S. 2, 2. HS BG und unten Sechstes Kapitel I.6.c). Ausführlich *Schwab, S.* 101 ff.

838 *Löwisch/Rieble,* § 3 TVG, Rdnr. 236; Wiedemann/*Oetker,* § 3 TVG, Rdnr. 264; *Gaul,* NZA 1998, 9, 10 f.; *Thüsing/Lambrich,* RdA 2002, 193, 200; *Lambrich,* FS f. Ehmann, S. 169, 226; *Hanau/Kania,* FS f. Schaub, S. 239, 246.

839 *Thüsing/Lambrich,* RdA 2002, 193, 200; *Lambrich,* FS f. Ehmann, S. 169, 226.

840 Vgl. *Hromadka/Maschmann,* § 13, Rdnr. 252; Däubler/*Oetker,* § 3 TVG, Rdnr. 217.

841 *Wiedemann,* RdA 2007, 65, 66. Ähnlich *Gaul,* NZA 1998, 9, 11; *Lambrich,* FS f. Ehmann, S. 169, 226.

Ein *tarifgebundener* Arbeitgeber will[842] unter Umständen durch Bezugnahmeklauseln auf Tarifverträge *auch* eine Gleichstellung der nicht tarifgebundenen Arbeitnehmer mit den Tarifgebundenen und damit einheitliche Arbeitsbedingungen in seinem Betrieb erreichen.[843] Ob dies aus wirtschaftlichen Gesichtspunkten geschieht oder auf einen ausgeprägten Gerechtigkeitssinn zurückzuführen ist, kann dahingestellt bleiben.[844]

Welchen Zweck eine Bezugnahmeklausel im Einzelfall erfüllen soll, ist von der Konstellation, in der sie verwendet wird, abhängig und es bedarf der Auslegung der Vereinbarung - auch unter Beachtung der Tarifbindung der Vertragspartner des Arbeitsverhältnisses. Diese Einordnung stellt das Problem von Bezugnahmeklauseln dar. Der Unterschied zeigt sich, wenn hinsichtlich der Tarifbindung eine Änderung eintritt. Dies gilt auch für den Fall des Übergangs eines Betriebs, vor allem, wenn der Erwerber eines Betriebs nicht oder anders als der Veräußerer tarifgebunden ist.

3. Wirkung der einzelnen Klauseln

a) Dogmatische Einordnung

Nach herrschender Meinung wirken Bezugnahmeklauseln individualvertraglich i.S.e. verkürzten Vereinbarung über den Inhalt des Arbeitsvertrags und begründen keine normative Bindung.[845]

---

842 Eine andere Frage wäre, ob der Arbeitgeber im Sinne einer allgemeinen Gleichbehandlungspflicht dazu *verpflichtet* wäre, die Außenseiter den organisierten Arbeitnehmern gleichzustellen. Dies wird allerdings von der herrschenden Meinung abgelehnt, vgl. *Wiedemann,* RdA 2007, 65, 68 m.w.N. Differenzierter *Thüsing/Lambrich,* RdA 2002, 193, 195 ff.

843 Wiedemann/*Oetker,* § 3 TVG, Rdnr. 265; *Schwab,* S. 67; *Rieble/Schul,* RdA 2006, 339; *Thüsing/Lambrich,* RdA 2002, 193, 200. Soll *ausschließlich* dieser Zweck erreicht werden, könnte es sich um eine Gleichstellungsabrede handeln; auch darauf wird im Folgenden einzugehen sein.

844 Zu dieser Argumentation *Wiedemann,* RdA 2007, 65, 66.

845 *Waas,* S. 98; *Löwisch/Rieble,* § 3 TVG, Rdnr. 240 f.; *Ebeling,* S. 90; *Seitz/Werner,* NZA 2000, 1257; Bachner/Köstler/Matthießen/Trittin/*Trittin,* § 5, Rdnr. 253; *Lambrich,* FS für Ehmann, S. 169, 220; *Thüsing/Lambrich,* RdA 2002, 193, 194 f.; *Zerres,* NJW 2006, 3533; *Willemsen,* S. 65; *Ebeling,* S. 77 ff.; Wiedemann/*Oetker,* § 3 TVG, Rdnr. 285; ErfK/*Franzen,* § 3 TVG, Rdnr. 32; Kempen/Zachert/*Stein,* § 3 TVG, Rdnr. 153; *Zöllner/Loritz/Hergenröder,* S. 386; *Annuß,* BB 1999, 2558; *Schrader,* BB 2005, 714; *Preis,* S. 170; *Lieb/Jacobs,* Rdnr. 505. Dies ist auch ständige Rechtsprechung, wobei das BAG meist nicht direkt auf die Fragestellung eingeht, vgl. BAG v. 7.12.1977 - 4 AZR 474/76, AP § 4 TVG Nachwirkung, Nr. 9; 26.9.2001 - 4 AZR 544/00, NZA 2002, 634, 636. Deutlicher BAG v. 4.3.1993 - 2 AZR 507/92, NZA 1994, 260, 262; BAG v. 24.11.2004 - 10 AZR 202/04, NZA 2005, 349, 351.

Nur vereinzelt wird (noch)[846] vertreten, Bezugnahmeklauseln würden eine spezielle Art der Tarifgebundenheit auslösen[847] oder als Unterwerfungsklausel nicht den Inhalt des Tarifvertrags, sondern nur die Unterwerfung unter dessen Bindung zum Inhalt des Arbeitsvertrags machen beziehungsweise eine Rechtswahl darstellen, die mit derjenigen des Internationalen Privatrechts vergleichbar wäre.[848] Zu Recht geht die h.M. von einer schuldrechtlichen Abrede aus. Eine andere Einordnung würde einen „Fremdkörper" in Bezug auf das Tarifrecht, die Privatautonomie und das Verhältnis der beiden Bereiche zueinander darstellen.[849] Schlussendlich ist nicht ersichtlich, wie die Parteien - ohne Anordnung seitens des Gesetzgebers - eine normative Wirkung erzeugen sollten.

b) Konstitutive oder deklaratorische Wirkung?

Eine Bezugnahmeklausel könnte einen eigenen vertraglichen Ansprüchen begründen, also konstitutive Wirkung entfalten, oder rein deklaratorisch wirken und die geltende Rechtslage wiedergeben.[850] Ist mindestens eine der Arbeitsvertragsparteien nicht tarifgebunden, wirkt eine Bezugnahme immer konstitutiv, da der Tarifvertrag, bei fehlender beidseitiger Tarifgebundenheit oder Allgemeinverbindlichkeitserklärung, für das Arbeitsverhältnis nicht gelten würde.

Gleiches gilt, wenn Arbeitgeber und Arbeitnehmer an einen anderen Tarifvertrag gebunden sind, als der, auf den Bezug genommen wird. Die meisten Arbeitsverträge enthalten aber unabhängig davon, ob der Arbeitnehmer tarifgebunden ist oder nicht, eine Bezugnahmeklausel. Sollten beide Seiten an den in Bezug genommen Tarifvertrag gebunden sein, wirken die Regelungen des Tarifvertrags bereits normativ. Dies könnte den Schluss zulassen, in einem solchen Fall der arbeitsvertraglichen Bezugnahme nur deklaratorische Wirkung zuzugestehen. Nach allgemeiner Ansicht entfalten Bezugnahmeklauseln auch bei beidseitiger Tarifbindung konstitutive Wirkung.[851] Andernfalls entstünde

---

846 Im Laufe der Zeit hat sich die Einordnung von Bezugnahmeklauseln gewandelt. Dies hängt auch mit einer Änderung der gesetzlichen Rahmenbedingungen zusammen, ausführlich *Schwab,* S. 29 ff.; *Annuß,* ZfA 2005, 405, 406 ff.

847 V. *Hoyningen-Huene,* RdA 1974, 138.

848 Vgl. die Darstellung bei *Schaub,* ZTR 2000, 259, 260; Däubler/*Lorenz,* § 3 TVG, Rdnr. 223.

849 Ausführlich zu den diesbezüglichen Überlegungen *Schwab,* S. 32 f.

850 *Willemsen,* S. 69.

851 26.9.2001 - 4 AZR 544/00, NZA 2002, 634, 637; BAG v. 21.8.2002 - 4 AZR 263/01, NZA 2003, 442, 444; BAG v. 19.3.2003 - 4 AZR 331/02, NZA 2003, 1207, 1209; BAG v. 17.1.2006 - 9 AZR 41/05, NZA 2006, 923, 926; BAG v. 29.8.2007 - 4 AZR 767/06, NZA 2008, 364, 365; BAG v. 22.10.2008 - 4 AZR 784/07, NZA 2009, 151; *Hanau/Kania,* FS f. Schaub, S. 239, 248 f.; *Schwab,* S. 50; Wiedemann/*Oetker,* § 3

das seltsame Ergebnis, dass für tarifgebundene Arbeitnehmer nach einem - wie auch immer begründetem - Ende der normativen Wirkung der Tarifvertragsnormen[852] die Bezugnahme in ihrem Arbeitsvertrag keine Wirkung entfaltet,[853] während die Bezugnahmeklauseln in den Arbeitsverträgen der Nichtorganisierten bestehen bliebe.

Letztlich ist bei Auslegung einer vertraglichen Regelung entscheidend, was die Vertragsparteien vereinbart haben bzw. vereinbaren wollten. Diesen Willen für die vorliegende Frage zu ermitteln ist schwierig, da der Arbeitgeber bei Abschluss der Bezugnahmeklausel im Unklaren über die Grundlage seiner Klausel ist.[854] Um dadurch auftretende Schwierigkeiten und oben aufgedeckten Widerspruch im Fall des Wegfalls der Tarifbindung zu vermeiden, bietet es sich an, von vornherein Bezugnahmeklauseln auch im Fall der beidseitigen Tarifbindung konstitutive Wirkung zukommen zu lassen. Da nach Abkehr der Rechtsprechung von der typisierten Auslegung einer dynamischen Bezugnahmeklausel als Gleichstellungsabrede[855] die Auswirkungen weiter gehen als bisher, sind Arbeitgeber folglich gefordert, ihre Bezugnahmeklauseln anzupassen, um diese Folge zu verhindern.[856] Das BAG geht trotz der Änderung weiter von einer konstitutiven Wirkung der Bezugnahmeklauseln aus.[857]

4. Zustandekommen der Bezugnahmeklausel

a) Zustandekommen durch Rechtsgeschäft

Eine Bezugnahmeklausel ist Teil des Arbeitsvertrags. Insofern kommen die allgemeinen Regelungen zur Anwendung, nach denen vertragliche Absprachen getroffen werden. Es bedarf zweier übereinstimmender Willenserklärungen.

TVG, Rdnr. 348; Däubler/*Lorenz,* § 3 TVG, Rdnr. 226; *Ebeling,* S. 94; *Seitz/Werner,* NZA 2000, 1257, 1259 f.; *Thüsing/Lambrich,* RdA 2002, 193, 201 f.; *Annuß,* BB 1999, 2558; *ders.,* ZfA 2005, 405, 430; *Schliemann*, ZTR 2004, 502, 507; *Willemsen,* S. 70 f.; *Hohenstatt/Kuhnke,* RdA 2009, 107, 108.

852 Davon zu unterscheiden ist die Frage, ob die Bezugnahmeklausel Wirkung entfaltet *während* eine beidseitige Bindung an einen Tarifvertrag und dieser damit normativ gilt, vgl. *Thüsing/Lambrich,* RdA 2002, 193, 202. Auch dies wird seitens des BAG bejaht, vgl. BAG v. 21.8.2002 - 4 AZR 263/01, NZA 2003, 442, 444.

853 *Willemsen,* S. 71 m.w.N.

854 U.a. Wiedemann/*Oetker,* § 3 TVG, Rdnr. 347 f.

855 Ausführlich dazu unten Sechstes Kapitel II.

856 Anders *Bauer/Günther,* NZA 2008, 6, 8, die mit dieser Argumentation wohl zu dem Ergebnis kommen wollen, dass Bezugnahmeklauseln seit Änderung der Rechtsprechung deklaratorische Wirkung haben.

857 BAG v. 22.4.2009 - 4 AZR 100/08, NZA 2010, 41, 44. Dies ergab sich bereits aus den Äußerungen des Vorsitzenden des Vierten Senats, *Bepler,* RdA 2009, 65, 72, der dies ausdrücklich festgestellt hat.

Inwiefern darüber hinaus ein Formerfordernis besteht, hängt davon ab, ob der Arbeitsvertrag im Einzelfall einem solchen unterliegt[858] oder selbst eine bestimmte Form beispielsweise i.S.e. qualifizierten Schriftformerfordernisses[859] fordert. Ist kein Formerfordernis ersichtlich, kann eine Bezugnahmeklausel auch konkludent vereinbart werden.[860] Die Bezugnahme kann jeweils individuell ausgehandelt sein oder auf betriebseinheitlichen Arbeitsverträgen beruhen.[861]

b) Zustandekommen durch betriebliche Übung

Auch das Zustandekommen aufgrund betrieblicher Übung[862] ist denkbar. Nach der Rechtsprechung liegt eine Betriebsübung vor, wenn der Arbeitgeber bestimmte Verhaltensweisen regelmäßig wiederholt und die Arbeitnehmer daraus schließen können, die Leistung bzw. Vergünstigung solle ihnen auf Dauer gewährt werden. Nach ständiger Rechtsprechung ist dies gegeben, wenn es sich um eine mindestens dreimalige Gewährung ohne Vorbehalt handelt und keine anderen Umstände gegen eine betriebliche Übung sprechen. Als Folge einer betrieblichen Übung kann sich der Arbeitgeber von der entstandenen Verpflichtung nicht mehr einseitig lossagen.[863]

Uneinig ist man sich über die Begründung, wie diese Verpflichtung zustande kommt. Teilweise wird vertreten, es handele sich um ein rechtsgeschäftliches Zustandekommen, bei dem die Arbeitnehmer ein durch den Arbeitgeber abgegebenes Angebot stillschweigend annehmen.[864] Nach anderer Ansicht handelt es sich um einen Fall der Vertrauenshaftung, die einen außerrechtsgeschäftlichen Anspruch auslöst.[865]

Gegenstand einer Betriebsübung kann alles sein, was auch durch einen Arbeitsvertrag geregelt werden könnte.[866] Dies spricht dafür, anzunehmen, dass

---

858 Dies kann sich auch aus einem Tarifvertrag ergeben. Ein weiteres ausführliches Beispiel dazu findet sich bei *Schwab,* S. 92 in Bezug auf das TzBfG.

859 Wobei darauf geachtet werden muss, ob es sich um Arbeitsverträge handelt, die der AGB-Kontrolle unterliegen. Insofern gehen individuelle Abreden vor, vgl. dazu BAG v. 20.5.2008 - 9 AZR 382/07, NZA 2008, 1233.

860 Grundsätzlich BAG v. 19.1.1999 - 1 AZR 606/98, NZA 1999, 879. Vgl. auch Wiedemann/*Oetker,* § 3 TVG, Rdnr. 295.

861 Wiedemann/*Oetker,* § 3 TVG, Rdnr. 260.

862 Zum Begriff der betrieblichen Übung allgemein *Zöllner/Loritz/Hergenröder,* S. 61.

863 Zum Ganzen BAG v. 14.8.1996 - 10 AZR 69/96, NZA 1996, 1323 m.w.N.

864 Dies ist auch die Ansicht der Rechtsprechung, vgl. 14.8.1996 - 10 AZR 69/96, NZA 1996, 1323 und BAG v. 28.5.2008 - 10 AZR 274/07, NZA 2008, 941, 942.

865 *Zöllner/Loritz/Hergenröder*, S. 61.

866 ErfK/*Preis,* § 611 BGB, Rdnr. 220; *Sutschet,* NZA 2008, 679, 682.

auch eine Bezugnahmeklausel durch betriebliche Übung entstehen kann.[867] Dies gilt nicht, wenn der Arbeitsvertrag ein qualifiziertes Schriftformerfordernis enthält.[868] Problematisch ist neben der Frage, wann tatsächlich eine dementsprechende betriebliche Übung gegeben ist, vor allem der inhaltliche Umfang der entstandenen Bezugnahmeklausel.[869]

Fraglich ist, welche Voraussetzung erfüllt sein muss, um eine Bezugnahmeklausel kraft betrieblicher Übung anzunehmen. Voraussetzung für eine betriebliche Übung ist grundsätzlich das dreimalige Wiederholen des infrage stehenden Verhaltens. Diese Regel kann nicht auf die Bezugnahme auf tarifliche Regelungen, wie insbesondere Arbeitszeit oder Lohnzahlung, übertragen werden.[870] Nach Meinung des BAG reicht andererseits aber im Zweifel die einmalige Anwendung tariflicher Normen nicht aus.[871]

Ein Anspruch aus betrieblicher Übung kann nicht entstehen, wenn für die infrage stehende Leistung eine anderweitige Anspruchsgrundlage besteht.[872] Sind Arbeitgeber und Arbeitnehmer kongruent tarifgebunden und es besteht eine betriebliche Übung hinsichtlich der Bezugnahme auf den einschlägigen Tarifvertrag, kann folglich daraus kein Anspruch abgeleitet werden. Insofern kommt die Bezugnahmeklausel erst zur Geltung, wenn die Tarifgebundenheit entfällt.[873] Um den Inhalt einer durch betriebliche Übung entstandenen Bezugnahmeklausel zu bestimmen, muss das Verhalten des Arbeitgebers im Einzelfall bewertet und dabei auch beachtet werden, ob es sich um einen tarifgebunden oder einen nicht tarifgebundenen Arbeitgeber handelt.[874] Gleiches gilt für die Feststellung der Reichweite. Während bei einem tarifgebundenen Arbeitgeber eine Bezugnahmeklausel, die durch betriebliche Übung entsteht, grundsätzlich statisch sein wird, kann bei einem nicht tarifgebundenen Arbeitgeber auch von einer dynamischen auszugehen sein.[875] Allerdings kann diese Feststellung nicht ohne Bewertung des Einzelfalls getroffen werden und im Zwei-

---

867 *Gaul,* NZA 1998, 9, 10; *Seitz/Werner,* NZA 2000, 1257, 1257 f.; *Thüsing/Lambrich,* NZA 2002, 1361, 1367; *Sutschet,* NZA 2008, 67, 682; *Willemsen,* S. 53; *Prange,* NZA 2002, 817, 821; ErfK/*Preis,* § 611 BGB, Rdnr. 228 jeweils m.w.N. Kritisch *Annuß,* ZfA 2005, 405, 439 ff., der andenkt, Bezugnahmeklauseln kraft betrieblicher Übung nur zugunsten der Arbeitnehmer zuzulassen.

868 BAG v. 20.5.2008 - 9 AZR 382/07, NZA 2008, 1233, 1235 m.w.N.

869 Zu den diesbezüglichen Auslegungsschwierigkeiten *Hanau/Kania,* FS f. Schaub, S. 239, 259.

870 *Sutschet,* NZA 2008, 679, 682.

871 BAG v. 27.11.2002 - 4 AZR 540/01, NZA 2003, 1278, 1280.

872 ErfK/*Preis,* § 611 BGB, Rdnr. 221.

873 *Sutschet,* NZA 2008, 679, 686.

874 Ausführlich Wiedemann/*Oetker,* § 3 TVG, Rdnr. 297.

875 Wiedemann/*Oetker,* § 3 TVG, Rdnr. 297; wohl auch *Willemsen,* S. 55.

fel ist darauf abzustellen, wie der Arbeitgeber sich in den letzten Jahren verhalten hat. Dabei dürfte es auch nach der Rechtsprechungsänderung bleiben.[876]

5. Bezugnahmeobjekt Tarifvertrag

Eine Bezugnahme kann nicht nur das Fehlen der Tarifbindung einer Vertragspartei des Arbeitsverhältnisses überwinden, sondern nach h.M. auch Regelungen eines Tarifvertrags außerhalb seines Geltungsbereichs mit einbeziehen.[877] Allerdings ist letzteres nicht unumstritten und teilweise wird die Zulässigkeit der Bezugnahme eines fremden Tarifvertrags bei beidseitiger Bindung an den einschlägigen Tarifvertrag abgelehnt.[878] Nach hier vertretener Ansicht ist mit Blick auf die Privatautonomie der Arbeitsvertragsparteien eine Bezugnahme möglich. Eine Abweichung von tarifrechtlichen Vorgaben durch individualvertragliche Vereinbarungen ist auch im Tarifrecht vorgesehen. Allerdings darf das Günstigkeitsprinzip nicht ausgehebelt werden.[879] Die Arbeitsvertragsparteien können entscheiden, welchen Tarifvertrag, aber auch welche Teile[880] eines solchen, sie in Bezug nehmen. Auch auf nachwirkende Tarifnormen oder unwirksame Tarifverträge kann verwiesen werden.[881]

6. Reichweite der Klauseln

a) Typisierung der Klauseln

Die Vereinbarung der Parteien ist ebenfalls von Bedeutung für die Reichweite der Verweisung hinsichtlich ihrer Flexibilität. Es macht einen Unterschied, ob eine Bezugnahme nur für einen bestimmten, derzeit wirksamen Tarifvertrag gelten soll, oder ob sich Änderungen des Tarifvertrags auf das Arbeitsverhält-

---

876 *Giesen,* NZA 2006, 625, 628.

877 *Gaul,* NZA 1998, 9, 10; *Löwisch/Rieble,* § 3 TVG, Rdnr. 223; ErfK/*Franzen,* § 3 TVG, Rdnr. 34. Ausführlich *Willemsen,* S. 78 ff. m.w.N.

878 Kempen/Zachert/*Stein,* § 3 TVG, Rdnr. 166.

879 Neben der grundsätzlichen Zulässigkeit einer solchen Inbezugnahme bedarf es allerdings der Überprüfung der Klauseln im Einzelfall. Dies gilt insbesondere im Geltungsbereich der AGB-Grundsätze, vgl. dazu noch sogleich.

880 Hinsichtlich der Vereinbarung einzelner Regelungsbereiche bestehen größere verfassungsrechtliche Bedenken als bei Vereinbarung der Geltung eines Tarifvertrags im Ganzen. Diesbezüglich besteht die Gefahr, dass Bestandteile des Tarifvertrags „herausgepickt" werden, die für den Arbeitnehmer ungünstig sind. Das BAG ist auch dieser Argumentation entgegengetreten, vgl. BAG v. 19.1.1999 - 1 AZR 606/98, NZA 1999, 879, 881. Es erscheint allerdings angebracht, Verweisungen nur zuzulassen, wenn sie abgeschlossene Regelungsbereiche erfassen.

881 Ausführlich dazu *Schwab,* S. 36 f. Dies wurde auch durch das BAG bestätigt, BAG v. 9.5.2007 - 4 AZR 319/06, AP BGB § 305c Nr. 8 m.w.N.

nis auswirken sollen. Es wird zwischen statischen und kleinen bzw. großen dynamischen Bezugnahmeklauseln unterschieden. Die *statische* Bezugnahmeklausel verweist auf einen bestimmten, derzeit gültigen Tarifvertrag. Sollte dieser geändert oder abgelöst werden, ist dies ohne Bedeutung für das Arbeitsverhältnis. Eine *kleine dynamische* Bezugnahmeklausel sagt aus, dass Änderungen des Tarifvertrags über die Bezugnahme auch das betroffene Arbeitsverhältnis erfassen. Letztlich ist noch eine *große dynamische* Bezugnahmeklausel oder Tarifwechselklausel denkbar. Diese lässt neben einer zeitlichen Dynamik eine inhaltliche Dynamik und damit die Weitergeltung der Regelungen eines anderen Tarifvertrags nach Tarifwechsel[882] für das Arbeitsverhältnis zu.[883] Es handelt sich um eine Dynamik, die auch in betrieblicher und fachlicher Hinsicht wirkt.[884] Liegt eine Bezugnahmeklausel vor, muss anhand einer Auslegung festgestellt werden, welchem Typ diese zuzuordnen ist. Darüber hinaus ist zu klären, welche Folge die jeweiligen Bezugnahmeklauseln haben.

b) Allgemeine Grundsätze der Vertragsauslegung

Welche Art von Bezugnahme durch die Vereinbarung der Vertragsparteien erreicht werden soll, ist durch Auslegung der Regelung im Arbeitsvertrag zu ermitteln. Dies geschieht nach den allgemeinen Grundsätzen zur Auslegung von Willenserklärungen bzw. Verträgen.[885] Demnach kommen die Grundsätze der §§ 133, 157 BGB zur Anwendung. Es muss in erster Linie der hinter dem Rechtsgeschäft stehende *Wille der Vertragsparteien* ermittelt werden, da es auf diesen aufgrund der Privatautonomie entscheidend ankommt. Um diesen Willen zu erforschen, muss von der Erklärung ausgegangen werden, es müssen aber auch die Umstände der Erklärung mit einbezogen werden.[886] Da es sich bei einem Arbeitsvertrag um ein Rechtsgeschäft handelt, das durch zwei über-

---

882 Dies ist ein weiteres Problem bei der Auslegung der Klauseln, da bestimmt werden muss, was tatsächlich einen Tarifwechsel ausmacht, vgl. *Löwisch/Rieble,* § 3 TVG, Rdnr. 286.

883 Vgl. zu dieser Unterscheidung *Hromadka/Maschmann,* § 13, Rdnr. 255; *Lieb/Jacobs,* Rdnr. 506; *Thüsing/Lambrich,* RdA 2002, 193, 195; Däubler/*Lorenz,* § 3 TVG, Rdnr. 228 ff.; *Sutschet,* NZA 2008, 679, 680; *Schrader,* BB 2005, 714; *Annuß,* ZfA 2005, 405, 411 f.; *Jordan/Bissels,* NZA 2010, 71. Interessant ist die Unterteilung *Greiners,* der kleine dynamische Klauseln weiter unterteilt in erweiterte und einfache dynamische Bezugnahmeklauseln, je nachdem, ob ein *ersetzender* Tarifvertrag erfasst werden soll. Interessant kann diese Konstellation v.a. im Bereich der Gesamtrechtsnachfolge werden. Ausführlich *Greiner,* NZA 2009, 877, 879.

884 BAG v. 22.10.2008 - 4 AZR 784/07, NZA 2009, 151, 153.

885 Wiedemann/*Oetker,* § 3 TVG, Rdnr. 309.

886 Zum Begriff des „Willens" ausführlich MüKo/*Busche,* § 133 BGB, Rdnr. 9.

einstimmende Willenserklärungen zustande kommt, ist auf die Interessen beider Vertragsparteien abzustellen und bei Auslegung der sogenannte objektive Empfängerhorizont heranzuziehen. Es muss die Frage gestellt werden, wie ein „verständiger, sorgfältig wahrnehmender Adressat [...] die an ihn gerichtete Erklärung verstehen durfte".[887] Meist legt der Arbeitgeber einen fertigen Vertragsentwurf vor, den der Arbeitnehmer nur noch unterzeichnet. Das Vertragsangebot geht also vom Arbeitgeber aus und die Auslegung dieses Angebots ist entscheidend. Dabei muss mit einbezogen werden, dass es sich bei diesem Adressaten um einen Arbeitnehmer handelt.

c) AGB-Kontrolle von Bezugnahmeklauseln

(1) Grundsätzliche Überlegungen

Arbeitsverträge unterliegen der Kontrolle der §§ 305 ff. BGB,[888] wenn deren Anwendungsvoraussetzungen erfüllt sind, während dies für Tarifverträge nach § 310 Abs. 4 S. 1 BGB nicht gilt. Danach ist zwischen der Bezugnahme an sich und dem in Bezug genommenen Tarifvertrag bzw. dessen Inhalt zu unterscheiden.[889] Bevor auf letzteren eingegangen wird, soll die Frage nach einer AGB-Kontrolle der Klauseln selbst geklärt werden, also wann Bezugnahmeklauseln der AGB-Kontrolle unterliegen.

Nach § 305 Abs. 1 S. 1 BGB ist Voraussetzung für eine AGB-Kontrolle, dass es sich um vorformulierte Vertragsbedingungen handelt, die für eine Vielzahl von Fällen bestimmt sind und die durch eine Partei gestellt wurden. Bei Bezugnahmeklauseln handelt es sich grundsätzlich um Vertragsbedingungen, die der AGB-Kontrolle unterliegen.[890]

---

887 *Rüthers,* Rdnr. 715. Vgl. auch MüKo/*Busche,* § 133 BGB, Rdnr. 12 ff.; *Brecht-Heitzmann/Lewek*, ZTR 2007, 127, 128 f.

888 Vgl. zur Entwicklung der AGB-Kontrolle von Arbeitsverträgen MüKo/*Basedow,* § 310 BGB, Rdnr. 43, 88.

889 *Diehn,* NZA 2004, 129, 130 f.; *Willemsen,* S. 93; *Hanau/Kania*, FS f. Schaub, S. 239, 242; *Bauer/Günther,* NZA 2008, 6, 10.

890 Aus einigen Entscheidungen hätte auch etwas anderes geschlossen werden können, vgl. BAG v. 12.9.2006 - 9 AZR 675/05, NZA 2007, 218; BAG v. 27.7.2005 - 7 AZR 486/04, NZA 2006, 40, 46. Allerdings haben mittlerweile alle Senate, die sich zu diesem Bereich geäußert haben, darunter auch der 9. Senat, eine AGB-Kontrolle für Bezugnahmeklauseln angenommen: BAG v. 14.12.2005 - 4 AZR 536/04, NZA 2006, 607; BAG v. 14.3.2007 - 5 AZR 630/0, NZA 2008, 45; BAG v. 15.4.2008 - 9 AZR 159/07, NZA-RR 2008, 586; BAG v. 9.5.2007 - 4 AZR 319/06, AP BGB § 305c Nr. 8.

Will der Arbeitgeber als Verwender einen Formulararbeitsvertrag[891] mehrfach[892] verwenden, fallen auch darin enthaltene Bezugnahmeklauseln unter die AGB-Kontrolle. Auch reicht es, wenn der Arbeitgeber einen Vertragsentwurf eines Dritten, also beispielsweise eines Arbeitgeberverbandes, benutzt.[893] Da der Arbeitnehmer in ständiger Rechtsprechung überzeugend unter den Begriff des Verbrauchers subsumiert wird,[894] kommt auch § 310 Abs. 3 BGB zur Anwendung.[895] Somit gelten nach § 310 Abs. 3 Nr. 1 BGB die Vertragsbedingungen grundsätzlich vom Unternehmer und damit vom Arbeitgeber gestellt, es sei denn, sie sind durch den Verbraucher eingeführt. Des Weiteren finden nach § 310 Abs. 3 Nr. 2 BGB die §§ 305c Abs. 2, 306, 307 und 309 BGB bei vorformulierten Vertragsbedingungen auch Anwendung, wenn diese nur einmalig verwendet werden sollen, es sei denn, der Verbraucher, also der Arbeitnehmer, konnte auf die Vertragsbedingungen Einfluss nehmen. Letztlich unterliegt damit ein Großteil der Arbeitsverträge,[896] und damit der Bezugnahmeklauseln, der AGB-Kontrolle. Allerdings müssen nach § 310 Abs. 4 S. 2 BGB bei Anwendung der Vorschriften auf Arbeitsverträge die im Arbeitsrecht geltenden Besonderheiten angemessen beachtet werden.[897]

Weiter sind § 305 Abs. 2 und 3 BGB nach § 310 Abs. 4 S. 2 HS 2 BGB nicht anwendbar. Dies führt dazu, dass kein Verstoß gegen AGB-Vorschriften vorliegt, wenn der Arbeitnehmer nur unzureichend vom Inhalt des Tarifvertrags als Bezugnahmeobjekt Kenntnis nehmen konnte.[898] Es gilt der Vorrang

---

891 In der Praxis dürfte dies den Regelfall darstellen, vgl. *Thüsing/Lambrich,* RdA 2002, 193, 200.

892 Es reicht aus, wenn der Verwender die Vertragsbedingungen mehr als dreimal verwenden will, vgl. dazu u.a. MüKo/*Basedow,* § 305 BGB, Rdnr. 18.

893 MüKo/*Müller-Glöge,* § 611 BGB, Rdnr. 54.

894 Mit sehr ausführlicher Begründung BAG v. 25.5.2005 - 5 AZR 572/04, NZA 2005, 1111, 1115 f.; Bestätigt u.a. durch BAG v. 15.2.2007 - 6 AZR 286/06, NZA 2007, 614, 615; BAG v. 8.8.2007 - 7 AZR 855/06, NZA 2008, 229; BAG v. 18.3.2008 - 9 AZR 186/07, NZA 2008, 1004, 1006.

895 Dies ist nicht unumstritten, vgl. zur Kritik *Annuß,* NJW 2002, 2844. Ebenfalls kritisch *Däubler,* NZA 2001, 1329, 1334, der allerdings statt einer direkten Subsumtion über eine analoge Anwendung des § 310 Abs. 3 Nr. 1 BGB nachdenkt.

896 *Hunold,* NZA-RR 2006, 113, 114.

897 Ausführlich *Annuß,* BB 2006, 1333, 1334 ff., der diese Vorschrift eng auslegen will.

898 Dazu auch BAG v. 14.3.2007 - 5 AZR 630/0, NZA 2008, 45, 47; BAG v. 15.4.2008 - 9 AZR 159/07, NZA-RR 2008, 586, 59; BAG v. 24.9.2008 - 6 AZR 76/07, NZA 2009, 154; BAG v. 6.5.2009 - 10 AZR 390/08, NZA-RR 2009, 593, 593 f. Das BAG lehnt auch eine analoge Anwendung der Vorschrift mit Hinweis auf die eindeutige Gesetzesbegründung ab.

der Individualabrede, § 305b BGB, sodass Vereinbarungen, die Arbeitnehmer und Arbeitgeber neben der Bezugnahmeklausel getroffen haben, vorgehen.[899]

Um die darüber hinausgehenden Vorgaben der AGB-Vorschriften abschätzen zu können, muss auf die Grundsätze unter Berücksichtigung der Besonderheiten von Bezugnahmeklauseln eingegangen werden. In erster Linie soll geklärt werden, ob die Bezugnahmeklauseln tatsächlich Vertragsbestandteil werden. Darüber hinaus werden die Vorgaben für die Auslegung kurz angesprochen.

(2) Bezugnahmeklausel als überraschende Klausel?

Nach § 305c Abs. 1 BGB werden Bestimmungen nicht Teil des Vertrags, wenn diese nach den Umständen so ungewöhnlich sind, dass der Vertragspartner des Verwenders nicht mit ihnen zu rechnen braucht. Der Verwender darf seinen Vertragspartner nicht „überrumpeln".[900] Entscheidend ist dabei die Sicht eines verständigen Arbeitnehmers.[901] Grundsätzlich ist die *Vereinbarung* von Bezugnahmeklauseln an sich nicht überraschend i.S.d. § 305c Abs. 1 BGB, da es sich bei solchen Klauseln um übliche Gestaltungsinstrumente handelt.[902]

Etwas anderes kann sich hinsichtlich des Inhalts der Bezugnahme, also des Bezugnahme*objekts,* ergeben.[903] Es ist davon auszugehen, dass die Bezugnahme auf einen Tarifvertrag, in dessen Geltungsbereich sich das Arbeitsverhältnis befindet, nicht überraschend ist, da dies den Normalfall darstellt.[904] Problematisch wird es, wenn der in Bezug genommene Tarifvertrag auch bei beidseitiger Tarifbindung nicht für das Arbeitsverhältnis gelten würde, es sich also um einen „fremden" Tarifvertrag handelt. Teilweise wird vertreten, eine solche Bezugnahme wäre grundsätzlich überraschend.[905] Damit wäre diese Möglichkeit im Rahmen von AGB ausgeschlossen. Andere Autoren gehen grundsätzlich davon aus, dass nie eine Überrumpelung des Arbeitnehmers ein-

---

899 Sollte der in Bezug genommene Tarifvertrag normativ für das Arbeitsverhältnis gelten, gilt das Günstigkeitsprinzip, vgl. dazu auch *Willemsen,* S. 95.

900 MüKo/*Basedow*, § 305c BGB, Rdnr. 10; *Thüsing/Lambrich*, NZA 2002, 1361, 1365; BAG v. 14.8.2007 - 8 AZR 973/06, NZA 2008, 170, 171.

901 *Willemsen,* S. 96.

902 BAG v. 24.9.2008 - 6 AZR 76/07, NZA 2009, 154, 156. Zu achten ist dennoch darauf, dass die äußere Form einer Bezugnahmeklausel keinen Überraschungseffekt hat, vgl. BAG v. 9.5.2007 - 4 AZR 319/06, AP BGB § 305c Nr. 8; BAG v. 6.5.2009 10 AZR 390/08, NZA-RR 2009, 593, 594. Ebenso *Willemsen,* S. 96 ff.; *Diehn,* NZA 2004, 129, 132

903 *Rieble/Schul,* RdA 2006, 339; Wiedemann/*Oetker,* § 3 TVG, Rdnr. 303 f.

904 Ähnlich *Diehn,* NZA 2004, 129, 132.

905 Darauf deutet auch die Argumentation bei *Thüsing/Lambrich,* NZA 2002, 1361, 1365.

treten kann und somit auch eine Bezugnahme auf einen Tarifvertrag, der nach seinem Geltungsbereich nicht einschlägig ist, nicht gegen § 305c Abs. 1 BGB verstieße.[906] Hier bedarf es einer differenzierten Betrachtung. Mit *Diehn* ist anzunehmen, dass die „Überraschungsklausel" ausschließlich zugunsten des Arbeitnehmers greifen kann und Regelungen, die für diesen günstig sind, nicht ohne Weiteres durch Hinweis auf § 305c Abs. 1 BGB ihre Wirkung verlieren können.[907] Auch können nicht alle Sachverhalte gleich behandelt werden. Insbesondere bei nur leichten Abweichungen hinsichtlich des Geltungsbereichs kann nicht von einer „Überrumpelung" gesprochen werden. Gleiches gilt, wenn eine Bezugnahme auf diesen Tarifvertrag üblich ist.[908] Es kann aber dazu kommen, dass ein Tarifvertrag, der in Bezug genommen wird, so fernliegend ist, dass der Arbeitnehmer tatsächlich nicht damit rechnen konnte. Inwiefern dies der Fall ist, kann nur im Einzelfall, unter Berücksichtigung aller relevanten Informationen, entscheiden werden.[909] Unter Umständen könnte auch ein Hinweis gefordert sein, dass der in Bezug genommene Tarifvertrag nicht dem Geltungsbereich entspricht, in dem sich das Arbeitsverhältnis befinden würde.

Fraglich ist, inwieweit eine *Veränderung* des Bezugnahmeobjekts zum Nachteil des Arbeitnehmers[910] durch § 305c Abs. 2 BGB erfasst ist, also ob eine überraschende Klausel vorliegt, wenn sich der Tarifvertrag als Bezugnahmeobjekt in einer Weise ändert, mit der bei Vertragsschluss nicht gerechnet werden konnte. Dies ist im Hinblick auf dynamische Klauseln von Bedeutung.[911] Der Sinn solcher Klauseln ist, dass auch Änderungen der tariflichen Situation mit umfasst werden. Daher kann nicht jede Änderung des Tarifvertrags zur Annahme einer überraschenden Klausel führen. Es sind Fälle denkbar, in denen die Änderung so weitreichend ist, dass es unzumutbar ist, den Arbeitnehmer daran festzuhalten. Das BAG hat die Frage ausdrücklich offen

---

906 In diese Richtung wohl *Willemsen,* S. 98 f., die allerdings eine Ausnahme macht, wenn der Tarifvertrag inhaltlich objektiv unpassend ist bzw. die Tarifnormen für das Arbeitsverhältnis nicht anwendbar sind.

907 *Diehn,* NZA 2004, 129, 133, der auch darauf eingeht, dass dem nicht § 310 Abs. 4 S. 3 BGB entgegensteht, da von § 305c Abs. 1 BGB denknotwendig von vornherein nur solche Bezugnahmen erfasst sein können, deren Bezugnahmeobjekt auch inhaltlich überprüft werden könnte. Auch darauf wird im Folgenden einzugehen sein.

908 So auch ErfK/*Preis*, §§ 305 ff. BGB, Rdnr. 30.

909 In diese Richtung auch *Annuß,* BB 2006, 1333, 1336.

910 Sofern sich eine Veränderung stark zuungunsten des Arbeitgebers auswirkt, kommt nach *Willemsen,* S. 103, eine Anwendung der Grundsätze des Wegfalls der Geschäftsgrundlage nach § 313 BGB in Betracht. Allerdings müssen diesbezüglich besonders hohe Anforderungen gestellt werden.

911 Dazu *Thüsing/Lambrich*, NZA 2002, 1361, 1365; *Diehn,* NZA 2004, 129, 133.

gelassen.[912] Problematisch dürfte insbesondere die Frage sein, welche Kriterien zugrundezulegen wären, um die Grenze herauszufinden, ab der eine Änderung „überraschend genug“ ist, um unter § 305c Abs. 2 BGB zu fallen.[913]

(3) Auslegungsgrundsätze und Unklarheitenregel

Allgemeine Geschäftsbedingungen werden grundsätzlich nach den allgemeinen Grundsätzen ausgelegt. Um den Vertragspartner des Verwenders zu schützen und dennoch ein gültiges Rechtsgeschäft[914] annehmen zu können weichen die AGB-Regelungen von der allgemeinen Vertragsauslegung ab. So muss nach Ansicht des BAG eine objektive Auslegung stattfinden. AGB seien ihrem objektiven Inhalt und typischen Sinn nach so auszulegen, wie sie, unter Heranziehung der Interessen der normalerweise beteiligten Verkehrskreise, von verständigen Vertragspartnern verstanden würden. Dabei seien die „Verständnismöglichkeiten des durchschnittlichen Vertragspartners des Verwenders zugrunde zu legen“.[915]

Kommen im Rahmen der Auslegung einer Vertragsbedingung mehrere Varianten in Betracht, gehen nach § 305c Abs. 2 BGB Zweifel zu Lasten des Verwenders, folglich zu Lasten des Arbeitgebers. Aufgrund dieser Unklarheitenregel muss das arbeitnehmerfreundlichere Ergebnis gewählt werden, wenn es mehrere Auslegungsvarianten gibt, zwischen denen nicht mit Hilfe der Auslegung entschieden werden kann.[916] Nach Meinung des BAG führt dies unter anderem dazu, dass, auch wenn keine ausdrückliche „Jeweiligkeitsklausel“ vorliegt, der Tarifvertrag in der jeweiligen Fassung gelten soll, wenn die Angabe einer genau bestimmten zeitlichen Fassung eines Tarifvertrags fehlt.[917]

Insofern wäre im Zweifel eine dynamische Bezugnahmeklausel anzunehmen,[918] da davon ausgegangen wird, dass diese für den Arbeitnehmer grund-

---

912 BAG v. 24.9.2008 - 6 AZR 76/07, NZA 2009, 154; 156.

913 Dieses Problem stellt sich vor allem im Hinblick auf Tarifwechselklauseln, vgl. Sechstes Kapitel IV.6.b).

914 Durch einige Regelungen wird das Vorliegen eines Dissens vermieden, vgl. dazu MüKo/*Basedow,* § 305c BGB, Rdnr. 28.

915 BAG v. 24.9.2008 - 6 AZR 76/07, NZA 2009, 154, 156; BAG v. 6.5.2009 - 10 AZR 390/08, NZA-RR 2009, 593, 594. Vgl. dazu auch MüKo/*Basedow,* § 305c BGB, Rdnr. 22 ff.

916 *Diehn,* NZA 2004, 129, 134; *Annuß,* BB 2006, 1333, 1336; *Willemsen,* S. 120. BAG v. 17.1.2006 - 9 AZR 41/05, NZA 2006, 923; BAG v. 15.4.2008 - 9 AZR 159/07, NZA-RR 2008, 586; BAG v. 24.9.2008 - 6 AZR 76/07, NZA 2009, 154, 157.

917 BAG v. 6.5.2009 - 10 AZR 390/08, NZA-RR 2009, 593, 594.

918 Dies galt auch schon vor Anwendung der AGB-Regelungen auf Arbeitsverträge, vgl. nur BAG v. 26.9.2001 - 4 AZR 544/00, NZA 2002, 634, 635; *Hanau/Kania,* FS f. Schaub, S. 239, 246; *Gaul,* NZA 1998, 9, 10; *Prange,* NZA 2002, 817, 821. Aller-

sätzlich günstiger ist. Dies gilt nach ständiger Rechtsprechung[919] unzweifelhaft für die Bezugnahme auf Teile eines Tarifvertrags, bei denen davon ausgegangen wird, dass sich diese *in der Regel*[920] zugunsten des Arbeitnehmers verändern. Beispiele sind Lohn- oder Urlaubsregelungen. Da aber im Einzelfall überprüft werden muss, welches die arbeitnehmerfreundlichste Auslegungsvariante ist, stellt sich die Frage, wie sich dies hinsichtlich der Bezugnahme auf Tarifverträge im Ganzen auswirkt.

Ausgehend davon, dass nicht abstrakt beantwortet werden könne, ob eine Bezugnahmeklausel für einen Arbeitnehmer günstig ist, da Tarifverträge auch ungünstige Regelungen enthalten können, hat das BAG das Problem angesprochen, ob eine Bezugnahme auf einen Tarifvertrag im Ganzen überhaupt den Grundsätzen des § 305c Abs. 2 BGB unterworfen werden kann. Man könne die Frage der Günstigkeit nicht von Fall zu Fall unterschiedlich für ein und dieselbe Bezugnahmeklausel beantworten.[921]

Grundsätzlich wird die vom Sechsten Senat[922] aufgeworfene Problematik „umgangen", indem darauf abgestellt wird, dass eine dynamische Klausel „regelmäßig" bzw. „in der Regel" für den Arbeitnehmer besser ist. Bei genauerer Betrachtung ist dies auch das Argument bei der Bezugnahme auf Teile eines Tarifvertrags. Letztlich gibt es auch bei einer Bezugnahme auf eine Vergütungsvereinbarung oder Urlaubszeiten keine Garantie dafür, dass die Tarifvertragsparteien keine Änderung zuungunsten der Arbeitnehmer vornehmen werden. Dennoch gehen alle Senate, die bisher dazu entschieden haben unisono davon aus, eine dynamische Klausel sei grundsätzlich als arbeitnehmerfreundlicher einzuschätzen. Dies muss vom Grundsatz her auch für die Verweisung auf einen Tarifvertrag im Ganzen zutreffen. Insofern kann sich nach der hier vertretenen Ansicht der Arbeitnehmer nicht mit der Argumentation, einzelne

---

dings ergab sich dieses Ergebnis meist aus der Auslegung einer Bezugnahmeklausel als Gleichstellungsabrede, vgl. *Diehn,* NZA 2004, 129, 134. Dennoch wird daran festzuhalten sein, *Reinecke*, BB 2006, 2637, 2639.

919 BAG v. 24.9.2008 - 6 AZR 76/07, NZA 2009, 154, 157; BAG v. 6.5.2009 - 10 AZR 390/08, NZA-RR 2009, 593, 594. Ebenso BAG v. 17.1.2006 - 9 AZR 41/05, NZA 2006, 923, 926, allerdings noch unter Berufung auf die alte Rechtslage. Anderer Ansicht ist diesbezüglich beispielsweise *Ebeling,* S. 145, der unter Berufung auf den Parteiwillen im Zweifel eine statische Bezugnahmeklausel annehmen will.

920 Kritisch dazu *Giesen,* NZA 2006, 625, 627.

921 BAG v. 24.9.2008 - 6 AZR 76/07, NZA 2009, 154, 157. In anderem Zusammenhang spricht beispielsweise das LAG München v. 15.4.2009 - 5 Sa 1019/08, Revision beim BAG anhängig unter 4 AZR 439/09, dieses Problem auch an.

922 Zu der unterschiedlichen Bewertung der jeweiligen Senate vgl. *Greiner,* NZA 2009, 877, 880 f.

Teile eines Tarifvertrags wären zu seinem Nachteil verändert worden, darauf berufen, eine Klausel wäre statisch auszulegen.

Weiter gilt die Unklarheitenregel auch hinsichtlich des Bezugnahmeobjekts. Es ergibt sich insbesondere nichts anderes aus § 310 Abs. 4 S. 3 i.V.m. § 307 Abs. 3 BGB, da dieser nur bezüglich der Inhaltskontrolle Einschränkungen vorsieht.[923]

(4) Inhaltskontrolle des Bezugnahmeobjekts

Fraglich ist, inwiefern der Tarifvertrag als Bezugnahmeobjekt einer Inhaltskontrolle unterliegt. Wie eingangs festgehalten geht die h.M. unter Bezug auf § 310 Abs. 4 S. 3 BGB i.V.m. § 307 Abs. 3 BGB davon aus, dass der Tarifvertrag keiner gerichtlichen Inhaltskontrolle unterliegt, da demnach Tarifverträge Rechtsvorschriften gleichstehen und letztere keiner Inhaltskontrolle unterliegen. Zweck der Vorschrift ist es zu vermeiden, durch eine gerichtliche Kontrolle von Tarifnormen die Tarifautonomie zu konterkarieren.[924] Darüber hinaus wird den Tarifverträgen eine Richtigkeitsgewähr zugestanden.[925] Unstreitig findet bei Bezugnahmeklauseln, die sich unverändert auf Tarifverträge beziehen, keine Inhaltskontrolle statt, wenn letztere normativ für das Arbeitsverhältnis gelten.[926] Nach Ansicht des BAG ist aber unter Umständen eine Inhaltskontrolle der tariflichen Regelungen angezeigt, wenn nur auf Teile eines Tarifvertrags Bezug genommen wird und diese keinen abgrenzbaren Sachbereich darstellen, da oft Regelungen, die Begünstigungen enthalten im Gegenzug für andere Regelungen erwirkt würden, die Benachteiligungen enthielten. Daher könne nur der Tarifvertrag als Ganzes die Vermutung eines angemessenen Interessensausgleichs bewirken.[927]

Da § 310 Abs. 4 S. 3 BGB die Kontrolle von Tarifverträgen einschränkt, weil der Gesetzgeber eine Richtigkeitsgewähr unterstellt, ist eine Inhaltskontrolle bei einer Teilverweisung konsequenterweise durch die Regelung gefordert.[928] Auch der Wortlaut der Norm selbst und deren Zielsetzung sprechen für diese Auslegung - Tarifvertrag statt tariflicher Regelungen.[929]

---

923 Ausführlich zu dieser Argumentation *Diehn,* NZA 2004, 129, 134. Bezüglich der Inhaltskontrolle vgl. im Folgenden.

924 BT-Drs 14/6857, S. 54.

925 *Thüsing/Lambrich,* NZA 2002, 1361, 1362; *Bauer/Günther,* NZA 2008, 6, 10; *Diehn,* NZA 2004, 129, 130.

926 *Annuß,* BB 2006, 1333, 1333 f.; *Diehn,* NZA 2004, 129, 130; *Ernst,* NZA 2007, 1405, 1407; *Willemsen,* S. 104 f.

927 BAG v. 6.5.2009 - 10 AZR 390/08, NZA-RR 2009, 593, 594.

928 *Diehn,* NZA 2004, 129, 130, *Willemsen,* S. 107 ff.; *Ernst,* NZA 07, 1405, 1407.

929 Ebenso *Diehn,* NZA 2004, 129, 130.

Ebenfalls keine Inhaltskontrolle des Bezugnahmeobjekts soll stattfinden, wenn der Tarifvertrag nicht normativ gelten würde, aber dennoch inhaltsgleich als Ganzes in Bezug genommen wird. *Annuß* hält dem entgegen, die richterliche Kontrolle wäre nicht auf den Inhalt des Tarifvertrags an sich bezogen, sondern auf die Vereinbarung im Einzelfall bzw. ob die Regelungen für ein bestimmtes Arbeitsverhältnis angemessen sind.[930] Mit dieser Argumentation kann kein Unterschied zu Arbeitsverträgen begründet werden, die einem Tarifvertrag normativ unterliegen. Auch in einem solchen Fall entscheiden die Tarifvertragsparteien nicht für ein spezielles Arbeitsverhältnis, sondern für eine unbekannte Anzahl an Verträgen, die unter den Geltungsbereich fallen. Gleichwohl ist unstreitig, dass im Fall der normativen Geltung eines Tarifvertrags dieser keiner Inhaltskontrolle unterliegen kann. Dies wird unter anderem mit der Richtigkeitsgewähr begründet.[931] Nichts anderes kann sich ergeben, wenn ein Arbeitsverhältnis im Geltungsbereich eines Tarifvertrags liegt. Auch das von *Annuß* vorgebrachte Argument, die Tarifvertragsparteien könnten nicht für unbeteiligte Dritte Regelungen ausmachen,[932] kann nicht überzeugen.[933] Letztendlich entscheiden sich die Arbeitsvertragsparteien bewusst für eine individualvertragliche Inbezugnahme und werden nicht „unter den Tarifvertrag gezwungen". Darüber hinaus ist die Bezugnahme an sich[934] für den Arbeitnehmer meist vorteilhaft.

Fraglich ist, was geschieht, wenn das Arbeitsverhältnis nicht im Geltungsbereich des Tarifvertrags liegt, der in Bezug genommen wurde. *Eva Maria Willemsen* geht davon aus, eine Inhaltskontrolle sei angebracht, wenn der in Bezug genommene Tarifvertrag nicht dem Geltungsbereich des Tarifvertrags entspricht, da es sich hierbei um eine abweichende Regelung i.S.d. § 307 Abs. 3 BGB handele und darüber hinaus die Richtigkeitsgewähr nur für den jeweili-

930 *Annuß,* BB 2006, 1333.

931 *Willemsen,* S. 105. Auch wenn man Zweifel am Grundsatz der Richtigkeitsgewähr haben kann, vgl. dazu bereits Viertes Kapitel V.3., geht der Gesetzgeber von dieser aus. Insofern kann der dahinter stehende, deutlich gemachte Zweck der Norm nicht übergangen werden.

932 *Annuß,* BB 2006, 1333 f.

933 Vgl. aber beispielsweise *Ernst,* NZA 2007, 1405, 1405 ff., die mit ausführlicher Begründung annimmt, dass die dynamische Globalverweisung bei Arbeitgebern, die nicht tarifgebunden sind, zwar keiner Inhaltskontrolle, aber der Transparenzkontrolle unterworfen werden müssen.

934 Etwas anderes kann sich bei Tarifwechsel ergeben, aber auch dieser Fall kann ohne Inhaltskontrolle der tariflichen Regelungen über die Auslegung der Klausel selbst geklärt werden.

gen Geltungsbereich gelten könne.[935] Ausgehend vom Zweck der Norm zeigt sich, dass dieser bei Bezugnahme auf fremde Tarifverträge nicht erreicht werden kann. Eine unterstellte Richtigkeitsgewähr kann nur für Tarifverträge gelten, die auf ein bestimmtes Arbeitsverhältnis auch nach Ansicht der Tarifvertragsparteien anwendbar sein sollen.[936] Daher unterliegen in Bezug genommene Tarifverträge, die einem anderen Geltungsbereich unterfallen, der richterlichen Kontrolle.

(5) Inhaltskontrolle der Bezugnahmeklausel

Durch § 307 Abs. 1 und 2 BGB wird der Prüfungsmaßstab für eine offene Inhaltskontrolle festgelegt.[937] Nach § 307 Abs. 1 S. 1 BGB sind Bestimmungen unwirksam, wenn sie den Vertragspartner des Verwenders entgegen den Geboten von Treu und Glauben unangemessen benachteiligen.[938] Eine solche unangemessene Benachteiligung kann nach § 307 Abs. 1 S. 2 BGB insbesondere vorliegen, wenn eine Bestimmung nicht klar und verständlich ist, Transparenzgebot. Allerdings führt nicht jede Auslegungsbedürftigkeit zur Intransparenz. Letztere ist nur gegeben, wenn auch im Wege der Auslegung keine Klarheit geschaffen werden kann.[939] Das BAG hat für Bezugnahmeklauseln entschieden, der Verweis auf Vorschriften eines Regelungswerks an sich führe nicht zur Intransparenz.[940] Allerdings setzt das Gericht voraus, dass Voraussetzungen und Rechtsfolgen der Klausel hinreichend genau beschrieben sind, um ungerechtfertigte Beurteilungsspielräume des Verwenders zu verhindern. Damit solle der Gefahr vorgebeugt werden, dass der Arbeitnehmer seine Rechte nicht durchsetzt. Es reiche aus, wenn die in Bezug genommenen Regelungen zum Zeitpunkt der Anwendung der Klausel bestimmbar sind; daher entsprächen auch dynamische Bezugnahmeklauseln dem Transparenzgebot.[941]

---

935 *Willemsen,* S. 110 f. Ebenso *Diehn,* NZA 2004, 129, 131, *Thüsing/Lambrich,* NZA 2002, 1361, 1363.

936 Ähnlich *Ebeling,* S. 191. Auch *Ernst,* NZA 2007, 1405, 1407 kommt zu diesem Ergebnis, allerdings mit abweichender Argumentation.

937 MüKo/*Kieninger,* § 307 BGB, Rdnr. 21.

938 Im Rahmen der vorliegenden Arbeit kann nicht abschließend auf alle Fragestellungen der Inhaltskontrolle eingegangen werden. Daher wird nur ein Überblick über einige Aspekte gegeben.

939 *Annuß,* BB 2006, 1333, 1337.

940 BAG v. 14.3.2007 - 5 AZR 630/0, NZA 2008, 45, 47; BAG v. 15.4.2008 - 9 AZR 159/07, NZA-RR 2008, 586, 594; BAG v. 6.5.2009 - 10 AZR 390/08, NZA-RR 2009, 593, 594.

941 BAG v. 6.5.2009 - 10 AZR 390/08, NZA-RR 2009, 593, 594.

Weiter ergibt sich die Notwendigkeit der dynamischen Ausgestaltung nach Meinung des BAG aus der Zukunftsgerichtetheit des Arbeitsverhältnisses.[942] Folglich ist gegen dynamische Bezugnahmeklauseln im Hinblick auf das Transparenzgebot in seiner Ausformung als „Bestimmtheitsgebot" nichts einzuwenden. Hinsichtlich des Transparenzgebots dürfen auch keine unzumutbaren Anforderungen an den Verwender gestellt werden.[943]

(6) Rechtsfolge bei Verstoß gegen AGB-Regelungen

Sind AGB-Regelungen verletzt, gilt das Verbot der geltungserhaltenden Reduktion. Die betroffenen Vereinbarungen können nicht auf das zulässige Maß verkürzt werden, sondern sind im Ganzen unwirksam. Seit der Schuldrechtsreform gilt dies auch für Arbeitsverträge.[944]

Nach § 306 Abs. 1 BGB bleibt der Vertrag auch bei Nichteinbeziehung oder Unwirksamkeit einzelner AGB im Übrigen wirksam und die unwirksamen Bestimmungen werden nach § 306 Abs. 2 BGB durch die gesetzlichen Regelungen ersetzt.[945] Voraussetzung für die Aufrechterhaltung einzelner Teile eines Vertrags ist, dass die Klauseln, die einer AGB-Kontrolle nicht standgehalten haben, vom Rest des Vertrags abtrennbar sind. Wann dies der Fall ist, wird nach Ansicht des BAG im Rahmen des sog. „Blue-Pencil-Test" geprüft. Danach können sogar Teile einer Vertragsklausel aufrechterhalten werden, wenn diese verständlich bleiben, wenn die restlichen Regelungen „mit einem blauen Stift" gestrichen würden.[946] Das BAG geht dabei großzügig vor. Die daraus entstehende Unsicherheit hinsichtlich der Bestandskraft einzelner Vereinbarungen ist berechtigterweise auf erhebliche Kritik gestoßen.[947]

d) Zusammenfassung

Hinsichtlich der Frage, welche Reichweite eine Bezugnahmeklausel hat, sind die allgemeinen Auslegungsgrundsätze, unter Berücksichtigung der AGB-Grundsätze, anzuwenden. Letztere stehen der Vereinbarung einer Bezugnahmeklausel - auch einer dynamischen - nicht grundsätzlich entgegen. Eine Bestimmung des Inhalts der Klauseln und des zugrunde liegenden Bezugnahmeobjekts kann nur unter Berücksichtigung der Umstände des Einzelfalls

942 BAG v. 28.5.2009 - 6 AZR 144/08, AP BGB § 611, Nr. 184, Rdnr. 17.

943 Sehr ausführlich *Willemsen,* S. 116 ff.; *Annuß,* BB 2006, 1333, 1337. *Willemsen,* S. 113. f. geht auch auf die Frage ein, ob privilegierte Bezugnahmeklauseln der Transparenzkontrolle unterliegen und verneint dies richtigerweise.

944 *Annuß,* BB 2006, 1333, 1337.

945 Bestehen keine gesetzlichen Regelungen, kann auch auf die ergänzende Vertragsauslegung zurückgegriffen werden, *Annuß,* BB 2006, 1333, 1338.

946 BAG v. 6.5.2009 - 10 AZR 443/08, NZA 2009, 783. *Willemsen,* S. 124 ff.

947 Ausführlich *Thüsing*, BB 2006, 661.

ermittelt werden. In der Regel wird von einer kleinen dynamischen Bezugnahmeklausel ausgegangen. Dies kann sogar gelten, wenn ein bestimmter Tarifvertrag mit Datum in Bezug genommen wird.[948]

II. Entwicklung der Rechtsprechung

Hat man im Wege der Auslegung ermittelt, welche Klauselspezies vorliegt, muss in einem weiteren Schritt geklärt werden, welche Rechtsfolge der jeweiligen Bezugnahmeklausel zugeordnet wird. Einzig die statische Bezugnahmeklausel führte nach der Rechtsprechung des BAG zu der Rechtsfolge, die auf den ersten Blick nahe liegt. Dynamische Bezugnahmeklauseln wurden zum Großteil als Gleichstellungsabreden ausgelegt und erhielten dadurch eine abweichende Bedeutung. Auf die diesbezügliche Rechtsprechungsänderung und den im Zuge dessen gewährten Vertrauensschutz soll im Folgenden eingegangen werden. Im Anschluss daran wird gezeigt, welche Auswirkung die Auslegungsergebnisse auf die Folgen einer Bezugnahmeklausel bei Betriebsübergang haben.

1. Abkehr von der ursprünglichen Auslegungsregel

Über einen langen Zeitraum[949] hat das BAG entgegen aller Kritik,[950] bei bestehender Tarifbindung des Arbeitgebers, die Auslegungsregel aufgestellt, dass typischerweise von einer Gleichstellungsabrede auszugehen ist, wenn in einem Arbeitsvertrag, der vom Arbeitgeber vorformuliert wurde, eine dynamische

948 *Reinecke*, BB 2006, 2637, 2639.

949 Ausführlich zur Entstehung dieser Auslegung *Schwab,* S. 69 ff. Ursprünglich hat das BAG im Jahr 1973 die Grundsätze der Gleichstellungsabrede nur auf öffentlich-rechtliche Arbeitgeber angewendet. Wie es zu der Sinnesänderung kam, dies auch auf private auszudehnen, ist nicht ersichtlich, dazu *Lambrich,* FS für Ehmann, S. 169, 225 f.

950 *Thüsing/Lambrich,* RdA 2002, 193; *dies.*, NZA 2002, 1361, 1368; *Schliemann*, ZTR 2004, 502, 508; *Hanau,* NZA 2005, 489, 490; *Prange,* NZA 2002, 817, 822; *Preis/Steffan,* FS f. Kraft, S. 477, 488 f; *Schumacher-Mohr,* GS für Heinze, S. 843, 847; Staudinger/*Annuß,* § 613a BGB, Rdnr. 294 f.; *Annuß,* BB 1999, 2558, 2559 ff.; *ders.,* ZfA 2005, 405, 421 ff.; *Bayreuther*, DB 2002, 1008. Einige Autoren halten fest, dass eine Gleichstellungsabrede nicht grundsätzlich abzulehnen ist, aber aus der Formulierung der Klausel der Gleichstellungszweck klar hervorgehen muss. Für eine Auslegung als Gleichstellungsabrede beispielsweise *Haußmann,* FS f. Schwerdtner, S. 89; *Henssler/Heiden,* RdA 2004, 241.

Bezugnahme auf das für das Arbeitsverhältnis einschlägige Tarifwerk vorlag.[951] Geleitet wurde das Gericht dabei von der Überlegung, eine Bezugnahmeklausel solle ausschließlich die fehlende Tarifbindung des Arbeitnehmers ersetzen. Eine Gleichstellungsabrede bezeichnet eine - vom Wortlaut her dynamische - Bezugnahmeklausel, deren einziger Zweck ist, dass der tarifgebundene Arbeitgeber seine nicht tarifgebundenen den tarifgebundenen Arbeitnehmern gleichstellen möchte.[952]

Der typischerweise vorliegende Schluss auf eine solche Gleichstellungsabrede galt, sofern dem nicht bedeutsame Umstände, außer dem offensichtlich entgegenstehenden Wortlaut, entgegenstanden.[953] Dies galt für tarifgebundene und nicht tarifgebundene Arbeitnehmer gleichermaßen.[954] Die Tarifbindung des Arbeitgebers zum Zeitpunkt der Vereinbarung der Bezugnahmeklausel war nach Meinung des BAG „logisch zwingende Voraussetzung" für eine Gleichstellungsabrede.[955]

Nach Ansicht des BAG nimmt der Arbeitnehmer bei einer solchen Gleichstellungsabrede, unabhängig von seiner Tarifbindung, an Änderungen des Tarifvertrags teil, der in Bezug genommen wurde. Durch die Gleichstellungsabrede werde einzig die Mitgliedschaft in der Gewerkschaft und damit die daraus folgende Tarifgebundenheit ersetzt. Daher nähme der Arbeitnehmer an Änderungen des Tarifvertrags auch nur solange teil, wie dies bei einem tarifgebundenen Arbeitnehmer der Fall wäre.[956] Die in der Bezugnahme verankerte Dynamik endet folglich mit dem Wegfall der Tarifbindung des Arbeitgebers.[957] Dieser Gleichstellungszweck wurde insbesondere der kleinen dynamischen Bezugnahmeklausel unterstellt. Allerdings konnte auch eine große dynamische

951 BAG v. 4.9.1996 - 4 AZR 135/95, NZA 1997, 271, 272; BAG v. 19.1.1999 - 1 AZR 606/98, NZA 1999, 879, 882; BAG v. 4.8.1999 - 5 AZR 642/98, NZA 2000, 154; BAG v. 30.8.2000 - 4 AZR 581/99, NZA 2001, 510, 511; BAG v. 26.9.2001 - 4 AZR 544/00, NZA 2002, 634; BAG v. 20.2.2002 - 4 AZR 123/01, NZA 2003, 933; BAG v. 21.8.2002 - 4 AZR 263/01, NZA 2003, 442; BAG v. 25.9.2002 - 4 AZR 294/01, NZA 2003, 807; BAG v. 27.11.2002 - 4 AZR 661/01, NZA 2003, 1296; BAG v. 19.3.2003 - 4 AZR 331/02, NZA 2003, 1207, 1208; BAG v. 16.10.2002 - 4 AZR 467/01, NZA 2003, 390, 391; BAG v. 1.12.2004 - 4 AZR 50/04, NZA 2005, 478.

952 Däubler/*Lorenz*, § 3 TVG, Rdnr. 231 ff.; Wiedemann/*Oetker*, § 3 TVG, Rdnr. 265. BAG v. 30.8.2000 - 4 AZR 581/99, NZA 2001, 510, 511.

953 BAG v. 27.11.2002 - 4 AZR 540/01, NZA 2003, 1278.

954 Besonders deutlich zeigt sich dies in der Begründung von BAG v. 27.11.2002 - 4 AZR 540/01, NZA 2003, 1278.

955 BAG v. 1.12.2004 - 4 AZR 50/04, NZA 2005, 478 m.w.N.

956 BAG v. 26.9.2001 - 4 AZR 544/00, NZA 2002, 634, 635. In diese Richtung bereits BAG v. 4.8.1999 - 5 AZR 642/98, NZA 2000, 154, 155.

957 Vgl. zur Folge bei Betriebsübergang noch unten Sechstes Kapitel IV.

Bezugnahmeklausel eine Gleichstellungsabrede darstellen.[958] Auch nach der Schuldrechtsreform und der damit einhergehenden Änderung der AGB-Vorgaben hat das BAG an dieser Rechtsprechung festgehalten.[959] Danach hatten viele Kritiker nicht mehr mit einer Änderung der Rechtsprechung gerechnet.[960]

Dennoch hat das BAG im Dezember 2005 eine solche Rechtsprechungsänderung vorgenommen und entschieden, Bezugnahmeklauseln künftig *nicht ohne weiteres typischerweise als Gleichstellungsabreden auszulegen.*[961] Diese Abkehr hat in der Literatur große Beachtung gefunden, ist aber sowohl bei Gegnern als auch bei Befürwortern der Gleichstellungsabrede auf Kritik gestoßen.[962]

2. Auswirkung dieser Rechtsprechungsänderung

Nach der neuen Rechtsprechung muss eine Bezugnahmeklausel nach *ihrem Wortlaut* ausgelegt werden. Außerhalb dieses Wortlauts liegende Umstände

958 Dazu BAG v. 16.10.2002 - 4 AZR 467/01, NZA 2003, 390.

959 BAG v. 25.9.2002 - 4 AZR 294/01, NZA 2003, 807, 809; BAG v. 19.3.2003 - 4 AZR 331/02, NZA 2003, 1207; BAG v. 1.12.2004 - 4 AZR 50/04, NZA 2005, 478.

960 Beispielsweise *Thüsing,* NZA 2003, 1184, *Lambrich,* FS für Ehmann, S. 169, 225, 230; *Henssler/Heiden,* RdA 2004, 241, 246. Vgl. auch *Hanau*, NZA 2005, 489, 494, der u.a. darauf hinweist, dass das BAG sich „am eigenen Zopf aufgrund seiner Rechtsprechung aus dem Zweifel" gezogen haben könnte.

961 BAG v. 14.12.2005 - 4 AZR 536/04, NZA 2006, 607. Bestätigt durch BAG v. 18.4.2007 - 4 AZR 652/05, NZA 2007, 965; BAG v. 29.8.2007 - 4 AZR 767/06, NZA 2008, 364; BAG v. 6.11.2007 - 1 AZR 862/06, NZA 2008, 542; BAG v. 23.1.2008 - 4 AZR 602/06, AP TVG § 1 Bezugnahme auf Tarifvertrag Nr. 63; BAG v. 22.10.2008 - 4 AZR 784/07, NZA 2009, 151; BAG v. 22.10.2008 - 4 AZR 793/07, NZA 2009, 323; BAG v. 10.12.2008 - 4 AZR 881/07, NZA-RR 2009, 537, 538.

962 Vgl. *Bauer/Haußmann,* DB 2005, 2815; *v.Vogel/Oelkers,* NJW-Spezial 2006, 369; *Zerres,* NJW 2006, 3533; *Brecht-Heitzmann/Lewek,* ZTR 2007, 127; *Höpfner,* NZA 2008, 91; *ders.,* NZA 2009, 420; *Hunold,* NZA-RR 2006, 113, 116; *Bauer/Günther,* NZA 2008, 6; *Hohenstatt/Kuhnke,* RdA 2009, 107; *Klebeck,* NZA 2006, 15; *Preis/Greiner*, NZA 2007, 1073; *Thüsing,* NZA 2006, 473; *Röller/Wissmann,* FS für Küttner, S. 465. Für die Auslegung als Gleichstellungsabrede *Möller,* NZA 2006, 579; *Simon/Kock/Halbsguth,* EWS 2006, 400, 403; *Spielberger,* NZA 2007, 1086, 1088 f.; *Moll,* RdA 2007, 47, 51 f. Kritisch auch *Giesen,* NZA 2006, 625; *Clemenz,* NZA 2007, 769; *Schiefer/Worzalla,* DB 2008, 1566, 1572; *Nicolai*, DB 2006, 670. Insgesamt gegen eine Auslegung als Gleichstellungsabrede *Heinlein,* NJW 2008, 321.

können nur herangezogen werden, wenn sich diese für den Vertragspartner, also den Arbeitnehmer, hinreichend deutlich gezeigt haben.[963]

Nach Meinung des BAG muss folglich bei einer Klausel, die auf einen benannten Tarifvertrag in seiner jeweiligen Fassung verweist davon ausgegangen werden, dass diese Klausel auf diesen Tarifvertrag verweist. Dabei ändere es nichts, ob der Arbeitgeber tarifgebunden ist, oder nicht. Keiner der beiden Fälle könne automatisch zu einer auflösenden Bedingung führen, die die Dynamik beendet. Dies sei nur möglich, wenn eine solche Bedingung aus dem Vertrag ersichtlich, oder sonst für beide Parteien erkennbar zur Voraussetzung gemacht worden sei.[964]

Zukünftig sind Bezugnahmeklauseln, die ihrem Wortlaut nach dynamisch sind, auch so auszulegen. Nur wenn sich klare Anhaltspunkte für eine Gleichstellungsabrede ergeben, kann eine solche angenommen werden. Dies wäre beispielsweise der Fall, wenn die Tarifgebundenheit des Arbeitgebers ausdrücklich zur auflösenden Bedingung gemacht wird. Die Tarifgebundenheit des Arbeitgebers an sich stellt keinen Umstand dar, der für sich genommen zur Auslegung als Gleichstellungsabrede führen kann.[965] Das BAG hat ausdrücklich klargestellt, dass trotz der Änderung der typisierten Auslegung die Vereinbarung einer Gleichstellungsabrede möglich ist.[966] Allerdings muss diese ausdrücklich erfolgen oder der Wille des Arbeitgebers, eine solche zu vereinbaren, für den Arbeitnehmer hinreichend deutlich erkennbar sein.[967] Im Hinblick auf die Rechtssicherheit ist problematisch, dass sich nicht klar ergibt, wann die hinzutretenden Anhaltspunkte ausreichen, um eine Gleichstellungsabrede anzunehmen.[968]

Für Arbeitgeber, deren Arbeitsverträge bereits Bezugnahmeklauseln beinhalten, die sich an der alten Rechtsprechung des BAG orientieren, entsteht eine schwierige Situation. Eine Abwandlung der Bezugnahmeklauseln ist nur über

---

963 BAG v. 6.11.2007 - 1 AZR 862/06, NZA 2008, 542, 545; BAG v. 6.11.2007 - 1 AZR 862/06, NZA 2008, 542, 544.

964 BAG v. 18.4.2007 - 4 AZR 652/05, NZA 2007, 965, 967.

965 Dazu BAG v. 18.4.2007 - 4 AZR 652/05, NZA 2007, 965; BAG v. 22.10.2008 - 4 AZR 793/07, NZA 2009, 323, 326 f.

966 BAG v. 14.12.2005 - 4 AZR 536/04, NZA 2006, 607, 610. Kritisch dazu *Heinlein*, NJW 2008, 321.

967 BAG v. 18.4.2007 - 4 AZR 652/05, NZA 2007, 965, 968.

968 Ausführlich dazu *Willemsen*, S. 148 ff. und unten Sechstes Kapitel IV.2.e).

eine Änderungskündigung oder eine Änderungsvereinbarung möglich. Letzterer wird der Arbeitnehmer im Zweifel nicht zustimmen.[969]

Ob dieser Rechtsprechungsänderung, insbesondere für den Fall des Betriebsübergangs, zuzustimmen ist, bedarf einer genaueren Klärung.[970] Zuvor soll aber ein Blick auf die Behandlung von Altfällen durch das BAG geworfen werden.

III. Behandlung von Altfällen

1. Behandlung von Altfällen nach Ansicht des BAG

Viele der derzeit bestehenden Arbeitsverhältnisse wurden vor Änderung der Rechtsprechung geschlossen. Auch das BAG hat zu dieser Problematik Stellung genommen. Das Gericht hat angekündigt, bei Auslegung von arbeitsvertraglichen Bezugnahmeklauseln, die sich in Arbeitsverträgen finden, die bis zum 31.12.2001 abgeschlossen wurden, die Auslegungsregel, wonach eine Bezugnahme auf den einschlägigen Tarifvertrag seitens eines tarifgebunden Arbeitgebers in einem von diesem vorformulierten Arbeitsvertrag typischerweise eine Gleichstellungsabrede darstellt, weiter anzuwenden.[971]

Da diese Entscheidung im Dezember 2005 ergangen ist, drängt sich die Frage auf, warum das BAG auf den Zeitpunkt der Schuldrechtsreform und nicht auf das Datum der Rechtsprechungsänderung abstellt.

Das BAG begründet seine Entscheidung, auf Altfälle weiterhin die bisherige Rechtsprechung anzuwenden, mit dem Vertrauensschutz, der sich aus dem Rechtsstaatsprinzip ergibt. Weiter legt es das Inkrafttreten des Schuldrechtsmodernisierungsgesetzes als Stichtag für die Behandlung der Altfälle fest, da seit „dieser Zeit […] von Arbeitgebern verlangt werden [könne], dass sie in Bezugnahmeklauseln das von ihnen Gewollte hinreichend klar formulieren.“[972]

2. Stellungnahme zur Behandlung von Altfällen

Unabhängig davon, ob die Änderung der Rechtsprechung an sich zu begrüßen ist, stellt sich die Frage, ob die Begrenzung auf Altfälle bis zum Inkrafttreten des Schuldrechtsmodernisierungsgesetzes gerechtfertigt ist.

---

969 *Simon/Kock/Halbsguth,* BB 2006, 2354, 2355, 2436, die vorschlagen, eine Änderung der Bezugnahmeklausel im Rahmen von Gehaltserhöhungen, Beförderungen o.ä. anzusprechen.

970 Dazu unten Sechstes Kapitel IV.2.

971 BAG v. 14.12.2005 - 4 AZR 536/04, NZA 2006, 607.

972 BAG v. 14.12.2005 - 4 AZR 536/04, NZA 2006, 607, 610.

Dabei gilt es sich in erster Linie damit auseinanderzusetzen, ob eine abweichende Behandlung von Altfällen überhaupt geboten war und ob dies gegebenenfalls in ausreichender Form geschehen ist.

a) Vertrauensschutz im Bereich der Judikative

Aus dem Rechtsstaatsprinzip gem. Art. 20 Abs. 3 GG ergibt sich ein Vertrauensschutz für den Bürger. Der Bürger darf auf den Fortbestand des geltenden Rechts vertrauen und muss sich bei seinen Entscheidungen darauf einstellen können.[973] Nach Ansicht des BVerfG ist das Vertrauen des Bürgers enttäuscht, wenn ein Eingriff erfolgt, „mit dem der Betroffene nicht zu rechnen brauchte, den er also auch bei seinen Dispositionen nicht berücksichtigen konnte“.[974]

Allerdings sind die Ausprägungen dieses Vertrauensschutzes nach den jeweiligen Bereichen der Staatsgewalt zu unterscheiden. Im Bereich der Judikative ist der Vertrauensschutz geringer ausgeprägt als hinsichtlich der Gesetzgebung. Dennoch haben höchstrichterliche[975] Entscheidungen eine faktische Wirkungsmacht[976] und entfalten eine Bindung, die von den unteren Instanzen, aber auch von den Obergerichten selbst, zu beachten ist.[977] Liegt eine Entscheidung vor, von der der Rechtsanwender ausgehen kann, dass die entscheidenden Gerichte an diese gebunden sein werden, vertraut er auf dieses Urteil. Dies gilt insbesondere, wenn eine Entscheidung in Sachverhalte eingreift, die in der Vergangenheit liegen. Für den Bürger ist es im Ergebnis ohne Bedeutung, welche Staatsgewalt in seine Rechte eingreift, wenn er im Vertrauen auf diese Dispositionen getroffen hat.[978] Somit ergibt sich auch für die *höchstrichterliche* Rechtsprechung die aus dem Rechtsstaatsprinzip abgeleitete Pflicht, Gesichtspunkte der Rechtssicherheit und damit des Vertrauensschutzes zu be-

973 *Degenhart,* Staatsrecht I, Rdnr. 369.

974 BVerfG v. 13.5.1986 - 1 BvR 99/85; 461/85, NJW 1986, 2561, 2563, hinsichtlich der Rechtmäßigkeit von Rückwirkung im Bereich der Gesetzgebung. Allerdings muss eine Abwägung des Interesses auf Vertrauen mit den Gütern der Allgemeinheit vorgenommen werden.

975 Für die unteren Instanzen gelten diese Grundsätze nicht, da bei deren Urteilen nicht ohne Weiteres davon ausgegangen werden kann, dass sie Bestand haben.

976 *Rüthers,* Rdnr. 245, der im Folgenden auch näher darauf eingeht, woraus sich diese Wirkungsmacht ergibt.

977 *Rüthers,* Rdnr. 245 ff. Diese Bindung der höchstrichterlichen Rechtsprechung zeigt sich im Bereich der Arbeitsgerichtsbarkeit durch § 45 Abs. 2 ArbGG, wonach der Große Senat des BAG entscheidet, wenn ein Senat von der Entscheidung eines anderen Senats oder des Großen Senats abweichen will. Diesbezüglich besteht auch eine Vorlagepflicht der einzelnen Senate bei Divergenz, vgl. dazu u.a. GMP/*Prütting,* § 45 ArbGG, Rdnr. 16 ff., und unten Sechstes Kapitel III.3.

978 *Höpfner,* RdA 2006, 156, 157. Ähnlich *Louven,* S. 220.

achten.[979] *Medicus* wird diesbezüglich noch deutlicher und hält fest, dass „was sogar dem Gesetzgeber nicht erlaubt ist, muss erst recht der dem Gesetz unterworfenen Rechtsprechung verboten sein".[980] Dies gilt vor allem im Bereich des Richterrechts, bei dem der Richter als eine Art „Ersatzgesetzgeber" tätig wird.[981]

Gerichtsurteile haben grundsätzlich in gewisser Weise rückwirkende Wirkung, da sie Sachverhalte beurteilen, die in der Vergangenheit liegen. Problematisch wird diese Rückwirkung im Bereich der Rechtsprechung, wenn die Entscheidung auf Gründen beruht, die zum Zeitpunkt des zu beurteilenden Geschehens noch nicht absehbar waren, sich die Rechtsüberzeugung des Gerichts in der Zwischenzeit geändert hat und die Parteien davon überrascht werden.[982] Grundsätzlich muss es dem Bürger möglich sein, bei seinen Entscheidungen neben den Gesetzen auch Auslegung oder Weiterentwicklung durch die höchstrichterliche Rechtsprechung mit einzubeziehen. Nur dadurch ist eine - relativ - gesicherte Grundlage für Handlungen denkbar, die rechtliche Auswirkungen in dem jeweiligen Bereich haben. Schließlich ist in vielen Bereichen das Lesen eines Gesetzestextes für sich gesehen nicht hilfreich. Im Arbeitsrecht, mit einer besonders großen Bedeutung des Richterrechts[983] und der auf längere Dauer angelegten Arbeitsverträge, erlangt die Problematik rückwirkender Entscheidungen besonderes Gewicht.[984]

Eine Frage ist, *wie* das Vertrauen im Bereich der Rechtsprechung beachtet werden kann. Dies ist durch Ankündigung von Rechtsprechungsänderungen[985] möglich. Durch eine solche wird das Vertrauen in die bisherige Rechtsprechung zerstört, auch wenn kein „neues" Vertrauen in eine andere Richtung

---

979 Zu dieser Verpflichtung BVerfG v. 14.1.1987 - 1 BvR 1052/79, NZA 1984, 347. Besonders deutlich BAG v. 20.11.1990 - 3 AZR 573/89, NZA 1991, 477; BAG v. 14.12.2005 - 4 AZR 536/04, NZA 2006, 607, 610. Eine ausführliche Begründung findet sich bei *Höpfner,* RdA 2006, 156.

980 *Medicus,* NJW 1995, 2577, 2582.

981 Ausführlich *Willemsen,* S. 162 f.

982 *Höpfner,* RdA 2006, 156, 157 m.w.N.; *Medicus,* NJW 1995, 2577.

983 Vgl. zur Bedeutung des Richterrechts speziell im Tarifrecht *Thüsing,* NZA 2005, 1280, 1281.

984 *Höpfner,* RdA 2006, 156, 157, der auch auf die diesbezüglich entstehende Gefahr eingeht, dass ein Rechtsstreit einer „Rechtslotterie" gleichen kann.

985 Teilweise wird vertreten, eine solche Ankündigung der Rechtsprechungsänderung sei unzulässig, *Picker*, JZ 1984, 153 ff. Nach m.E. ist dem nicht zuzustimmen. Aber auch, wenn man dieser Meinung folgen würde, muss für das Arbeitsrecht beachtet werden, dass das BAG wiederholt Rechtsprechungsänderungen angekündigt hat. Insofern müsste man sich die Frage stellen, ob der Rechtsanwender nicht auch diesbezüglich Vertrauensschutz erwarten könnte.

aufgebaut wird.[986] Daneben ist das Gewähren von Vertrauens*schutz* für Altfälle denkbar, also die Nichtanwendung der neuen Rechtsprechungsgrundsätze auf Sachverhalte, die vor Änderung der Rechtsprechung liegen. In diesen Fällen hat der Rechtsanwender seine Entscheidung noch im Vertrauen auf die bisherigen Entscheidungen getroffen.[987] Insofern kann eine Ankündigung der Änderung für die Zukunft nicht ausreichen, sondern ein darüber hinausgehender Schutz nötig sein.[988]

Aus Gründen des Vertrauensschutzes ist es geboten, zumindest bei einer Rechtsprechung, die - auch seitens der Literatur - als gefestigt angesehen werden muss, *vor* Anwendung neuer Rechtssätze eine Änderung anzukündigen.[989] Dies gilt auch nach Ansicht des BAG, sofern eine jahrzehntelange und gefestigte höchstrichterliche Rechtsprechung vorliegt und sich diese als unzutreffend erweist. Wird eine solche Rechtsprechung geändert, sei zu klären, ob und wie diejenigen zu schützen sind, die wirtschaftliche Dispositionen im Vertrauen auf die Rechtsprechung vorgenommen haben, wenn diese Handlungen nach den neuen Rechtsprechungsgrundsätzen rechtsfehlerhaft und damit unwirksam sind.[990] Grundsätzlich sei die Rückwirkung einer Rechtsprechungsänderung einzuschränken, wenn eine Partei davon nachteilig betroffen wäre, die darauf vertrauen dürfte, dass die bisherige Rechtsprechung fortgeführt werden würde. Dies gelte nur, wenn die Folgen zu einer unzumutbaren Härte führen würden, auch unter Berücksichtigung der Interessen des Prozessgegners.[991]

---

986 *Rüthers,* Rdnr. 249 ff.; *Höpfner,* RdA 2006, 156, 159.

987 Grundlegend dazu *Rüthers,* Rdnr. 249 ff. Wie hier *Simon/Kock/Halbsguth,* BB 2006, 2354, 2355.

988 Fraglich ist, auf welcher Grundlage Vertrauensschutz erfolgen und dogmatisch durchgesetzt werden kann. Es wäre möglich, die verfassungsrechtlich geprägten Grundsätze heranzuziehen, die das BVerfG für Rückwirkungsfälle im Gesetzesbereich entwickelt hat, oder es könnte ein zivilrechtlicher Weg eingeschlagen werden und eine Beurteilung nach den §§ 242, 313 BGB vorgenommen werden, vgl. *Rüthers,* Rdnr. 253; *Höpfner,* RdA 2006, 156, 164 ff. Daneben kann es Fälle geben, in denen sich die Rückwirkungsproblematik von Urteilen über eine saubere Anwendung des materiellen Zivilrechts erledigt, dazu *Medicus,* NJW 1995, 2577. Dies gilt beispielsweise, wenn eine Rechtsfolge von einem Verschulden abhängt oder die Frage im Raum steht, ob § 134 BGB anwendbar ist.

989 Anders *Höpfner,* RdA 2006, 156, 160, der einen Vertrauenstatbestand schon sieht, wenn *ein* höchstrichterliches Urteil ergeht, das als Richterrecht bezeichnet werden kann, das gesetzesgleich wirkt. In diese Richtung auch *Louven,* S. 221; *Veit,* MittBayNot 1995, 177, 179.

990 BAG v. 20.11.1990 - 3 AZR 573/89, NZA 1991, 477, 480 f.

991 BAG v. 18.4.2007 - 4 AZR 652/05, NZA 2007, 965, 970.

Zusammenfassend muss neben einem schützenswerten Vertrauen aufgrund einer gefestigten Rechtsprechung auch Unzumutbarkeit der Anwendung auf Altfälle vorliegen. Ist einer Partei ein Urteil, das ausschließlich aufgrund der Rückwirkung einer Rechtsprechungsänderung ungünstig ausfiele, nicht zumutbar, kommt die Gewährung von Vertrauensschutz infrage.[992] Letzteres kann nur gelten, wenn auch die Ankündigung der höchstrichterlichen Rechtsprechung für den Vertrauensschutz nicht ausreicht, also wenn die entscheidenden Maßnahmen des Rechtsanwenders schon vorher - gerade im Vertrauen auf die bisherige Rechtsprechung - getroffen wurden. Gegen ein zu schützendes Vertrauen kann sprechen, dass seitens des Gerichts bereits Zweifel an der bisherigen Rechtsprechungspraxis im Rahmen der *obiter dicta* geäußert wurden.[993]

Fraglich ist, wie es sich auswirkt, wenn seitens der Literatur zwar anerkannt ist, *dass* es eine ständige Rechtsprechung gibt, dieser aber inhaltlich nicht zugestimmt wird. Dadurch könnte das Vertrauen des Rechtsanwenders in die Rechtsprechung zerstört werden. Fraglich ist bereits, wie viel Einfluss die Literatur auf die Entscheidungspraxis der Gerichte hat.[994] Setzen sich darüber hinaus die letztinstanzlichen Gerichte mit der Literatur auseinander und halten *dennoch* an ihrer Beurteilung fest, ist nicht ersichtlich, inwiefern dies vertrauenszerstörend sein soll.[995] Etwas anderes kann sich ergeben, wenn sich eine starke Literaturmeinung bildet, nachdem die höchstrichterliche Rechtsprechung als ständig erkannt wurde und die Gerichte keine Möglichkeit hatten, sich mit der Kritik zu befassen. Dann kann auch nicht darauf vertraut werden, dass an der Rechtsprechung festgehalten wird. *Höpfner* weist zu Recht darauf hin, dass es Schwierigkeiten bereiten dürfte, festzulegen, ab wann die Kritik der Literatur ausreicht, um den Vertrauenstatbestand zu zerstören.[996] Auch dieser Hinweis kann nicht darüber hinweghelfen, dass im Zweifel bei starker Kritik an einem Urteil, auf das noch kein Gericht eingegangen ist, kein Vertrauen angebracht ist.

Die Frage der Unzumutbarkeit der Rückwirkung ist im Einzelfall zu klären und bedarf einer Abwägung. Anhaltspunkte ergeben sich auch dafür aus der

992 *Rüthers,* Rdnr. 253.

993 *Veit,* MittBayNot 1995, 177, 179 im Zusammenhang mit der Frage, wann ein Jurist eine Änderung der höchstrichterlichen Rechtsprechung vorhersehen muss. Zur Frage, inwiefern das Vertrauen in obiter dicta geschützt sein kann, *Louven,* S. 222 ff.

994 Ausführlich *Louven,* S. 226 ff.

995 In diese Richtung argumentiert auch *Höpfner,* RdA 2006, 156, 160, der allerdings der folgenden Argumentation nicht zustimmen würde, da er einen Vertrauensschutz bereits nach einmaliger Rechtsprechung annimmt.

996 *Höpfner,* RdA 2006, 156, 160. Zustimmend auch *Willemsen,* S. 166.

Rechtsprechung des BAG. Demnach sei zu beachten, dass „die materielle Gerechtigkeit einen dem Grundsatz der Rechtssicherheit mindestens ebenbürtigen Bestandteil des Rechtsstaatsprinzips verkörpert".[997] Problemtisch ist, dass bei Gewährung von Vertrauensschutz die Partei unterliegt, die nach neuer Rechtsprechungslinie eigentlich obsiegen würde. Nach Ansicht des BAG sei dieser Partei das Unterliegen nur zuzumuten, wenn andernfalls dem Gegner Folgen erwüchsen, die unter dem Aspekt des Vertrauens auf die Weiterführung der bisherigen Rechtsprechung zu Härten führten, die unbillig sind und ihm nicht zumutbar wären.[998]

Aus dieser Feststellung ergibt sich die Besonderheit der Rückwirkung im Rahmen der Zivilrechtsprechung: Es geht nicht um das Verhältnis Staat gegen Bürger, sondern Bürger gegen Bürger. Insofern kommt eine Rückwirkung zu dem Ergebnis, dass die Partei, deren Ansicht nach der neuen Rechtsprechung dem geltenden Recht entspricht, benachteiligt wird.[999] Dies muss beachtet werden. Als Kriterien können zum Beispiel die Häufigkeit der Rechtsprechung oder das Alter der Urteile herangezogen werden.[1000] Kommt man anhand der dargelegten Kriterien zu dem Schluss, dass der Einzelne einen Anspruch auf Vertrauensschutz hat, muss geklärt werden, wie dem unter Berücksichtigung des zugrundeliegenden Sachverhalts nachgekommen werden kann.

b) Übertragung der Grundsätze auf die Rechtsprechungsänderung bezüglich der Auslegung als Gleichstellungsabrede

Ausgehend von obigen Grundsätzen ist fraglich, was dies für die Änderung der Rechtsprechung bedeutet, die der Vierte Senat des BAG im Jahr 2005 angekündigt hat und in Folge vollzogen hat. Vor dieser Änderung gab es eine ständige[1001] Rechtsprechung, die eine Bezugnahmeklausel typischerweise als Gleichstellungsabrede ausgelegt hat und auch seitens der beratenden und forensischen Praxis als gefestigt beurteilt wurde. Daraus lässt sich auch ein Vertrauenstatbestand ableiten.[1002] Allerdings wurde diese Rechtsprechung seitens der Literatur stark kritisiert. Wie festgehalten kann durch eine kritische Stel-

997 BAG v. 18.4.2007 - 4 AZR 652/05, NZA 2007, 965, 970.

998 BAG v. 18.4.2007 - 4 AZR 652/05, NZA 2007, 965, 970.

999 *Medicus,* NJW 1995, 2577, 2584; *Höpfner,* RdA 2006, 156, 162; BAG v. 18.4.2007 - 4 AZR 652/05, NZA 2007, 965, 971.

1000 *Höpfner,* NZA 2008, 91, 92.

1001 Auch wenn es nicht immer leicht zu bestimmen ist, wann eine ständige oder gefestigte Rechtsprechung vorliegt, vgl. dazu auch *Louven,* S. 221, kann im vorliegenden Fall klar von einer solchen gesprochen werden, da die Entscheidungen über die typisierende Auslegung über Jahre hinweg ergangen sind.

1002 So auch die Begründung in BAG v. 18.4.2007 - 4 AZR 652/05, NZA 2007, 965, 970.

lungnahme in der Literatur das Vertrauen in die ständige Rechtsprechung zumindest dann nicht zerstört werden, wenn sich das Gericht mit der Kritik auseinandergesetzt hat und dennoch an seiner Rechtsprechung festhält. Das BAG ist ausführlich auf die kritischen Stimmen in der Literatur eingegangen und hat seine Entscheidung mehrfach ausführlich begründet.[1003] Die Auslegung wurde auch durch *mehrere Senate* über Jahre hinweg verteidigt.[1004] Der Vertrauenstatbestand war folglich sehr stark.

Daher war das BAG verpflichtet, eine Ankündigung der Rechtsprechung vorzunehmen und darüber hinaus Vertrauensschutz zu gewähren.[1005] Dies geschah auch; das BAG hat mit Urteil vom 14.12.2005 die Aufgabe der bisherigen Rechtsprechung angekündigt.[1006] Das betreffende Urteil enthält keine Aussagen über den Inhalt der zukünftigen Grundsätze und hat insofern das alte Vertrauen zerstört, aber kein neues aufgebaut. Neben dieser Ankündigung hat das BAG auch einen Schutz für Altfälle i.S.v. Verträgen festgelegt, die vor Inkrafttreten des Schuldrechtsmodernisierungsgesetzes am 1.1.2002 geschlossen wurden.[1007]

Grundsätzlich wurde somit ein Schutz für Altfälle gewährleistet. Es stellt sich die Frage, bis zu welchem Zeitpunkt dieser Schutz gewährt werden sollte. Das BAG hat sich für das Inkrafttreten des Schuldrechtsmodernisierungsgesetzes entschieden, da seitdem die AGB-Kontrolle für Arbeitsverträge einschließlich enthaltener arbeitsvertraglicher Bezugnahmeklauseln ausdrücklich gesetzlich angeordnet ist. Seit diesem Zeitpunkt könne von Arbeitgebern, als Verwendern der Klauseln, erwartet werden, dass sie in Bezug auf Bezugnahmeklauseln „das von ihnen Gewollte hinreichend klar formulieren“.[1008]

1003 Siehe nur BAG v. 19.3.2003 - 4 AZR 331/02, NZA 2003, 1207, 1208. Ebenfalls mit sehr ausführlicher Begründung, wenn auch ohne ausdrücklichen Bezug auf die abweichende Literatur BAG v. 26.9.2001 - 4 AZR 544/00, NZA 2002, 634; BAG v. 20.2.2002 - 4 AZR 123/01, NZA 2003, 933; BAG v. 21.8.2002 - 4 AZR 263/01, NZA 2003, 442.

1004 Zu diesem Argument auch *Höpfner,* NZA 2008, 91, 92.

1005 Anderer Ansicht sind *Brecht-Heitzmann/Lewek*, ZTR 2007, 127, 132 f. Kritisch *Röller/Wissmann,* FS für Küttner, S. 465, 475. Auch *Annuß,* ZfA 2005, 405, 429 ging für den Fall einer Rechtsprechungsänderung davon aus, dass kein Vertrauensschutz gewährt werden müsste, da keine existenzbedrohende Situation vorläge.

1006 BAG v. 14.12.2005 - 4 AZR 536/04, NZA 2006, 607.

1007 BAG v. 14.12.2005 - 4 AZR 536/04, NZA 2006, 607, 610.

1008 BAG v. 14.12.2005 - 4 AZR 536/04, NZA 2006, 607, 610.

Dieser Einschätzung kann nicht gefolgt werden.[1009] Grundsätzlich bedarf es eines Vertrauensschutzes solange, bis das Vertrauen in die Rechtsprechung nicht mehr schützenswert ist. Es bedarf eines Auslösers, der das Vertrauen zerstört. Dazu könnte auch auf die Änderung des AGB-Rechts im Rahmen der Schuldrechtsmodernisierung abgestellt werden.[1010] Eine Änderung der Rechtsprechung wurde seit Änderung des Gesetzes auch seitens der Literatur gefordert.[1011] Allerdings hat das BAG[1012] auch *nach* Inkrafttreten des betreffenden Gesetzes an der Auslegungsregel als Gleichstellungsabrede festgehalten und diese auch gegen die Änderungen der Schuldrechtsreform verteidigt. In einer Entscheidung vom 19.3.2003 hat das BAG ausdrücklich festgehalten, dass die Unklarheitenregel nach § 305c Abs. 2 i.V.m. § 310 Abs. 4 S. 2 BGB der Auslegungsregel, wonach Bezugnahmeklauseln unter bestimmten Voraussetzungen typischerweise eine Gleichstellungsabrede darstellen, nicht entgegenstünde.[1013]

Die Arbeitgeber bzw. deren Berater konnten auch nach der Schuldrechtsreform von einer Fortführung der Rechtsprechung ausgehen, da das BAG mehrfach seine Rechtsprechung, sogar mit Bezug auf die Unklarheitenregel und die dahingehende Kritik aus der Literatur, bestätigt hat. Es wirkte nicht so, als ob sich an dieser Einschätzung etwas ändern würde. *Thüsing* bezeichnete die Richtung, die das BAG hinsichtlich der Gleichstellungsabrede eingeschlagen hatte, damit als „endgültig".[1014] Von einem zerstörten Vertrauen hinsichtlich

---

1009 Insofern erübrigt sich auch eine Stellungnahme zu den Ausführungen des BAG zur Übergangsvorschrift für Dauerschuldverhältnisse, Art. 229 § 5 S. 2 EGBGB, vgl. dazu BAG v. 14.12.2005 - 4 AZR 536/04, NZA 2006, 607, 610.

1010 Kritisch *Klebeck,* NZA 2006, 15, 16 f., der den Hintergrund der Rechtsprechungsänderung ausschließlich im Vorsitzwechsel sieht.

1011 Vgl. nur *Thüsing/Lambrich,* RdA 2002, 193, 194; *dies.,* NZA 2002, 1361, 1368.

1012 Dies gilt gerade für den Vierten Senat, natürlich unter altem Vorsitz, BAG v. 20.2.2002 - 4 AZR 123/01, NZA 2003, 933; BAG v. 25.9.2002 - 4 AZR 294/01, NZA 2003, 807; BAG v. 16.10.2002 - 4 AZR 467/01, NZA 2003, 390; BAG v. 27.11.2002 - 4 AZR 540/01, NZA 2003, 1278; BAG v. 19.3.2003 - 4 AZR 331/02, NZA 2003, 1207; BAG v. 1.12.2004 - 4 AZR 50/04, NZA 2005, 478.

1013 BAG v. 19.3.2003 - 4 AZR 331/02, NZA 2003, 1207, 1208.

1014 *Thüsing,* NZA 2003, 1184, 1185, der auch ausführlich darauf eingeht, inwiefern die Unklarheitenregel gegen eine solche Auslegung spricht. Vgl. auch *Lambrich,* FS f. Ehmann, S. 169, 225, der festhält: „Dennoch sei gestattet, auch einige kritische Bemerkungen anzubringen. Denn die Auffassung des BAG wird durch stete Wiederholung nicht richtiger, ebenso freilich, wie Kritik hieran durch Wiederholung erfolgversprechender werden dürfte". Ebenso *Schumacher-Mohr,* GS für Heinze, S. 843, 848.

der ständigen Rechtsprechung kann unter keinen Umständen gesprochen werden, es wurde vielmehr in seiner „Endgültigkeit" noch bestärkt.[1015]

Das BAG führte zur Begründung des Stichtags „Inkrafttreten des Schuldrechtsmodernisierungsgesetzes" an, dass die Auslegungsregel stets umstritten war, die Instanzrechtsprechung Gefolgschaft versagt hat und es immer wieder Vorschläge zur Änderung der Formulierung gegeben hat.[1016] Letztlich stellt es fest, dass für die Arbeitgeber ab Inkrafttreten des Schuldrechtsmodernisierungsgesetzes keine unzumutbare Härte vorläge, wenn sie am Wortlaut einer Bezugnahmeklausel festgehalten würden. Die Schuldrechtsreform habe die „Warnzeichen" hinsichtlich der weiteren Verwendung der Klauseln verdeutlicht.[1017]

Aufgrund der Entscheidungen nach der Schuldrechtsreform und dabei insbesondere aufgrund der Begründung, die zu der Entscheidung am 19.3.2003 geführt hat, kann dem nicht gefolgt werden. Nicht überzeugen kann der Versuch des BAG, der Entscheidung die vertrauenserhaltende Wirkung abzusprechen, da der Sachverhalt, der am 19.3.2003 zur Verhandlung stand, zeitlich vor der Schuldrechtreform gelagert war und die Änderung der Rechtsprechung keine Anwendung gefunden hätte.[1018] Unverständlich ist auch die Ausführung des Vierten Senats, dass der Verwender einer Klausel vom 2.5.2002 sich auf einen Erhalt des Vertrauens durch die Entscheidung vom 19.3.2003 nicht berufen könne, da die Klausel vor dem Urteil geschlossen wurde.[1019] Dies könnte zu dem Schluss führen, dass ein schützenswertes Vertrauen bis zur Schuldrechtsreform und wieder ab dem 19.3.2003 bestand, das letztlich durch die Ankündigung der Rechtsprechungsänderung vollständig beseitigt wurde. Darauf kann das BAG nicht hinaus wollen.

Interessanterweise stellt das BAG selbst fest, dass die Rechtsprechungsänderung nicht unmittelbar auf die Änderungen durch die Schuldrechtsmodernisierungsreform zurückgeht,[1020] sondern auf den damit einhergehenden Paradigmenwechsel.[1021] Im Rahmen der unzumutbaren Härte damit zu argumentieren, dass es keinen Grund mehr gab, auf die Entscheidungen zu vertrauen,

1015 Ähnlich *Spielberger,* NZA 2007, 1086, 1087.

1016 BAG v. 18.4.2007 - 4 AZR 652/05, NZA 2007, 965, 971.

1017 BAG v. 18.4.2007 - 4 AZR 652/05, NZA 2007, 965, 972.

1018 BAG v. 22.10.2008 - 4 AZR 793/07, NZA 2009, 323, 327.

1019 BAG v. 22.10.2008 - 4 AZR 793/07, NZA 2009, 323, 327.

1020 BAG v. 18.4.2007 - 4 AZR 652/05, NZA 2007, 965, 970. Auch *Höpfner,* NZA 2008, 91, 93 geht auf diesen Aspekt ein und geht dabei noch einen Schritt weiter, indem er darlegt, dass die Änderung durch die Schuldrechtsreform nicht so gravierend sei, wie dies seitens des BAG empfunden wird.

1021 BAG v. 22.10.2008 - 4 AZR 793/07, NZA 2009, 323, 327.

obwohl die Rechtsprechung nach wie vor Bestand hatte, hat einen seltsamen Beigeschmack, wenn der - angebliche - Auslöser für die Zerstörung des Vertrauens letztlich nicht ausschlaggebend für die Rechtsprechungsänderung gewesen ist.

Folgt man der hier vertretenen Auffassung, dass durch die Entscheidungen des BAG nach der Schuldrechtsreform das Vertrauen - trotz der entgegenstehenden Umstände - *unvermindert* aufrecht erhalten wurde, *muss* dies auch unter Beachtung der Interessen der Arbeitnehmer dazu führen, dass ein anderer Termin angesetzt wird. Daran kann auch die Feststellung des BAG nichts ändern, es müsste eine typisierende Einschätzung vorgenommen werden.[1022]

Somit wurde das Vertrauen durch die Änderung der Rechtslage zum 1.1.2001 nicht zerstört und dieser Tag kommt nicht als Stichtag für den Vertrauensschutz in Betracht.[1023] Selbst wenn man annähme, das Vertrauen hätte infrage gestellt werden müssen, hat sich dies mit der Entscheidung des BAG v. 19.3.2003[1024] ins Gegenteil verkehrt.[1025] Fraglich ist, welcher Termin infrage kommt. Es könnte auf den Tag der Ankündigung der Rechtsprechungsänderung abzustellen sein. Demnach wären alle Verträge, die vor dem 14.12.2005 abgeschlossen wurden, nach der alten Rechtsprechung zu behandeln.[1026]

Ein anderer Termin könnte sich ergeben, wenn die Änderung der Rechtsprechung vorher absehbar war und Zweifel entstehen hätten müssen, die eine Zumutbarkeit der Anwendung der neuen Grundsätze zu einem früheren Zeitpunkt rechtfertigen würden. Ist dies der Fall, könnte die Interessenabwägung zugunsten der Arbeitnehmer ausfallen. Infrage käme eine Gesamtschau über zwei Entscheidungen des BAG v. 23.3.2005[1027] und vom 20.4.2005[1028]. Aus diesen wurde vereinzelt in der Literatur abgeleitet, dass es zu einer Rechtsprechungsänderung hinsichtlich der Auslegung als Gleichstellungsabrede kom-

1022 Dazu BAG v. 18.4.2007 - 4 AZR 652/05, NZA 2007, 965.

1023 Zu diesem Ergebnis kommen ebenfalls *Zerres,* NJW 2006, 3533, 3536; *Giesen,* NZA 2006, 625, 628 f.; *v.Vogel/Oelkers,* NJW-Spezial 2006, 369, 370; *Höpfner,* NZA 2008, 91, 93 f.; *Simon/Kock/Halbsguth,* BB 2006, 2354, 2355; *Spielberger,* NZA 2007, 1086, 1088; *Jacobs,* NZA-Beil. 2009 Heft 1, 45, 50; *Willemsen,* S. 167 ff.; *Rüthers,* Rdnr. 251.

1024 BAG v. 19.3.2003 - 4 AZR 331/02, NZA 2003, 1207.

1025 In diese Richtung auch *Simon/Kock/Halbsguth,* BB 2006, 2354, 2355.

1026 Zu diesem Ergebnis kommen *Simon/Kock/Halbsguth,* BB 2006, 2354, 2356; *Zerres,* NJW 2006, 3533, 3536; *Spielberger,* NZA 2007, 1086, 1088; *Meinel/Herms,* DB 2006, 1429, 1433; *Höpfner,* NZA 2008, 91, 93 f.; *Willemsen,* S. 170.

1027 BAG v. 23.3.2005 - 4 AZR 203/04, NZA 2005, 1003.

1028 BAG v. 20.4.2005 - 4 AZR 292/04, NZA 2006, 281.

men *könnte.*[1029] Als erschwerender Faktor könnte die Neubesetzung des Vorsitzes des Vierten Senats hinzukommen, da der neue Vorsitzende bereits vorher als Kritiker der bisherigen Rechtsprechung zur Bezugnahmeklausel galt. *Höpfner* lehnt zutreffend eine Zerstörung des Vertrauens durch den Wechsel des Vorsitzes ab, da insbesondere nicht mit Gewissheit vorausgesagt werden kann, wie sich ein solcher Wechsel auswirkt.[1030] Allerdings könnte sich etwas anderes ergeben, wenn man den Wechsel und die erwähnten Urteile in der Gesamtschau betrachtet. In der Entscheidung vom 20.4.2005 wird festgehalten, dass ein Übertragungsvertrag im Zusammenhang mit einem Betriebsübergang als Vertrag zugunsten Dritter,[1031] namentlich der Arbeitnehmer, ausgelegt werden muss, wenn der ursprüngliche Betriebsinhaber und der Erwerber eine dynamische Weitergeltung der Tarifregelungen vereinbaren. In diesem Zusammenhang stellte der Vierte Senat - unter seinem neuen Vorsitzenden - fest, dass es keiner Entscheidung darüber bedarf, ob sich die dynamische Weitergeltung auch aus der Bezugnahmeklausel ergeben hätte.[1032]

Da das LAG davon ausgegangen ist, dass die Bezugnahmeklausel im vorliegenden Fall - entgegen der ständigen Rechtsprechung des BAG - nicht als Gleichstellungsabrede auszulegen wäre,[1033] könnte aus obigen Sätzen zu folgern sein, dass es nicht sicher war, ob das BAG bei seiner bisherigen Rechtsprechung bleibt.[1034] Als Stichtag für die Behandlung von Altfällen kann folglich frühestens der 20.4.2005 gelten.

1029 Zur Entscheidung vom 23.3.2005: *Thüsing,* NZA 2005, 1280, 1283 und zur Entscheidung vom 20.4.2005: *Möller,* NZA 2006, 579. Im Nachhinein sahen letzteres ebenso *Giesen,* NZA 2006, 625, 626, insbesondere Fn. 10 und *Clemenz,* NZA 2007, 769, 770.

1030 *Höpfner,* NZA 2008, 91, 93.

1031 Diese Feststellung ist bemerkenswert kurz begründet. *Möller,* NZA 2006, 579, 581 widerspricht diesen Überlegungen mit dem Hinweis, dass eine solche Auslegung auch zulasten des Arbeitnehmers gehen kann. Dennoch wird meist nur kurz festgehalten, dass eine statische Weitergeltung „in der Regel" nachteilig für den Arbeitnehmer ist. Insofern hätte es einer längeren Auseinandersetzung mit der Frage bedurft, ob das Gelten eines Tarifvertrags für sich gesehen immer vorteilhaft für den Arbeitnehmer sein muss, vgl. zu diesem Aspekt bereits oben Sechstes Kapitel I.6.c).

1032 BAG v. 20.4.2005 - 4 AZR 292/04, NZA 2006, 281, 283.

1033 Das LAG äußerte sich folgendermaßen: Daher „folgt die Berufungskammer im Ergebnis und in der Sache der in der Literatur […] geäußerten Kritik an der Rechtsprechung des *BAG* zur sogenannten Gleichstellungsabrede", vgl. LAG Rheinland-Pfalz v. 6.4.2004 - 5 Sa 2043/03.

1034 *Möller,* NZA 2006, 579, 581; *Clemenz,* NZA 2007, 769, 773.

c) Zusammenfassung und Ausblick

Zusammenfassend muss festgestellt werden, dass der Vierte Senat bei seiner Rechtsprechungsänderung das Vertrauen in die bisherige ständige Rechtsprechung nicht ausreichend beachtet hat.[1035] Das Inkrafttreten der Schuldrechtsreform kann nicht als Stichtag für die Behandlung der Altfälle herangezogen werden. Vielmehr ist der früheste Termin, der infrage kommt, der 20.4.2005. Auch im Hinblick auf die Arbeitnehmerinteressen ergibt sich keine andere Einschätzung. Ebenso wäre es vertretbar, als Stichtag den Tag der Ankündigung der Rechtsprechungsänderung anzusetzen, also den 14.12.2005. Keinesfalls in Betracht kommt der Tag des Inkrafttretens der Schuldrechtsreform, den das BAG zugrunde gelegt hat. Bei Fragen des Betriebsübergangs, der wie das gesamte Arbeitsrecht durch Richterrecht geprägt ist und der aufgrund der nahezu unüberschaubaren Rechtsprechung stetig an Unsicherheit gewinnt, hätte es zu einer solchen Situation auf Grund der Rechtssicherheit nicht kommen dürfen.[1036]

Darüber hinaus wird berechtigterweise bereits Kritik dahingehend geäußert, der Vierte Senat ließe bei Folgeentscheidungen den Vertrauensschutz nicht durchgreifen und würde die Grundsätze der Gleichstellungsabrede nicht konsequent anwenden.[1037] Der Vierte Senat hat bereits in mehreren Entscheidungen die Anwendungen des Vertrauensschutzes verweigert und auch Altfälle nicht als Gleichstellungsabreden ausgelegt.[1038] Es gilt abzuwarten, wie sich die kommenden Entscheidungen des BAG hinsichtlich der Auslegung von Bezugnahmeklauseln entwickeln werden.

1035 Anders sieht dies wohl das Hessische Landesarbeitsgericht, wenn es fordert, dass der Vertrauensschutz auf ein Jahr ab Rechtsprechungsänderung begrenzt gelten müsse, vgl. Hessisches LAG v. 4.12.2008 - 20 Sa 638/08, Rdnr. 34 ff. Dem ist nicht zuzustimmen. Eine solche Begrenzung wäre nur sinnvoll, wenn es dem Arbeitgeber innerhalb eines Jahres immer möglich wäre, die betreffenden Klauseln zu ändern. Dies erfordert aber unter Umständen die Mitwirkung des Arbeitnehmers, die dieser auch verweigern kann. Warum dem Arbeitgeber dennoch der Vertrauensschutz aberkannt werden sollte, ist nicht ersichtlich.

1036 *Simon/Kock/Halbsguth,* BB 2006, 2354, 2356 sprechen berechtigterweise von einem Vertrauensschutz „2. Klasse".

1037 Ausführlich *Hohenstatt/Kuhnke,* RdA 2009, 107; dazu auch LAG Düsseldorf v. 2.4.2009 - 15 Sa 1148/08, Rdnr. 34 ff.

1038 Beispielsweise BAG v. 21.10.2009 - 4 AZR 396/08. Dieser Entscheidung lag eine Klausel aus dem Jahr 1981 zugrunde. Das Gericht lehnte Vertrauensschutz mit der Begründung ab, die Arbeitsvertragsparteien wären auch bei Fiktion der Gewerkschaftszugehörigkeit des Arbeitnehmers nicht an den Tarifvertrag gebunden gewesen. Dadurch wäre auch vor Änderung der Rechtsprechung die Anwendung der Gleichstellungsabrede verhindert worden. Dies erscheint zweifelhaft.

3. Pflicht zur Vorlage zum Großen Senat?

Weiter stellt sich die Frage, warum der Vierte Senat den Großen Senat nicht angerufen hat. Letzterer muss nach § 45 Abs. 2 ArbGG angerufen werden, wenn „ein Senat in einer Rechtsfrage von der Entscheidung eines anderen Senats oder des Großen Senats abweichen will" (sog. Divergenzvorlage). Es muss sich um eine Abweichung handeln und die beiden Rechtsauffassungen dürfen nicht nebeneinander Bestand haben können. Weiter muss die Rechtsauffassung, von der abgewichen werden soll, sowohl in der früheren als auch in der jetzigen Entscheidung *tragend* sein, ein obiter dictum reicht nicht. Die Rechtsfrage darf auch nicht, beispielsweise durch eine Rechtsänderung, überholt sein.[1039] Bei der vorliegenden Rechtsprechungsänderung handelt es sich um eine Abweichung von einer Rechtsauffassung, die tragend für die Urteile war und die nicht ausschließlich durch den Vierten Senat vertreten wurde. Insbesondere ist die Rechtsfrage auch nicht durch eine Rechtsänderung überholt gewesen, da das Schuldrechtsmodernisierungsgesetz nach Aussage des BAG nicht unmittelbar zur Änderung der Rechtsprechung geführt hat. Insofern wäre eine Anrufung des Großen Senats angebracht gewesen.

Nach Ansicht des Vierten Senat bedarf es allerdings keiner Anrufung des Großen Senats nach § 45 Abs. 2 ArbGG. Die Rechtsprechung hinsichtlich der Auslegung von Bezugnahmeklauseln habe sich nur für solche Klauseln geändert, die nach dem 31.12.2001 vereinbart wurden. Bezüglich einer solchen Klausel, also von Klauseln, die nach diesem Zeitpunkt geschlossen wurden, gäbe es keine Rechtsprechung eines anderen Senats, oder des Großen Senats, die der jetzigen Rechtsprechung des Vierten Senats entgegenstehen würde.[1040]

Diese Begründung wurde von *Höpfner* zu Recht als „abenteuerlich" bezeichnet.[1041] Es ist nicht ersichtlich, wie sich an der Anrufungspflicht eines Senats etwas ändern soll, wenn die Rechtsprechungsänderung erst ab einem bestimmten Zeitpunkt erfolgt. Dies ist immer der Fall, da Gerichte stets über Sachverhalte entscheiden, die in der Vergangenheit liegen. Folgt man der Argumentation des Vierten Senats, kann eine Vorlagepflicht in den meisten Fällen abgelehnt werden und die Vorschrift liefe leer.[1042]

1039 Zum Ganzen GMP/*Prütting,* § 45 ArbGG, Rdnr. 16 ff.; HWK/*Bepler,* § 45 ArbGG, Rdnr. 4 ff.

1040 BAG v. 18.4.2007 - 4 AZR 652/05, NZA 2007, 965, 969. Ebenso BAG v. 22.10.2008 - 4 AZR 793/07, NZA 2009, 323, 326.

1041 *Höpfner,* NZA 2009, 420, 422.

1042 Ebenso *Höpfner,* NZA 2008, 91, 94; *ders.,* NZA 2009, 420, 422.

Darüber hinaus wäre auch bei Abweichung des Vierten Senats von seiner eigenen Rechtsprechung eine Grundsatzvorlage denkbar gewesen.[1043] Eine solche kommt in Betracht, wenn ein Senat von seiner eigenen Rechtsprechung abweicht und diese grundsätzliche Bedeutung hat.[1044]

Folgt man der hier vertretenen Einschätzung und geht davon aus, dass der Vierte Senat seiner Divergenzvorlagepflicht nicht nachgekommen ist,[1045] gilt es zu klären, was die praktische Konsequenz aus dieser Verletzung ist. Grundsätzlich ist der Große Senat bei Vorlagepflicht gesetzlicher Richter i.S.d. Art. 101 Abs. 1 S. 1 GG. Insofern kommt bei willkürlicher Nichtvorlage eine Verfassungsbeschwerde in Betracht.[1046] Die Begründung der Nichtvorlage des Vierten Senats geht in diese Richtung. Allerdings legt das BVerfG hohe Anforderungen an, sodass eine Verfassungsbeschwerde keinen Erfolg haben dürfte.[1047] Darüber hinaus ist, die Entwicklung in der Zeit nach der Rechtsprechungsänderung zugrundelegend, davon auszugehen, dass der Große Senat nicht anders entscheiden würde.[1048]

IV. Bezugnahmeklauseln bei Betriebsübergang

Durch Bezugnahmeklauseln werden tarifliche Regelungen in ein Arbeitsverhältnis einbezogen. Problematisch werden diese Klauseln, wenn sich Umstände, in denen sich das Arbeitsverhältnis befindet, ändern. Insbesondere ein Betriebsübergang und eine damit einhergehende Änderung hinsichtlich der Tarifbindung führt zu Schwierigkeiten. Es stellt sich die Frage, wie die Klausel auszulegen ist und welche Auswirkungen sie für einen Fall des Betriebsübergangs haben soll. Insofern treffen die unterschiedlichen Interessen der Arbeitnehmer auf der einen und des neuen Arbeitgebers auf der anderen Seite aufeinander.

In erster Linie soll geklärt werden, nach welchen Grundsätzen eine Bezugnahmeklausel auf den Erwerber übergeht. Danach wird darauf eingegangen, welche Rechtsfolge aus den einzelnen Klauselarten bei Betriebsübergang entsteht. Dabei wird schnell deutlich, dass die Auslegung der Bezugnahmeklau-

---

1043 Zu diesem Ergebnis kommen auch *Höpfner,* NZA 2008, 91, 94; *Meinel/Herms,* DB 2006, 1429, 1433; *Willemsen,* S. 158.

1044 HWK/*Bepler,* § 45 ArbGG, Rdnr. 5, 11.

1045 Ebenso *Höpfner,* NZA 2008, 91, 94; *ders.,* NZA 2009, 420, 422; *Meinel/Herms,* DB 2006, 1429, 1422 f.; *Clemenz,* NZA 2007, 769, 771; *Willemsen,* S. 158.

1046 HWK/*Bepler,* § 45 ArbGG, Rdnr. 8.

1047 *Höpfner,* NZA 2008, 91, 94. Allerdings zeigt der vorliegende Fall, dass die durch das BVerfG vorgegebenen Hürden deutlich zu hoch sind.

1048 Dazu *Willemsen,* S. 158. Dies gilt vor allem, da aus den anderen Senaten zustimmende Meinungen zu vernehmen sind, vgl. nur *Reinecke*, BB 2006, 2637.

seln durch die höchstrichterliche Rechtsprechung eher erschwert als vorgegeben wird. Insbesondere der Laie wird kaum den Überblick behalten können.

1. Übergang nach § 613a Abs. 1 S. 1 BGB

Bei Betriebsübergang geht nach allgemeiner Ansicht eine Bezugnahmeklausel nach § 613a Abs. 1 S. 1 BGB auf den Erwerber über.[1049] Die Veränderungssperre des § 613a Abs. 1 S. 2 gilt nicht.[1050]

Es könnte auch eine Anwendung des § 613a Abs. 1 S. 2 BGB in Betracht kommen, um die Außenseiter den tarifgebundenen Arbeitnehmern gleichzustellen.[1051] In erster Linie stößt dies auf dogmatische Bedenken. Ein Übergang nach § 613a Abs. 1 S. 2 BGB könnte angedacht werden, wenn keine andere Möglichkeit bestünde, die Bezugnahmeklausel zu erhalten. Dies ist aber nicht der Fall. Es ist nicht ersichtlich, warum § 613a Abs. 1 S. 1 BGB nicht einschlägig sein sollte. Weiter liegt auch keine vergleichbare Interessenlage vor. Während die Bezugnahmeklausel Produkt einer individualvertraglichen Vereinbarung ist, gelten nach Satz 2 die *kollektivrechtlich* begründeten Rechtspositionen weiter. Für eine Analogie ist kein Raum.

Hat der in Bezug genommene Tarifvertrag für das Arbeitsverhältnis normativ gegolten, lebt die Wirkung der Bezugnahmeklausel wieder[1052] auf. Insofern gelten für ehemals tarifgebundene und nicht tarifgebundene Arbeitnehmer

---

1049 Ausdrücklich BAG v. 23.1.2008 - 4 AZR 602/06, AP TVG § 1 Bezugnahme auf Tarifvertrag Nr. 63; BAG v. 10.12.2008 - 4 AZR 881/07, NZA-RR 2009, 537, 538; BAG v. 23.9.2009 - 4 AZR 331/08, Rdnr. 15; BAG v. 21.10.2009 - 4 AZR 396/08, Rdnr. 15 f. Staudinger/*Annuß,* § 613a BGB, Rdnr. 288; *Nicolai,* DB 2006, 670, 671; *Seitz/Werner,* NZA 2000, 1257, 1264; *Annuß,* BB 1999, 2558, 2560; *ders.,* ZfA 2005, 405, 452; *Heinlein,* NJW 2008, 321, 322; *Schiefer/Worzalla,* DB 2008, 1566, 1572; *Hromadka/Maschmann,* § 19, Rdnr. 103; *Hromadka/Maschmann/Wallner,* Rdnr. 327; *Bepler,* RdA 2009, 65, 72; *Schiefer,* 50 Jahre BAG, S. 859, 871; *Jacobs,* NZA-Beil. 2009 Heft 1, 45, 50; *Hanau/Kania,* FS f. Schaub, S. 239, 256; *Gaul,* NZA 1998, 9, 16; *Döring/Grau,* BB 2009, 158, 160; *Kempen,* BB 1991, 2006, 2010; MAH-Arbeitsrecht/*Cohnen/Tepass,* § 51, Rdnr. 101; *Kania,* DB 1994, 529, 532; *ders.,* NZA-Beil. 2000, 45, 49; *Hanau,* FS f. Küttner, S. 357, 375; *Henssler,* FS für Wißmann, S. 133, 149; *Hergenröder,* 50 Jahre BAG, S. 713, 714; *Röller/Wissmann,* FS für Küttner, S. 465, 473; *Schumacher-Mohr,* GS für Heinze, S. 843, 852; *Gaul,* § 24, Rdnr. 74; *Preis/Steffan,* FS f. Kraft, S. 477, 488; *Schwab,* S. 212.

1050 Däubler/*Lorenz,* § 3 TVG, Rdnr. 252; *Willemsen,* S. 209; *Hohenstatt/Kuhnke,* RdA 2009, 107, 108; *Schwab,* S. 212 f.; *Lambrich,* FS für Ehmann, S. 169, 220.

1051 So *Zöllner,* DB 1995, 1401, 1406, der aber klarstellt, dass die Veränderungssperre auf keinen Fall gelten würde.

1052 Dies gilt, sofern man angenommen hat, dass die vertragliche Regelung keine Anwendung findet, solange der Tarifvertrag noch normativ gilt.

dieselben Grundsätze. Allerdings kann sich hinsichtlich der Arbeitnehmer, für die der Tarifvertrag bisher normativ gegolten hat, hinsichtlich der Weitergeltung der Normen nach § 613a Abs. 1 S. 2 BGB etwas anderes ergeben.

2. Bewertung der Rechtsprechungsänderung

Die Rechtsprechung zur Auslegung von Bezugnahmeklauseln ist unübersichtlich und nicht immer vorhersehbar. Durch die Rechtsprechungsänderung kam es, insbesondere durch das unglückliche Vorgehen des Vierten Senats, zu keiner Verbesserung bezüglich der Rechtssicherheit.

Im Folgenden soll ein Blick auf die Änderung geworfen werden, sowohl grundsätzlich, als auch unter Berücksichtigung der Besonderheiten des Betriebsübergangs. Die Begründung, die der Vierte Senat des BAG zur Änderung der Rechtsprechung gegeben hat, kann in weiten Teilen nicht überzeugen. Dies wurde bereits im Zusammenhang mit der Frage nach einem Vertrauensschutz angesprochen und betrifft insbesondere den Hinweis auf die Schuldrechtsreform.[1053] Darüber hinaus ist fraglich, ob die Gleichstellungsabrede als solche mit den Regelungen zum Betriebsübergang vereinbar ist.

a) Allgemeine Vertragsauslegungsgrundsätze

Gegen eine typische Auslegung als Gleichstellungsabrede sprechen vor allem die allgemeinen Grundsätze der Vertragsauslegung. Ausgehend vom Wortlaut der Klausel und unter Zugrundelegung des objektiven Empfängerhorizonts kann der Arbeitnehmer den Gleichstellungszweck nicht als Hintergrund der Willenserklärung des Arbeitgebers erkennen, da er schlichtweg nicht weiß, ob der Arbeitgeber tarifgebunden ist.[1054] Insofern widerspricht der Grundsatz der Auslegung anhand des objektiven Empfängerhorizonts einer typisierten Auslegung als Gleichstellungsabrede, da die Klausel je nach Tarifbindung einen anderen Inhalt erhält, ohne dass der Arbeitnehmer weiß, welche Situation vorliegt.[1055] Daran kann insbesondere das *Motiv* des Arbeitgebers, namentlich eine

---

1053 Ausführlich dazu *Willemsen,* S. 147. Kritisch auch *Klebeck,* NZA 2006, 15, 16 f.

1054 Ausführlich *Thüsing/Lambrich,* RdA 2002, 193, 198; *Annuß,* ZfA 2005, 405, 421 ff. Ebenso *Schliemann,* ZTR 2004, 502, 508; *Hanau,* NZA 2005, 489, 490; *Lambrich,* FS f. Ehmann, S. 169, 227. Ebenfalls von einem eindeutigen Wortlaut sprechen beispielsweise *Preis/Greiner*, NZA 2007, 1073, 1073 f. Daran zeigt sich, dass die Berufung auf die Schuldrechtsreform als „Anstoß“ zur Rechtsprechungsänderung keine Grundlage hat, da die angesprochenen Auslegungsgrundsätze schon vorher bestanden haben.

1055 Zu dieser Argumentation beispielsweise *Zerres,* NJW 2006, 3533, 3534.

Gleichstellung zu erreichen, nichts ändern.[1056] Das BAG trat dieser Überlegung mit dem Hinweis entgegen, der Arbeitnehmer habe - im Gegensatz zum Arbeitgeber - ein Frage*recht* hinsichtlich der Tarifgebundenheit.[1057] Durch die Argumentation des BAG für eine Auslegung als Gleichstellungsabrede wurde faktisch eine Frage*obliegenheit*[1058] des Arbeitnehmers konstruiert, die keine Grundlage findet. Ganz abgesehen davon, dass dem Arbeitnehmer bei Vertragsschluss die Bedeutung dieser Frage nicht bewusst sein wird. *Eva Maria Willemsen* stellt diesbezüglich zutreffend fest, dass das BAG sich mit Forderung einer solchen Pflicht bzw. Obliegenheit von der Realität der Vertragsverhandlungen hinsichtlich eines Arbeitsvertrags entfernt und darüber hinaus die Auskunftspflicht des Arbeitgebers aus § 2 Abs. 1 NachwG einer Bewertung der Rechtslage in dieser Form entgegensteht.[1059] Das eventuelle Interesse des Arbeitgebers an einer Vereinheitlichung kann folglich nur einen von mehreren Auslegungsgesichtspunkten darstellen.[1060]

Dem hat sich auch das BAG angeschlossen. Ausgehend davon, dass Rechtsgeschäfte nach einem objektivierten Empfängerhorizont auszulegen sind, ist für die Auslegung einer Willenserklärung in erster Linie der Wortlaut ausschlaggebend. Vor dem Hintergrund dieser Überlegung argumentierte der Vierte Senat, es bestünde keine Verpflichtung des Erklärungsempfängers, den Inhalt der Erklärung zu erfragen.[1061] Vielmehr ist es der Arbeitgeber, der den Wortlaut der Klausel wählt und damit muss auch er die Risiken der Formulierung tragen.[1062] Insofern wird deutlich, dass die Rechtsprechungsänderung des BAG an sich begrüßenswert ist.

Daran ändert auch der Umstand nichts, dass es sich um einen Betriebsübergang handelt und der Erwerber des Betriebs die Klausel nicht selbst vereinbart hat. Nach § 613a Abs. 1 S. 1 BGB tritt der Erwerber in die Rechte und Pflichten ein und ist somit an Willenserklärungen wie der vorherige Arbeitgeber gebunden. Auf den Inhalt dieser Willenserklärungen hat der Erwerber e-

---

1056 Vgl. *Thüsing/Lambrich,* RdA 2002, 193, 200, die darlegen, dass *Zweck* der Bezugnahme die Regelung der Arbeitsbedingungen ist. Vgl. dazu auch *Willemsen,* S. 144. Anders *Haußmann,* FS f. Schwerdtner, S. 89, 92 f., die davon ausgeht, dass die Arbeitsvertragsparteien beide bei Vertragsschluss die gleichen Vorstellungen haben, und damit zur typisierenden Auslegung als Gleichstellungsabrede kommt.

1057 BAG v. 19.3.2003 - 4 AZR 331/02, NZA 2003, 1207, 1208.

1058 So auch das BAG v. 18.4.2007 - 4 AZR 652/05, NZA 2007, 965, 968.

1059 *Willemsen,* S. 144. Ähnlich *Lambrich,* FS f. Ehmann, S. 169, 227 ff.; *Thüsing*, NZA 2003, 1184, 1885.

1060 *Annuß,* BB 1999, 2558, 2560.

1061 So ausdrücklich BAG v. 18.4.2007 - 4 AZR 652/05, NZA 2007, 965, 968.

1062 BAG v. 22.10.2008 - 4 AZR 793/07, NZA 2009, 323, 326.

benso wenig Einfluss wie der Arbeitnehmer, dessen Arbeitsverhältnis übergeht. Allerdings hat der Erwerber die Möglichkeit, die Arbeitsverträge zu kontrollieren und sich gegen eine Übernahme zu entscheiden oder nach Übergang darauf hinzuwirken, dass die Dynamik endet.[1063]

b) AGB-Kontrolle

Nach Meinung des BAG spricht eine Gesamtschau über die Unklarheitenregel des § 305c Abs. 2 BGB, das Transparenzgebot aus § 307 Abs. 1 S. 2 BGB und das Verbot der geltungserhaltenden Reduktion „gegen eine wohlwollende Auslegung zugunsten des Klauselverwenders“ und damit gegen eine typisierte Auslegung kleiner dynamischer Klauseln als Gleichstellungsabreden, wenn sich weder im Wortlaut des Vertrags noch in den Begleitumständen ein Anhaltspunkt für eine solche Auslegung findet.[1064] *Giesen* widerspricht dieser Argumentation und verwahrt sich gegen eine Auslegung „im Zweifel zu Lasten des Arbeitgebers“.[1065] Darin allein ist kein Widerspruch zum BAG zu sehen, da letzteres nur feststellt, dass eine Auslegung *zugunsten* des Verwenders nicht durch die AGB-Regelungen gedeckt ist. Es ist Sache des Verwenders, eine Klausel unmissverständlich zu formulieren. Damit legt die Unklarheitenregel des § 305c Abs. 2 BGB nahe, das arbeitnehmerfreundliche Ergebnis zu wählen,[1066] sofern dem nichts entgegensteht. Zweifel im Rahmen der Auslegung gehen danach grundsätzlich zulasten des Verwenders.[1067] Insofern wird der Argumentation gegen eine typisierende Auslegung als Gleichstellungsabrede durch die AGB-Vorgaben im Rahmen ihres Anwendungsbereichs[1068] nicht widersprochen. Daran ändert auch der Umstand nichts, dass man im Rahmen der AGB-Regelungen die Besonderheiten des Arbeitsrechts beachten muss.[1069]

1063 In diese Richtung auch BAG v. 22.10.2008 - 4 AZR 793/07, NZA 2009, 323, 326.

1064 BAG v. 14.12.2005 - 4 AZR 536/04, NZA 2006, 607, 610. Vgl. auch *Willemsen,* S. 145 ff.

1065 *Giesen,* NZA 2006, 625, 627. Zustimmend *Clemenz,* NZA 2007, 769, 771.

1066 Weitergehend *Thüsing*, NZA 2003, 1184, 1185, der unter Bezugnahme auf den Corpus Iuris Canonici betont, dass die Klausel immer gegen den ausgelegt werden soll, der sie hätte besser formulieren können.

1067 Ausführlich zur Unklarheitenregel oben Sechstes Kapitel I.6.c) (3). Vgl. auch *Lambrich,* FS f. Ehmann, S. 169, 229.

1068 *Giesen,* NZA 2006, 625, 627 widerspricht der Ausweitung der Argumentation hinsichtlich der AGB-Regelungen auf alle Arbeitsverträge. Da nach hier vertretener Ansicht bereits die allgemeine Vertragsauslegung gegen eine Gleichstellungsabrede spricht, kann dieses Argument nicht greifen. Darüber hinaus unterfällt ein Großteil der Arbeitsverträge der AGB-Kontrolle.

1069 So aber beispielsweise *Clemenz,* NZA 2007, 769, 771 f. Ähnlich *Spielberger,* NZA 2007, 1086, 1089.

Diese können nur herangezogen werden, um Gleichstellungsabreden *überhaupt* zu ermöglichen, solche aber nicht gegen den Wortlaut einer Klausel durchsetzen.

c) Systematische Überlegungen

Auch systematische Überlegungen sind bei Festlegung der Auslegungsregel mit einzubeziehen. Allerdings darf nicht übersehen werden, dass es sich um die Auslegung einer *Willenserklärung* und nicht um eine Gesetzesauslegung handelt. Daher kann den Parteien nicht eine Rechtsfolge unterstellt werden, die sie nicht vereinbaren wollten. Da das BAG aber eine Regel aufgestellt hat, die auf alle vergleichbaren Sachverhalte angewendet werden sollte, müssen auch Überlegungen angestellt werden, die sich vom tatsächlichen Willen der Parteien[1070] entfernen und insofern Umstände darstellen, die eine typische Auslegung rechtfertigen könnten.

(1) Vorgaben des Tarifrechts

Fraglich ist, ob der *Grundsatz der Tarifeinheit* für eine bestimmte Auslegung einer Bezugnahmeklausel streitet. So könnte man argumentieren, dass aus tarifrechtlicher Sicht, um dem Grundsatz der Tarifeinheit weitgehend Geltung zu verschaffen, eine Bezugnahmeklausel möglichst als Gleichstellungsabrede ausgelegt werden muss und sich daraus eine spezielle Auslegungsregel ergibt. Schließlich kann durch den Grundsatz der Tarifeinheit nur die normative Geltung eines Tarifvertrags verdrängt, nicht aber eine Bindung der Nichtorganisierten erreicht werden.[1071] *Preis/Greiner* gehen davon aus, dass zumindest[1072] durch die Zurückdrängung des Grundsatzes der Tarifeinheit sich die Auslegung als Gleichstellungsabrede erübrige. Sofern bereits mehrere Tarifverträge in den Betrieben gelten, könne eine Gleichstellungsabrede ihren Zweck von vornherein nicht erfüllen.[1073] Fraglich ist, wieweit der Grundsatz tatsächlich zurückgedrängt wurde und wie diese Entwicklung weiter geht.[1074] Unabhängig

1070 Zumindest entfernt sich die Auslegung vom Willen des Arbeitnehmers. Ausgehend von den allgemeinen Grundsätzen zur Willenserklärungsauslegung befindet sich das Festlegen einer solchen Regel, die zugunsten einer Partei gilt, nahe am Dissens, wenn die andere Partei, hier der Arbeitnehmer, nicht damit gerechnet hat und dies, ausgehend vom objektiven Empfängerhorizont, auch nicht musste.

1071 Vgl. zu dieser Argumentation *Preis/Greiner,* NZA 2007, 1073, 1074.

1072 Die Autoren lassen auch unabhängig von der Entwicklung des Grundsatzes der Tarifeinheit die typisierte Auslegung mancher Klauseln an deren eindeutigen Wortlaut scheitern, vgl. *Preis/Greiner,* NZA 2007, 1073, 1074.

1073 *Preis/Greiner,* NZA 2007, 1073, 1074.

1074 Zur Entwicklung im Bereich der Tarifeinheit *Bayreuther,* NZA 2007, 187; *Franzen,* RdA 2008, 193; *Giesen,* NZA 2009, 11; *Jacobs,* NZA 2008, 325. Der Vierte Senat

davon kann allein der - im Detail umstrittene - Grundsatz der Tarifeinheit nicht dazu führen, dass eine Bezugnahmeklausel *typischerweise* entgegen ihres Wortlauts ausgelegt wird.

Auch ein Vergleich der Außenseiter mit den tarifgebundenen Arbeitnehmern kommt zu keinem anderen Ergebnis. Zum einen handelt es sich um unterschiedliche Sachverhalte, die nicht ohne weiteres verglichen werden können und zum anderen ist in der Praxis davon auszugehen, dass auch tarifgebundene Arbeitnehmer Bezugnahmeklauseln in ihren Verträgen haben. Da diese konstitutive Wirkung haben, ergibt sich für Gewerkschaftsmitglieder dasselbe Ergebnis.[1075] Auf der anderen Seite wird gegen eine Auslegung als Gleichstellungsabrede zutreffend aufgeführt, dass Arbeitgeber, die nicht tarifgebunden sind, stärker gebunden werden als tarifgebundene.[1076]

(2) Vorgaben des § 613a Abs. 1 S. 1 BGB

Fraglich ist, ob unabhängig von der Formulierung eine Gleichstellungsabrede mit den Vorgaben des § 613a Abs. 1 S. 1 BGB vereinbar ist. Das BAG hat festgestellt, dass auch künftig Gleichstellungsabreden vereinbart werden können, sich aber noch nicht mit der dahingehenden Kritik auseinandergesetzt. Durch den Versuch, die Dynamik einer Bezugnahmeklausel mit Betriebsübergang enden zu lassen, könnte die Wertung des § 613a Abs. 1 S. 1 BGB umgangen werden. Demnach tritt der Erwerber in die Rechte und Pflichten des bestehenden Arbeitsverhältnisses ein. Gerade diese Rechtsfolge wird aber verhindert, wenn eine Bezugnahmeklausel mit der auflösenden Bedingung versehen wird, dass ein Betriebsübergang stattfindet. Eine Umgehung des § 613a Abs. 1 S. 1 BGB ist nicht möglich. Dabei kommt es nicht auf den Zeitpunkt der Vereinbarung an. Ausschlaggebend ist, ob letztere die Position der Arbeitnehmer aufgrund eines Betriebsübergangs verschlechtern soll.[1077] Dies ist bei einer Bezugnahmeklausel, die ihre Dynamik bei Übergang eines Betriebs verlieren soll, der Fall. Allerdings soll der Arbeitnehmer nur vor den Folgen des

---

hat in einem Beschluss v. 27.1.2010 - 4 AZR 549/08 angekündigt, nicht am Grundsatz der Tarifeinheit festhalten zu wollen. Er hat diesbezüglich eine Divergenzanfrage an den Zehnten Senat gestellt.

1075 *Wiedemann*, RdA 2007, 65, 66; *Willemsen*, S. 146; *Thüsing/Lambrich*, RdA 2002, 193, 211 f.

1076 *Hanau*, NZA 2005, 489, 490.

1077 Ausführlich zu dieser Argumentation *Heinlein*, NJW 2008, 321, 325 f., die auch darauf eingeht, dass die Betriebsübergangsrichtlinie einer Auslegung als Gleichstellungsabrede entgegensteht. Dem ist nicht zuzustimmen, da dies voraussetzen würde, dass die Richtlinie das Fortführen einer Dynamik fordert. Dies ist aber nur der Fall, wenn die Dynamik bereits in der Rechtsposition des Arbeitnehmers angelegt ist, was sie bei Vorliegen einer Bedingung gerade nicht ist.

Betriebsübergangs geschützt werden. Werden aber Bezugnahmeklauseln abgeschlossen, aus denen klar hervorgeht, dass die dynamische Bindung nur solange gelten soll wie die Tarifgebundenheit reicht, enthält die Rechtsstellung des Arbeitnehmers diese auflösende Bedingung von vornherein, sie ist dem Vertrag immanent. Der Eintritt dieser Bedingung kann auch beim Veräußerer, durch Verbandsaustritt o.ä., eintreten.[1078] Folglich wird die rechtliche Position nicht durch den Betriebsübergang verschlechtert, sondern es kommt nur zum Eintritt der Bedingung. Dies ist einer solchen Regelung eigen. Dem Arbeitgeber darf es allerdings nicht möglich sein, zur Vorbereitung eines Betriebsübergangs Bezugnahmeklauseln zu schließen, die gezielt eine Umgehung des § 613a Abs. 1 BGB darstellen. Auch die Vereinbarung eines einseitigen Kündigungsrechts bzw. Widerrufvorbehalts des Arbeitgebers bezüglich der Dynamik bei Betriebsübergang widerspricht den Vorgaben des § 613a Abs. 1 S. 1 BGB, da der Arbeitgeber davon Gebrauch machen kann, wann er dies für richtig hält und der Arbeitnehmer weiß nicht, was auf ihn zukommt.[1079] Für den Arbeitnehmer entsteht eine zusätzliche Unsicherheit, die nicht hinnehmbar ist. Vielmehr muss es ihm möglich sein, die Entwicklung seiner Arbeitsbedingungen vorherzusehen.[1080]

d) Richtlinienkonforme Auslegung

Auch aus der Betriebsübergangsrichtlinie könnten sich Vorgaben hinsichtlich der Auslegung solcher Bezugnahmeklauseln ergeben. Allerdings gilt dies nur in Bezug auf die Auslegung von Klauseln nach einem Betriebsübergang. Grundsätzlich haben Willenserklärungen bzw. deren Auslegung keinen europarechtlichen Bezug. Auch das BAG hat sich zu dieser Problematik geäußert;[1081] die Auslegung einer Verweisungsklausel an sich habe offensichtlich keine europarechtlichen Bezüge. Damit könne das Europarecht der dynami-

---

1078 Ähnlich argumentiert auch *Bepler,* RdA 2009, 65, 73.

1079 Vgl. diesbezüglich auch § 308 Nr. 4 BGB. Ausführlich dazu *Preis/Greiner*, NZA 2007, 1073, 1078 f. Zu § 308 Nr. 4 BGB auch *Wiedemann,* RdA 2007, 65, 66; BAG v. 11.2.2009 - 10 AZR 222/08, NZA 2009, 428.

1080 Dazu *Klebeck,* NZA 2006, 15, 19. Außerhalb des Anwendungsbereichs von § 613a BGB kann die Vereinbarung eines Widerrufsvorbehalts möglich sein, *Willemsen,* S. 383 f.

1081 Allerdings erst nachdem es in mehreren Entscheidungen die Fragestellung ausdrücklich offen gelassen hat, BAG v. 29.8.2007 - 4 AZR 767/06, NZA 2008, 364, 366; BAG v. 6.11.2007 - 1 AZR 862/06, NZA 2008, 542, 544.

schen Auslegung nicht entgegenstehen.[1082] Diese Feststellung greift zumindest für den Betriebsübergang zu kurz.[1083]

Im Rahmen eines Betriebsübergangs gehen die Willenserklärungen des ursprünglichen Arbeitgebers per Gesetz nach § 613a Abs. 1 S. 1 BGB über. Zwischen dem Entstehen der Willenserklärung und ihrer Auslegung steht eine Norm, die richtlinienkonform ausgelegt werden muss.[1084] Art. 3 Abs. 1 der Betriebsübergangsrichtlinie handelt von individualvertraglich vereinbarten Rechten und Pflichten der Arbeitsvertragsparteien. Folglich kann der Auslegung einer Bezugnahmeklausel bezüglich der Veränderungen, die *durch einen Betriebsübergang* entstehen, der europarechtliche Bezug nicht abgesprochen werden. Dies kann zwar nicht dazu führen, dass durch das Europarecht eine Auslegungsregel für alle Bezugnahmeklauseln aufgestellt wird. Dennoch wird deutlich, dass der Bestandsschutz, der durch die Betriebsübergangsrichtlinie gewährleistet wird, die Auslegung einer Willenserklärung nach erfolgtem Betriebsübergang beeinflussen kann. Insbesondere wäre es auch europarechtlich nicht möglich, arbeitsvertragliche Regelungen, im Wege der ergänzenden Vertragsauslegung mit Hinweis auf die klare Interessenlage ohne Anhaltspunkte im Wortlaut der Vereinbarung, zugunsten des Betriebsveräußerers automatisch durch einen Betriebsübergang enden zu lassen. Dem stünde Art. 3 Abs. 1 der Betriebsübergangsrichtlinie, wonach „die Rechte und Pflichten des Veräußerers aus einem zum Zeitpunkt des Übergangs bestehenden Arbeitsvertrag oder Arbeitsverhältnis [...] aufgrund des Übergangs auf den Erwerber über[gehen]". Der Auslegung können durch Art. 3 Abs. 1 der Betriebsübergangsrichtlinie Grenzen gesetzt sein, wenn zur Begründung einer Auslegungsregel der Betriebsübergang herangezogen wird, da die Ansprüche der Arbeitnehmer gewahrt werden müssen. Dies kann nicht mit dem Verweis auf fehlenden Bezug zum Europarecht umgangen werden.

Vorgaben der Richtlinie müssen folglich bei Auslegung des § 613a Abs. 1 S. 1 BGB umgesetzt werden. Dadurch könnte sowohl der Grundsatz festgelegt werden, dass alle Rechte und Pflichten und damit auch Bezugnahmeklauseln stets nur mit statischer Wirkung übergehen, da andernfalls die Interessenslage der betroffenen Parteien eines Betriebsübergangs nicht ausgeglichen wäre, als auch die Erhaltung der Dynamik vorgeschrieben sein. Eine solche Vorgabe wäre denkbar, da ohne § 613a Abs. 1 S. 1 BGB die Arbeitsverträge zwischen

---

1082 BAG v. 22.10.2008 - 4 AZR 793/07, NZA 2009, 323, 325. Ebenso *Thüsing,* NZA 2006, 473, 475; *Junker,* EuZW 2006, 524, 526.

1083 Bei Verstoß gegen die ebenfalls im Europarecht verbürgte Vereinigungsfreiheit kann auch außerhalb eines Betriebsübergangs ein europarechtlicher Bezug entstehen.

1084 In diese Richtung auch *Meinel/Herms,* DB 2006, 1429, 1430; *Moll,* RdA 2007, 47, 52 f.

bisherigem Betriebsinhaber und den Arbeitnehmern nur auf den Betriebserwerber übergehen würden, wenn die Vertragspartner dies explizit vereinbaren würden. Insofern ist der gesetzliche Übergang dieser Rechtsgeschäfte auch unter Abwandlungen möglich.[1085] Diese Abwandlungen wiederum könnten auf europarechtliche Vorgaben zurückgehen.

Fraglich ist allerdings, ob es Vorgaben der Betriebsübergangsrichtlinie gibt und ob diese ins nationale Recht umgesetzt werden müssen. Anfang 2006 sorgte die *Werhof*-Entscheidung des EuGH für Aufsehen, die sich mit der Auslegung von arbeitsvertraglichen Bezugnahmeklauseln beschäftigte. In diesem Urteil findet sich folgende Äußerung des Gerichts:

> „Würde die vom Kläger vertretene „dynamische" Auslegung […] vertraglichen Verweisklausel vorgenommen, so bedeutete dies, dass künftige Kollektivverträge für den Erwerber gälten, der dem Kollektivvertrag nicht angehört, und dass sein Grundrecht der negativen Vereinigungsfreiheit beeinträchtigt werden könnte."[1086]

Weiter führt der EuGH aus, eine statische Auslegung würde zu einer umfassenden Gewährleistung der Koalitionsfreiheit des Arbeitgebers führen. Daher käme es nicht zu der *zwingenden* Folge, dass eine Klausel, die auf einen Tarifvertrag einer bestimmten Klausel verweist, zu einem dynamischen Ergebnis führt.[1087] Auch stellt der EuGH fest, durch die Richtlinie sollen nicht „bloße Erwartungen und somit hypothetische Vergünstigungen" geschützt werden.[1088]

Der EuGH hält nicht fest, ob *tatsächlich* eine Verletzung der Vereinigungsfreiheit vorliegen würde, sollte eine Klausel dynamisch ausgelegt werden. Es wird nur dargelegt, dass die Gleichstellungsabrede mit dem Europarecht vereinbar ist, nicht ob sie vorgeschrieben wäre.[1089] Die Ausführungen des zuständigen Generalanwalts *Ruiz-Jarabo Colomer* gehen allerdings weiter. Er geht davon aus, eine Verweisung auf einen Tarifvertrag könne nicht ewig fortgelten; andernfalls wäre die Vereinigungsfreiheit des Erwerbers eines Betriebs betroffen, da ihm zur Veränderung der Arbeitsbedingungen nur der Eintritt in den zuständigen Arbeitgeberverband bliebe. Hinsichtlich der Abwägung mit

---

1085 Dies stellt selbstverständlich einen Eingriff in die Privatautonomie dar. Insofern müsste genau geprüft werden, ob dieser gerechtfertigt werden kann. Allerdings muss man sich erneut klar machen, dass schon der Übergang der Willenserklärungen auf den neuen Betriebsinhaber an sich einen solchen Eingriff darstellt, der auch allgemein als gerechtfertigt angesehen wird.

1086 EuGH v. 9.3.2006, Rs. C-499/04 - Werhof, Slg. 2006, I-2397, Rdnr. 34. Hervorhebung durch die Verfasserin.

1087 EuGH v. 9.3.2006, Rs. C-499/04 - Werhof, Slg. 2006, I-2397, Rdnr. 35 f.

1088 EuGH v. 9.3.2006, Rs. C-499/04 - Werhof, Slg. 2006, I-2397, Rdnr. 29.

1089 *Brecht-Heitzmann/Lewek*, ZTR 2007, 127, 131.

anderen Rechten führt der Generalanwalt aus, dass die Vereinigungsfreiheit des Betriebserwerbers jedem anderen Recht von geringerem Rang vorgehe. Ein solches sei auch das Recht des Arbeitnehmers auf die wirtschaftlichen Vorteile aus der Dynamik der Tarifverträge.[1090]

Fraglich ist, ob das Europarecht das Ende der Dynamik einer Bezugnahmeklausel bei einem Betriebsübergang fordert. Darauf könnten die Ausführungen des Generalanwalts deuten.[1091] Der EuGH hat sich den Begründungen des Generalanwalts nur zum Teil angeschlossen, tendiert aber offensichtlich zu einer statischen Auslegung.[1092] M.E. kann aufgrund folgender Aspekte eine statische Weitergeltung nicht zwingend vorgegeben sein.

Die Übernahme der Arbeitsverträge beruht auf einem privatautonomen Entschluss, namentlich dem Entschluss den Betrieb zu übernehmen und nicht auf staatlichem Zwang.[1093] An diesem Entschluss muss sich der Erwerber festhalten lassen. *Thüsing* stellt die berechtigte Frage, ob die Arbeitgeber vor ihren eigenen Vertragsmustern geschützt werden sollen.[1094] Während die Arbeitnehmer keine Möglichkeit haben, den Betriebsübergang zu beeinflussen, gilt das Gegenteil für Veräußerer und Erwerber. Gleichzeitig müssen sich die Arbeitnehmer darauf verlassen können, dass ihre vertraglich vereinbarten Rechte und Pflichten erhalten bleiben. Zu diesen vertraglichen Vereinbarungen gehört auch eine Bezugnahmeklausel. Sofern *Schwab* diesbezüglich darauf hinweist, dass aufgrund des Übergangs nach § 613a Abs. 1 S. 1 BGB keine rein privatautonome Entscheidung des Erwerbers vorliegt,[1095] kann dem entgegengehalten werden, dass das Vorliegen von dynamischen Bezugnahmeklauseln im Rahmen der Vertragsverhandlungen mit dem Veräußerer des Betriebs angebracht werden können. Allerdings gilt diese Argumentation nur, wenn der Er-

1090 Schlussantrag *Ruiz-Jarabo Colomer* zu EuGH v. 9.3.2006, Rs. C-499/04 - Werhof, Slg. 2006, I-2397, Rdnr. 51.

1091 Inwiefern die nationalen Gerichte an eine solche Vorgabe gebunden wären, müsste geklärt werden. Ausführlich zur richtlinienkonformen Auslegung *Höpfner,* S. 249 ff.

1092 *Zerres,* NJW 2006, 3533, 3536 f. geht davon aus, dass der EuGH einen solchen Verstoß annehmen würde. Ähnlich *Spielberger,* NZA 2007, 1086, 1089, der annimmt, die Rechtsprechungsänderung wäre nur mit der Rechtsprechung des EuGH vereinbar, wenn es sich nicht um einen Betriebsübergang handelt. In diese Richtung auch *Melot de Beauregard,* NJW 2006, 2522, 2525; *Nicolai*, DB 2006, 670.

1093 In diese Richtung *Hohenstatt/Kuhnke,* RdA 2009, 107, 108. Zustimmend *Reinecke,* BB 2006, 2637, 2641. Differenzierend *Simon/Kock/Halbsguth,* EWS 2006, 400, 402.

1094 *Thüsing,* NZA 2006, 473, 474.

1095 *Schwab,* S. 224.

werber eines Betriebs die Entscheidung im Wissen der tatsächlichen Folgen treffen kann.[1096]

Weiter passen die Ausführungen des EuGH, dass rein „hypothetische Vergünstigungen", die sich aus der Entwicklung der Kollektivverträge ergeben, nicht geschützt seien,[1097] nicht zur Auslegung einer Bezugnahmeklausel. Durch die Beibehaltung der Dynamik von Bezugnahmeklauseln werden nicht hypothetische Rechte geschützt. Vielmehr wird mit dem Abschluss einer solchen Klausel ein Anspruch auf Teilhabe an der Dynamik begründet. Dieser kann nicht übergangen werden. Wenn der Generalanwalt diesbezüglich von einem schwächeren Recht als der Koalitionsfreiheit des Erwerbers spricht, verwundert dies stark.

Da die Richtlinie den Schutz der Arbeitnehmer bezweckt und diesbezüglich nur Mindeststandards vorgibt, ist es den Mitgliedstaaten unbenommen, mehr Schutz zu gewähren.[1098] Selbst wenn die Richtlinie vorsähe, dass auch individualvertragliche Abreden nur statisch weiter gelten müssen, kann daraus keine Verpflichtung abgeleitet werden, dies im nationalen Bereich umzusetzen. Etwas anderes könnte sich hinsichtlich der Vorgaben der negativen Vereinigungsfreiheit ergeben, da es sich hierbei um Primärrecht handelt, das unter Umständen auch außerhalb des Anwendungsbereichs einer Richtlinie beachtet werden muss; dies gilt insbesondere für Grundrechte.[1099] Allerdings liegt nach hier vertretener Ansicht kein Verstoß gegen die Vereinigungsfreiheit vor.

e) Verfassungsrechtliche Vorgaben

Fraglich ist, ob das Erhalten der Dynamik einer dem Wortlaut nach dynamischen Bezugnahmeklausel auch nach einem Betriebsübergang gegen die negative Koalitionsfreiheit des Erwerbers verstößt. Wie bereits dargelegt, kann ein Eingriff in die negative Koalitionsfreiheit nach der hier vertretenen Ansicht vorliegen, wenn der Arbeitgeber entgegen seinem Willen der Normsetzung der Tarifvertragsparteien unterworfen wird, während das BVerfG einen inadäquaten Druck zum Eintritt in einen Arbeitgeberverband fordert.[1100] Bereits der

1096 Auch hier zeigt sich, wie wichtig der Vertrauensschutz bezüglich der Rechtsprechungsänderung ist.

1097 *Heinlein,* NJW 2008, 321, 324 schließt aus dem Umstand, dass der EuGH sich auf hypothetische Vergünstigungen bzw. Erwartungen bezieht, dass dem Gericht eine statische Bezugnahmeklausel zur Auslegung vorgelegen hat. Andernfalls würden ihrer Ansicht nach die Ausführungen des Gerichts keinen Sinn ergeben.

1098 Anderer Ansicht ist *Zerres,* NJW 2006, 3533, 3537.

1099 *Zerres,* NJW 2006, 3533, 3537; *Meinel/Herms,* DB 2006, 1429, 1430.

1100 Dazu oben Drittes Kapitel II.3.d) (4).

Eingriff in die negative Koalitionsfreiheit erscheint hinsichtlich der Auslegung von Bezugnahmeklauseln fraglich.

Als problematisch wird, unabhängig von einem Betriebsübergang, gesehen, dass der Arbeitgeber gegen seinen Willen „ewig“ an die Entwicklung der Tarifverträge gebunden werde und keine Möglichkeit habe, sich davon wieder zu lösen.[1101] Insofern könnte ein Verstoß gegen die negative Koalitionsfreiheit des Arbeitgebers vorliegen, wenn eine dynamische Bezugnahmeklausel zu einer „ewigen“ Bindung führt, da er dadurch der Normsetzung der Tarifvertragsparteien unterworfen wäre, ohne selbst an dieser beteiligt zu sein.[1102]

Der Arbeitgeber ist es, der die Klausel als Vertragsbestandteil einführt. Insofern ist es seine *freie*[1103] *Entscheidung*, ob er eine solche Klausel verwenden möchte. Die Bindung an die tariflichen Regelungen entstünde daher nicht durch Zwang seitens des Staates, sondern durch eine privatautonome Entscheidung des Arbeitgebers selbst.[1104] Weiter kann der Arbeitgeber eine Formulierung verwenden, die zu einer Gleichstellungsabrede führt. Er hat es somit selbst in der Hand, eine Klausel vorzulegen, die nicht zu einer „ewigen“ Bindung führt. Im Laufe der letzten Jahre sind wiederholt Vorschläge gemacht worden, wie Klauseln formuliert werden können, um den Gleichstellungszweck deutlich zu machen.[1105] Der Arbeitgeber kann nicht eine Klausel stellen, die vom Wortlaut her eine eindeutige Folge hat, sich im Nachhinein aber da-

---

1101 *Henssler,* FS f. Wißmann, S. 133, 137 unterscheidet insofern die „konstitutive Ewigkeitsklausel“ von einer Gleichstellungsabrede; ähnlich *Möller,* NZA 2006, 579, 583; *Clemenz*, NZA 2007, 769, 772. Kritisch auch *Klebeck*, NZA 2006, 15 ,18 f.

1102 Ob der beschriebene Sachverhalt ausreicht, einen inadäquaten Druck anzunehmen, erscheint fraglich.

1103 Auch der Umstand, dass der Arbeitgeber nicht nach der Gewerkschaftszugehörigkeit fragen darf, ändert nichts an dieser Feststellung, er wäre trotz allem nicht dazu gezwungen, eine Bezugnahmeklausel in den Arbeitsvertrag aufzunehmen, vgl. ausführlich *Willemsen,* S. 177 ff.

1104 Vgl. BAG v. 23.9.2009 - 4 AZR 331/08, Rdnr. 19 ff.; BAG v. 21.10.2009 - 4 AZR 396/08, Rdnr. 37 ff. Ähnlich BAG v. 18.4.2007 - 4 AZR 652/05, NZA 2007, 965, 969. Allerdings argumentiert das BAG darüber hinaus, die bisherige Rechtsprechung habe eine am Wortlaut orientierte Auslegung bereits bei nicht tarifgebundenen Arbeitgebern angewandt. Dies geschah „ohne dass irgendjemand bislang vertreten hätte, diese selbst eingegangene, vertragliche dynamische Bindung verstoße gegen die - eigene - negative Koalitionsfreiheit.“ Das BAG zieht dabei offensichtlich aus dem Umstand, dass eine wortgetreue Auslegung bei nicht tarifgebundenen Arbeitgebern keinen Verfassungsverstoß darstellt, den Schluss, dass dies bei tarifgebundenen nicht anders sein kann. Eine verfassungsrechtliche Prüfung dieser Überlegung findet durch das BAG nicht statt.

1105 *Thüsing/Lambrich,* NZA 2002, 1361, 1368 f.

rauf berufen, die Rechtsfolge entspräche nicht seinen Interessen. Selbst wenn man einen Eingriff annehmen würde, wäre dieser gerechtfertigt. Jede andere Sichtweise würde die Privatautonomie aushöhlen. Insofern ist die Unterwerfung unter eine Dynamik per se nicht als Verstoß gegen die negative Koalitionsfreiheit zu sehen. Ob man dies für wünschenswert hält, ist eine andere Frage. *Thüsing* und *Lambrich* weisen treffend darauf hin, dass es „rechtspolitische Wunschvorstellungen [... nicht rechtfertigen], das juristische Instrumentarium methodengerechter Auslegung von Verträgen zu vernachlässigen".[1106]

Fraglich ist, ob dies auch für die dynamische Weitergeltung *nach einem Betriebsübergang* gilt. Der Betriebserwerber hat die Klausel nicht selbst vereinbart, sondern sie geht nach § 613a Abs. 1 S. 1 BGB mit allen Rechtsfolgen per Gesetz auf ihn über. Dennoch handelt es sich um eine individualvertragliche Vereinbarung. Außerdem übernimmt der neue Arbeitgeber den Betrieb im Rahmen seiner privatautonomen Entscheidung. Auch die Übernahme der Arbeitsverträge und damit der Bezugnahmeklauseln ist davon umfasst. Auch aus der Wertung des § 613a Abs. 1 S. 2 BGB ergibt sich nichts anderes. Demnach gelten zwar tarifliche Regelungen nach Betriebsübergang nach der herrschenden Meinung nur statisch weiter, die Geltung dieser beruhte bis zum Zeitpunkt des Betriebsübergangs aber nicht auf einer individualvertraglichen Vereinbarung, sondern ausschließlich auf der Mitgliedschaft des ursprünglichen Arbeitgebers im Arbeitgeberverband bzw. auf seiner Stellung als Tarifvertragspartei. Dass diese kollektivrechtliche Bindung „ein Ende finden muss", liegt auf der Hand. Für individualvertragliche Vereinbarungen gilt dies nicht. Somit ist auch in Bezug auf die weitere Bindung des neuen Arbeitgebers kein verfassungsrechtliches Problem gegeben. Daran ändert auch der Umstand nichts, dass die diesbezügliche Rechtsprechung geändert wurde. Diesbezüglich handelt es sich um Fragen des Vertrauensschutzes.[1107] Insbesondere gibt es auch keine Veränderungssperre o.ä., die den Erwerber für einen bestimmten Zeitrahmen an die Verweisungsklausel bindet. Er kann sich unter Beachtung der allgemeinen Vorschriften von dieser lösen.

Allerdings muss in Fällen, in denen eine unzumutbare Bindung an eine dynamische Bezugnahmeklausel entsteht, ein vereinfachter Ausweg gefunden werden. Teilweise wird ein Wegfall der Geschäftsgrundlage angenommen und damit eine Vertragsanpassung ermöglicht.[1108] Diesbezüglich bestehen allerdings dogmatische Bedenken, da für das Arbeitsrecht die Änderungskündigung

---

1106 *Thüsing/Lambrich,* RdA 2002, 193, 212.

1107 Ausführlich dazu *Willemsen,* S. 170 ff. Zum Vertrauensschutz bereits oben Sechstes Kapitel III.2 Anders sieht dies wohl *Spielberger,* NZA 2007, 1086, 1089.

1108 Dahingehend *Lambrich*, FS f. Ehmann, S. 169, 233.

die speziellere Maßnahme ist und die Grundsätze der Vertragsanpassung aufgrund des Wegfalls der Geschäftsgrundlage verdrängt.[1109] Kommt es zu unzumutbaren Situationen, muss eine Lösung im Bereich des Arbeitsrechts gesucht werden. Insofern kommt eine vereinfachte Änderungskündigung in Betracht. Insbesondere im Hinblick auf den Vertrauensschutz für Altfälle kann eine vereinfachte Änderungskündigung angedacht werden,[1110] da andernfalls der Erwerber allein die Nachteile der Rechtsprechungsänderung trägt, die für ihn nicht absehbar war.

Allerdings muss dabei im Sinne eines Interessenausgleichs darauf geachtet werden, dass der Standard der Arbeitsbedingungen nicht gesenkt, sondern nur die weitere Dynamik aus der Klausel genommen wird.[1111] Sinn der Änderungskündigung soll es sein, die Härten auszugleichen, die durch eine unverhältnismäßig dynamische Bindung an einen Tarifvertrag bzw. die Rechtsprechungsänderung entstehen. Es sollen den Arbeitnehmern nicht die Rechte genommen werden, die ihnen durch § 613a Abs. 1 S. 1 BGB zugestanden werden. Diese umfassen aber gerade den Übergang der Bezugnahmeklausel auf den Erwerber und damit den tariflichen Stand zum Zeitpunkt des Betriebsübergangs. Will sich der Arbeitgeber von diesem Verweis im Ganzen lösen und nicht nur die Dynamik beenden, muss die Änderungskündigung die allgemeinen Voraussetzungen erfüllen. Dies würde auch bei Vorliegen einer statischen Bezugnahmeklausel gelten. Würde man auf Grund der besonderen Härtesituation eine Änderungskündigung zulassen, durch welche der Standard der Arbeitsbedingungen gesenkt wird, würde dies zu stark zu Lasten der Arbeitnehmer gehen.

Auch wenn keine Einwände gegen die Weiterführung der Dynamik bestehen, ergeben sich durch die Rechtsprechungsänderung des BAG im Hinblick auf Gesichtspunkte der Rechtssicherheit Probleme. Das BAG geht davon aus, dass der Gleichstellungszweck bzw. die auflösende Bedingung hinsichtlich der Tarifgebundenheit des Arbeitgebers aus dem Wortlaut klar ersichtlich sein müssen, um eine Gleichstellungsabrede annehmen zu können. Eine am Wortlaut orientierte Auslegung soll nur infrage gestellt werden, wenn Tatsachen vorliegen, die an der wortlautgetreuen Auslegung der Bezugnahmeklausel zweifeln lassen. Dafür sei aber Voraussetzung, dass diese Tatsachen den Inhalt

---

1109 *Möller,* NZA 2006, 579, 583; *Giesen,* NZA 2006, 625, 631. Darüber hinaus ist fraglich, ob die Voraussetzungen des Instituts des Wegfalls der Geschäftsgrundlage vorliegen würden, vgl. ausführlich *Willemsen,* S. 215 ff., 395 ff.

1110 *Giesen,* NZA 2006, 625, 631 f.

1111 Ausführlich dazu *Willemsen,* S. 411 ff.

der Willenserklärungen beeinflusst haben und dies für beide Seiten erkennbar war, auch wenn es sich nicht im Wortlaut niedergeschlagen hat.[1112]

Der Gleichstellungszweck muss „in einer für den Arbeitnehmer erkennbaren Weise“[1113] bzw. mit „hinreichender Deutlichkeit“[1114] zum Ausdruck kommen. Bis dato ist keine Entscheidung ergangen, die diese unbestimmten Begriffe hinreichend ausgefüllt hat. Zu klären gilt es, wann diese Voraussetzungen erfüllt sind und entweder die Klausel für sich genommen die Voraussetzungen erfüllt, um als Gleichstellungsabrede ausgelegt zu werden, oder wann anderweitige Umstände gegeben sind, die eine Auslegung als Gleichstellungsabrede rechtfertigen.[1115] Fraglich ist zum Beispiel, ob es ausreichen würde, wenn der Arbeitgeber im Rahmen der Vertragsverhandlungen darauf hinweist, dass die Auslegung einer Bezugnahmeklausel von der Tarifbindung des (künftigen) Arbeitgebers abhängt.[1116] Insofern ist das BAG gefordert, dies zeitnah näher auszuführen.

f) Zusammenfassung und kritische Würdigung

Der Vierte Senat des BAG hat nicht zur Klarstellung der Wirrungen um die Bezugnahmeklausel beigetragen. Dennoch ist gerade im Bereich des Betriebsübergangs die Abkehr von der typisierten Auslegung einer Bezugnahmeklausel als Gleichstellungsabrede zu begrüßen. Des Weiteren ist eine Gleichstellungsabrede weder zwingend vorgegeben noch unzulässig. Liegt eine dynamische Bezugnahmeklausel vor, die auch als solche ausgelegt wird, ist darauf zu achten, dass die Hürden im Rahmen der Änderungskündigung nicht zu hoch angesetzt werden, um unzumutbare Situationen für den Erwerber im Hinblick auf Altfälle zu vermeiden.

Zu bedauern ist, dass durch das Vorgehen des BAG für die nahe Zukunft keine Rechtssicherheit zu erwarten ist. Vielmehr muss man gespannt sein, wie sich die Rechtsprechung hinsichtlich der kleinen dynamischen Bezugnahmeklauseln weiter entwickelt. Insbesondere ist zu hoffen, dass das BAG die Faktoren genauer bezeichnet, die ausschlaggebend sind, um eine Klausel als Gleichstellungsabrede einordnen zu können.

1112 BAG v. 18.4.2007 - 4 AZR 652/05, NZA 2007, 965, 968.

1113 BAG v. 18.4.2007 - 4 AZR 652/05, NZA 2007, 965.

1114 BAG v. 6.11.2007 - 1 AZR 862/06, NZA 2008, 542, 545; BAG v. 22.10.2008 - 4 AZR 793/07, NZA 2009, 323, 326 f.

1115 Aus der Entscheidung BAG v. 22.4.2009 - 4 AZR 100/08, NZA 2010, 41 lässt sich ein Beispiel dafür entnehmen, wann eine kleine dynamische Bezugnahmeklausel als Tarifwechselklausel ausgelegt werden kann.

1116 Ausführlich zu dieser Problematik *Willemsen*, S. 150 ff.

Für die Praxis bedeutet dies, dass sich Arbeitgeber bzw. deren Berater bei Formulierung von Bezugnahmeklauseln stärker am Wortlaut orientieren und deutlicher zum Ausdruck bringen müssen, welche Art der Klausel gewollt ist. Die Vereinbarung einer Gleichstellungsabrede ist auch weiterhin denkbar, sofern diese Absicht hinreichend deutlich ist und der vereinbarende Arbeitgeber tarifgebunden ist. Für den Wortlaut der Klauseln gibt es schon längere Zeit Formulierungsvorschläge und seit Änderung der Rechtsprechung haben sich diese noch vermehrt.[1117] Problematisch ist, dass sich das BAG noch nicht abschließend zu den verschiedenen Fallkonstellationen geäußert hat und insofern eine höchstrichterliche Kontrolle der Formulierungsvorschläge aussteht. Gleiches gilt für die Problemkreise, die im Folgenden angesprochen werden. Allerdings ist in der nächsten Zeit mit vermehrten Anrufungen des BAG zu rechnen.[1118]

3. Anwendung des Günstigkeitsprinzips

Bevor auf die Auswirkung der einzelnen Klauseln eingegangen wird, soll geklärt werden, welche Auswirkung es hat, wenn die unterschiedlich begründeten Regelungen eines Arbeitsverhältnisses aufeinander treffen. Im Folgenden wird jeweils kurz darauf hingewiesen, wenn das Günstigkeitsprinzip gilt, aber nicht mehr näher darauf eingegangen.

Für die h.M. ergibt sich die Anwendung des Günstigkeitsprinzips beim Aufeinandertreffen von tarifvertraglichen Regelungen auf solche, die nach § 613a Abs. 1 S. 2 BGB weitergelten, direkt aus § 4 Abs. 3 TVG, da arbeitsvertragliche Regelungen auf einen Tarifvertrag treffen. Nach der hier vertretenen normativen Weitergeltung ergibt sich die Anwendung des Günstigkeitsprinzips aus wertenden Gesichtspunkten, da andernfalls der Arbeitnehmer-

---

1117 *Reichel,* S. 252 f.; *Hanau/Kania*, FS f. Schaub, S. 239, 260 ff.; *Thüsing/Lambrich,* NZA 2002, 1361, 1368 f.; *Preis/Greiner,* NZA 2007, 1073, 1079; *Klebeck*, NZA 2006, 15, 19 f.; *Giesen*, NZA 2006, 625, 629; *Willemsen,* S. 445 ff.; *Bauer/Günther,* NZA 2008, 6, 7.

1118 Im Rahmen folgender Revisionen wird sich das BAG beispielsweise mit Auslegungsfragen rund um Bezugnahmeklauseln beschäftigen müssen: LAG Düsseldorf v. 28.3.2008 - 9 Sa 2103/07, beim BAG anhängig unter 4 AZR 397/08; Hessisches LAG v. 4.12.2008 - 20 Sa 638/08, beim BAG anhängig unter 4 AZR 127/09; LAG Düsseldorf v. 2.4.2009 - 15 Sa 1148/08, beim BAG anhängig unter 4 AZR 407/09; LAG München v. 15.4.2009 - 5 Sa 1019/08, beim BAG anhängig unter 4 AZR 439/09; LAG München v. 27.5.2009 - 11 Sa 1000/08, beim BAG anhängig unter 4 AZR 536/09. Teilweise existieren zusätzliche Parallelentscheidungen, sodass auch folgende Verfahren beim BAG anhängig sind: 4 AZR 126/09, 4 AZR 391/09, 4 AZR 403/09, 4 AZR 404/09, 4 AZR 405/09, 4 AZR 407/09 und 4 AZR 408/09.

schutz ins Gegenteil verkehrt würde. Begrenzt wird dies durch die jeweiligen Ausnahmemöglichkeiten des § 613a Abs. 1 S. 2 bis 4 BGB.

Konkurrieren eine Bezugnahmeklausel, also eine individualvertragliche Abrede, und die nach § 613a Abs. 1 S. 2 BGB weitergeltenden Regelungen miteinander, gilt in erster Linie die Veränderungssperre und damit die für den Arbeitnehmer günstigere Variante. Nach Ablauf der Veränderungssperre ist eine Ablösung durch die Bezugnahmeklausel möglich. Dies ergibt sich aus der dogmatischen Struktur der Weitergeltung.[1119]

Auch beim Aufeinandertreffen von normativ geltenden tariflichen Regelungen und einer Bezugnahmeklausel gilt das Günstigkeitsprinzip nach § 4 Abs. 3 TVG.[1120] Die Bezugnahmeklausel ist eine individualvertragliche Regelung und es gelten insofern keine Besonderheiten. Der Rechtsprechung des BAG war dies nicht immer klar zu entnehmen,[1121] das Gericht hat die Geltung des Günstigkeitsprinzips aber mittlerweile ausdrücklich festgestellt.[1122]

Bepler greift allerdings den Gedanken auf, ob nicht statt des allgemeinen Günstigkeitsprinzips ein Gesamtvergleich des weitergeltenden und des neu einschlägigen Tarifvertrags vorgenommen werden müsste, um eine „Rosinenpickerei" zu verhindern. Er kündigt an, dass sich der Vierte Senat mit dieser Frage auseinandersetzen wird.[1123] Aus praktischen Gründen wäre ein solches Vorgehen zu begrüßen, da die Gesamtsituation für den Arbeitgeber dadurch übersichtlicher würde, während der Sachgruppenvergleich stets für Schwierigkeiten sorgt.[1124]

4. Statische Klauseln

Bei einer statischen Klausel soll stets ein bestimmter Tarifvertrag in einer bestimmten Fassung in Bezug genommen werden. Ein Betriebsübergang ändert nichts an dieser Feststellung. Auch nach dem Übergang gelten die gleichen

---

1119 Ausführlich dazu *Annuß*, ZfA 2005, 405, 455.

1120 Ausführlich zur Anwendung des Günstigkeitsprinzips *Hohenstatt/Kuhnke*, RdA 2009, 107, 108; *Willemsen*, S. 233 ff.; *Bepler*, RdA 2009, 65, 75. Problematisch könnte dies im Rahmen von Sanierungstarifverträgen werden, vgl. dazu *Preis/Greiner*, NZA 2007, 1073, 1078 f. Diesbezüglich muss im Einzelfall abgewogen werden, ob Ausnahmen denkbar sind.

1121 BAG v. 23.3.2005 - 4 AZR 203/04, NZA 2005, 1003 ging sogar von Tarifkonkurrenz aus. *Willemsen*, S. 233 ff. zeigt die diesbezügliche Entwicklung auf.

1122 BAG v. 29.8.2007 - 4 AZR 767/06, NZA 2008, 364 unter ausdrücklicher Aufgabe der Entscheidung vom 23.3.2005; ebenso BAG v. 22.10.2008 - 4 AZR 784/07, NZA 2009, 151, 154. Ausführlich auch *Bepler*, RdA 2009, 65, 75. Vgl. dazu auch noch unten Sechstes Kapitel IV.7.b) (2).

1123 *Bepler*, RdA 2009, 65, 75.

1124 *Hohenstatt/Kuhnke*, RdA 2009, 107, 110.

Regelungen statisch weiter. Diese Feststellung gilt gleichermaßen für tarifgebundene wie für nicht tarifgebundene Arbeitnehmer, da die Bezugnahmeklausel konstitutive Wirkung aufweist.[1125]

Für die Auslegung einer statischen Bezugnahmeklausel ist es grundsätzlich ohne Bedeutung, ob der Erwerber tarifgebunden ist oder der Betrieb bei Übergang den Geltungsbereich verlässt.[1126] Sind die Arbeitnehmer und der Erwerber an denselben Tarifvertrag gebunden, kommt das Günstigkeitsprinzip zur Anwendung.

Fraglich ist, ob § 613a Abs. 1 S. 3 BGB analog angewendet werden sollte, um - zumindest im Fall der kongruenten Tarifbindung - eine Ablösung der individualvertraglich geltenden Regelungen durch Tarifvertrag ohne Beachtung des Günstigkeitsprinzips zu ermöglichen.[1127] Die praktische Relevanz dieser Frage dürfte gering sein,[1128] da die Rechtsprechung davon ausgeht, dass eine Bezugnahmeklausel im Zweifel dynamisch ist. Dennoch sei bereits hier festgehalten, dass eine solche Analogie abzulehnen ist.[1129] Folglich bleibt es bei der statischen Bezugnahme auf die ursprünglichen Regelungen. Sind Erwerber des Betriebs und Arbeitnehmer an denselben Tarifvertrag gebunden, muss das Günstigkeitsprinzip angewendet werden.

5. Kleine dynamische Klausel ohne Tarifbindung des Erwerbers

Ist der Erwerber eines Betriebs nicht tarifgebunden, kommt es in der Praxis hinsichtlich der Rechtsfolgen der Bezugnahmeklauseln darauf an, ob eine Gleichstellungsabrede vorliegt oder nicht. Daher wird im Folgenden danach unterschieden, ob es sich um eine solche handelt, oder um eine kleine dynamische Bezugnahmeklausel, die nach ihrem Wortlaut ausgelegt wird. Zu beachten ist, dass die Folgen einer Bezugnahmeklausel auch davon abhängen können, ob der vom Betriebsübergang betroffene Arbeitnehmer beim Veräußerer tarifgebunden war.

1125 *Annuß,* ZfA 2005, 405, 452. Vgl. auch das Beispiel bei *Bauer/Günther,* NZA 2008, 6, 10.

1126 *Thüsing/Lambrich,* RdA 2002, 193, 211.

1127 So *Wank,* NZA 1987, 505, 509, um zu verhindern, dass die Außenseiter besser stehen als die tarifgebundenen Arbeitnehmer. Wohl auch *Zöllner,* DB 1995, 1401, 1406.

1128 *Moll,* RdA 1996, 275, 286 spricht davon, dass die statische Bezugnahmeklausel nur theoretisch sei.

1129 Zur ausführlichen Begründung vgl. unten Sechstes Kapitel IV.7.b) (1).

a) Gleichstellungsabrede

Zuerst soll die Folge einer Klausel dargelegt werden, bei der es sich um einen Altfall handelt, der Vertrauensschutz beanspruchen kann,[1130] oder die eine Gleichstellungsabrede nach der neuen Rechtsprechung darstellt. Voraussetzung für beide Fälle ist die Tarifgebundenheit des bisherigen Arbeitgebers.[1131]

Es wurde bereits angesprochen, dass eine Gleichstellungsabrede einzig den Arbeitnehmer so stellen soll, als wäre er tarifgebunden. Beim Veräußerer sollte eine solche Klausel folglich die nicht tarifgebundenen den tarifgebundenen Arbeitnehmern gleichstellen; es soll die Tarifgebundenheit des Arbeitnehmers ersetzt und das widergespiegelt werden, was tarifrechtlich gilt. Sie erfüllt keinen weiteren Zweck.[1132] Daraus ergibt sich, dass grundsätzlich dieselben Rechtsfolgen eintreten sollen, die bei beidseitiger Tarifbindung vorlägen. Bei einem Betriebsübergang, bei dem der Erwerber nicht, oder anders tarifgebunden war, führte die Einordnung als Gleichstellungsabrede nach Ansicht des BAG dazu, dass der Tarifvertrag, der in Bezug genommen wurde, so anwendbar blieb, wie er zum Zeitpunkt des Betriebsübergangs bestanden hatte, also statisch.[1133]

Der nichtorganisierte Arbeitnehmer wird so gestellt, als wäre er tarifgebunden. Der Gleichstellungszweck kann nach einem Betriebsübergang nicht mehr erreicht werden und die Bezugnahmeklausel verliert ihre Dynamik.[1134] Veränderungen des Tarifvertrags werden nur durch eine Bezugnahmeklausel erfasst „soweit und solange der Arbeitgeber daran gebunden ist“.[1135] Durch den Betriebsübergang auf einen nicht tarifgebundenen Erwerber entfällt die Tarifgebundenheit des Arbeitgebers und die Regelungen des in Bezug genommenen Tarifvertrags gelten beim Erwerber statisch weiter, das Arbeitsverhältnis nimmt nicht an späteren Änderungen teil. Diese Rechtsfolge gilt für ehemals tarifgebundene Arbeitnehmer und Außenseiter gleichermaßen. Für die ehemals Tarifgebundenen gilt daneben § 613a Abs. 1 S. 2 BGB. Sind diese Regelungen für die Arbeitnehmer günstiger, muss auf diese abgestellt werden.

1130 Beispielsweise BAG v. 18.4.2007 - 4 AZR 652/05, NZA 2007, 965. Zuletzt BAG v. 26.8.2009 - 4 AZR 290/08, NJW 2010, 1017, 1018.

1131 Auch die Frage, ob der Erwerber tarifgebunden ist, ist bei Feststellung der Auswirkungen einer Bezugnahmeklausel von Bedeutung. Hier wird unterstellt, der Erwerber sei nicht tarifgebunden. Zur Frage, welche Rechtsfolge eintritt, wenn der Erwerber - anderweitig - tarifgebunden ist, unten Sechste Kapitel IV.7.

1132 BAG v. 29.8.2001 - 4 AZR 332/00, NZA 2002, 513, 516.

1133 BAG v. 16.10.2002 - 4 AZR 467/01, NZA 2003, 390.f

1134 BAG v. 4.8.1999 - 5 AZR 642/98, NZA 2000, 154; BAG v. 14.12.2005 - 4 AZR 536/04, NZA 2006, 607, 610. *Bauer/Günther,* NZA 2008, 6, 10.

1135 BAG v. 30.8.2000 - 4 AZR 581/99, NZA 2001, 510, 511.

b) Wortlautgetreue Auslegung

Lag keine Gleichstellungsabrede vor, konnte der Arbeitnehmer bereits nach der alten Rechtsprechung davon ausgehen, dass die Bezugnahme zu einer Teilhabe an Änderungen des Tarifvertrags führte, unabhängig von der Tarifgebundenheit des Arbeitgebers.[1136]

Dies galt, wenn der Arbeitgeber bei Vereinbarung der Bezugnahmeklausel nicht tarifgebunden war. Ein Betriebsübergang konnte an der Dynamik der Bezugnahmeklausel in einem solchen Fall nichts ändern.[1137] Somit war eine Bezugnahmeklausel auch beim Erwerber so auszulegen, dass das Arbeitsverhältnis an Veränderungen des Tarifvertrags, der in der Bezugnahmeklausel benannt ist, teilnahm. Nach der Rechtsprechungsänderung müssen alle Bezugnahmeklauseln nach ihrem Wortlaut ausgelegt werden. Die Tarifbindung des Arbeitgebers stellt dabei keine auflösende Bedingung dar. Verweist eine Klausel auf einen Tarifvertrag in seiner jeweiligen Fassung, gilt dies auch nach einem Betriebsübergang. Die Dynamik der Klausel bleibt erhalten, unabhängig davon, ob der neue Betriebsinhaber tarifgebunden ist.[1138] Folglich nimmt ein Arbeitsverhältnis auch beim nicht tarifgebundenen Betriebserwerber weiter an Änderungen des Tarifvertrags teil.[1139] Bei fehlender Tarifbindung des Erwerbers führt dies dazu, dass der in Bezug genommene Tarifvertrag weiter dynamisch gilt.

Für die Arbeitnehmer, die normativ an den ursprünglichen Tarifvertrag gebunden waren, gilt der Tarifvertrag auch nach § 613a Abs. 1 S. 2 BGB weiter. Tritt eine Änderung in Kraft, die für die Arbeitnehmer insgesamt günstiger ist und wird diese von der Weitergeltungsanordnung des § 613a Abs. 1 S. 2 BGB nicht erfasst,[1140] lebt die Bezugnahmeklausel wieder auf und löst die dynamische Bindung aus.[1141]

6. Große dynamische Klausel ohne Tarifbindung des Erwerbers

Neben der bisher problematisierten kleinen Bezugnahmeklausel kann auch die große Bezugnahmeklausel bei Betriebsübergang zu Anwendungsschwierigkei-

---

1136 BAG v. 19.3.2003 - 4 AZR 331/02, NZA 2003, 1207, 1208.

1137 BAG v. 25.9.2002 - 4 AZR 294/01, NZA 2003, 807, 809.

1138 BAG v. 22.10.2008 - 4 AZR 793/07, NZA 2009, 323, 326.

1139 *Bauer/Günther,* NZA 2008, 6, 10.

1140 Dies ist abhängig davon, inwieweit man die Dynamik nach § 613a Abs. 1 S. 2 BGB aufrechterhält, dazu ausführlich oben Viertes Kapitel I.

1141 Ausführlich *Lambrich,* FS f. Ehmann, S. 169, 232; *Thüsing/Lambrich,* RdA 2002, 193.

ten führen. So war auch bei Vorliegen einer großen dynamischen Bezugnahmeklausel nach der alten Rechtsprechung ebenfalls eine Gleichstellungsabrede anzunehmen, wenn der Arbeitgeber bei Vereinbarung tarifgebunden war.[1142] Soweit ersichtlich gilt die Rechtsprechungsänderung auch für große dynamische Klauseln.[1143] Allerdings ist der Vertrauensschutz zu beachten und auch künftig die ausdrückliche Vereinbarung einer Gleichstellungsabrede möglich. Somit bedarf es hinsichtlich der Feststellung der Folgen eines Betriebsübergangs weiterhin der Aufteilung zwischen dem Vorliegen einer Gleichstellungsabrede und einer Auslegung nach dem Wortlaut.

a) Gleichstellungsabrede

Auch eine große dynamische Klausel kann eine Gleichstellungsabrede darstellen, nach der bei ersatzlosem Wegfall der Tarifgebundenheit des Arbeitgebers die Dynamik endet.[1144] Die Regelungen des Tarifvertrags, auf den ursprünglich Bezug genommen wurde, gelten statisch weiter. Das Arbeitsverhältnis nimmt an Änderungen des Tarifvertrags nicht teil. Nach den Grundsätzen, die das BAG aufgestellt hat, bleibt es nicht nur bei einer statischen Geltung, sondern auch bei Geltung des ursprünglichen Tarifvertrags. Die ergibt sich daraus, dass stets der Tarifvertrag in Bezug genommen werden soll, an den der Arbeitgeber gebunden ist. Da an dieser Stelle unterstellt wird, dass der Erwerber des Betriebs nicht tarifgebunden ist, können keine neuen Regelungen an Stelle der alten treten.[1145] Dies gilt unabhängig davon, ob der Betrieb den Geltungsbereich verlässt oder nicht.[1146]

Waren die übergegangen Arbeitnehmer normativ an den ursprünglichen Tarifvertrag gebunden, gilt für diese daneben § 613a Abs. 1 S. 2 BGB und damit die dortige Dynamik.[1147]

b) Wortlautgetreue Auslegung

War der ursprüngliche Betriebsinhaber nicht tarifgebunden oder liegt eine Klausel vor, die der neuen Rechtsprechung unterfällt, ist für eine Auslegung im Sinne einer Gleichstellungsabrede kein Platz. Daher wird weiter der *jeweils*

1142 Dies galt zumindest, wenn der Erwerber nicht tarifgebunden war, vgl. *Lambrich*, FS f. Ehmann, S. 169, 224.

1143 In diese Richtung BAG v. 22.10.2008 - 4 AZR 793/07, NZA 2009, 323, 326. Zu dieser Problematik auch *Jordan/Bissels,* NZA 2010, 71.

1144 BAG v. 16.10.2002 - 4 AZR 467/01, NZA 2003, 390.

1145 BAG v. 16.10.2002 - 4 AZR 467/01, NZA 2003, 390, 392.

1146 *Thüsing/Lambrich,* RdA 2002, 193, 211.Vgl. das Beispiel bei *Bauer/Günter,* NZA 2008, 6, 10 f.

1147 Vgl. dazu oben Viertes Kapitel I.

einschlägige[1148] Tarifvertrag in Bezug genommen, unabhängig von der Tarifbindung des Veräußerers.[1149] Hat der Betrieb im Rahmen des Betriebsübergangs den Geltungsbereich gewechselt, wären demnach für das Arbeitsverhältnis die „neuen" Regelungen ausschlaggebend. Diese Feststellung gilt allerdings während der Veränderungssperre für solche Arbeitnehmer, für die ein beim Betriebsveräußerer ursprünglich geltender Tarifvertrag normativ galt, nur, sofern die Regelungen des neuen Tarifvertrags günstiger sind, da § 613a Abs. 1 S. 4 BGB auf die übergehende Bezugnahmeklausel nicht anwendbar ist.[1150]

Fraglich ist, ob die AGB-Vorgaben der Auslegung einer großen dynamischen Bezugnahmeklausel als Tarifwechselklausel entgegenstehen. Insbesondere könnte es Schwierigkeiten im Hinblick auf § 305c Abs. 2 BGB ergeben und es sich bei einer großen dynamischen Klausel um eine überraschende Klausel handeln. Dies vor allem, wenn der Geltungsbereich des ursprünglich in Bezug genommenen Tarifvertrags verlassen wird. Es wird angenommen, der Auslegung als Tarifwechselklausel könnten die AGB-Vorgaben nicht entgegenstehen, da bei Bezugnahme auf den *einschlägigen* Tarifvertrag die Richtigkeitsgewähr gilt.[1151] Dem ist im Hinblick auf die Vereinbarung von Bezugnahmeklauseln an sich auch zuzustimmen. Das Problem liegt aber darin, dass sich das Bezugnahmeobjekt *im Nachhinein* entscheidend verändert, da ein neuer Tarifvertrag aus einem anderen Geltungsbereich anwendbar ist. Dieser Tarifvertrag könnte nach hier vertretener Ansicht auch durch die Arbeitsvertragsparteien als Bezugsobjekt vereinbart werden, ohne dass die AGB-Regelungen dem entgegenstünden. Davon zu unterscheiden ist aber die Frage, ob eine Klausel, die ein anderes Bezugnahmeobjekt hatte, sich auch auf diese neue Situation bezieht, also ein Wechsel stattfindet.

Grundsätzlich kann sich der Überraschungseffekt nicht nur zum Zeitpunkt des Vertragsschlusses ergeben, sondern auch später eintreten.[1152] Das BAG hat offengelassen, welche Veränderungen zu einer überraschenden Klausel führen

---

1148 Etwas anderes ergibt sich, wenn auf den jeweils *normativ* geltenden Tarifvertrag Bezug genommen wird. Bei fehlender Tarifbindung des Erwerbers wirkt sich dies wie eine Gleichstellungsabrede aus, vgl. *Willemsen,* S. 213.

1149 *Thüsing/Lambrich,* RdA 2002, 193, 212. Wohl auch *Annuß,* BB 1999, 2558, 2560; *ders.,* ZfA 2005, 405, 453.

1150 Dazu bereits oben Viertes Kapitel V.4.

1151 *Bauer/Günther,* NZA 2008, 6, 11 f.

1152 *Thüsing/Lambrich,* NZA 2002, 1361, 1365. Zustimmend *Reinecke,* BB 2006, 2637, 2644. Anderer Ansicht sind *Jordan/Bissels,* NZA 2010, 71, 72.

können.[1153] Nach der bisherigen Rechtsprechung ist aber davon auszugehen, dass die Möglichkeit eines Wechsels des Bezugnahmeobjekts klar aus der Formulierung der Klausel hervorgehen muss.[1154] Ist aus der Klausel ersichtlich, dass ein anderer Tarifvertrag einschlägig werden kann, muss der Arbeitnehmer auch damit rechnen, dass es zu einem Betriebsübergang kommen kann. Die Veräußerung eines Unternehmens ist kein ungewöhnlicher Sachverhalt und man muss folglich davon ausgehen, dass es zu einer solchen kommen könnte.[1155]

Für die Arbeitnehmer, die an einen beim Veräußerer geltenden Tarifvertrag normativ gebunden waren, gelten die Regelungen des bisherigen Tarifvertrags nach § 613a Abs. 1 S. 2 BGB weiter. Insofern kommt das Günstigkeitsprinzip bis zum Ablauf der Veränderungssperre zur Anwendung. Danach lebt die Bezugnahmeklausel wieder auf.

7. Dynamische Klauseln bei Bindung des Erwerbers an einen neuen Tarifvertrag

Ist der Betriebserwerber an einen anderen Tarifvertrag als der Veräußerer gebunden, stellt sich die Frage, wie mit diesem neuen Tarifvertrag umgegangen werden soll. So kann sich durch Auslegung der Bezugnahmeklausel ein Tarifwechsel ergeben. Ist dies nicht der Fall, stellt sich die Frage, ob eine Angleichung der Arbeitsbedingungen auf andere Grundsätze zurückgeführt werden kann.[1156]

a) Auslegung der jeweiligen Klausel

Grundsätzlich sind drei verschiedene Konstellationen denkbar. Es kann sich um eine Gleichstellungsabrede handeln, aber auch um eine kleine oder große dynamische Klausel, die nach ihrem Wortlaut auszulegen ist. Es soll aufgezeigt werden, welche Folge die jeweiligen Klauseln nach Meinung des BAG haben und das Ergebnis kritisch bewertet werden.

1153 BAG v. 24.9.2008 - 6 AZR 76/07, NZA 2009, 154. Vgl. auch *Thüsing/Lambrich,* NZA 2002, 1361, 1365, die darauf hinweisen, dass die Grenzziehung sehr schwierig ist.

1154 Zu diesem Argument *Bepler,* RdA 2009, 65, 75.

1155 *Thüsing/Lambrich,* RdA 2002, 193, 213. In diese Richtung auch *Reinecke*, BB 2006, 2637, 2644.

1156 An dieser Stelle kann sich eine unterschiedliche Behandlung sowohl der ursprünglich tarifgebundenen Arbeitnehmer ergeben als auch bezüglich derjenigen, die an den neuen Tarifvertrag des Erwerbers gebunden sind.

(1) Kleine dynamische Klausel, die als Gleichstellungsabrede ausgelegt wird

Nach Ansicht einiger Autoren müsste der Gleichstellungszweck einer als Gleichstellungsabrede ausgelegten Klausel bei einem Betriebsübergang zur Anwendung des „neuen" Tarifvertrags führen, wenn der Übergang mit einem Wechsel des Geltungsbereichs einhergeht oder der Erwerber des Betriebs aus sonstigen Gründen an einen anderen Tarifvertrag gebunden ist.[1157] Nach Ansicht des BAG allerdings war diese Rechtsfolge bisher nicht zwingend mit der Gleichstellungsabrede verbunden.[1158]

Für das Eintreten der Rechtsfolgen einer großen dynamischen Bezugnahmeklausel entgegen des Wortlauts einer Klausel bedarf es nach Ansicht des Gerichts des Vorliegens weiterer Umstände, wonach eine Gleichstellungsabrede die Vereinbarung umfasst, dass die jeweils einschlägigen Tarifverträge in ihrer jeweils geltenden Fassung in Bezug genommen werden sollen.[1159]

Für die Annahme einer „Tarifwechselklausel" bedarf es des Wortlauts einer großen dynamischen Klausel, die nicht als Gleichstellungsabrede ausgelegt wird, oder der Tarifbindung des Erwerbers. Möglich ist auch, dass der Wille zum Tarifwechsel aus besonderen Umständen klar hervorgeht.[1160] Daran hält das BAG auch nach der Rechtsprechungsänderung grundsätzlich fest.[1161] Solche besonderen Umstände können sich beispielsweise aus einer Gesamtschau aller vertraglichen Regelungen ergeben.[1162]

Fraglich ist, ob dieselbe Einschätzung nach Ansicht des BAG zugrunde zu legen ist, wenn der Tarifvertrag vor Tarifwechsel und der Tarifvertrag nach Tarifwechsel von *derselben Gewerkschaft* abgeschlossen wurden und der Arbeitnehmer *tarifgebunden* ist. Für diesen gilt eigentlich § 613a Abs. 1 S. 3 BGB. Die darin vorgesehene Ablösung könnte aber hinsichtlich des betroffe-

---

1157 Vgl. *Thüsing/Lambrich,* RdA 2002, 193, 210; *Schwarz,* BB 2010, 1021, 1023. In diese Richtung ging auch BAG v. 4.9.1996 - 4 AZR 135/95, NZA 1997, 271. Wohl auch *Meyer,* NZA 2003, 1126, 1129.

1158 BAG v. 30.8.2000 - 4 AZR 581/99, NZA 2001, 510, 511.

1159 BAG v. 30.8.2000 - 4 AZR 581/99, NZA 2001, 510, 511. Ebenso BAG v. 25.9.2002 - 4 AZR 294/01, NZA 2003, 807. Interessanterweise beruft sich das BAG auf den Wortlaut der Klausel, da es für einen Tarifwechsel treffendere Formulierungen gäbe. An dieser Stelle zeigt sich die Inkonsequenz der alten Rechtsprechung deutlich. Warum einmal der Wortlaut kein Gewicht hat, an anderer Stelle aber ausschlaggebend ist, ist nicht ersichtlich. Kritisch auch *Thüsing*, NZA 2003, 1184, 1185.

1160 Vgl. auch *Thüsing/Lambrich,* RdA 2002, 193, 210 f. Zustimmend *Schliemann*, ZTR 2004, 502, 510.

1161 BAG v. 29.8.2007 - 4 AZR 767/06, NZA 2008, 364; BAG v. 22.10.2008 - 4 AZR 784/07, NZA 2009, 151, 152; BAG v. 22.4.2009 - 4 AZR 100/08, NZA 2010, 41, 44 f.

1162 BAG v. 22.4.2009 - 4 AZR 100/08, NZA 2010, 41, 45.

nen Arbeitsverhältnisses nicht stattfinden, wenn eine Bezugnahmeklausel konstitutiv wirkt und statisch auf die alten Regelungen verweist.

Darin könnten „besondere Umstände" zu sehen sein, die einen Tarifwechsel zulassen. Diese Frage hat der Vierte Senat nach seiner Rechtsprechungsänderung ausdrücklich offen gelassen.[1163] Allerdings ergibt sich eine solche Auslegung nicht aus der vom Gericht in Bezug genommenen Entscheidung. Dort führt das BAG aus, im Zuge einer ergänzenden Vertragsauslegung sei zu beachten, dass bei einem Tarifwechsel die jeweils geltenden Tarifverträge in Bezug genommen werden müssten, wenn eine Gleichstellungsabrede ihren Zweck nicht verfehlen soll. Diese Lösung gelte „auch für den Fall, daß der Arbeitsvertrag eines organisierten Arbeitnehmers eine Verweisungsklausel auf die Tarifverträge enthält, an die der Arbeitgeber und kraft Organisationszugehörigkeit auch der Arbeitnehmer" gebunden waren.[1164]

Das BAG ging im Jahr 1996 gerade nicht davon aus, eine Auslegung als Tarifwechselklausel habe nur in einer bestimmten Konstellation zu erfolgen, sondern grundsätzlich. Bereits im Jahr 2000 distanzierte sich das BAG - insbesondere für den Fall des Betriebsübergangs - aber von dieser Auslegung. Das Gericht betonte, dass sofern der Entscheidung aus dem Jahr 1996 zu entnehmen sei, dass eine Gleichstellungsabrede bei einem Betriebsübergang automatisch zu einem Tarifwechsel führen soll, es an dieser Einschätzung nicht festhalten wolle.[1165]

Die höchstrichterliche Rechtsprechung lehnte bis dato in der Gesamtschau eine - ergänzende - Vertragsauslegung, die zum Vorliegen einer Tarifwechselklausel führt, bei einer kleinen dynamischen Bezugnahmeklausel ab. Allerdings gilt es diesbezüglich die Entwicklung der „neuen" Rechtsprechung des Vierten Senats hinsichtlich der Auslegung von Bezugnahmeklauseln bei Betriebsübergang ohne Wechsel der Gewerkschaftszuständigkeit abzuwarten.[1166]

1163 Dies geschah unter Berufung auf BAG v. 4.9.1996 - 4 AZR 135/95, NZA 1997, 271, vgl. BAG v. 22.10.2008 - 4 AZR 784/07, NZA 2009, 151, 153.

1164 BAG v. 4.9.1996 - 4 AZR 135/95, NZA 1997, 271, 272. Hervorhebung durch die Verfasserin.

1165 BAG v. 30.8.2000 - 4 AZR 581/99, NZA 2001, 510, 511. Das BAG führt weiter aus, dass sich die ursprüngliche Konstellation auf einen Verbandswechsel bezogen hat.

1166 Besonders interessant dürften die Entscheidungen des BAG zu LAG Düsseldorf v. 2.4.2009 - 15 Sa 1148/08 bzw. den jeweiligen Parallelverfahren werden, anhängig unter den Aktenzeichen 4 AZR 391/09, 4 AZR 403/09, 4 AZR 404/09, 4 AZR 405/09, 4 AZR 407/09 und 4 AZR 408/09. Das LAG Düsseldorf setzt sich in seinem Urteil mit der Entwicklung der Auslegung einer Gleichstellungsabrede i.V.m. § 613a Abs. 1 S. 3 BGB auseinander und weicht letztlich mit sehr ausführlicher Begründung von BAG v. 29.8.2007 - 4 AZR 767/06, NZA 2008, 364 ab, indem es annimmt, der Gleichstellungszweck umfasst bei einem Betriebsübergang auch § 613a Abs. 1 S. 3

Fraglich ist, ob für den speziellen Fall des Betriebsübergangs durch die Vereinbarung einer Bezugnahmeklausel richtiger Ansicht nach § 613a Abs. 1 S. 3 BGB mit in Bezug genommen wurde, da eine Gleichstellung der nicht tarifgebundenen mit den tarifgebundenen Arbeitnehmern erreicht werden solle. Für letztere gilt § 613a Abs. 1 S. 3 BGB, wonach die nach § 613a Abs. 1 S. 2 BGB weitergeltenden Normen durch einen normativ geltenden Tarifvertrag abgelöst werden. Dies müsste auch für die Auslegung der Bezugnahmeklauseln und dabei auch für nicht tarifgebundene Arbeitnehmer gelten.[1167] Das BAG hat dies, wie festgehalten, ausdrücklich abgelehnt und verweist darauf, dass auch beim Betriebsübergang ein Tarifwechsel nur bei einer großen dynamischen Klausel in Betracht kommt,[1168] scheint sich aber in Folge nicht konsequent daran zu halten.[1169]

Fraglich ist, ob den Vertragsparteien eine Bezugnahme auf die Vorschrift des § 613a Abs. 1 S. 3 BGB unterstellt werden kann. Dies vor allem, da sie sich aller Wahrscheinlichkeit nach über einen Betriebsübergang keine Gedanken gemacht haben. Insofern bedürfte es einer ergänzenden Vertragsauslegung. Allerdings kommt diese auch ohne Anwendung der gesetzlichen Regelung zum gleichen Ergebnis: Ausgehend von einer Gleichstellung mit den tarifgebundenen Arbeitnehmern, deren Arbeitsverhältnisse auch auf den Betriebserwerber übergehen,[1170] wird deutlich, dass für diese gerade ohne Einschränkung § 613a Abs. 1 S. 3 BGB gilt - unterstellt, deren Arbeitsverträge enthalte keine Bezugnahmeklausel. Damit müsste das Ergebnis des § 613a Abs. 1 S. 3 BGB auch für ursprünglich nicht tarifgebundene Arbeitnehmer gelten, wenn diese an den Tarifvertrag des Erwerbers gebunden sind.[1171]

BGB. Auch die Vorlage zu BAG v. 29.8.2007 - 4 AZR 767/06, NZA 2008, 364 kam interessanterweise vom LAG Düsseldorf. Leider geht das LAG nicht auf die hier problematisierte Entscheidung BAG v. 30.8.2000 - 4 AZR 581/99, NZA 2001, 510 ein.

1167 LAG Düsseldorf v. 20.7.2006 - 15 [4] Sa 62/06; LAG Düsseldorf v. 2.4.2009 - 15 Sa 1148/08; *Gaul,* NZA 1998, 9, 17.

1168 BAG v. 29.8.2007 - 4 AZR 767/06, NZA 2008, 364, 365.

1169 Vgl. dazu die Ausführungen im Folgenden.

1170 Diese Prämisse legt das BAG selbst zugrunde: BAG v. 10.12.2008 - 4 AZR 881/07, NZA-RR 2009, 537, 538 f. und begründet mit dem Verweis auf § 613a Abs. 1 S. 2 BGB ein Ende der dynamischen Verweisung. Ebenso bereits BAG v. 23.1.2008 - 4 AZR 602/06, AP TVG § 1 Bezugnahme auf Tarifvertrag Nr. 63, Rdnr. 31 ff. Allerdings wird bei dieser Entscheidung nicht deutlich, ob der Vierte Senat eine Gleichstellungsabrede nicht doch als Tarifwechselklausel auslegen möchte. Diese Frage stellt sich insbesondere bei einer Gesamtschau der beiden Entscheidungen.

1171 *Thüsing/Lambrich,* RdA 2002, 193, 211, Fn. 194; *Hohenstatt/Kuhnke,* RdA 2009, 107, 110; *Kania,* DB 1995, 625, 628. Mit Verweis auf den „Widerspiegelungseffekt“

Nach Ansicht des BAG kommt es nach der bisherigen Rechtsprechung dennoch bei Vorliegen einer Gleichstellungsabrede zu einer statischen Geltung der Regelungen der ursprünglich in Bezug genommenen tariflichen Regelungen, auch wenn beim Erwerber ein anderer Tarifvertrag gilt, obwohl dies nicht dem Zweck der Gleichstellungsabrede entspricht. Für die Arbeitnehmer, die auch an den Tarifvertrag des Erwerbers gebunden sind, kommt das Günstigkeitsprinzip zur Anwendung. Nach hier vertretener Ansicht müsste der neue Tarifvertrag gelten.

Für Arbeitnehmer, die an den ursprünglichen Tarifvertrag gebunden waren, gilt § 613a Abs. 1 S. 2 BGB. Dies kann bei kongruenter Tarifbindung zur Anwendung des § 613a Abs. 1 S. 3 BGB führen und damit zur Ablösung der weitergeltenden Regelungen. Allerdings ist darauf zu achten, ob dennoch eine Bezugnahmeklausel vorliegt. In diesen Fällen ist - folgt man der Rechtsprechung des BAG - das Günstigkeitsprinzip zwischen den normativ geltenden Regelungen des neuen Tarifvertrags und den aufgrund der Bezugnahmeklausel anwendbaren Regelungen des alten Tarifvertrags anzuwenden. Nach hier vertretener Ansicht kommt es zur Anwendung des neuen Tarifvertrags.

(2) Kleine dynamische Klausel mit wörtlicher Auslegung

Ausgehend vom Wortlaut einer kleinen dynamischen Klausel ergibt sich bei Auslegung nach den neuen Rechtsprechungsgrundsätzen ein deutliches Bild. Demnach gilt ein bestimmter Tarifvertrag in seiner jeweiligen Fassung. Daran ändert auch ein Betriebsübergang nichts, selbst wenn der Erwerber an einen anderen Tarifvertrag gebunden ist. Durch die Bezugnahmeklausel wird der in Bezug genommene Tarifvertrag Bestandteil des Arbeitsvertrags und bleibt dies auch. Ein anderes Ergebnis ergibt sich auch nicht im Wege der ergänzenden Vertragsauslegung. Zur Annahme einer Tarifwechselklausel bedarf es deutlicher Anhaltspunkte in der vertraglichen Regelung.

War der Arbeitnehmer ursprünglich an den Tarifvertrag des Erwerbers normativ gebunden, gilt für ihn daneben § 613a Abs. 1 S. 2 BGB und es kommen die jeweils günstigeren Regelungen zur Anwendung. Ist der Arbeitnehmer an den Tarifvertrag des neuen Arbeitgebers gebunden und fällt das Arbeitsverhältnis in den Geltungsbereich dieses Tarifvertrags, bleibt es bei der einzelvertraglichen Geltung des ursprünglich in Bezug genommenen Tarifvertrags. Damit treffen tarifliche Regelungen auf eine individualvertragliche Abrede und es kommt ebenfalls das Günstigkeitsprinzip zur Anwendung.

---

kommen auch *Henssler,* FS für Wißmann, S. 133, 151 und *Schwab,* S. 216 zu diesem Ergebnis, allerdings nur für die tarifgebundenen Arbeitnehmer.

(3) Große dynamische Klausel

Bereits nach der alten Rechtsprechung ergab sich bei großen dynamischen Klauseln, auch wenn diese als Gleichstellungsabreden auszulegen waren, ein Tarifwechsel, wenn der Erwerber tarifgebunden war.[1172] Legt man große dynamische Klauseln nach ihrem Wortlaut aus, wird von der Bezugnahme ebenfalls der Tarifvertrag umfasst, der beim Erwerber gilt. Somit kommt es in diesem Fall zu einem Tarifwechsel und die ursprünglich in Bezug genommen Regelungen finden keine Anwendung mehr. Voraussetzung ist, dass der Erwerber an den Tarifvertrag gebunden ist. Ohne Bedeutung ist es, ob ein Arbeitnehmer an den ab Übergang einschlägigen Tarifvertrag gebunden ist.[1173] Diese Folge verstößt auch nicht gegen AGB-Vorgaben.[1174]

Etwas anderes gilt für die Arbeitnehmer, für die § 613a Abs. 1 S. 2 BGB gilt, da § 613a Abs. 1 S. 4 Alt. 2 BGB *nicht* auf Bezugnahmeklauseln anwendbar ist, die der Veräußerer des Betriebs vereinbart hat.[1175] Folglich bleibt es für diese Arbeitnehmer für den Zeitraum der Veränderungssperre bei den weitergeltenden Regelungen, sofern diese günstiger sind.

b) Anderweitige Möglichkeit einen Tarifwechsel auszulösen

(1) Anwendung von § 613a Abs. 1 S. 3 BGB analog

Fraglich ist, ob bei Vorliegen einer Bezugnahmeklausel § 613a Abs. 1 S. 3 BGB anwendbar ist, wenn sich nach Auslegung der Klausel kein Tarifwechsel ergeben hat. Zieht man § 613a Abs. 1 S. 3 BGB heran, würde die Bezugnahme verdrängt werden und so die Anwendbarkeit des einschlägigen Tarifvertrags nach Betriebsübergang ermöglichen. Allerdings kann dies nur bei einer beidseitigen Bindung an einen Tarifvertrag möglich sein.[1176] Ist nur der Betriebserwerber, nicht aber der Arbeitnehmer an den einschlägigen Tarifvertrag gebunden, ist für eine - analoge - Anwendung des § 613a Abs. 1 S. 3 BGB kein Raum, da dessen Voraussetzungen nicht erfüllt sind. Fraglich ist, ob sich etwas anderes ergibt, wenn auch der Arbeitnehmer an den beim Erwerber geltenden Tarifvertrag gebunden ist.

Der Wortlaut des § 613a Abs. 1 S. 3 BGB spricht gegen eine Anwendung der Verdrängung auf Bezugnahmeklauseln, da er sich ausdrücklich auf § 613a Abs. 1 S. 2 BGB bezieht, die Klauseln aber als Individualrecht nach § 613a

1172 BAG v. 16.10.2002 - 4 AZR 467/01, NZA 2003, 390, 391.

1173 *Henssler,* FS für Wißmann, S. 133, 153.

1174 Ausführlich dazu *Jordan/Bissels,* NZA 2010, 71, 72 f.

1175 Dazu oben Viertes Kapitel V.4.

1176 Zu Voraussetzungen und Auswirkungen des § 613a Abs. 1 S. 3 BGB vgl. bereits oben Fünftes Kapitel.

Abs. 1 S. 1 BGB übergehen. Nach dem Wortlaut ist die Geltung des „Ablösungsprinzips“ für Bezugnahmeklauseln ausgeschlossen. In einem so eindeutigen Fall kann auch durch Anwendung der weiteren Regeln des Auslegungskanons kein anderes Ergebnis gefunden werden.[1177] Daher kommt nur eine analoge Anwendung des § 613a Abs. 1 S. 3 BGB in Betracht.[1178] Als Argument für eine Analogie wird darauf hingewiesen, dass andernfalls die Außenseiter besser stünden als die tarifgebundenen Arbeitnehmer.

Für eine Analogie braucht es neben einer planwidrigen Regelungslücke einer vergleichbaren Interessenlage. Richtigerweise fehlt es nach Meinung des BAG bereits an einer planwidrigen Regelungslücke, da der Übergang individualvertraglich geregelter Arbeitsbedingungen abschließend durch § 613a Abs. 1 S. 1 BGB behandelt wird.[1179] Auch ist fraglich, ob eine vergleichbare Interessenlage vorliegt, da es sich um unterschiedliche Rechtspositionen handelt: Die Bezugnahmeklausel ist eine individualvertragliche Vereinbarung, während die weitergeltenden Normen auf Tarifrecht beruhen und nur aufgrund der Anordnung des § 613a Abs. 1 S. 2 BGB nach Betriebsübergang wirksam bleiben.[1180] Diesbezüglich gelten unterschiedliche Grundsätze und es bedarf nicht in jedem Fall einer Gleichstellung. Auch aus der Argumentation, dass andernfalls die Außenseiter besser stünden, kann kein anderes Ergebnis hergeleitet werden. Wie bereits an anderer Stelle festgehalten gilt dies schon aus praktischen Gründen: Die Arbeitsverträge der Organisierten enthalten meist ebenso Bezugnahmeklauseln, sodass für nahezu alle Arbeitnehmer das Gleiche gilt.

(2) Grundsatz der Tarifeinheit

Während ein Rückgriff auf allgemeine Grundsätze des Tarifrechts im Rahmen von § 613a Abs. 1 S. 2 bis 4 BGB nicht möglich ist, gilt diese Einschränkung in der vorliegenden Konstellation nicht, da es sich um einen Fall des § 613a Abs. 1 S. 1 BGB handelt und § 613a Abs. 1 S. 3 BGB weder direkt noch analog anwendbar ist. Daher ist die Anwendung des Grundsatzes der Tarifeinheit

---

1177 Zu dieser Feststellung *Larenz/Canaris,* S. 143.

1178 Dazu *Zöllner,* DB 1995, 1401, 1406, der aber auch vorschlägt, Bezugnahmeklauseln nach § 613a Abs. 1 S. 2 BGB übergehen zu lassen; dann würde Satz 3 automatisch gelten.

1179 BAG v. 29.8.2007 - 4 AZR 767/06, NZA 2008, 364, 366; zustimmend *Jacobs,* NZA-Beil. 2009 Heft 1, 45, 52 f.; *Hohenstatt/Kuhnke,* RdA 2009, 107, 108; *Gaul,* § 24, Rdnr. 102. Das BAG behandelt an dieser Stelle auch die Frage nach der Tarifeinheit und setzt voraus, dass § 613a Abs. 1 S. 3 BGB die Tarifeinheit umsetzen soll. Dies ist aber nicht unstrittig. Insofern wird an dieser Stelle zwischen den beiden Ablösungsmöglichkeiten § 613a Abs. 1 S. 3 BGB und „Grundsatz der Tarifeinheit“ unterschieden, um beiden Ansichten gerecht zu werden.

1180 Vgl. zu dieser Argumentation *Bepler,* RdA 2009, 65, 75.

eine weitere denkbare Möglichkeit, die dargelegte Problematik zugunsten des Erwerbers „aufzulösen". Diese wird nach Ansicht des BAG angewendet, wenn ein Betrieb in den Geltungsbereich zweier Tarifverträge fällt, an die der Arbeitgeber gebunden ist, auch wenn nicht beide Tarifverträge normativ für das Arbeitsverhältnis gelten. Es handelt sich dabei um einen Fall der Tarifpluralität.[1181]

Unabhängig von der höchst strittigen Frage, ob im Fall einer Tarifpluralität *überhaupt* eine Anwendung des Grundsatzes der Tarifeinheit angezeigt ist,[1182] stellt sich die Frage, ob eine Tarifpluralität ausgelöst werden kann, wenn nicht zwei verschiedene Tarifverträge in einem Betrieb nebeneinanderstehen, sondern ein Tarifvertrag und eine - gewisse Anzahl - an Arbeitsverhältnissen, für die aufgrund einer Bezugnahmeklausel ein anderer Tarifvertrag gilt. Nach Meinung des BAG kann diese Frage klar verneint werden, da individualvertragliche Abreden grundsätzlich keine Tarifpluralität auslösen können. Vielmehr gilt beim Zusammentreffen eines Tarifvertrags mit einer einzelvertraglichen Bestimmung das Günstigkeitsprinzip.[1183] Dem ist auch vollumfänglich zuzustimmen.

V. Zusammenfassung des Sechsten Kapitels

Klauseln in Arbeitsverträgen, die auf Tarifverträge Bezug nehmen, gelten individualrechtlich und konstitutiv. Sie unterliegen der AGB-Kontrolle. Grundsätzlich handelt es sich bei diesen nicht um überraschende Klauseln i.S.d. § 305c Abs. 1 BGB. Im Einzelfall kann eine Überrumpelung vorliegen, wenn der in Bezug genommene Tarifvertrag einen anderen Geltungsbereich hat und die Bezugnahme unüblich ist. Die Bezugnahmeklausel selbst und ein in Bezug genommener Tarifvertrag aus einem anderen Geltungsbereich unterfallen § 307 BGB. Der einschlägige Tarifvertrag ist von der Kontrolle nach §§ 310 Abs. 4 S. 3 i.V.m. 307 Abs. 3 BGB ausgenommen.

1181 *Franzen,* RdA 2008, 193; *Jacobs,* NZA 2008, 325; *Hergenröder,* 50 Jahre BAG, S. 713, 714.

1182 Die herrschende Lehre ist gegen eine Anwendung des Grundsatzes der Tarifeinheit im Falle einer Tarifpluralität, vgl. *Jacobs,* NZA 2008, 325, 326; *Giesen,* NZA 2009, 11, 12 m.w.N. Das BAG hat dies allerdings bisher angenommen, vgl. BAG v. 20.3.1991 - 4 AZR 455/90, NZA 1991, 736; BAG v. 15.11.2006 - 10 AZR 665/05, NZA 2007, 448. Der Vierte Senat hat in einem Beschluss v. 27.1.2010 - 4 AZR 549/08 angekündigt, nicht am Grundsatz der Tarifeinheit festhalten zu wollen. Er hat diesbezüglich eine Divergenzanfrage an den Zehnten Senat gestellt.

1183 BAG v. 22.10.2008 - 4 AZR 784/07, NZA 2009, 151, 154. Zu diesem Ergebnis kommt auch BAG v. 29.8.2007 - 4 AZR 767/06, NZA 2008, 364, 366. Ausführlich auch *Bepler,* RdA 2009, 65, 75. Ebenso *Hanau/Kania,* FS f. Schaub, S. 239, 241.

Die typisierte Auslegung von Bezugnahmeklauseln als Gleichstellungsabreden war bis 2005 ständige Rechtsprechung. Daher hat das BAG bei Änderung der Rechtsprechung richtigerweise Vertrauensschutz für Altfälle gewährt. Allerdings wurde dabei fälschlicherweise auf das Inkrafttreten des Schuldrechtsmodernisierungsgesetzes abgestellt. Der früheste Stichtag für das Gewähren von Vertrauensschutz ist der 20.4.2005. Da der Vierte Senat darüber hinaus bei Änderung der Rechtsprechung seiner Verpflichtung zur Vorlage zum Großen Senat nicht nachgekommen ist, wurde das Vertrauen in die höchstrichterliche Rechtsprechung nicht gestärkt.

Liegt eine Bezugnahmeklausel vor, die als Gleichstellungsabrede auszulegen ist, oder die einen Altfall darstellt, für den Vertrauensschutz zu gewähren ist, ist der einzige Zweck die Gleichstellung der nicht tarifgebundenen Arbeitnehmern mit den Tarifgebundenen.

Endet die Tarifgebundenheit des Arbeitgebers, endet auch die Dynamik. Zu einer statischen Weitergeltung des ursprünglichen Tarifvertrags kommt es nach dem BAG bei kleinen dynamischen Bezugnahmeklauseln, die als Gleichstellungsabreden auszulegen sind, auch wenn der Erwerber des Betriebs tarifgebunden ist. Nach hier vertretener Ansicht gibt der Gleichstellungszweck bei Tarifbindung des Erwerbers einen Wechsel des Bezugnahmeobjekts vor.

Der beim Erwerber geltende Tarifvertrag ist auch bei Vorliegen einer großen dynamischen Bezugnahmeklausel neues Bezugnahmeobjekt. Wird die Klausel nach ihrem Wortlaut ausgelegt, gilt dies unabhängig davon, ob der Erwerber des Betriebs tarifgebunden ist. Liegt eine kleine dynamische Bezugnahmeklausel vor, die nach dem Wortlaut ausgelegt werden muss, bleibt der ursprüngliche Tarifvertrag Bezugnahmeobjekt; allerdings bleibt die Dynamik erhalten. Ist der Erwerber tarifgebunden und ergibt sich nach Auslegung der Bezugnahmeklauseln, dass Bezugnahmeobjekt der ursprüngliche Tarifvertrag bleibt, kann an diesem Ergebnis weder § 613a Abs. 1 S. 3 BGB noch der Grundsatz der Tarifeinheit etwas ändern.

Waren die Arbeitnehmer beim ursprünglichen Betriebsinhaber tarifgebunden, gelten die Regelungen des Tarifvertrags unabhängig vom Vorliegen einer Bezugnahmeklausel nach § 613a Abs. 1 S. 2 BGB weiter. Im Verhältnis der Regelungen zueinander gilt das Günstigkeitsprinzip. Dasselbe gilt, wenn der Arbeitnehmer an einen Tarifvertrag normativ gebunden ist.

Siebentes Kapitel
Zusammenfassung

1. Der Betrieb muss im Rahmen vertraglicher Beziehungen übergehen, wobei dies weit auszulegen ist. Auf Gesamtrechtsnachfolgen im Bereich des UmwG ist § 613a Abs. 1 BGB aufgrund der Rechtsgrundverweisung § 324 UmwG anwendbar.

2. § 613a Abs. 1 S. 2 bis 4 BGB ist eine Ausnahmevorschrift. Im Rahmen einer Einzelrechtsnachfolge kommt es dennoch weder zu einer kollektivrechtlichen Weitergeltung eines Verbands- noch eines Firmentarifvertrags. Geht der Betrieb im Zuge einer Gesamtrechtnachfolge über, gilt ein Verbandstarifvertrag nicht automatisch weiter. In den Firmentarifvertrag tritt der Erwerber bei einer Gesamtrechtsnachfolge ein.

3. Sowohl bei Verschmelzung durch Aufnahme als auch durch Neugründung tritt der Erwerber in den Firmentarifvertrag ein. Bei einer Spaltung muss zwischen übertragendem und übernehmendem Rechtsträger bzw. den jeweiligen Spaltungsarten unterschieden werden. Auch auf die Zuordnung des Firmentarifvertrags im Spaltungs- und Übernahmevertrag kommt es an. Bei einer Aufspaltung erlischt mit dem übertragenden Rechtsträger seine Tarifgebundenheit. Wird bei einer Abspaltung oder Ausgliederung der Firmentarifvertrag durch den Spaltungs- und Übernahmevertrag dem übernehmenden Rechtsträger zugeordnet, ist § 4 Abs. 5 TVG anwendbar. Die Regelungen dürfen ein Jahr nicht zum Arbeitnehmernachteil verändert werden.

4. Treffen aufgrund der Umwandlung im auf- bzw. übernehmenden Rechtsträger mehrere Tarifverträge aufeinander, ist nur eine Tarifkonkurrenz nach den Grundsätzen der Tarifeinheit aufzulösen, während bei Tarifpluralität die verschiedenen Tarifverträge nebeneinander anwendbar bleiben müssen.

5. Der Begriff Arbeitsbedingungen i.S.d Betriebsübergangsrichtlinie ist weit auszulegen und umfasst alle Bedingungen, unter denen die Arbeitnehmer ihre Arbeitsleistung zu erbringen haben. Aufgrund der richtlinienkonformen Auslegung müssen alle Arbeitsbedingungen, die tariflich geregelt waren, nach § 613a Abs. 1 S. 2 BGB weitergelten. Dies betrifft Inhalts-, Beendigungs- und Abschlussnormen, wenn sie sich auf bestehende Arbeitsverhältnisse beziehen.

6. Auch Betriebsnormen, die Arbeitsbedingungen regeln, gelten nach § 613a Abs. 1 S. 2 BGB weiter. Nach Ablauf der Veränderungssperre muss der Betriebserwerber die Wahl haben, die Regelungen weitergelten oder ersatzlos entfallen zu lassen. Auch die Sperrwirkung des § 77 Abs. 3 BetrVG ist zu lo-

ckern. Das Gleiche gilt für betriebsverfassungsrechtliche Normen. Diesbezüglich ist auch eine analoge Anwendung des § 4 Abs. 5 TVG unter Beachtung der Veränderungssperre denkbar.

7. Der Betriebserwerber ist nach § 613a Abs. 2 BGB bis zu einer angemessenen Höhe verpflichtet, Leistungen zu erbringen, die denen einer ursprünglichen gemeinsamen Einrichtung gleichwertig sind, ohne dass ein Zurückbehaltungsrecht der Arbeitnehmer entstehen kann.

8. Grundsätzlich gilt der schuldrechtliche Teil eines Tarifvertrags nicht weiter. Etwas anderes ergibt sich, wenn die schuldrechtlichen Absprachen Regelungen über Arbeitsbedingungen betreffen.

9. Der Gesetzgeber muss § 613a Abs. 1 S. 2 bis 4 BGB nachbessern, die Einzelheiten richtlinienkonform regeln und praktikable Ablösungsmöglichkeiten vorgegeben.

10. Weder dem Erwerber des Betriebs noch den übergegangenen Arbeitnehmern steht ein Kündigungsrecht an einem Firmentarifvertrags zu.

11. Die Regelungen des Tarifvertrags gelten nach § 613a Abs. 1 S. 2 BGB insofern statisch weiter, dass Änderungen des Kollektivvertrags keinen Einfluss haben. Eine bereits in den tariflichen Vereinbarungen angelegte Dynamik bleibt aber auch nach Übergang erhalten. Dies gilt jedoch nicht für den dynamischen Verweis auf einen anderen Tarifvertrag.

12. Der Erwerber muss nach Ablauf der Veränderungssperre alle weitergeltenden Regelungen ablösen können. Die Hürden für eine Änderungskündigung dürfen nicht zu hoch angesetzt werden. Einzelvertragliche Abreden, die durch den ursprünglich normativ geltenden Tarifvertrag verdrängt wurden, können nur wiederaufleben, wenn sie gewollt für die Beendigung der Weitergeltung nach Betriebsübergang geschlossen wurden oder es sich um dynamische Bezugnahmeklauseln handelt.

13. Nach § 613a Abs. 1 S. 4 Alt. 1 BGB ist vor Ablauf der Veränderungssperre eine Änderung der weitergeltenden Regelungen zuungunsten der Arbeitnehmer möglich, wenn der Tarifvertrag nicht mehr gilt. Dies gilt *nicht*, wenn die Tarifvertragsparteien eine Kündigungsmöglichkeit verstreichen lassen oder einzelne Regelungen eines Tarifvertrags kündigen bzw. ändern, außer es handelt sich um so weitreichende Änderungen, dass von einem Ersatz des Tarifvertrags gesprochen werden muss.

14. Sieht ein Tarifvertrag den Ausschluss der Nachwirkung vor, entfallen auch die nach § 613a Abs. 1 S. 2 BGB weitergeltenden Regelungen, wenn der Tarifvertrag endet.

15. Sind Arbeitnehmer und/oder Betriebserwerber nicht tarifgebunden, können gem. § 613a Abs. 1 S. 4 Alt. 2 BGB die weitergeltenden Regelungen durch Bezugnahme auf einen Tarifvertrag im Ganzen abgelöst werden, aber nicht durch eine Änderungskündigung. Der Erwerber kann sich vor Ablauf der Veränderungssperre nicht auf eine Bezugnahmeklausel berufen, die auf ihn übergegangen ist.

16. Die weitergeltenden Normen können gem. § 613a Abs. 1 S. 3 BGB durch einen Tarifvertrag auch zuungunsten der Arbeitnehmer abgelöst werden, wenn sich die Tarifverträge hinsichtlich eines Sachgruppenvergleichs entsprechen. Zur Ablösung bedarf es der kongruenten Tarifbindung. Letzteres gilt nur während der Veränderungssperre. Keiner kongruenten Tarifbindung bedarf es in Bezug auf weitergeltende Betriebsnormen.

17. Gelten tarifliche Regelungen nach § 613a Abs. 1 S. 2 BGB weiter, können diese unter Beachtung der Sperrwirkung des § 77 Abs. 3 BetrVG nach § 613a Abs. 1 S. 3 BGB durch eine Betriebsvereinbarung abgelöst werden.

18. Hat ein Tarifvertrag, *unabhängig* vom Betriebsübergang, bereits beim Veräußerer das Nachwirkungsstadium erreicht, gilt § 4 Abs. 5 TVG analog ohne Veränderungssperre. Verlässt ein Betrieb, veranlasst durch den Betriebsübergang den Geltungsbereich, findet die Veränderungssperre Anwendung. Dabei ist nicht auf die tatsächliche zeitliche Abfolge abzustellen.

19. Für eine analoge Anwendung des § 613a Abs. 1 S. 2 bis 4 BGB auf Übergänge im Rahmen einer Gesamtrechtsnachfolge außerhalb des UmwG fehlt es an einer planwidrigen Regelungslücke. Dadurch können Schutzlücken entstehen.

20. Viele Aspekte im Rahmen eines Betriebsübergangs sind strittig und die höchstrichterliche Rechtsprechung ist nicht vorhersehbar. Es entstehen vermehrt Unsicherheiten. Dies ist nicht nur aus Rechtssicherheitsgründen problematisch, sondern auch, weil ab einem bestimmten Grad der Unsicherheit die Umsetzung der europäischen Richtlinie nicht mehr gesichert ist.

21. Bezugnahmeklauseln unterliegen der AGB-Kontrolle. Grundsätzlich handelt es sich bei Bezugnahmeklauseln nicht um überraschende Klauseln i.S.d. § 305c Abs. 1 BGB. Im Einzelfall kann eine Überrumpelung vorliegen, wenn der in Bezug genommene Tarifvertrag einen anderen Geltungsbereich hat und die Bezugnahme unüblich ist. Die Klausel und ein Tarifvertrag aus einem anderen Geltungsbereich unterfallen der Inhaltskontrolle nach § 307 BGB. Der einschlägige Tarifvertrag ist von der Kontrolle nach §§ 310 Abs. 4 S. 3 i.V.m. 307 Abs. 3 BGB ausgenommen.

22. Die typisierte Auslegung von Bezugnahmeklauseln als Gleichstellungsabreden war bis 2005 ständige Rechtsprechung. Daher hat das BAG richtigerweise Vertrauensschutz für Altfälle gewährt. Allerdings wurde dabei auf das Inkrafttreten des Schuldrechtsmodernisierungsgesetzes abgestellt. Der früheste Stichtag für das Gewähren von Vertrauensschutz ist aber der 20.4.2005. Da der Vierte Senat darüber hinaus bei Änderung der Rechtsprechung seiner Verpflichtung zur Vorlage zum Großen Senat nicht nachgekommen ist, wurde das Vertrauen in die höchstrichterliche Rechtsprechung nicht gestärkt.

23. Liegt eine Bezugnahmeklausel vor, die als Gleichstellungsabrede auszulegen ist oder die einen Altfall darstellt, ist der einzige Zweck die Gleichstellung. Endet die Tarifgebundenheit des Arbeitgebers, endet auch die Dynamik.

24. Zu einer statischen Weitergeltung des ursprünglichen Tarifvertrags kommt es nach der Rechtsprechung bei kleinen dynamischen Bezugnahmeklauseln, die als Gleichstellungsabreden auszulegen sind, auch wenn der Erwerber des Betriebs tarifgebunden ist. Nach hier vertretener Ansicht gibt der Gleichstellungszweck bei Tarifbindung des Erwerbers einen Wechsel vor.

25. Der beim Erwerber geltende Tarifvertrag ist auch bei Vorliegen einer großen dynamischen Bezugnahmeklausel neues Bezugnahmeobjekt. Wird die Klausel nach ihrem Wortlaut ausgelegt, gilt dies unabhängig davon, ob der Erwerber des Betriebs tarifgebunden ist oder nicht.

26. Liegt eine kleine dynamische Bezugnahmeklausel vor, die nach dem Wortlaut ausgelegt werden muss, bleibt der ursprüngliche Tarifvertrag Bezugnahmeobjekt; allerdings bleibt die Dynamik erhalten. Dies entspricht dem Ergebnis der allgemeinen Vertragsauslegung.

27. Waren die Arbeitnehmer beim ursprünglichen Inhaber tarifgebunden, gelten die Regelungen des Tarifvertrags unabhängig vom Vorliegen einer Bezugnahmeklausel nach § 613a Abs. 1 S. 2 BGB weiter. Im Verhältnis der Regelungen zueinander gilt das Günstigkeitsprinzip. Dasselbe gilt, wenn der Arbeitnehmer beim Erwerber an einen Tarifvertrag normativ gebunden ist.

Literaturverzeichnis

Allenberg, Tina Luise, Der Betriebsübergang *(transfert d`entreprise)* im französischen Arbeitsrecht, in: Junker, Abbo (Hrsg.), Betriebsübergang in Europa, Frankfurt am Main 2009, S. 1 (zitiert: *Allenberg,* Betriebsübergang im französischen Arbeitsrecht, S.)

v. Alvensleben, Constantin, Die Rechte der Arbeitnehmer bei Betriebsübergang im Europäischen Gemeinschaftsrecht, Baden-Baden 1992 (zitiert: *v. Alvensleben*, S.)

Annuß, Georg, Die einzelvertragliche Bezugnahme auf Tarifverträge, BB 1999, 2558

ders., Tarifbindung durch arbeitsvertragliche Bezugnahme?, ZfA 2005, 405

ders., Grundstrukturen der AGB-Kontrolle von Arbeitsverträgen, BB 2006, 1333

Arndt, Hans-Wolfgang, Europarecht, 8. Auflage, Heidelberg 2006 (zitiert: *Arndt,* Europarecht, S.)

Bachner, Michael / Köstler, Roland / Matthießen, Volker / Trittin, Wolfgang, Arbeitsrecht bei Unternehmensumwandlung und Betriebsübergang, 3. Auflage, Baden-Baden 2008 (zitiert: Bachner/Köstler/Matthießen /Trittin/*Bearbeiter*, §, Rdnr.)

Bauer, Jobst-Hubertus / Günther, Jens, Bezugnahmeklauseln bei Verbandswechsel und Betriebsübergang - Ein Irrgarten?, NZA 2008, 6

Bauer, Jobst-Hubertus / Haußmann, Katrin, Schöne Bescherung: Abschied von der Gleichstellungsabrede!, DB 2005, 2815

Bayreuther, Frank, Anmerkung zu BAG v. 26.9.2001 - 4 AZR 544/00, DB 2002, 1008

ders., Tarifpluralitäten und -konkurrenzen im Betrieb - Zur Zukunft des Grundsatzes der Tarifeinheit, NZA 2007, 187

Bepler, Klaus, Tarifverträge im Betriebsübergang, RdA 2009, 65

Bernsau, Georg / Dreher, Daniel / Hauck, Friedrich, Betriebsübergang Kommentar zu § 613a BGB unter Einschluss von betriebsverfassungsrechtlichen und insolvenzrechtlichen Vorschriften, Neuwied 2007 (zitiert: BÜK/*Bearbeiter,* §, Rdnr.)

Boecken, Winfried, Unternehmensumwandlungen und Arbeitsrecht, Köln 1996 (zitiert: *Boecken,* Unternehmensumwandlungen, Rdnr.)

Brecht-Heitzmann, Holger / Lewek, Christian, Von der Gleichstellungs- zur Ungleichstellungsabrede? Entscheidungsbesprechung zu BAG 4 AZR 536/04, ZTR 2007, 127

Brox, Hans / Rüthers, Bernd / Henssler, Martin, Arbeitsrecht, 17. Auflage, Stuttgart 2007 (zitiert: Brox/Rüthers/Henssler, Rdnr.)

Clemenz, Susanne, Arbeitsvertragliche Bezugnahme auf Tarifverträge - ein Paradigmenwechsel mit offenen Fragen, NZA 2007, 769

Commandeur, Gert / Kleinebrink, Wolfgang, Gestaltungsoptionen im Anwendungsbereich des § 613a BGB, NZA-RR 2004, 449

Däubler, Wolfgang, Tarifausstieg - Erscheinungsformen und Rechtsfolgen, NZA 1996, 225

ders., Das Arbeitsrecht im neuen Umwandlungsgesetz, RdA 1995, 136

ders., Anmerkung zu BAG v. 29.8.2001 – 4 AZR 332/00, RdA 2002, 303

ders., Tarifvertragsgesetz mit Arbeitnehmer-Entsendegesetz, Baden-Baden 2006 (zitiert: Däubler/*Bearbeiter,* §, Rdnr.)

Degenhart, Christoph, Staatrecht I - Staatsorganisationsrecht, 25. Auflage, Heidelberg 2009 (zitiert: *Degenhart,* Staatsrecht I, Rdnr.)

Diehn, Thomas, AGB-Kontrolle von arbeitsrechtlichen Verweisungsklauseln, NZA 2004, 129

Döring, Renè / Grau, Timon, Überkreuz mit der Überkreuzablösung – Kein Vorrang von Betriebsvereinbarungen gegenüber „transformierten" tariflichen Ansprüchen beim Betriebsübergang?, BB 2009, 158

Dzida, Boris / Wagner, Tobias, Vertragsänderungen nach Betriebsübergang, NZA 2008, 571

Ebeling, Ralph, Die Bezugnahme auf Tarifverträge im Arbeitsvertrag, Regensburg 2003 (zitiert: *Ebeling,* S.)

Epping, Volker, Grundrechte, 3. Auflage, Berlin, Heidelberg, New York 2007 (zitiert: *Epping,* Grundrechte, Rdnr.)

Ernst, Gundula, Tarifverträge und ihre Transparenzkontrolle bei arbeitsvertraglichen dynamischen Globalverweisungen, NZA 2007, 1405

Franzen, Martin, Das Ende der Tarifeinheit und die Folgen, RdA 2008, 193

Fröhlich, Martin, Der Betriebsübergang *(sucesíon de empresa)* im spanischen Recht, in: Junker, Abbo (Hrsg.), Betriebsübergang in Europa, Frankfurt am Main 2009, S. 27 (zitiert: *Fröhlich,* Betriebsübergang im spanischen Recht, S.)

Frölich, Armin, Eintritt und Beendigung der Nachwirkung von Tarifnormen, NZA 1992, 1105

Gaul, Björn, Das Schicksal von Tarifverträgen und Betriebsvereinbarungen bei der Umwandlung von Unternehmen, NZA 1995, 717

ders., Die einzelvertragliche Bezugnahme auf einen Tarifvertrag beim Tarifwechsel des Arbeitgebers, NZA 1998, 9

ders., Das Arbeitsrecht der Betriebs- und Unternehmensspaltung, Köln 2002 (zitiert: *Gaul,* §, Rdnr.)

Germelmann, Claas-Hinrich / Matthes, Hans-Christoph / Müller-Glöge, Rudi / Prütting, Hanns / Schlewing, Anja, Arbeitsgerichtsgesetz, 7. Auflage, München 2009 (zitiert: GMP/*Bearbeiter,* §, Rdnr.)

Giesen, Richard, Bezugnahmeklauseln - Auslegung, Formulierung und Änderung, NZA 2006, 625

ders., Tarifeinheit im Betrieb, NZA 2009, 11

Gran, Andreas, Abläufe bei Mergers & Acquisitions, NJW 2008, 1409

Greiner, Stefan, Der „unechte Tarifwechsel“ - Zu den Wirkungen kleiner dynamischer Bezugnahmeklauseln bei Tarifwechsel, Tarifsukzession und Tarifrestrukturierung, NZA 2009, 877

Grobys, Marcel, Anmerkung zu EuGH v. 12.2.2009, Rs. C-466/07 - Klarenberg, NJW 2009, 2029

von der Groeben, Hans / Schwarze, Jürgen, Kommentar zum Vertrag über die Europäische Union und zur Gründung der Europäischen Gemeinschaft, Band 3 Art. 98 - 188 EGV, 6. Auflage, Baden Baden 2003 (zitiert: V.d.Groeben/Schwarze/*Bearbeiter,* Art., Rdnr.)

Grundmann, Stefan / Riesenhuber, Karl, Die Auslegung des Europäischen Privat- und Schuldvertragsrechts, JuS 2001, 529

Gussen, Heinz / Dauck, Andreas, Die Weitergeltung von Betriebsvereinbarungen und Tarifverträgen bei Betriebsübergang und Umwandlung, 2. Auflage, 1997 (zitiert: *Gussen/Dauck,* Rdnr.)

Hanau, Peter, Die Rechtsprechung des BAG zur arbeitsvertraglichen Bezugnahme auf Tarifverträge - Wem sie nützt, wem sie schadet und wie man das ändern kann, NZA 2005, 489

ders., Brennpunkte der Rechtsprechung zum Betriebsübergang in: Personalrecht im Wandel: Arbeitsrecht, Lohnsteuerrecht, Sozialversicherungsrecht, in: Festschrift für Wolfdieter Küttner zum 70. Geburtstag (Hrsg. Hanau, Peter; Röller, Jürgen; Macher, Ludwig; Schlegel, Rainer), München 2006, S. 357 (zitiert: *Hanau,* FS f. Küttner, S.)

Hanau, Peter / Kania, Thomas, Die Bezugnahme auf Tarifverträge durch Arbeitsvertrag und betriebliche Übung in: Tarifautonomie für ein neues Jahrhundert, in: Festschrift für Günter Schaub zum 65. Geburtstag (Hrsg. Schlachter, Monika; Ascheid, Reiner; Friedrich, Hans-Wolf), München 1998, S. 239 (zitiert: *Hanau/Kania*, FS f. Schaub, S.)

Hanau, Peter / Vossen, Reinhard, Die Auswirkungen des Betriebsinhaberwechsels auf Betriebsvereinbarungen und Tarifverträge, Festschrift für Marie Luise Hilger und Hermann Stumpf zum 70. Geburtstag (Hrsg. Dieterich, Thomas; Gamillscheg, Franz; Wiedemann, Herbert), München, 1983, S. 271 (zitiert: *Hanau/Vossen,* FS f. Hilger/Stumpf, S.)

Hartmann, Henning, Die Weitergeltung von firmentariflichen Regelungen im Fall des Betriebsübergangs nach § 613a BGB, Berlin 2008 (zitiert: *Hartmann,* S.)

Haußmann, Katrin, Tarifwechsel und Bezugnahmeklauseln in: Festschrift für Peter Schwerdtner zum 65. Geburtstag (Hrsg. Bauer, Jobst-Hubertus; Boewer, Dietrich), München/Unterschleißheim, 2003, S. 89 (zitiert: *Haußmann,* FS f. Schwerdtner, S.)

Heinlein, Ingrid, Statik statt Dynamik beim Betriebsübergang?- Gleichstellungsabrede und Übergang des Arbeitsverhältnisses auf den nicht tarifgebundenen Erwerber, NJW 2008, 321

Heinze, Meinhard, Arbeitsrechtliche Probleme bei der Umstrukturierung von Unternehmen, DB 1998, 1861

ders., Ausgewählte Rechtsfragen zu § 613 a BGB in: Tarifautonomie für ein neues Jahrhundert, Festschrift für Günter Schaub zum 65. Geburtstag (Hrsg. Schlachter, Monika; Ascheid, Reiner; Friedrich, Hans-Wolf), München 1998, S. 275 (zitiert: *Heinze,* FS für Schaub, S.)

Henssler, Martin, Unternehmensumstrukturierung und Tarifrecht in: Tarifautonomie für ein neues Jahrhundert, Festschrift für Günter Schaub zum 65. Geburtstag (Hrsg. Schlachter, Monika; Ascheid, Reiner; Friedrich, Hans-Wolf), München 1998, S. 311 (zitiert: *Henssler,* FS für Schaub, S.)

ders., Schuldrechtliche Tarifgeltung bei Verbandsaustritt, Verbandswechsel und Unternehmensumstrukturierung in: Arbeitsrecht im sozialen Dialog, Festschrift für Hellmut Wißmann (Hrsg. Kohte, Wolfhard; Dörner, Hans-Jürgen; Anzinger, Rudolf), München 2005, S. 133 (zitiert: *Henssler,* FS für Wißmann, S.)

Henssler, Martin / Heiden, Ralph, Wirkung kleiner dynamischer Bezugnahmeklauseln bei Verbandsaustritt des Arbeitgebers - Besprechung des Urteils BAG v. 19.3.2003, RdA 2004, 241

Henssler, Martin / Willemsen, Heinz Josef / Kalb, Heinz-Jürgen, Arbeitsrecht Kommentar, 3. Auflage, Köln 2008 (zitiert: HWK/*Bearbeiter,* §, Rdnr.)

Hergenröder, Curt Wolfgang, Tarifeinheit oder Tarifmehrheit durch Betriebsübergang nach § 613a BGB? in: 50 Jahre Bundesarbeitsgericht (Hrsg. Oetker, Hartmut; Preis, Ulrich; Rieble, Volker), München 2004, 713 (zitiert: *Hergenröder,* 50 Jahre BAG, S.)

Höfling, Wolfram / Rixen, Stephan, Tariftreue oder Verfassungstreue? - Von der „gewährleistungsstaatlichen" Relativierung des Grundrechtsschutzes am Beispiel der Tariftreue-Entscheidung des BVerfG, RdA 2007, 360

Hohenstatt, Klaus Stefan, Die Fortgeltung von Tarifnormen nach § 613 I 2 BGB, NZA 2010, 23

Hohenstatt, Klaus-Stefan / Grau, Timon, Der Betriebsübergang nach Güney Görres - Was geht noch?, NJW 2007, 29

Hohenstatt, Klaus-Stefan / Günther-Gräff, Eva, Schicksal von Betriebsvereinbarungen und Tarifverträgen bei Unternehmenskauf und Umstrukturierung, DStR 2001, 1980

Hohenstatt, Klaus-Stefan / Kuhnke, Michael, Die arbeitsvertragliche Bezugnahme auf Tarifverträge beim Betriebs(teil)übergang - Zugleich Besprechung der Urteile BAG v. 29. 8. 2007 - 4 AZR 765/06, - 4 AZR 766/06 und - 4 AZR 767/06, RdA 2009, 107

Höpfner, Clemens, Vertrauensschutz und Richterrecht - Zur Zulässigkeit rückwirkender Rechtsprechungsänderungen im Zivilrecht, RdA 2006, 156

ders., Die systemkonforme Auslegung, Tübingen 2008 (zitiert: *Höpfner,* S.)

ders., Vertrauensschutz bei Änderung der Rechtsprechung zu arbeitsvertraglichen Bezugnahmeklauseln, NZA 2008, 91

ders., Nochmals: Vertrauensschutz bei Änderung der Rechtsprechung zu arbeitsvertraglichen Bezugnahmeklauseln, NZA 2009, 420

Höpfner, Clemens / Rüthers, Bernd, Grundlagen einer europäischen Methodenlehre, AcP 209 (2009), 1

Houben, Christian-Armand, Nachbindung und Nachwirkung im Tarifrecht - Zu Struktur und Anwendungsbereich von §§ 3 III und 4 V TVG, NJOZ 2008, 2170

v. Hoyningen-Huene, Gerrick, Die Bezugnahme auf den Tarifvertrag – ein Fall der Tarifbindung, RdA 1974, 138

Hromadka, Wolfgang / Maschmann, Frank / Wallner, Franz, Der Tarifwechsel, München 1996 (zitiert: *Hromadka/Maschmann/Wallner,* Rdnr.)

Hromadka, Wolfgang / Maschmann, Frank, Arbeitsrecht Band 2, Kollektivarbeitsrecht und Arbeitsstreitigkeiten, 4. Auflage, Berlin, Heidelberg, New York, 2007 (zitiert: Hromadka/Maschmann, §, Rdnr.)

Hufen, Friedhelm, Staatsrecht II - Grundrechte, München 2007 (zitiert: *Hufen,* Staatsrecht II, §, Rdnr.)

Hunold, Wolf, Kontrolle arbeitsrechtlicher Absprachen nach der Schuldrechtsreform, NZA-RR 2006, 113

Ipsen, Jörn, Staatsrecht II Grundrechte, 7. Auflage München, Unterschleißheim 2004 (zitiert: *Ipsen,* Staatsrecht II, Rdnr.)

Jacobs, Matthias, Tarifpluralität statt Tarifeinheit - Aufgeschoben ist nicht aufgehoben!, NZA 2008, 325

ders., Fortgeltung und Änderung von Tarif- und Arbeitsbedingungen bei der Umstrukturierung von Unternehmen, NZA-Beil. 2009 Heft 1, 45

Jordan, Christopher / Bissels, Alexander, Gilt „der jeweils anwendbare Tarifvertrag in der jeweils gültigen Fassung" noch? - Wirksamkeit von großen dynamischen Bezugnahmeklauseln, NZA 2010, 71

Jung, Eberhard, Die Weitergeltung kollektivvertraglicher Regelungen (Tarifverträge, Betriebsvereinbarungen) bei einem Betriebsinhaberwechsel, RdA 1981, 360

Junker, Abbo, Der EuGH zum Arbeitsrecht: Betriebsübergang, Gleichbehandlung und Bestandsschutz, EuZW 2006, 524

Kallmeyer, Harald, Umwandlungsgesetz, 3. Auflage, Köln 2006 (zitiert: Kallmeyer/*Autor,* §, Rdnr.)

Kania, Thomas, Tarifeinheit bei Betriebsübergang?, DB 1994, 529

ders., Tarifbindung bei Ausgliederung und Aufspaltung eines Betriebs, DB 1995, 625

ders., Tarifpluralität und Industrieverbandsprinzip, DB 1996, 1921

ders., Die arbeitsvertragliche Bezugnahme auf Tarifverträge bei Veränderung der tariflichen Strukturen im Betrieb, NZA-Beil. 2000 Heft 3, 45

Kempen, Otto Ernst, Betriebsübergang und Tarifvertrag, BB 1991, 2006

Kempen, Otto Ernst / Zachert, Ulrich, Tarifvertragsgesetz, 4. Auflage, Frankfurt am Main, 2006 (zitiert: Kempen/Zachert/*Bearbeiter,* §, Rdnr.)

Klebeck, Ulf, Unklarheiten bei arbeitsvertraglicher Bezugnahmeklausel – Zur angekündigten Anwendbarkeit des § 305c II BGB auf arbeitsvertragliche Bezugnahmeklauseln, NZA 2006, 15

Koch, Julia, Der Betriebsübergang *(Virksomhedsoverdragelse)* im dänischen Arbeitsrecht, in: Junker, Abbo (Hrsg.), Betriebsübergang in Europa, Frankfurt am Main 2009, S. 45

Kock, Martin, Voraussetzungen eines Betriebsübergangs nach der aktuellen BAG-Rechtsprechung, BB 2007, 714

Konzen, Horst, Die Tarifautonomie zwischen Akzeptanz und Kritik, NZA 1995, 913

Krebber, Sebastian, Soziale Rechte in der Gemeinschaftsrechtsordnung, RdA 2009, 224

Lambrich, Thomas, Weitergeltung und Ablösung von Tarifverträgen nach Betriebsübergang in: Tradition und Moderne, Festschrift für Horst Ehmann zum 70. Geburtstag (Hrsg. Sutschet, Holger), Berlin 2005, S. 169 (zitiert: *Lambrich,* FS für Ehmann, S.)

Larenz, Karl / Canaris, Claus-Wilhelm, Methodenlehre der Rechtswissenschaft, 3. Auflage, Berlin, Heidelberg, New York 1995 (zitiert: *Larenz/Canaris*, S.)

Lembke, Mark, Besonderheiten beim Betriebsübergang in der Insolvenz, BB 2007, 1333

Lessner, Jan, Chancen dezentraler Tarifpolitik - Herausforderungen für die gewerkschaftliche Willensbildung, RdA 2005, 285

Lieb, Manfred / Jacobs, Matthias, Arbeitsrecht, 9. Auflage, Heidelberg 2006 (zitiert: *Lieb/Jacobs,* Rdnr.)

Löwisch, Manfred / Rieble, Volker, Tarifvertragsgesetz, 2. Auflage, München 2004 (zitiert: *Löwisch/Rieble,* §, Rdnr.)

Loritz, Karl-Georg, Aktuelle Rechtsprobleme des Betriebsübergangs nach § 613a BGB, RdA 1987, 65

Louven, Christoph, Problematik und Grenzen rückwirkender Rechtsprechung des Bundesarbeitsgerichts, München 1996 (zitiert: *Louven,* S.)

Lutter, Marcus / Winter, Martin, Umwandlungsgesetz, Band II §§ 135 - 325, SpruchG, 4. Auflage, Köln 2009 (zitiert: Lutter/*Bearbeiter,* §, Rdnr.)

Maulbetsch, Hans-Christoph / Klumpp, Alexander / Rose, Klaus-Dieter, Umwandlungsgesetz, Heidelberg u.a. 2009 (zitiert: HK/*Bearbeiter,* §, Rdnr.)

Maunz, Theodor / Dürig, Günter, Grundgesetz, Band II, Art. 6 - 16a, Ergänzungslieferung 55, München Mai 2009 (zitiert: Maunz/Dürig/*Bearbeiter,* Art., Rdnr.)

Mayer, Franz C., Der Vertrag von Lissabon und die Grundrechte, EuR 2009 Beiheft 1, 87

Medicus, Dieter, Über die Rückwirkung von Rechtsprechung, NJW 1995, 2577

Meinel, Gernod / Herms, Sascha, Änderung der BAG-Rechtsprechung zu Bezugnahmeklauseln in Arbeitsverträgen : Anmerkung zum BAG-Urteil vom 14.12.2005 - 4 AZR 536/04, DB 2006 S. 1322, DB 2006, 1429

Melot de Beauregard, Paul, Fluch und Segen arbeitsvertraglicher Verweisungen auf Tarifverträge, NJW 2006, 2522

Meyer, Cord, Modifikation von Tarifrecht durch Betriebsvereinbarungen beim Betriebsübergang, NZA 2001, 751

ders., Arbeitsvertragsänderungen bei Betriebsübergang, NZA 2002, 246

ders., Bezugnahme-Klauseln und neues Tarifwechsel-Konzept des BAG, NZA 2003, 1126

ders., Das Regelungsverhältnis von Verbands- und firmenbezogenem Verbandstarifvertrag im Vergleich zum Haustarifvertrag, NZA 2004, 366

Meyer-Ladewig, Jens, Europäische Menschenrechtskonvention, 2. Auflage, Baden-Baden, 2006 (zitiert: *Meyer-Ladewig,* Art., Rdnr.)

Moll, Wilhelm, Die Rechtsstellung des Arbeitnehmers nach einem Betriebsübergang, NJW 1993, 2016 (zitiert: *Moll,* NJW 1993, 2016)

ders., Kollektivvertragliche Arbeitsbedingungen nach einem Betriebsübergang, RdA 1996, 275

ders., Bedeutung und Voraussetzungen des Betriebsübergangs im Wandel, RdA 1999, 233

ders., Fortgeltung von Tarifverträgen bei Betriebsübergang Besprechung des Urteils BAG v. 11.5.2005 - 4 AZR 315/04, RdA 2007, 47

ders., Münchener Anwaltshandbuch Arbeitsrecht, 2. Auflage, München 2009 (zitiert: MAH-Arbeitsrecht/*Bearbeiter,* §, Rdnr.)

Möller, Reinhard, Gleichstellungsrechtsprechung „Der Anfang vom Ende?", NZA 2006, 579

Mösenfechtel, Ludwig / Schmitz, Gabriele, Zur Nachfolge des Erwerbers in die Tarifgebundenheit des Veräußerers bei Betriebsveräußerung, RdA 1976, 108

Müller-Bonanni, Thomas, Betriebsübergang – ja oder nein? – Die aktuelle Rechtsprechung zum Tatbestand des § 613a BGB, NZA-Beil. 2009, Heft 1, 13

Müller-Glöge, Rudi / Preis, Ulrich / Schmidt, Ingrid, Erfurter Kommentar zum Arbeitsrecht, 10. Auflage, München 2010 (zitiert: ErfK/*Bearbeiter,* §, Rdnr.)

Nicolai, Andrea, EuGH bestätigt statische Weitergeltung von Tarifnormen nach Betriebsübergang - Anmerkung zu EuGH vom 9.3.2006 - C-499/04, Werhof -, DB 2006, 670

Nießen, Tobias, Der Betriebsübergang bei Umwandlungsmaßnahmen, NJW-Spezial 2008 Heft 20, 623

Oppermann, Thomas, Europarecht, 3. Auflage, München 2005 (zitiert: *Oppermann,* Europarecht, §, Rdnr.)

Picker, Eduard, Richterrecht und Richterrechtsetzung, JZ 1984, 153

Pieroth, Bodo / Schlink, Bernhard, Grundrechte Staatsrecht II, 24. Auflage, Heidelberg, München, Landsberg, Berlin 2008 (zitiert: Pieroth/Schlink, Rdnr.)

Prange, Kerstin, Tarifverträge im Lichte des § 613a BGB, NZA 2002, 817

Preis, Ulrich, Grundfragen der Vertragsgestaltung im Arbeitsrecht, Neuwied 1993 (zitiert: *Preis,* Grundfragen der Vertragsgestaltung im Arbeitsrecht, S.)

ders., Arbeitsrecht, Praxis-Lehrbuch zum Kollektivarbeitsrecht, Köln 2003 (zitiert: *Preis,* S.)

Preis, Ulrich / Greiner, Stefan, Vertragsgestaltung bei Bezugnahmeklauseln nach der Rechtsprechungsänderung des BAG, NZA 2007, 1073

Preis, Ulrich / Steffan, Ralf, Zum Schicksal kollektivrechtlicher Regelungen beim Betriebsübergang, in: Festschrift für Alfons Kraft zum 70. Geburtstag (Hrsg. Hönn, Günther / Konzen, Horst / Kreutz, Peter), Neuwied, Kriftel 1998, S. 477 (zitiert: *Preis/Steffan,* FS f. Kraft, S.)

Rauch, Manuela, Der Betriebsübergang *(transfer of undertakings)* im englischen Arbeitsrecht, in: Junker, Abbo (Hrsg.), Betriebsübergang in Europa, Frankfurt am Main 2009, S. 67 (zitiert: *Rauch,* Betriebsübergang im englischen Arbeitsrecht, S.)

Rebmann, Kurt / Säcker, Franz Jürgen / Rixecker, Roland, Münchener Kommentar zum Bürgerlichen Gesetzbuch, Band 2 Schuldrecht - Allgemeiner Teil, §§ 241-432, 5. Auflage, München 2009 (zitiert: MüKo/*Bearbeiter,* §, Rdnr.)

dies., Münchener Kommentar zum Bürgerlichen Gesetzbuch, Band 4 Schuldrecht - Besonderer Teil II, §§ 611-704, EFZG, TzBfG, KSchG, 5. Auflage, München 2009, (zitiert: MüKo/*Bearbeiter*, §, Rdnr.)

dies., Münchener Kommentar zum Bürgerlichen Gesetzbuch, Band 9 Erbrecht, §§ 1922-2385, §§ 27-35 BeurkG, 4. Auflage, München 2004 (zitiert: MüKo/*Bearbeiter,* §, Rdnr.)

Reichel, Michael E., Die arbeitsvertragliche Bezugnahme auf den Tarifvertrag, Köln 2001 (zitiert: *Reichel,* S.)

Reinecke, Gerhard, Vertragliche Bezugnahme auf Tarifverträge in der neueren Rechtsprechung des Bundesarbeitsgerichts, BB 2006, 2637

Richardi, Reinhard, Betriebsverfassungsgesetz mit Wahlordnung, 12. Auflage, München 2009 (zitiert: Richardi/*Bearbeiter,* §, Rdnr.)

Richardi, Reinhard / Wlotzke, Otfried, Münchener Handbuch zum Arbeitsrecht, Band 1 Individualarbeitsrecht I, 2. Auflage, München 2000 (zitiert: MünchHdbArbR-I/*Bearbeiter,* §, Rdnr.)

dies., Münchener Handbuch zum Arbeitsrecht, Band 2 Individualarbeitsrecht II, 2. Auflage, München 2000 (zitiert: MünchHdbArbR-II/*Bearbeiter,* §, Rdnr.)

Rieble, Volker, Anmerkung zu BAG v. 14.6.1994 - 9 AZR 89/93, SAE 1995, 77

ders., Widerspruch nach § 613a VI BGB - die (ungeregelte) Rechtsfolge, NZA 2004, 1

ders., Der Tarifvertrag als kollektiv-privatautonomer Vertrag, ZfA 2000, 5

Rieble, Volker / Schul, Asusa, Arbeitsvertragliche Bezugnahme auf Betriebsvereinbarungen, RdA 2006, 339

Röder, Gerhard, Die Fortgeltung von Kollektivnormen bei Betriebsübergang gem. § 613a BGB i.d.F. vom 13.8.1980, DB 1981, 1980

Röller, Jürgen / Wissmann, Tim, Tarifbindung und arbeitsvertragliche Bezugnahme, Personalrecht im Wandel: Arbeitsrecht, Lohnsteuerrecht, Sozialversicherungsrecht, in: Festschrift für Wolfdieter Küttner zum 70. Geburtstag (Hrsg. Hanau, Peter; Röller, Jürgen; Macher, Ludwig; Schlegel, Rainer), München 2006, S. 465 (zitiert: *Röller/Wissmann,* FS für Küttner, S.)

Roßmann, Hans-Gerhard, Grenzen der Nachwirkung betriebsverfassungsrechtlicher Normen, NZA 1999, 1252

Roth, Wulf-Henning, Die richtlinienkonforme Auslegung, EWS 2005, 385

Rüthers, Bernd, Rechtstheorie, 4. Auflage, München 2008 (zitiert: *Rüthers,* Rdnr.)

Sachs, Michael, Grundgesetz, 4. Auflage, München 2007 (zitiert: Sachs/*Bearbeiter,* Art., Rdnr.)

Schaub, Günter, Wege und Irrwege aus dem Flächentarifvertrag, NZA 1998, 617

ders., Die arbeitsvertragliche Bezugnahme von Tarifverträgen, ZTR 2000, 259

Schiefer, Bernd, Europäisches Arbeitsrecht, in: Bewegtes Arbeitsrecht Festschrift für Wolfgang Leinemann zum 70. Geburtstag, (Hrsg. Düwell, Franz Josef; Stückemann, Wolfgang; Wagner, Volker), Neuwied 2006, S. 761 (zitiert: *Schiefer*, FS für Leinemann, S.)

ders., Fortgeltung kollektivrechtlicher Regelungen im Falle des Betriebsübergangs gem. § 613a BGB in: 50 Jahre Bundesarbeitsgericht (Hrsg. Oetker, Hartmut; Preis, Ulrich; Rieble, Volker), S. 859, München 2004 (zitiert: *Schiefer,* 50 Jahre BAG, S.)

Schiefer, Bernd / Pogge, Beate, Betriebsübergang und dessen Folgen - Tatbestandsvoraussetzungen des § 613 a BGB und Fortgeltung kollektivrechtlicher Regelungen, NJW 2003, 3734

Schiefer, Bernd / Worzalla, Michael, Betriebsübergang (§ 613a BGB) – Fragen über Fragen, DB 2008, 1566

Schlachter, Monika, Betriebsübergang bei „eigenwirtschaftlicher Nutzung“ von Betriebsmitteln des Auftraggebers, NZA 2006, 80

Schliemann, Harald, Tarifgeltung und arbeitsvertragliche Bezugnahme auf Tarifverträge in der neueren Rechtsprechung des BAG, ZTR 2004, 502

Schmidt-Bleibtreu, Bruno / Hofmann, Hans / Hopfau, Axel, Grundgesetz, 11. Auflage, Köln, München 2008 (zitiert: Schmidt-Bleibtreu/Hofmann/Hopfau/*Bearbeiter,* Art., Rdnr.)

Schmitt-Rolfes, Günter, Die Überleitung von Tarifnormen beim Betriebsübergang, in: Festschrift für Herbert Buchner zum 70. Geburtstag (Hrsg. Bauer, Jobst-Hubertus; Kort, Michael; Möller, Thomas M. J.; Sandmann, Bernd) 2009, S. 817 (zitiert: *Schmitt-Rolfes,* FS f. Buchner, S.)

Schnitker, Elmar / Grau, Timon, Arbeitsrechtliche Aspekte von Unternehmensumstrukturierungen durch Anwachsungen von Gesellschaftsanteilen, ZIP 2008, 394

Schrader, Peter, Die arbeitsvertragliche Bezugnahme auf Tarifverträge, BB 2005, 714

Schroeder, Werner, Die Auslegung des EU-Rechts, JuS 2004, 180

Schröder, Wilfried, § 613a BGB und nichtiges Erwerbsgeschäft, NZA 1986, 286

Schwarz, Sabine, Kleine dynamische Bezugnahmeklauseln - Abschied vom Tarifwechsel, BB 2010, 1021

Stern, Klaus / Tettinger, Peter J., Kölner Gemeinschaftskommentar zur Europäischen Grundrechte-Charta, München 2006 (zitiert: Stern/Tettinger/*Bearbeiter,* Art., Rdnr.)

Schubert, Claudia, Ist der Außenseiter vor der Normsetzung durch die Tarifvertragsparteien geschützt? – Ein Beitrag zum sachlichen Schutzbereich der negativen Koalitionsfreiheit, RdA 2001, 199

Schumacher-Mohr, Marion, Der Tarifwechsel als Mittel zur Flexibilisierung von Arbeitsbedingungen - Ein Beitrag zur Tarifgeltung in Fällen des Betriebsübergangs - in: Gedächtnisschrift für Meinhard Heinze (Hrsg. Söllner, Alfred; Gitter, Wolfgang; Waltermann, Raimund; Giesen, Richard; Ricken, Oliver), München 2005, 843 (zitiert: *Schumacher-Mohr,* GS für Heinze, S.)

Schwab, Stefan, Auslegung und Inhaltskontrolle arbeitsvertraglicher Bezugnahmen auf Tarifverträge, Frankfurt am Main, 2007 (zitiert: *Schwab,* S.)

Schweitzer, Michael / Hummer, Waldemar / Obwexer, Walter, Europarecht Das Recht der Europäischen Union, Wien 2007 (zitiert: Schweitzer/Hummer/Obwexer, Rdnr.)

Seiter, Hugo, Tarifverträge und Betriebsvereinbarungen beim Betriebsinhaberwechsel, DB 1980, 877

Seitz, Stefan / Werner, Marc, Arbeitsvertragliche Bezugnahmeklauseln bei Unternehmensumstrukturierungen, NZA 2000, 1257 - 1269

Semler, Johannes / Stengel, Arndt, Umwandlungsgesetz mit Spruchverfahrensgesetz, 2. Auflage, München 2007 (zitiert: Semler/Stengel/*Autor,* §, Rdnr.)

Simon, Stefan / Kock, Martin / Halbsguth, Julian, Dynamische Bezugnahmeklausel als Gleichstellungsabrede - Vertrauensschutz für alle „Altverträge", BB 2006, 2354

dies., Auslegung von arbeitsvertraglichen dynamischen Verweisungsklauseln nach einem Tarifausstieg im Lichte der aktuellen EuGH-Rechtsprechung - Werhof, EWS 2006, 400

Skuderis, Antje, Die Weitergeltung von Tarifverträgen bei Betriebsübergängen nach § 613 a Ab 1 Satz 2 bis 4 BGB, Frankfurt am Main 1999 (zitiert: *Skuderis*, S.)

Sodan, Helge / Zimmermann, Markus, Tarifvorrangige Mindestlöhne versus Koalitionsfreiheit - Die Neufassungen des Mindestarbeitsbedingungengesetz und des Arbeitnehmer-Entsendegesetzes, NJW 2009, 2001

Spielberger, Marc, Vertrauensschutz light: Das Urteil des BAG vom 18.4.2007 zur Gleichstellungsabrede, NZA 2007, 1086

v. Staudinger, Julius, Kommentar zum Bürgerlichen Gesetzbuch mit Einführungsgesetz und Nebengesetzen, Zweites Buch §§ 611-615, Neubearbeitung 2005 (zitiert: Staudinger/*Bearbeiter,* §, Rdnr.)

Streinz, Rudolf, EUV/EGV, München 2003 (Zitiert: Streinz/*Bearbeiter*, Art., Rdnr.)

Sutschet, Holger, Bezugnahmeklausel kraft betrieblicher Übung, NZA 2008, 679

Tettinger, Peter J. / Stern, Klaus, Europäische Grundrechtecharta, München 2006 (zitiert: Europäische Grundrechtecharta/*Autor,* Art., Rdnr.)

Thüsing, Gregor, Statische Rechtsprechung zur dynamischen Bezugnahme, NZA 2003, 1184

ders., Tarifkonkurrenz durch arbeitsvertragliche Bezugnahme - Warum schon Nipperdey Recht hatte und der 4. Senat dem 10. hätte folgen sollen, NZA 2005, 1280

ders., Unwirksamkeit und Teilbarkeit unangemessener AGB, BB 2006, 661 *ders.*, Europarechtliche Bezüge der Bezugnahmeklausel, NZA 2006, 473

Thüsing, Gregor / Lambrich, Thomas, Arbeitsvertragliche Bezugnahme auf Tarifnormen -Verbandsaustritt, Verbandswechsel, Betriebsübergang, RdA 2002, 193

dies., AGB-Kontrolle arbeitsvertraglicher Bezugnahmeklauseln - Vertragsgestaltung nach der Schuldrechtsreform -, NZA 2002, 1361

Trappehl, Bernhard / Lambrich, Thomas, Anmerkung zu BAG v. 24.6.1998 - 4 AZR 208/97, DB 1999, 291

Veit, Peter, Das Vertrauen auf den Fortbestand der höchstrichterlichen Rechtsprechung - Zugleich eine Anmerkung zu BGH NJW 1993, 3323 ff., MittBayNot 1995, 177

v. Vogel, Alexander / Oelkers, Felix, Tarifliche Bezugnahmeklauseln in der Praxis, NJW-Spezial 2006 Heft 8, 369

Waas, Bernd, Tarifvertrag und Betriebsübergang die Fortgeltung tarifvertraglicher Regelungen im Fall des Betriebsübergangs gem. § 613a Abs. 1 S. 2 - 4 BGB, Baden-Baden 1999 (zitiert: *Waas,* S.)

Waltermann, Raimund, Zu den Grundlagen der Tarifautonomie, ZfA 2000, 53

Wank, Rolf, Die Geltung von Kollektivvereinbarungen nach einem Betriebsübergang, NZA 1987, 505

ders., Der Betriebsübergang in der Rechtsprechung von EuGH und BAG - eine methodische Untersuchung - in: 50 Jahre Bundesarbeitsgericht (Hrsg. Oetker, Hartmut; Preis, Ulrich; Rieble, Volker), München 2004, S. 245 (zitiert: *Wank,* 50 Jahre BAG, S.)

Westermann, Harm Peter, Erman, BGB, Band I, §§ 1-758, AGG, UKlaG, 12. Auflage, Köln 2008 (zitiert: *Erman*/Bearbeiter, §, Rdnr.)

Wiedemann, Herbert, Anmerkung zu BAG v. 13.8.1986 - 4 ABR 2/86, AP MTV Ang-DFVLR § 2, Nr. 1

ders., Der nicht organisierte Arbeitnehmer im kollektiven Arbeitsrecht, RdA 2007, 65

ders., Tarifvertragsgesetz, 7. Auflage, München 2007 (zitiert: Wiedemann/ *Bearbeiter,* §, Rdnr.)

Willemsen, Eva Maria, Die arbeitsvertragliche Bezugnahme auf den Tarifvertrag bei Tarifwechsel, Berlin 2009 (zitiert: *Willemsen,* S.)

Willemsen, Heinz Josef, Anmerkung zu BAG v. 26.9.1979 – 4 AZR 819/77, AP § 613a BGB, Nr. 17

ders., Erneute Wende im Recht des Betriebsübergangs - ein „Christel Schmidt II“-Urteil des EuGH?, NZA 2009, 289

Zerres, Thomas, Arbeitsrechtliche Aspekte bei der Verschmelzung von Unternehmen, ZIP 2001, 359

ders., Fortgeltung tarifvertraglicher Regelungen beim Betriebsübergang im Falle arbeitsvertraglicher Bezugnahme, NJW 2006, 3533 - 3537

Zöllner, Wolfgang, Veränderung und Angleichung tarifvertraglich geregelter Arbeitsbedingungen nach Betriebsübergang, DB 1995, 1401

Zöllner, Wolfgang / Loritz, Karl-Georg / Hergenröder, Curt Wolfgang, Arbeitsrecht, 6. Auflage, München 2008 (zitiert: Zöllner/Loritz/Hergenröder, S.)

Zumkeller, Alexander R., Arbeitsrechtliche Folgen des Betriebsübergangs nach § 613a BGB, DStR 1998, 1966

Kolibri 360 GmbH
Ferdinand-Jühlke-Straße 7
99095 Erfurt, Deutschland
produktsicherheit@kolibri360.de